Susanna Berndt

Evolution der Weltbilder

Mythische Weltanschauungen im Kontext
wissenschaftsbasierter Daseinsdeutung

disserta
Verlag

Berndt, Susanna: Evolution der Weltbilder. Mythische Weltanschauungen im Kontext wissenschaftsbasierter Daseinsdeutung, Hamburg, disserta Verlag, 2017

Buch-ISBN: 978-3-95935-352-6
PDF-eBook-ISBN: 978-3-95935-353-3
Druck/Herstellung: disserta Verlag, Hamburg, 2017
Covergestaltung: Annelie Lamers
Coverbild: pixabay.com

Bibliografische Information der Deutschen Nationalbibliothek:
Die Deutsche Nationalbibliothek verzeichnet diese Publikation in der Deutschen Nationalbibliografie; detaillierte bibliografische Daten sind im Internet über http://dnb.d-nb.de abrufbar.

© disserta Verlag, Imprint der Diplomica Verlag GmbH
Hermannstal 119k, 22119 Hamburg
http://www.disserta-verlag.de, Hamburg 2017
Printed in Germany

Danksagung

Prof. Dr. Anton Grabner-Haider danke ich sehr herzlich, mir mit seiner umfassenden Fachkenntnis und seinem kompetenten Rat bei inhaltlichen und methodischen Fragen während jeder Phase dieser Arbeit hilfreich zur Seite gestanden zu haben. Mein besonderer Dank gilt auch Prof. Dr. Johann Götschl für die vielen konstruktiven Diskussionen auf intellektueller und persönlicher Ebene in freundschaftlicher Atmosphäre sowie für seine geduldige Bereitschaft, mein Interesse und Verständnis für komplexe wissenschaftsphilosophische Themen immer wieder aufs Neue zu wecken.

Prof. Dr. Peter Payer danke ich für seine Literaturempfehlungen und die wertvollen Anregungen im Bereich der Sozialphilosophie; ebenso danke ich Prof. Dr. Harald Berger und Prof. Dr. Johann Marek für ihre kritischen Kommentare und nützlichen Literaturhinweise.

Tief verbunden bin ich meinem Ehemann Stefan Loipfinger für seine unermüdliche Unterstützung, seine liebevolle Fürsorge und Motivation; sowie meinen Töchtern Ricarda und Silvana – neben ihrer Zuversicht – vor allem für ihr Verständnis, das sie zeigten, wenn ich das eine oder andere Mal etwas weniger Zeit oder Geduld für ihre Anliegen aufbringen konnte. Für ihr Interesse an meiner Arbeit und ihre mentale Unterstützung danke ich aufrichtig und herzlich meinen Eltern Ingrid und Rolf Berndt; meinen Schwestern Iris Wachschütz und Annette Gasper samt ihren Familien insbesondere für ihr Vertrauen in meine Fähigkeiten und ihre jederzeitige Rücksichtnahme auf meine Termine; meinen Schwiegereltern Brigitte und Stefan Loipfinger für ihre Ermutigungen und ihr vorbehaltsloses Entgegenkommen.

Mein großer Dank gilt auch Christine Laban und Thomas Parz sowie allen meinen weiteren lieben Freundinnen und Freunden für ihre Ausdauer, ihre Aufmunterungen und die entgegengebrachte Nachsicht. Schließlich und keineswegs zuletzt bedanke ich mich von Herzen bei meinem Freund Prof. Dr. Hajo Schneck für unsere intensiven Gespräche, seine kritischen Betrachtungen und differenzierten Anmerkungen.

Vorwort

Anhand der Untersuchung mythischer Weltdeutungen im Kontext moderner Mythen-forschung und wissenschaftsbasierter Weltbilder soll am Beispiel ausgewählter inselkeltischer Überlieferungen die Hypothese überprüft werden, dass eine rationale Auseinandersetzung mit den Mythen vergangener Kulturen gerade in der heutigen Zeit sinnvoll ist, um brauchbare Lösungsansätze für den Umgang mit mythischen Weltanschauungen in grundsätzlich wissen-schaftsorientierten Gesellschaften zu generieren.

Den Ausgangspunkt bildet die mit dem Beginn der Neuzeit verstärkt in der Öffentlichkeit diskutierte Möglichkeit, die Gegebenheiten und Ereignisse in der Welt auf zwei verschiedene Arten zu deuten: Im Sinne einer wissenschaftsbasierten Daseinsdeutung oder im Sinne einer mythischen Weltanschauung. In einer ersten Ebene des nachfolgenden Analysemodells werden die auffallendsten Merkmale und Funktionen der beiden Weltbilder anhand von ausgewählten Theorien und Konzeptionen beschrieben. In einer zweiten Ebene geht es um die Frage, ob sich diese beiden Weltbilder tatsächlich ausschließen, wie es beispielsweise Vertreter materialis-tischer oder positivistischer Weltanschauungen propagieren. Denn es hat den Anschein, als würden selbst in wohlhabenden und wissenschaftlich fortgeschrittenen Industrieländern beide Anschauungsformen zur Anwendung kommen.

Über die Gründe kann letztlich nur spekuliert werden. Vielleicht, so eine der vermuteten Ursachen, weil – den Ausführungen des Philosophen Karl Raimund Poppers[1] folgend – das Wissen der Naturwissenschaften kein Wissen im Sinne einer sicheren Wahrheit darstellt, sondern auf Hypothesen basiert, die – eine Anwendung der kritischen Methode vorausgesetzt – im besten Fall zu einer Annäherung an die Wahrheit führen[2]; oder aber, weil es Bereiche gibt, die mit wissenschaftlichen Methoden nicht fassbar zu sein scheinen; die jedoch für viele Menschen eine so große Bedeutung haben, dass sie keinesfalls darauf verzichten würden.

Dazu zählt in erster Linie die religiöse oder spirituelle Sphäre, das Bedürfnis nach einer über den Naturgesetzen stehenden Macht, die beispielsweise als Gott oder Göttin, als zu einem Pantheon vereinte Schar von männlichen wie weiblichen Gottheiten oder auch als göttlicher Urgrund den Kosmos ordnen und mit ihm die menschliche Lebenswelt; im Falle von Gottheiten sogar willkürlich in die Geschicke der Menschen eingreifen und im Gegenzug durch Gebete, Rituale und Opfer günstig gestimmt werden können. Hinzu kommt die im mythischen Weltbild – oft in Verbindung mit einer ausgleichenden Gerechtigkeit – meist vorausgesetzte Gewähr eines Lebens nach dem Tode, sei es in einem Jenseits, durch Verschmelzung mit dem Gött-lichen oder über eine Wiedergeburt.

Die dritte Ebene dieses Analysemodells bezieht sich auf die Frage, ob sich mythische Dar-stellungen – transformiert – in ein wissenschaftsbasiertes Weltbild eingliedern lassen bzw. ob dies überhaupt sinnvoll oder gar notwendig ist. Zwar wurden schon in den vorchristlichen My-then Probleme thematisiert, die in ähnlicher Form auch heute im Zentrum der gesellschaftlichen Aufmerksamkeit und wissenschaftlicher Diskussionen stehen. Die Verschiedenheit, in vielen

---

[1] Vgl.: Popper, Karl Raimund: Alles Leben ist Problemlösen. Über Erkenntnis, Geschichte und Politik. 17. Auflage, München / Berlin 2015, 115-119. K. R. Popper hält das naturwissenschaftliche Wissen für das beste Wissen, das derzeit zur Verfügung steht, wenngleich er es als „Vermutungswissen" bezeichnet, da es keine „sichere Wahrheit" impliziert (115).
[2] Vgl.: Popper, Karl Raimund: Alles Leben ist Problemlösen. 2015, 44.

Bereichen auch die Unvereinbarkeit, der Grundannahmen und Regelsysteme der beiden Weltbilder ist jedoch nicht zu übersehen. Nichtsdestotrotz greifen zahlreiche Menschen jeglicher Herkunft sowie kulturellen und sozialen Zugehörigkeit nicht nur in bedrohlichen Situationen auf mythische Interpretationsmuster zurück – selbst wenn sie im Allgemeinen einer naturalistischen Daseinsdeutung anhängen. Eine große Rolle spielt dabei vermutlich die emotionale Verfasstheit. Scheinbar lassen sich über die symbolhafte Sprache der Mythen Gefühle wie Sehnsucht, Hoffnung, aber auch Ängste und Zweifel leichter verarbeiten als mit den objektivierten Begriffen der Wissenschaft. Zudem bieten mythische Erzählungen oft einfache, schnell umsetzbare Lösungen für komplexe Probleme, die bei genauerer Betrachtung in vielen Fällen im Grunde nur langfristig und mit erhöhtem Zeit- sowie Arbeitsaufwand, eventuell gar nicht lösbar sind. Einen Nutzen haben solche Lösungen dennoch. Sie ermöglichen zumindest kurzfristig emotionale Entlastung bei der ohnehin nicht leichten Bewältigung des alltäglichen Lebens.

Die Unvereinbarkeit von auf mythischen Vorstellungen gründenden Lebenseinstellungen oder Rechtfertigungen für Verhaltensweisen mit einer auf wissenschaftlicher Rationalität basierenden Daseinsdeutung führt jedoch spätestens dann zu Spannungen, wenn sich die betreffende Person oder Gruppe ihres zwiespältigen Weltbildes bewusst wird. Sinnvoll ist demnach eine Übersetzung, eine Transformation der über einen Mythos vermittelten Botschaft, wie sie im Übrigen während all der Jahrtausende stets stattgefunden hat, um die thematisierten Bedürfnisse ebenso wie die erwünschten Verhaltensweisen an die jeweilige soziale, ökonomische und politische Situation anzupassen. In den monotheistischen Religionen mit ihren unveränderbaren Heiligen Schriften geschah und geschieht dies hauptsächlich über eine Interpretation der Texte.

Transformationen in eine wissenschaftsbasierte Sichtweise gestalten sich jedoch schwierig, wenn die über einen Mythos vermittelten Hoffnung und Trost spendenden Erklärungen sowie Sicherheit und Orientierung vermittelnden Daseinsdeutungen eine Vorstellung von der Welt voraussetzen, wie sie zumindest der Naturwissenschaft fremd ist. Dazu zählt die Aussicht auf eine Besserung „wenn nicht in diesem, dann vielleicht in einem anderen Leben" ebenso wie das Vertrauen in ein hilfreiches Eingreifen von übernatürlichen Wesen oder der Glaube an eine vom Schicksal bestimmte Zukunft.

Neurobiologische, wissenschaftsphilosophische und sozialwissenschaftliche Untersuchungen deuten darauf hin, dass eine mythische Weltsicht ebenso zur rationalen Daseinsdeutung des Menschen zählt wie die wissenschaftsbasierte Weltanschauung. In beiden Fällen, so die Schlussfolgerung, handle es sich um Formen zur rationalen Erschließung und Bewältigung der Erlebenswelt – so sehr sich ihre Methoden und Grundannahmen sowie ihre Auffassung von Rationalität auch unterscheiden mögen. Davon ausgehend, dass der Großteil der Menschen in überschaubarer Zukunft kaum fähig ist, sich vollständig von einer mythischen Weltanschauung zu lösen, bedarf es rationaler Lösungen, wie mit dieser Form der Daseinsdeutung im Zeitalter der sogenannten „Wissensgesellschaft [3] " umgegangen werden könnte. Einen möglichen Lösungsansatz für den Umgang mit mythischen Weltanschauungen in grundsätzlich wissenschaftsorientierten Gesellschaften bietet die Transformation von mythischen Deutungen der sozialen Lebenswelt in moderne wissenschaftsbasierte Weltbilder im Sinne der kritischen Philosophie und mit rationaler Mythenkritik.

---

[3] „Knowledgeable societies" Der Begriff wurde vermutlich 1966 erstmals von dem Soziologen und Politikwissenschaftler Robert E. Lane verwendet.

Inhaltsverzeichnis

Einleitung

„Der Mythos ist eine eigenständige Form der Erklärung, keine wissenschaftliche Darstellung im mythischen Gewand."
Robert A. Segal[4]

Im Zuge der Aufklärung wurden mythische Weltdeutungen sukzessive in das Reich der Fabeln und Märchen verwiesen. Nach dem Philosophen Kurt Hübner herrscht in der wissenschaftlich-technischen Welt vielerorts die Auffassung, ihren Ursprung „der Tiefe des Gefühls, des Unbewussten, der Phantasie" zuzuschreiben, oder dass sie mit Begriffen gar nicht fassbar seien, während die Wissenschaft durch „Rationalität, Vernunft, Beweis, Über-prüfung, Objektivität, Klarheit und Exaktheit" besteche[5]. Doch wer den Mythos als eine mit den zum Zeitpunkt seiner Entstehung herrschenden Vorstellungen sowie zur Verfügung stehenden Kenntnissen interpretierte Abbildung eines Teilbereiches[6] der Weltsicht einer kleinen Gemeinschaft, eines Volkes, oder auch eines ganzen Kulturkreises charakterisiert, erkennt schnell, dass die Gleichsetzung mit einem reinen Phantasiegebilde seinen um-fassenden Funktionen und Beschreibungen realer Gegebenheiten wenig gerecht wird.

Zwei Grundkonzeptionen beherrschen derzeit die Diskussion um das Verhältnis von mythischen zu wissenschaftsbasierten Weltansichten:

1. Mythische Sichtweisen stellen eine konträre, mit dem wissenschaftlichen Denken unvereinbare, meist als dessen Vorstufe gedachte Weltanschauung dar. Als Teil der kultu-rellen Evolution wurden und werden sie im Laufe der Zeit sukzessive durch wissenschaftliche Erkenntnisse ersetzt.

2. Mythische Sichtweisen spiegeln eine komplementäre, alternative Daseinsdeutung wider und können durch ein wissenschaftsbasiertes Weltbild nicht ersetzt werden. So lassen beispielsweise neurobiologische Untersuchungen vermuten, dass zur rationalen Daseins-deutung und -bewältigung des Menschen sowohl wissenschaftliche, als auch mythische Betrachtungsweisen zählen.

Unvereinbar gilt sie jenen Positionen, die mythische Anschauungen entweder als „prä-logische" Denkweisen zu einer mangelhaften Vorstufe abwerten, oder aber als der „wahren" Welt näherstehend verklären. Als alternative, universal-menschliche Möglichkeit der Welt-deutung sehen sie hingegen jene, die das mythische Denken einer eigenen, der empirisch wissenschaftlichen Art von Erkenntnis komplementären Wahrnehmungskategorie zuordnen.

Inwiefern könnte nun eine „Dekonstruktion" und „Transformation"[7] mythischer Inhalte in das wissenschaftsbasierte Weltbild sinnvoll sein? Bezug nehmend auf das erste Modell bieten mythische Sichtweisen heutigen Wissensgesellschaften evolutionstheoretisch betrachtet keine Überlebensvorteile. Ihre Schlussfolgerungen und Handlungsanweisungen wurden durch mit den Ergebnissen wissenschaftlicher Forschung verträgliche Anschauungen ersetzt. Der Ver-

---

[4] Robert A. Segal: Mythos. Stuttgart 2007, 21.
[5] Vgl.: Hübner, Kurt: Die Wahrheit des Mythos. München 1985, 15.
[6] Dieser Teilbereich kann sich auf materielle Gegenstände belebter und unbelebter Natur ebenso beziehen wie beispielsweise auf soziale Gegebenheiten oder ethische Werte.
[7] Vgl. Grabner-Haider, Anton: Die wichtigsten Philosophen. Wiesbaden 2006, 247f. Grabner-Haider weist im Rahmen seiner Beschreibung der Theorie des Philosophen Jacques Derrida darauf hin, dass für den Erhalt des „Sprachspieles der Religion" die Dekonstruktion und Transformation von Textinhalte heiliger Schriften unbedingt notwendig ist.

such, etwas zu transformieren, das bereits ersetzt wurde, würde demnach einen Rückschritt bedeuten und wäre wenig sinnvoll.

Ein anderes Bild ergibt sich, wenn davon ausgegangen wird, dass es sich bei mythischen Vorstellungen um den Menschen inhärente, womöglich genetisch bedingte Sichtweisen handelt. Vorzugsweise sollten diese eine mit wissenschaftlichen Erkenntnissen nicht in Konflikt geratende Ergänzung bilden. Wäre es somit nicht vernünftig, nach Möglichkeiten zu suchen, sie über Transformationen dem in westlichen[8] Demokratien herrschenden wissenschaftsbasierten, humanistischen Weltbild anzupassen, gemäß der Redewendung: „If you can't beat them, join them"[9]?

Hier stellt sich vor allem die Frage, ob mythische Deutungen aufgrund ihrer sinnbildhaften Darstellung Individuen oder Gruppen auch ohne Rekurs auf transzendente Wesenheiten oder Bezugnahme auf normative Glaubensaussagen nicht nur einen emotionalen, sondern ebenso ethisch-demokratischen[10] Nutzen bei der Auseinandersetzung mit ihrer Erlebenswelt bieten können. Untersuchungen zeigen, dass mündlich tradierte Mythen durch Änderungen und Einfügungen ständig an die aktuelle Lebenswelt angepasst wurden und sich ihre Daseinsdeutungen im Laufe der Zeit mitunter vollkommen neu gestalteten – allerdings immer unter Bezugnahme auf transzendente Vorstellungen und Letztbegründungen. So fragt sich, ob der Mythos, seines Bezuges auf Wunschvorstellungen, göttliche Rechtfertigungen oder eine oft auch nur relative Transzendenz beraubt, nicht ebenso seine Funktion als Orientierungs- und Lebenshilfe verliert.

Es scheint zu den essentiellen Bedürfnissen der meisten Menschen zu zählen, alle Geschehnisse in und um sich herum begreifen zu wollen. Heutzutage lässt sich dieses Streben nach Erkenntnis vielerorts mit Hilfe der Wissenschaft befriedigen. Doch gerade der subjektiven Gefühlswelt des Menschen, seinen Ängsten und Hoffnungen, seinem Schmerz und seiner Freude – oft treibende Kraft bei der Entstehung von Mythen – scheint eine wissenschaftlich-deskriptive Beschreibung kaum gerecht zu werden.

Der Philosoph Thomas Nagel weist in seinem Artikel: „Wie ist es, eine Fledermaus zu sein? " darauf hin, dass niemand irgendetwas über fremdes Selbsterleben wisse, egal wie umfassend seine Kenntnis über den Aufbau des Gehirnes und die neuronalen Prozesse auch sein mag, weil sich die Erlebnis- und Gefühlsperspektive eines Anderen, dieses „Wie-es-sich-anfühlt" wissenschaftlich nicht beschreiben ließe[11]. Wenngleich diese Zustände physikalische Prozesse sind und physiologischen Gesetzen folgen, wie der Naturalismus nachvollziehbar darlegt[12], lassen sich subjektive psychische Erlebnisse nach wie vor nicht vollständig in einer objektiven neurophysiologischen Beschreibung erfassen, wenngleich der Wissenschaftstheoretiker Bernulf Kanitscheider bemerkt, dass eine Gruppe von Neurobiologen inzwischen davon ausgehe, alle subjektiven mentalen Phänomene könnten auf eine unpersönliche neuronale Ebene zurückgeführt, objektivierend beschrieben und kausal erklärt werden. Diese

---

[8] Der Begriff „westlich" im Zusammenhang mit Gesellschaften und Demokratien wird in dieser Arbeit für den geopolitischen Raum der Vereinigten Staaten, Kanadas und Europas verwendet. Die Grenzen sind hierbei fließend gedacht. Zu den Werten „westlicher" Gesellschaften zählen unter anderem Freiheit, Rechtsstaatlichkeit, Gleichheit, Toleranz sowie die Garantie der Grund- und Menschenrechte.

[9] Der Ursprung ist ungeklärt. Erstmals veröffentlicht findet sich das Sprichwort vermutlich in: Des Moines: Homestead. Iowa vom 13. Februar 1902.

[10] Im Sinne moderner Demokratien, mit dem Ziel die mittleren Freiheitsgrade jedes Einzelnen zu erhöhen.

[11] Vgl.: Nagel, Thomas: What is it like to be a Bat? In: The Philosophical Review. Vol. 83, No. 4, 1974, 435-450.

[12] Kanitscheider, Bernulf: Die Materie und ihre Schatten. Naturalistische Wissenschaftsphilosophie. Aschaffenburg 2007, 87.

„Naturalisierung des Geistes" betreffe neben der Innenperspektive auch Ästhetik, Sprache, Moral und alle anderen kognitiven Leistungen des Gehirns – selbst Willensentscheidungen und Handlungsfreiheit stünden in Zusammenhang mit Naturkausalität[13].

Die nachfolgende Untersuchung mythischer Weltdeutungen im Kontext moderner Mythenforschung und wissenschaftsbasierter Weltbilder stellt den Versuch dar, zu zeigen, dass ein Großteil der Menschen sich vermutlich niemals vollständig von einer mythischen Weltanschauung lösen kann. Sie mündet weder in einer Befürwortung, noch in einer Ablehnung mythischer Anschauungen, sondern will im Sinne einer rationalen Mythenkritik nach Lösungen suchen, wie mit dieser Form der Daseinsdeutung im Zeitalter der Wissensgesellschaft umzugehen ist. Denn ohne Zweifel bergen viele der auf mythischen Vorstellungen beruhenden religiösen und politischen Ideologien, Verschwörungstheorien oder pseudowissenschaftlichen Lehren, um nur einige Beispiele zu nennen, ein großes Gefahrenpotential. Wäre es somit nicht vernünftig, im Rahmen der praktischen Philosophie auf die Suche nach Wegen für einen sachlichen Umgang mit dieser Art der Weltanschauung zu gehen?

Eine Möglichkeit bietet ihre Integration, beispielsweise durch die Transformation mythischer Deutungen der sozialen Lebenswelt in das wissenschaftsbasierte Weltbild. In der vorliegenden Untersuchung geschieht dies am Beispiel der Themenkomplexe „Migration" und „Heldentum", deren mythische Deutungen in Relation zu modernen Theorien über bestehende Verhältnisse gesetzt werden.

Als Beispiel für eine mythische Weltanschauung dient das Weltbild keltischer Stammeskulturen, wie es sich aus den archäologischen und literarischen Zeugnissen auf dem Festland sowie insbesondere aus den inselkeltischen Überlieferungen erschließt. Eine Bezugnahme auf den Mythenschatz weiterer Kulturen hätte aufgrund des umfassenden Materials den Rahmen dieser Studie gesprengt. Aus denselben Gründen beschränken sich die Analyse der mythischen Erzählungen sowie die Transformation ihrer Kernaussagen in eine wissenschaftsbasierte Weltdeutung auf die Themenfelder „Migration" und „Heldentum". Auch mussten in Bezug auf aktuelle Theorien und heutige Heldenvorstellungen Schwerpunkte gesetzt sowie Lücken in Kauf genommen werden.

Es bleibt anderen überlassen, zu beurteilen, ob die Transformation mythischer Vorstellungen gemäß rationaler Mythenkritik in das wissenschaftsbasierte Weltbild eine sinnvolle Möglichkeit für den Umgang mit mythischen Daseinsdeutungen darstellt. Kaum zu bezweifeln ist jedoch, dass themenbezogene Mythenanalysen im Sinne der kritischen Philosophie einen Beitrag zu einem besseren Verständnis der Weltanschauung nicht nur vergangener und fremder, sondern ebenso bestehender Gesellschaften leisten.

---

[13] Kanitscheider, Bernulf 2007, a.a.O. 85-88.

I. Teil

Mythische Weltbilder im Diskurs

1. Ausgewählte zentrale Merkmale und Funktionen von Weltanschauungen

Die Enzyklopädie „Philosophie und Wissenschaftstheorie" von Jürgen Mittelstraß beschreibt „Weltanschauung" als „Bezeichnung für eine einheitliche vorwissenschaftliche oder philosophisch formulierte bzw. in unterschiedlichen philosophischen Systemen dargestellte Gesamtauffassung der Welt und der Stellung des Menschen in der Welt". Jedoch enthalte eine Weltanschauung nicht nur eine theoretische Erkenntnis der Welt insgesamt. Sie bilde auch die Grundlage für Wertungen und somit für Handlungsorientierungen sowie die Verwirklichung von Überzeugungen[14].

Der Philosoph Kurt Salamun konkretisiert die Weltanschauung als „System von kognitiven und normativen Orientierungsmustern, mit dessen Hilfe die Wirklichkeit in ihrer Komplexität reduziert und das Handeln interpretativ vorstrukturiert wird"[15].

Es zeigt sich, dass der Begriff „Weltanschauung" vieles zu umfassen scheint. Im allgemeinen wird darunter die Auslegung sowohl aller sinnlich wahrnehmbaren Gegebenheiten, als auch der transzendenten Erscheinungen verstanden. Der Begriff beinhaltet nicht nur die Religion und Mythologie samt der Kulthandlungen und Jenseitsvorstellungen einer Gemeinschaft, sondern ebenso ihre Ansichten über Gesellschaft, Umwelt, erklärbare und unerklärbare Phänomene.

Nach dem Sozialphilosophen Ernst Topitsch dienen Weltbilder als plurifunktionale Führungssysteme und stellen somit Orientierungshilfen in einer als chaotisch empfundenen Umwelt dar. Schon die Selbst- und Arterhaltung bei höheren Lebewesen folge solchen Führungssystemen in Form angeborener Auslösemechanismen. Sie würden den Zugang zu existenziellen Informationen verschaffen und angemessene Verhaltensweisen bewirken, meist in Verbindung mit starken Emotionen[16]. Beim Menschen werde die Aufgabe der plurifunktionalen Führungssysteme durch gedankliche Gebilde mit Hilfe soziomorpher, technomorpher und biomorpher Deutungen ersetzt. An der Stelle der instinkthaften Verhaltenssteuerung fungierten sozial-kulturell geprägte Führungssysteme[17].

Als wichtigste Weltanschauungsfunktionen bezeichnet Topitsch die Informationsvermittlung, die Handlungssteuerung und das emotionale Verhalten[18]. Auch die klassischen Formen der Philosophie stellten plurifunktionale Führungssysteme dar, die „eine Erklärung der Welt (oft einschließlich der Seele und des Erkennens) mit den Zielen der Handlungssteuerung und der Weltverklärung oder Weltüberwindung im Sinne ekstatisch-kathartischer Vorstellungen verbinden sollen"[19].

---

[14] Vgl.: Mittelstraß, Jürgen (Hg): Enzyklopädie. Philosophie und Wissenschaftstheorie. Band 4, Stuttgart 2004, 652.
[15] Salamun, Kurt: Fundamentalistische Weltanschauungen aus der Sicht von Karl R. Poppers Kritischem Rationalismus. In: Neck, Reinhard / Salamun, Kurt (Hg.): Karl R. Popper – Plädoyer für kritisch-rationale Wissenschaft. Frankfurt am Main 2004, 201-221.
[16] Vgl.: Topitsch, Ernst: Die Voraussetzungen der Transzendentalphilosophie. 2. Auflage, Tübingen 1992, 9.
[17] Vgl.: Topitsch, Ernst: Erkenntnis und Illusion. 2. Auflage, Tübingen 1988, 58f.
[18] Vgl.: Topitsch, Ernst: Die Voraussetzungen der Transzendentalphilosophie. 2. Auflage, Tübingen 1992, 9.
[19] Vgl.: Topitsch, Ernst: Erkenntnis und Illusion. 2. Auflage, Tübingen 1988, 125.

2. Ausgewählte zentrale Charakteristika, Theorien und Konzeptionen mythischer Weltbilder

Der Wahrheitsgehalt des Mythos besteht nicht in der wörtlichen Übereinstimmung des Ausgesagten mit den Fakten, sondern in der Angemessenheit der im Hörer gewöhnlich ausgelösten Verhaltensdisposition gegenüber dem vom Mythos gemeinten.
John Hick[20]

Dass sich der Terminus „Mythos" heutzutage nicht nur in der Alltagssprache auf unterschiedliche Bereiche beziehen kann, zeigen schon die zahlreichen Diskussionen um eine gültige Begriffsbeschreibung in den Kulturwissenschaften. Wissenschaftsphilosophisch betrachtet lässt sich aufgrund der Grenzen der Definierbarkeit nur eine Analyse erstellen. So bemerkt beispielsweise der Religionswissenschaftler Hans Gerald Hödl, das Wort „Mythos" sei kein Begriff, der sich entsprechend einer Kategorie nur auf einen einzigen Bereich anwenden ließe. Religionswissenschaftlich gesehen enthalte er zum einen die kosmologischen und anthropologischen Vorstellungen einer Gesellschaft, zum anderen die rituellen mit speziellen Handlungen und Zeichen[21].

Der Religionswissenschaftler Mircea Eliade nennt konkretere Charakteristika. So werde der Mythos seiner Meinung nach stets gelebt, erzähle von den Taten übernatürlicher Wesen, beanspruche absolute Wahrheit und beziehe sich immer auf eine Schöpfung, sei es jene einer Kulturtechnik, einer Institution oder auch eines Verhaltens. Dies ermögliche es, über seine Deutung alle lebensnotwendigen Fragen zu beantworten[22]. Dass Mythen nicht immer eine religiöse Funktion besitzen, betont der Philosoph Joseph J. Kockelmans. Mit Berufung auf die Sozialwissenschaften weist er darauf hin, dass es viele Mythen gebe, die zwar Ursprungs-mythen seien, Ihre Funktion jedoch nur in der Legitimation einer sozialen Sitte oder Institution bestünde[23].

Für Edmundo Magaña und Peter Mason übertragen Mythen das Wissen und die Vorstellungen einer Gesellschaft über sich selbst und über die Anderen in den Bereich einer fiktiven Realität[24]. Diese „Anthropologie des Imaginären" handle von ideologischen Kon-strukten, die keine nachvollziehbare Verbindung zur empirischen Welt hätten, sondern mit der Beschreibung des Menschen verflochten seien[25].

Der Paläontologe Heinrich Karl Erben teilte die Mythen gemäß ihrer Inhalte in zwei Kategorien: eine ursprünglichere surrealistisch-narrative, die eine Wiedergabe unterbewusster Traumbilder darstellt und keinen Bezug zu realen Phänomenen aufweist, sowie eine realistisch-interpretative, die auf bildhafte Weise empirische Phänomene zu erklären sucht, dabei jedoch aufgrund des mangelhaften Kenntnisstandes spekulativ und unzureichend

---

[20] Hick, John: Religion. Die menschlichen Antworten auf die Frage nach Leben und Tod. München 1996, 373.
[21] Vgl.: Hödl, Hans Gerald: Mythos. in: Johann Figl: Handbuch Religionswissenschaft. Innsbruck 2003, 571.
[22] Vgl.: Mircea Eliade: Mythos und Wirklichkeit. Frankfurt 1988, 30.
[23] Vgl.: Kockelmans, Joseph J.: Über Mythos und Wissenschaft. Eine hermeneutische Reflexion. In: Hans Lenk (Hg.): Zur Kritik der wissenschaftlichen Rationalität. Freiburg/München 1986, 90.
[24] Vgl.: Magaña, Edmundo / Mason, Peter: Myth and the imaginary in the New World: Latin America Studies; 34. Amsterdam 1986. In: Elke Mader: Mythen in Lateinamerika. Ethnologische Mythenforschung. Unter: lateinamerika-studien.at/content/kultur/mythen/mythen-titel.html; PDF-Version, 98.
[25] Vgl.: Magaña, Edmundo / Mason, Peter: Myth and the imaginary in the New World. Amsterdam 1986, 14.

bleibt[26]. Doch wenngleich H.K. Erbens Kritik zutreffend sein mag, so zeigt sich auch, dass mythische Überlieferungen ebenso den Anstoß für wissenschaftliche Untersuchungen darstellen können. Sie weisen auf empirische Sachverhalte hin, die einer Erklärung bedürfen. Entsprechend vermutete Ernst Topitsch, dass sich in einem mythischen Weltbild enthaltene, magische Vorstellungen durchaus auf empirische Sachverhalte gründen können, für die bisher keine wissenschaftlichen Theorien gefunden wurden[27]. Zudem hält H.K. Erben den Mythos für dogmatisch, weil er selbst die Möglichkeit einer kritischen Hinterfragung ausschließe[28].

Trifft dieses Kriterium tatsächlich für „den" Mythos zu? Oder müsste hier nicht zumindest zwischen mündlich und schriftlich überlieferten Mythen unterschieden werden? So findet sich beispielsweise in den *commentarii de bello Gallico* von C. Julius Caesar der Hinweis, dass die Druiden es für einen Frevel hielten, ihre Lehre der Schrift anzuvertrauen[29].

Für den Althistoriker Andreas Hofeneder ist der Grund offensichtlich. Mit Bezug auf indogermanische Parallelen und anerkannte Forschungsergebnisse geht er davon aus, dass nur eine mündliche Tradierung die „Beweglichkeit und Lebendigkeit" der Inhalte gewährleisten konnte[30]. Und E. Topitsch weist auf die Aussage des Sozialanthropologen Edward E. Evans-Pritchard hin, Glaubensanschauungen seien nicht starr, sondern würden Situationen ebenso berücksichtigen wie empirische Beobachtungen, und sogar Zweifel zulassen[31].

Im kleinen Konversationslexikon von Brockhaus aus dem Jahr 1911 ist zu lesen: „Mythus (griech., d.h. Erzählung, Überlieferung), im jetzigen Sprachgebrauch eine Erzählung, deren Mittelpunkt ein göttliches Wesen ist, dann der in konkreter Erzählungsform auftretende religiöse Glaube; daher Mythologie, der Inbegriff aller Erzählungen von Göttern und göttlichen Wesen, dann die Lehre von den Vorstellungen der Völker über ihre Götter..."[32].

Über ein halbes Jahrhundert später findet sich unter demselben Begriff im Großen Handlexikon von Bertelsmann folgender Eintrag: „die Götter- und Heroengeschichte der Frühkulturen. Weltauslegung und Lebensdeutung in erzählerischer Berichtsform"[33]. 2015 schließlich zeigen sich unter duden.de folgende Bedeutungen: „Mythos 1. Überlieferung, überlieferte Dichtung, Sage, Erzählung o. Ä. aus der Vorzeit eines Volkes (die sich besonders mit Göttern, Dämonen, Entstehung der Welt, Erschaffung der Menschen befasst); 2. Person, Sache, Begebenheit, die (aus meist verschwommenen, irrationalen Vorstellungen heraus) glorifiziert wird, legendären Charakter hat"[34]. Und das Wissen-Portal wissen.woxikon.de beschreibt den Mythos folgendermaßen: „Der Begriff Mythos ist aus dem Altgriechischen abgeleitet und bezeichnet die enge Verbindung des Menschen zum Göttlichen. Auch Personen oder symbolträchtige Ereignisse sowie Unwahrheiten werden als Mythos benannt"[35].

---

[26] Vgl.: Erben, Heinrich Karl: Episteme, Mythos und humane Zukunft. In: Lenk, Hans (Hg.): Zur Kritik der wissenschaftlichen Rationalität. Freiburg/München 1986, 34.
[27] Vgl.: Ernst Topitsch: Wie rational ist Magie? In: Lenk, Hans (Hg.): Zur Kritik der wissenschaftlichen Rationalität. Freiburg/München 1986, 70f.
[28] Vgl.: Erben: Episteme, Mythos und humane Zukunft. 1986, 43.
[29] Vgl.: Hofeneder, Andreas: Die Religion der Kelten in den antiken literarischen Zeugnissen. Band I – von den Anfängen bis Caesar. Wien 2005, 188. Caesar selbst vermutete, dass sie es taten, um zum einen ihr Gedächtnis zu üben, zum anderen weil sie nicht wollten, dass ihre Lehre unter das Volk gebracht wird.
[30] Vgl.: Hofeneder, Andreas: Die Religion der Kelten in den antiken literarischen Zeugnissen. Wien 2005, 197.
[31] Vgl.: Ernst Topitsch: Wie rational ist Magie? In: Hans Lenk (Hg.): Zur Kritik der wissenschaftlichen Rationalität. Freiburg/München 1986, 72.
[32] Brockhaus' Kleines Konversations-Lexikon, 5. Auflage, Band 2. Leipzig 1911., S. 235.
[33] Grosses Handlexikon in Farbe, Bertelsmann Lexikon-Verlag, Gütersloh 1979, S. 728.
[34] duden.de/rechtschreibung/Mythos#Bedeutung1 vom 03.02.2014.
[35] wissen.woxikon.de/mythos.

Es zeigt sich, dass der Begriff Mythos inzwischen eine zunehmend negative Bewertung erhalten hat, als Fiktion, Wunschdenken, Lüge. Schon Ende des 19. Jahrhunderts betonte Max Weber, dass es sich bei dem Begriff „Mythos" um das Ergebnis eines über lange Zeiträume allmählich Form gebenden, dichterischen Einfallsreichtum eines künstlerisch begabten Volkes handle, denn: „Wo die künstlerische Kraft fehlt, da findet auch der Mythos keinen Boden"[36].

---

[36] Quelle: Marianne Weber (Hg.): Max Weber: Jugendbriefe. Tübingen 1936, 206.

Funktionen von Mythen

„Religion ist das Bewusstsein für eine Wirklichkeit,
die unsere Welt transzendiert."
John Hick[37]

Im Unterschied zu Fiktionen, Märchen und Sagen erfüllen Mythen vielfältige Funktionen[38]. Sie bieten dem jeweiligen Kenntnisstand von Außen- und Innenwelt entsprechende, für rational gehaltene, nachvollziehbare Begründungen für zum Zeitpunkt ihrer Entstehung mit empirischen Methoden oft nicht zu erklärende Phänomene jeglicher Art, meist mit Berufung auf das Wirken höherer Mächte. Ihre Aufgabe ist es, einen Teilbereich der Weltsicht einer kleinen Gemeinschaft, eines Volkes, oder auch eines ganzen Kulturkreises abzubilden. Dabei spiegelt sich in mythischen Überlieferungen nicht nur die materielle, sondern ebenso die soziale Lebenswelt der betreffenden Gesellschaft wider. So dienen Mythen unter anderem dazu, Richtlinien für soziales Verhalten und Wertvorstellungen zu tradieren, Gebiets- und Herrschaftsansprüche zu legitimieren, als Basis für Gefühlsordnungen, Traditionen und politische Ziele bestimmter Gruppen zu fungieren.

Der Anthropologe Bronsilaw Malinowski[39] geht wie der Soziologe und Ethnologe Émile Durkheim von einem gesellschaftlichen Sachverhalt aus, der gewünschtes Sozialverhalten festlegen und die Kohäsion innerhalb der betreffenden Gruppe verstärken soll. Ebenfalls um den Schutz und die Stärkung der Verbundenheit einer Gemeinschaft durch die Rechtfertigung innergemeinschaftlicher Regeln und moralischer Vorstellungen geht es dem Anthropologen Alfred Radcliffe-Brown[40]. Malinowski betont zudem, dass Religion den Zweck erfülle, einer Gesellschaft insbesondere in schwierigen Zeiten Halt zu geben[41]. Auch würde sie den Menschen in Einklang mit der Natur bringen[42]. Émile Durkheim bindet die Identität einer Gesellschaft an ihre Traditionen. Sie würden symbolisiert durch heilige Dinge, die im Zentrum der jeweiligen Rituale stünden und deren Verehrung das Gemeinschaftsgefühl festige. Dabei könne es sich um Anschauungen ebenso handeln, wie um Orte, Zeiten, Lebewesen oder Gegenstände[43].

Mythen können Vorgaben für das Verhalten der einzelnen Mitglieder in der Gemeinschaft enthalten oder den Zusammenhalt des Stammes durch die Identifikation mit gemeinsamen Vorfahren stärken. Sie rechtfertigen bestimmte Handlungsweisen, begründen die Notwendigkeit von Verboten und erzählen, welche Konsequenzen ihre Missachtung bringen[44]. Gerald Hödl schreibt den Mythen unter anderem folgende Inhalte als Grundtypen zu: Erzählungen

---

[37] Hick, John: Religion. Die menschlichen Antworten auf die Frage nach Leben und Tod. München 1996, 17.
[38] Vgl. Susanna Berndt: Kunst und Mythos. Hamburg 2014, 178. Über die Bedeutung der Mythen.
[39] Vgl.: Malinowski, Bronislaw: Magie, Wissenschaft und Religion und andere Schriften. Fischer-Taschenbuch-Verlag 1983. Bronislaw Malinowski: Magie, Wissenschaft und Religion. Frankfurt 1973 Sammelband.
[40] Vgl.: Über Malinowski, Durkheim und Radcliffe-Brown: Beitrag vom 07.04.10. von Steffen Führding: Funktionale Ansätze. Gottfried Wilhelm Leibniz Universität Hannover, unter: rw-studieren.uni-hannover.de/funktionaleansaetze (ges. 07.2014).
[41] Vgl.: ebd.
[42] Vgl. Mader, Elke: Mythen in Lateinamerika. PDF, 61.
[43] Vgl.: Über Malinowski, Durkheim und Radcliffe-Brown: Beitrag vom 07.04.10. von Steffen Führding: Funktionale Ansätze. Gottfried Wilhelm Leibniz Universität Hannover, unter: rw-studieren.uni-hannover.de/funktionaleansaetze (ges. 07.2014).
[44] Vgl.: Grabner-Haider, Anton: Strukturen des Mythos. 1989, 114ff..

über Göttergestalten, Kosmologie im Sinne von Schöpfungsvorstellungen, Ursprung und Bewandtnis von Kulturleistungen und sozialen Einrichtungen, Interaktionen mit natürlicher und sozialer Umwelt sowie über Herkunft des Bösen und des Todes, über Sterblichkeit und Jenseitsvorstellungen[45].

Lange Zeit dienten Mythen dazu, zu begründen und zu beglaubigen, was war, was ist und was sein wird. Mit Hilfe mythischer Erzählformen wurde versucht, zu erklären, wie beispielsweise die Welt entstanden war, woher die Götter kamen, welche übernatürlichen Fähigkeiten sie hatten, welche Funktionen sie vertraten, wohin sie gegangen waren, welche Rituale sie aus welchen Gründen eingeführt hatten, wer die Menschheit erschuf oder wie die Kenntnisse über Ackerbau, Viehzucht und Handwerkstechniken zu den Menschen gelangten. Begabung und Aussehen der handelnden Personen erfuhren dabei häufig eine überzeichnete Darstellung, denn die übernatürlichen Eigenschaften und magischen Fähigkeiten unterstrichen ihren übermenschlichen, göttlichen Charakter und machten dem Zuhörer verständlich, dass er sich in einer mythischen Wirklichkeit befand, einer Welt, in der andere Gesetze herrschten.

Meist dienen die Beschreibungen von Handlungen und Entscheidungen der Protagonisten, ihren inneren Gefühlslagen und den äußeren Gegebenheiten, von positiven und negativen Konsequenzen als Begründung und Rechtfertigung für den Status quo einer Gemeinschaft, Gesellschaft oder ganzen Ethnie. Helden-, Königs- und Göttersagen erklären zudem oft die Herkunft eines Königsgeschlechtes (und legitimieren somit seinen Herrschaftsanspruch) oder des ganzen Stammes und stellen eine Basis für die Gesetzgebung dar. Des Weiteren helfen mythologische Überlieferungen und rituelles Brauchtum dem Einzelnen, von einer Lebensphase in die nächste zu wechseln und seelische Krisen zu überwinden. Ebenso versuchen sie, emotionale Prozesse zu erklären. In ihnen zeigen sich Angst vor Naturgeschehen und Schuldgefühle, weil ein heiliges Tier getötet wurde oder ein Mitglied der Gesellschaft gegen ein Tabu verstoßen hat, genauso wie positive Lebensgefühle als Dank für Fruchtbarkeit, Sinnlichkeit und Liebe oder die Sehnsucht nach einem besseren Leben in einer „jenseitigen" Welt. Es handelt sich um Antworten auf die Grundfragen jedes Menschen: „Woher komme ich?", „Wozu lebe ich?" und „Wohin gehe ich?".

Oft wurden Mythen von führenden Personen oder Gruppen eingeführt, um aktuelle oder beständige Problemfelder rational zu bewältigen[46]. Nicht zu unterschätzen ist zudem die Einflussnahme der vortragenden Personen auf ihr Publikum durch die Möglichkeit der Interpretation von Mythenstoffen[47]. So weisen verschiedene Versionen ein und desselben Mythos auf unterschiedliche Interessen der Erzähler oder Erzählgruppen hin. Gerade bei den Aufzeichnungen der inselkeltischen Überlieferungen zeigt sich beispielsweise oft der christliche Hintergrund ihrer Verfasser. Ein Umstand, der bei den Analysen und Deutungen stets gesondert zu berücksichtigen ist.

Zudem scheinen sich insbesondere mündlich tradierte Überlieferungen während ihres Gebrauches rasch an neue Gegebenheiten anzupassen, sei es durch Neuinterpretationen eines archaischen Themas, sei es durch Einfügen neuer Inhalte. Als Glaubenssysteme wachsen sie mit der Gesellschaft und werden durch neues Wissen sukzessive mit der Lebenswelt und den Bedürfnissen der Menschen in Übereinstimmung gebracht. Vielfach kommt es zudem zur

---

[45] Vgl.: Hödl, Hans Gerald: *Mythos*. In: Johann Figl: Handbuch Religionswissenschaft. Innsbruck 2003, 585.
[46] Vgl.: Grabner-Haider, Anton: Ethos der Weltkulturen, Göttingen 2006, 11.
[47] Vgl.: Firth, Raymond: The modern Construction of Myth. Bloomington 2001; Ausführliches über die Rolle der mythmaker.

Überlagerung von älteren Mythen durch, oft über einwandernde Gesellschaften, fremde Mythen oder zur Entstehung von neuen Mythen, wobei es unter Anwendung geeigneter Mythendeutungen in vielen Fällen möglich ist, die ursprüngliche Sozialstruktur und Kulturstufe der autochthonen Gesellschaft sowie Teile ihrer Verhaltenskodizes herauszulösen. Beispielsweise deutet die Erwähnung von Nahrungsquellen wie Fischen, Beeren und Wurzeln auf eine Wildbeutergesellschaft, während bei den Nomaden und Halbnomaden Erzählungen über die Wanderungen der Wildtiere und das Wirken der Schamanen verbreitet sind.

So sieht etwa die Philosophin Heide Göttner-Abendroth in Mythen keine zeitlich homogenen Erzählungen, sondern im Laufe der Zeit durch Überschichtungen immer wieder umgestaltete Gebilde. Sie geht davon aus, dass die Strukturveränderungen einem Prozess folgen, der nach speziellen Transformationsregeln vor dem Hintergrund politischer Umgestaltungen in realen Gesellschaften verläuft[48]. Dementsprechend stellen Mythen weder reine Fantasiegebilde, noch bloße Idealisierung historischer Ereignisse dar. Als Erklärungsmodelle bildeten sie die Daseinsdeutung der Lebenswelt einzelner Gesellschaften oder einer ganzen kulturhistorischen Epoche ab.

---

[48] Vgl.: Göttner-Abendroth, Heide: Die Göttin und ihr Heros. Die matriarchalen Religionen in Mythen, Märchen und Dichtung. Erweiterte Neuausgabe, Stuttgart 2011, 14.

Grundformen mythischer Weltbilder

Es ist davon auszugehen, dass naturreligiöse Erfahrungen die Urformen mythischer Weltdeutungen darstellen. Inzwischen wird der veraltete Begriff „Naturreligion" in den modernen Kulturwissenschaften wegen seiner Unbestimmtheit meist vermieden. Gebräuchlich ist eine begriffliche Unterscheidung in die einzelnen Glaubensvorstellungen, darunter Animismus, Totemismus und Schamanismus[49]. Aspekte dieser Vorstellungen finden sich jedoch in beinahe allen Glaubenssystemen, vielerorts in Form traditioneller Gebräuche und naturreligiöser Ansichten.

Ein gemeinsames Merkmal von Naturreligionen ist ihr Glaube an die Wirksamkeit von magischen Handlungen. Im Gegensatz zum religiösen Menschen, der bereit ist, sich dem Willen der Götter zu unterwerfen, versucht der Magier, ihn zu beeinflussen. Die Grundlage der Magie bildet der Glaube an die Fähigkeit, sich mit der Kraft eines Gedankens, Wunsches, Wortes oder einer Gestik die unsichtbaren Kräfte der Natur gefügig machen zu können. Dies geschieht beispielsweise mit Hilfe der nachahmenden Magie oder der Übertragungsmagie. Im ersten Fall wird der gewünschte Effekt durch eine Nachahmung desselben herbeigeführt. Nach dem „Gesetzt der Ähnlichkeit" soll auf diese Art das Original beeinflusst werden. Wird beispielsweise einem Abbild Schaden zugefügt, dann trifft dieser auch das Vorbild. Die Übertragungsmagie geht hingegen davon aus, dass ein Mensch ohne sein Wissen gezielt zu lenken ist, indem bestimmte Handlungen mit einem Objekt ausgeführt werden, das der Betroffene zuvor berührt hat. Dieses „Gesetz der Berührung" besagt, dass Dinge auch in der Entfernung fortfahren, aufeinander einzuwirken, sofern sie einmal miteinander in Kontakt standen. Die stärkste Bindung besteht somit verständlicherweise zwischen einem Menschen und allen Teilen seines Körpers. So könnte, wer etwa im Besitz von Haaren oder Nägeln eines Menschen ist, Macht über diese Person gewinnen, wo auch immer sie sich befinden mag.

Die Philosophin Heide Göttner-Abendroth wehrt sich gegen die abwertende Behauptung, der Glaube an „Magie" stelle ein Zeichen für die Unkenntnis von Naturgesetzen dar. Stattdessen legt sie dar, in einem Weltbild, das den Menschen als Teil einer Natur begreift, die nicht nur die physikalisch beschreibbare Materie, sondern zudem ein schöpferisches Wesen darstellt, sei alles miteinander verflochten und wechselseitig aufeinander bezogen. Dies ermögliche es, über rituelle Handlungen in einen symbolischen Dialog mit der Natur zu treten. Je stärker eine Übereinstimmung mit ihrem Wirken gelänge, desto wirksamer gestalte sich die magische Handlung, ein Umstand der konkrete Natur-Erfahrungen voraussetze. Im Gegensatz zu einer dualistischen Weltsicht würde dabei keine Trennung von innerer und äußerer Natur vorgestellt. Gemäß den Ausführungen von H. Göttner-Abendroth bezeichnet Magie den praktischen Gebrauch einer Spiritualität, der die Vorstellung von einer wechselseitigen, durch menschliches Handeln intensiver gestaltend lassenden Beziehung aller Kräfte und Wesen der Welt zugrunde liegt[50].

Eine magische Weltsicht bedarf eines Bezugspunktes in Form eines Glaubenssystems und ist von einem mythischen Weltbild vermutlich nicht zu trennen. Der Glaube an die Wirksamkeit von magischen Handlungen zeigt sich im Verlauf der Kulturgeschichte nicht nur in

---

[49] Vgl.: Hödl, H. G.: Mythos. In: Johann Figl (Hg.): Handbuch Religionswissenschaft, Innsbruck 2003, 586 ff.
[50] Göttner-Abendroth, Heide: Die Göttin und ihr Heros. Die matriarchalen Religionen in Mythen, Märchen und Dichtung. Erweiterte Neuausgabe, Stuttgart 2011, 26-28.

den immer zahlreicher und komplexer werdenden religiösen, sondern auch in vielen gesellschaftlichen Ritualen. Ein Ritual stellt eine zweckorientierte Handlungsabfolge dar, die von der Tradition vorgeschrieben und daher stets gleichbleibend ist. Ein Komplex von Ritualen, die miteinander verbunden und verwandt sind, wird als Zeremonie bezeichnet. Riten waren und sind nicht nur an die psychologischen Anschauungen der Gruppe angepasst, sondern auch an die physische Grundlage ihrer Existenz. Sie können außerdem archaische Vorstellungen über den Ursprung des Universums und der Welt enthalten.

Intensivierungsriten finden etwa bei besonderen Anlässen oder ungewöhnlichen Ereignissen statt, um die Gruppenbande durch spezielle Rituale und Zeremonien zu verstärken. Aufgabe der Schutzriten ist es, Unheil von Geistern und Dämonen, eine schlechte Ernte oder den Fluch eines Feindes abzuwehren, während Vertreibungsriten von bereits vorhandener Krankheit oder andauerndem Unheil erlösen. Und Reinigungsrituale wie das Springen durch ein Feuer dienen der Befreiung von negativen Kräften und Schuld[51].

Kaum einen Bezug zu magischen Vorstellungen haben Übergangsrituale. Sie dienen vor allem dazu, dem Menschen in Zeiten persönlicher Veränderung oder großer Umbrüche Orientierung und Halt zu geben. Dabei kann es sich beispielsweise um das Erlangen der Geschlechtsreife handeln oder den Eintritt in eine neue gesellschaftliche Position. Im Zentrum stehen die Aufgabe der bisherigen und die Aufnahme einer neuen sozialen Rolle. Meist wird der Betroffene zuerst entweder körperlich oder symbolisch von seiner bisherigen Position in der Gesellschaft getrennt und während des anschließenden Ausnahmezustandes von den normalen Sozialkontakten abgeschnitten. Hierauf folgt die Inkorporation, die Aufnahme des Betroffenen in eine neue soziale Gruppe und mit ihr der erneute Erwerb eines bestimmten Platzes in der Gesellschaft.

So führen etwa Initiationsriten junge Frauen und Männer in den Kreis der Erwachsenen ein. Ihre Aufgabe ist es vor allem, das Denken, Fühlen und Handeln der Jugendlichen durch die Verinnerlichung von in der Gesellschaft geltenden Sitten, Anschauungen und Antrieben mit den Bestrebungen der Gruppe übereinzustimmen. Dies jedoch, wie bei allen anderen Übergangsritualen, vor dem Hintergrund eines mythischen Weltbildes, zu dessen Funktionen die Rechtfertigung und Legitimierung von normierten Verhaltensregeln zählt[52]. Eine besondere Art des Übergangsritus stellen die Desakralisierungsriten dar. Ihre Funktion besteht darin übernatürliche Kräfte zu neutralisieren. Sie sind notwendig, um ein Medium, also eine Person, die in nahem Kontakt mit dem Transzendenten gestanden hat, in die normale Welt zurückzubringen. Der Glaube an die Wirksamkeit einer speziellen Handlungsabfolge führt zur magischen Reinigung des Mediums. Inwieweit sich religiöse und kirchliche Riten – sofern sie der Beeinflussung übernatürlicher Kräfte zur Erreichung eines konkreten Zieles dienen – von magischen Ritualen unterscheiden, wird kontrovers diskutiert[53]. Zu vermuten ist, dass Magie einen Bestandteil der Religion darstellt und beide sich auf ein mythisches Weltbild beziehen.

---

[51] Vgl.: Heiler, Friedrich: Erscheinungsformen und Wesen der Religion. Stuttgart 1979, 181-186.
[52] Vgl.: F. Heiler, a.a.O. 204-208.
[53] Vgl.: F. Heiler, a.a.O. 230-238.

Animistische Vorstellungen

Animistische Vorstellungen finden sich in verschiedenen Teilen der Welt bis zum heutigen Tage. In Sulawesi beispielsweise wie auch etwa in Mexiko lebt eine nicht zu unterschätzende Industrie von einem animistisch beeinflussten Totenkult. In beiden Fällen zählen die animistischen Vorstellungen zu einem umfassenderen Glaubenssystems, obwohl es in entlegenen Gebieten immer noch kleinere Ethnien gibt, die eine rein animistische Weltsicht haben.

Animismus bezeichnet den Glauben an geistige Wesen (Seelen oder Geister), die Tiere und Orte bewohnen oder frei herumschweifen. Dabei wird sowohl Tieren und Pflanzen, als auch unbelebten Dingen eine geistige Komponente zugeschrieben. Im animistischen Weltbild ist die Welt der Menschen mit der Welt der Geister verschmolzen. Sie existieren beide zur gleichen Zeit an denselben Orten.

Weit verbreitet ist der Glaube an eine amoralische (weder gute noch böse), unpersönliche, übernatürliche Kraft, die mit keinem individuellen Geist verbunden ist. Sie ist überall vorhanden und kein Eigentum von einer bestimmten Person oder einem Geist. Die Südseeinsulaner bezeichnen sie als *Mana* und die Batak auf Borneo als *Tondi*. Diese Kraft befindet sich mit unterschiedlicher Intensität in Lebewesen und Dingen, aber auch in Ereignissen, Naturkräften und Göttern. Da es sich bei ihr um kein übernatürliches Wesen mit einer persönlichen Identität handelt, wird sie nicht verehrt und bekommt auch keine Opfer. Sie dient unter anderem dazu, alles Außergewöhnliche und Bemerkenswerte zu erklären und wird daher auf alles Mögliche angewandt[54].

Im Gegensatz dazu sind Naturgeister oft mit menschlichen Kennzeichen versehen, obwohl sie keinen menschlichen Ursprung haben. Sie wohnen in Steinen, Bergen und Gewässern, haben ihren Sitz in Tieren und Pflanzen oder wandern ungebunden in der Gegend herum. Häufig werden sie zudem mit natürlichen Gegebenheiten der äußeren Umwelt wie dem Wind identifiziert. Sie können hilfreich sein oder übelwollend. Letztere sollen durch bestimmte Handlungen besänftigt werden. Beispielsweise lassen bei keltischen Stammeskulturen die zahlreichen Kulte von Gewässern, Bergen[55], Bäumen und zoomorphen Gestalten auf Spuren einer animistischen Weltanschauung schließen. In Flüssen, Seen und Mooren, aber auch am Fuß von Bergen wurden viele, teilweise sehr wertvolle Votivgaben entdeckt.

Einige Inschriftentafeln nennen Baumgottheiten[56] und die meisten Kultstätten befanden sich in heiligen Hainen unter freiem Himmel. Berge und Hügel stellte man sich als Sitz von göttlichen Wesen vor. Zu bestimmten Zeiten fanden auf ihnen Reinigungs- und Fruchtbarkeitsriten statt. Unter ausgewählten Bäumen erkundeten die Druiden das Schicksal, sprachen Recht und brachten den Göttern Opfer dar. Im Zentrum einer Siedlung vermittelte der Schutzbaum Lebenskraft und Fruchtbarkeit. Er sollte die Menschen wahrscheinlich mit der „Anderen Welt" verbinden.

---

[54] Vgl.: Urban, Otto H.: Religion der Urgeschichte. In: Johann Figl (Hg.): Handbuch Religionswissenschaft, Innsbruck 2003, 88-94. Quack, Anton: Ozeanien. In: Grabner-Haider Anton / Prenner Karl (Hg.): Religionen und Kulturen der Erde. Darmstadt 2004, 249-254.

[55] Zu den Berggottheiten zählen *Deus Vosegus* als Gott der Vogesen, *Dea Arduinna* als Ardennengöttin, die Gottheiten des *Donon* in den Vogesen, *Dea Abnoba* als Schwarzwaldgöttin und die vielen Bergnamen nennenden Beinamen der Gottheiten mit römischen Namen wie Mars *carrus* (von vorkeltisch *karr:* Steine und Alpen), *Apollo Alpinus* oder *Jupiter Poeninus* vom großen St. Bernhard.

[56] Z.Bsp. Inschriften aus den Pyrenäen: *deus Fagus* (Gott der Buche), *deus Sex Arbores* (sechsbäumige Gott), *deus Robur* (Eichengott), *deus Alisanus* (Hausebereschengott), *Abellio* (Apfelbaumgott).

Auch der Gewässerkult spielte bei den Kelten eine wichtige Rolle. Weihefunde und Heiligtümer in unmittelbarer Nähe von Gewässern sind reich belegt. Besondere Verehrung genossen warme Quellen. Es gibt Weihesteine für den *Dravus* (die Drau), den behornten *Danuvius* (die Donau) und den *Rhenus* (der Rhein). Letzterer wird als „zweigehörnter", eventuell stiergestaltiger *Nympharum pater amniumque* (Vater der Nymphen und Flüsse) bezeichnet. Die *Mosella* (Mosel) stellte man sich „horntragend" vor, während die irischen Flüsse *Shannon* und *Boyne* ihren Namen von Frauen erhielten, die von der Quelle ertränkt worden waren, nachdem sie diese entweiht hatten. Dass auch Pflanzen magische Kräfte zugeschrieben wurden, darauf deuten die zahlreichen Rituale, die bei ihrer Ernte ausgeführt werden mussten. Vermutlich galt die Vorstellung, in ihnen wirkten magische Kräfte.

Zudem gibt es in den inselkeltischen Überlieferungen Hinweise, die auf den Glauben an eine „Dingbeseelung"[57] schließen lassen. Es werden Gegenstände und Waffen beschrieben, die besondere Eigenschaften besitzen[58]. Darunter befinden sich Tapferkeit und Keuschheit testende Stäbe, immer treffende Speere, unsichtbar machende Kleidung, eine Harfe, deren Klänge die Jahreszeiten und die Gefühle beherrschen, aber auch Kessel, die fähig sind, Weisheit, Unsterblichkeit oder ewige Nahrung zu spenden[59]. Die magischen Eigenschaften wurden den Dingen entweder von einem ihnen innewohnenden Geist verliehen, oder sie besaßen eine eigene Seele. Einer der christlichen Verfasser bemerkt beispielsweise, dass die Waffen früher als Schutzgötter verehrt worden wären und aus diesem Grund Dämonen aus ihren Waffen sprächen[60]. Der Glaube, in leblosen Objekten und Zeichen könnten bestimmte Kräfte wirken[61], findet sich aller Aufklärung zum Trotz selbst in den Gesellschaften westlicher Demokratien bis zum heutigen Tage. Zu denken ist neben dem blühenden Handel von Talismanen und Amuletten, auch an die Beliebtheit von beispielsweise Heilsteinen.

---

[57] Begriff „Dingbeseelung" aus: Birkhan: die Kelten 1997, 809ff., Kesselkult und „Dingbeseelung".

[58] Die erste Schlacht und ihre Folgen: der Speer von *Lugh*, das Schwert des *Nuada*; Der Sagenkreis um *Arthur* und die Ritter der Tafelrunde: *Arthurs* Schwert *Excalibur*; *Tain Bo Cuailnge*: Der *Gai Bolga* von *CuChulainn* u.v.m.

[59] Die erste Schlacht und ihre Folgen: Der Kessel von *dem Dagda* und seine beseelte Wunderharfe, der Stein von *Fal*; Das *Taliesin* Epos: Der Kessel der *Cerridwen*; Erzählungen über die Bewohner der „Anderen Welt": Der magische Zweig von *Cormac*.

[60] Vgl. Thurneysen. 1921.

[61] Vgl.: Pauli, Ludwig: Keltischer Volksglaube, München 1975, über die magischen Eigenschaften von Gegenständen und Zeichen; Lengyel 1994.

Ahnenkult[62]

Die Verehrung der Ahnen trägt nach dem Ethnologen Anton Quak über das Ritualwesen einen religiösen Aspekt in Form des Ahnenkultes und einen gesellschaftlichen über die verwandtschaftliche Zugehörigkeit in Form der Ahnenverehrung. Vom Totenkult unterscheide sich der Ahnenkult, indem auch Vorfahren verehrt werden, die bereits lange verstorben sind, und mythische Vorfahren, etwa Stammesgründer oder Kulturbringer. Um als Ahn verehrt zu werden, bedürfe es bestimmter Voraussetzungen, etwa das Erreichen eines hohen Alters, das Hinterlassen einer großen Nachkommenschaft oder das Vollbringen außergewöhnlicher Taten. Die Verehrung gründe auf der Vorstellung, dass die Ahnen weiterhin am Leben der Stammesmitglieder teilhaben. So werden sie bei Entscheidungen um Rat gefragt und bei negativen Ereignissen um Hilfe gebeten. Auch wachen sie über die Einhaltung der Traditionen und bestrafen jedes Vergehen.

Da die Verletzung eines Tabus oder die Nichtbeachtung ritueller Vorgaben nicht nur Unheil über den für das Vergehen Verantwortlichen, sondern ebenso über seine Familie, die Sippe oder sogar den gesamten Stamm bringen könne, sei es von großer Bedeutung, die Ahnen durch besondere Opfer schnell zu versöhnen. Noch heute fände sich die rituelle Ahnenverehrung als Bestandteil zahlreicher Religionen[63].

---

[62] Vgl.: Quack, Anton: Ethos der Stammeskulturen. In: Grabner-Haider, Anton: Ethos der Weltkulturen. Göttingen 2006, 46.
[63] Vgl.: Grabner-Haider, Anton: Afrika. In: Grabner-Haider Anton / Prenner Karl (Hg.): Religionen und Kulturen der Erde. Darmstadt 2004, 257-266.

Totemismus

In den letzten Jahren des 19. Jahrhunderts widmeten viele Anthropologen ihre Aufmerksamkeit insbesondere dem Totemismus. Das Auftauchen beinahe jedes Tieres in einem Mythos oder Ritual wurde als totemistisches Relikt gedeutet. Totemismus ist die Bezeichnung für den Glauben an eine spezielle Beziehung zwischen Menschen und Naturobjekten wie einer Pflanze oder einem Tier. Es handelt sich um die Vorstellung von einer mythischen Verwandtschaft und Schicksalsgemeinschaft zwischen den Mitgliedern eines Clans, einer Sippe oder eines Stammes und ihrem „Totem[64]". Eventuell stellt er jedoch nur einen Aspekt der Ausdrucksform eines viel umfassenderen Prinzips dar, das sich im „Herrn" oder der „Herrin der Tiere" genauso zeigt wie im persönlichen Schutzgeist.

In einer totemistisch geordneten Gesellschaft werden den verschiedenen Clans oder Gruppen halb tierische, halb menschliche Ahnen zugedacht, von denen die gleichnamige Tierart ebenfalls abstammt. Häufig wurden die Tiere als Brüder und Schwestern bezeichnet[65]. Sie dürfen nur zu besonderen Zeiten rituell getötet und gegessen werden. Verboten ist auch die Heirat innerhalb der Totemgruppe. Aber die Tiere sind nicht nur Nachfahren der Totemahnen, sondern auch große Lehrer. Oder sie wurden ausgeschickt, um eine Botschaft zu überbringen. Ebenso könnte es sich bei dem Tier, egal ob Schlange, Vierbeiner oder Vogel, um einen verwandelten Schamanen handeln, oder um einen Schutzgeist, der einen Jäger warnen will.

Die soziale Einheit übernimmt den Namen ihres Schutztieres, um an seinen besonderen Kräften teilzuhaben. In einigen Fällen besteht die Vorstellung, dass die Seelen der Vorfahren in den Schutztieren weiterleben. Auch Einzelpersonen können ein Schutztier haben, in dessen „Lebenswelt" sie mit Hilfe von Ekstasezuständen eintreten, um Rat bei einem Problem, einen Blick in die Zukunft oder Informationen über das Jenseits zu erhalten. Diese Vorstellungen finden sich besonders ausgeprägt bei Wildbeutergesellschaften und Nomaden. Nachdem ein wildes Tier bei der Jagd getötet worden war, wurden alle seine Teile verwertet: die Sehnen für Stricke, die Zähne für Schmuck, die Knochen für Werkzeuge, das Fleisch für Nahrung und die Haut für Kleidung oder Zelte. Das Tier wurde durch seinen Tod und die Verarbeitung seines Körpers ganz in das menschliche Leben überführt, während es in den Mythen der großen Jagd als geistiger „Vater" auftrat.

So ist etwa aus der indischen Tradition ein „Rinder-Eid" bekannt. Das Mahabharata erzählt, König Dharma (Gesetz) sei zu dem „Stier unter den Königen" geworden, nachdem er unter dem Vieh gelebt und sich von Gerste und Kuhfladen ernährt hatte. Wer Rinder weggeben wollte, musste Dharma nachahmen, indem er drei Tage und drei Nächte dem Rindereid gehorchte. Unter anderem hatte er dazu eine Nacht mit den Rindern auf dem Boden zu schlafen, ohne sich zu kratzen; eine andere Nacht von Wasser, Kuhfladen und Rinderurin zu leben. Das Ritual endete mit dem Ausruf: „Die Kuh ist meine Mutter, der Stier mein Vater"[66].

Nicht jede Erwähnung oder Darstellung eines Tieres muss aber gleich ein Hinweis auf totemistische Vorstellungen sein. Ebenso kann es sich um Kriegermagie, Jagdzauber oder Tiermaskierungen handeln. Außerdem ist davon auszugehen, dass Menschen, die Viehzucht

---

[64] Der Begriff wurde 1791 durch den Forscher John Long geprägt. Vgl.: Urban, Otto H.: Religion der Urgeschichte. In: Johann Figl (Hg.): Handbuch Religionswissenschaft, Innsbruck 2003, 92-99.
[65] Vgl.: Grabner Haider, Anton: Strukturen des Mythos, Frankfurt, 1989, 35f.
[66] Vgl.: Birkhan, Helmut: Kelten, Wien, 1997, 705; Michael H.: Hinduismus. In: Grabner-Haider Anton / Prenner Karl (Hg.): Religionen und Kulturen der Erde. Darmstadt 2004, 136-144.

betrieben und auf die Jagd gingen, die individuellen Eigenschaften der verschiedenen Tiere genau kannten. Wahrscheinlich hofften sie, durch das Tragen eines Tiernamens oder eines bestimmten Tierteiles wie Zahn oder Kralle, die entsprechenden Fähigkeiten des Tieres auf sich selbst übertragen zu können.

Auch das keltische Quellenmaterial enthält verschiedene Hinweise auf totemistische Vorstellungen. Sie finden sich etwa in der Namengebung[67] sowohl von Stämmen, als auch Personen. Zudem tragen viele mythische Gestalten[68] den Namen eines Tieres oder sind auf andere Art mit einer speziellen Tierart verbunden[69]; und es existieren im gesamten keltischen Siedlungsgebiet zahlreiche Tierdarstellungen, sei es als Schlagmarke auf einer Schwertscheide, sei es als Helmaufsatz, Kleinbronze oder Fibel. Neben tiergestaltigen Verzierungen waren auch Amulette aus Tierknochen und -hörnern sehr beliebt. Die meist männlichen Tierdarstellungen verkörperten Kraft und Wildheit, zugleich dienten sie als Sinnbild für die zeugende Fruchtbarkeit.

Die bei einigen Gottheiten abgebildeten Begleittiere sollten wahrscheinlich eine besondere Eigenschaft oder Fähigkeit der Gottheit symbolisieren. Sie konnten aber auch stellvertretend für eine bestimmte Gottheit auftreten oder in Form von kleinen Tierstatuetten als Weihegaben dargebracht worden sein. Zu den bekanntesten Gottheiten gehören *Epona* und *Cernunnos*. Die gallische Diana erhielt für jedes erlegte Tier ein festliches Opfer. Es heißt, dass sie als Anführerin der „wilden Jagd" durch den Wald stürmte. Inschriftlich genannte Bärengottheiten sind die Göttinnen *Andarta*[70] und *Artio*. Durch das regelmäßige Verschwinden des Bären im Winter konnte er ein Symbol für den Wechsel der Jahreszeiten, den Mond oder die Unsterblichkeit der Seele und ihre Wiedergeburt gewesen sein.

Gregor von Tours[71] beschreibt, in Autun sei zur Erhöhung der Fruchtbarkeit der Äcker und Weingärten das Bild einer Göttin in einem Wagen herumgeführt worden, während die Gläubigen vor ihm sangen und tanzten[72]. Vermutlich trugen dabei einige Teilnehmer auch Tiermaskierungen, um sich in Fruchtbarkeitstiere zu verwandeln. In diesem Zusammenhang

---

[67] Vgl.: Birkhan, Helmut: Kelten, Wien, 1997, 881, wie der mittelirische Stamm der *Bibraige* und der britannische Stamm der *Bibroci*, „Bibervolk", aber besonders bei Pflanzennamen als Personenbezeichnung wie mittelirisch *mac Daro*, „Sohn der Eiche", *mac Cairthin*, „ Sohn der Eberesche", *mac Cuill*, „Sohn der Hasel".... aber auch *dar Chairtinn*, „Tochter der Eberesche", *dar Ibair*, „Tochter der Eibe".... altkymrisch *Guidgen*, „Baumsohn", *Guerngen*, „Erlensohn"....gallisch *Abalus* und *Abalica* nach dem Apfelbaum, *Betulius, Betullus, Betulo, Betuvius*... nach der Birke, *Derva* und *Dervius* nach der Eiche.

[68] Die Namen der mythischen Könige *Math* und *Arthur* aus walisischen Überlieferungen lassen sich eventuell mit dem keltischen Namen für „Bär" in Verbindung bringen. Der Name des Helden *CuChulainn* bedeutet *Culanns* Hund.

[69] Nach Birkhan, Helmut: Kelten, Wien, 1997, 878f. finden sich sogenannte „Tiersympathien" in den Erzählungen von *Finn mac Cumaill*, dem Hochkönig *Conaire Mór* und in der *Ulster*-Sage. Bei *Conaire* handelt es sich um ein Vogeltabu, in der *Finn*-Sage um die Hirschsympathie des Haupthelden und seiner Verwandtschaft sowie um die Ebersympathie von *Diarmait*, aber es herrscht kein Rotwildtabu und in der *Ulster*-Sage um eine Hunde- oder Wolfssympathie, wobei der Hund sogar das Totemstier von *CuChulainn* gewesen sein könnte, weil es ihm verboten war Hunde zu töten oder ihr Fleisch zu essen. Der Hund oder Wolf gehörte als kriegerisches Symboltier zum Wolfskriegertum, aber vielleicht zeigen sich hier auch Reflexe alter Hirtenkulte. Außerdem scheint es nach der Erzählung *Noinden Macha* die Vorstellung von einer hippomorphen Mutter-, Landes- und Herrschaftsgöttin gegeben zu haben, worauf auch *Eochaid*, der Würdename des Herrschers, und seine rituelle Verbindung mit der Landesgöttin in Gestalt einer weißen Stute hinweisen.

[70] *Andarta*, „die einen Bären in sich hat", aus dem Dép. Drôme der Gallia Narbonensis.

[71] Gregor von Tours lebte von 538-594. Von ihm stammt das Werk *In gloriam confessorum*.

[72] Die *Passio Symphoriani* entstand wahrscheinlich im 5.Jh.

ist es interessant, dass die christliche Kirche[73] noch im achten Jahrhundert öffentlich das sicher in die heidnische Zeit zurückreichende „cervulum facere" verurteilte. Es schien entweder mit einem alten Jagdzauber oder einem Fruchtbarkeitskult zusammenzuhängen, bei dem sich die Menschen mit Hirschmasken und Hirschgeweihen maskierten. So sprach sich Aldhelm von Malmesburg (gest. 709) in einem Brief gegen die Verehrung von Schlange und Hirsch, vor allem durch Verkleidungen, aus.

---

[73] Bei Caesarius von Arles (470-543), in den Akten des Konzils von Auxerre (578), in den Viten der Heiligen Hilarius von Gévaudan (gest.540), Eligius (um 675 verfasst) und Pirmin (gest. 753).

Schamanismus

Um die Vorstellungswelt des Schamanen und seine damit verbundenen Aufgaben verstehen zu können, ist es notwendig, mit Hilfe der vorhandenen Ergebnisse wissenschaftlicher Untersuchungen[74] ein allgemeines Bild über den Schamanismus zu entwerfen. Die Rolle des Schamanen als Vermittler zwischen den Menschen und den übernatürlichen Wesen findet sich in Nordamerika genauso wie in Indonesien oder Ozeanien. Seine weltweit stärkste Ausprägung erhielt der Schamanismus jedoch in Zentral- und Nordasien.

Bei den sibirischen Jäger- und Fischergesellschaften stand er im Mittelpunkt des magisch-religiösen Lebens. Nach ihrer Vorstellung bewohnten zahlreiche gute und böse Geister den gesamten Kosmos. Um nicht gegen den Willen der übernatürlichen Wesen zu handeln, baten sie ihren Schamanen, diesen zum Wohl der Gemeinschaft zu erkunden. Er versuchte, die Geister mit Hilfe seiner magischen Fähigkeiten nicht nur zu besänftigen, sondern auch in seine Gewalt zu bringen. Aber der Schamane hatte auch noch andere Aufgaben zu erfüllen. Er half den Jägern, indem er den Aufenthaltsort der wilden Tierherden erkundete und die Tiere anlockte. Dazu bildete er ihre Gestalt in Holz oder anderem Material nach und bannte darin ihre Seelen.

War jemand gestorben, führte er seine Seele in das Totenreich, damit sie nicht unter den Lebenden herumgeisterte und sie beunruhigte. Er brachte auch die Seelen der Opfertiere zu den Geistern, suchte verlorene Herdentiere und machte Diebe ausfindig. Man erwartete von ihm absolute Selbstbeherrschung, Taktgefühl und ein würdevolles Auftreten. Außerdem hatte er als Zeichen seiner Überlegenheit vollkommen gesund zu sein. Im Grunde genommen konnte jedes Mitglied der Gesellschaft ein Schamane werden. Der Betroffene entdeckte seine Berufung durch eine Vision oder durch einen Traum. In den meisten Fällen kam er aus einer Familie, die schon einen großen Schamanen hervorgebracht hatte. Das lässt drauf schließen, dass die Bestimmung zum Schamanen hauptsächlich durch Vererbung erfolgte. Hintergrund dürfte der Glaube gewesen sein, dass die Hilfsgeister des Schamanen im Tod auf einen seiner Nachfahren übergingen.

Der Schamane hatte auch die Aufgabe, alle Gesänge und Überlieferungen seines Volkes zu hüten und vorzutragen. Es ist anzunehmen, dass die innere Welt des Schamanen bei der Bildung dieser mythischen Überlieferung eine große Rolle gespielt hat. In Anbetracht des langen Zeitraumes, in dem der Lebensunterhalt größtenteils von der Jagd bestritten wurde, ist es nicht verwunderlich, dass sich Reste schamanoider[75] Vorstellungen noch in den Mythologien der Hochkulturen finden. In den inselkeltischen Überlieferungen zeigen sie sich vor allem in ekstatischen und mantischen Praktiken, beispielsweise im Rahmen von Wahrsageritualen oder Zukunftsschauen[76].

---

[74] Vgl.: Campbell, Joseph: Mythologie der Urvölker. Die Masken Gottes Band 1. München 1996; Prytz Johansen, Jørgen: Primitive Religion II. Schamanismus. In: Jes Peter Asmussen (Hg): Handbuch der Religionsgeschichte. Band 1, Göttingen 1971, 80-84.
[75] Nach Birkhan, Helmut: Kelten. 3. Auflage Wien 1999, 939.
[76] Vgl. Berndt, Susanna: Kunst und Mythos, Hamburg 2014, auch Birkhan, Helmut: Kelten. 3. Auflage Wien 1999, 934-940.

Der Mensch ist nach heutigem Kenntnisstand das einzige Lebewesen, das die Fähigkeit besitzt, über die freie Zusammenstellung von einzelnen Kommunikationssignalen neue Aussagen und Sinngehalte zu generieren. Von besonderer Bedeutung ist hierbei die Sprache. Als Überbegriff verbalen, körperlichen und verhaltenstechnischen Ausdruckes kann sie jedoch nach Ansicht des Religionsphilosophen Anton Grabner-Haider nur im Kontext mit der zugehörigen Lebensform und ihrer Lebenswelt verstanden werden[77].

Sie sei es, aus der nach Auffassung des Philosophen Ludwig Wittgenstein das „Sprachspiel" Mythos entstehe[78]. Wittgenstein geht davon aus, dass die Bedeutung eines Begriffes zu verstehen, zumeist die Kenntnis der Regeln seines Gebrauches voraussetze. Innerhalb von Sprachspielen seien diese Regeln jedoch oft nicht explizit festgehalten, weil sprachliches Verhalten durch Erziehung innerhalb einer Sprachgemeinschaft nach Regeln angeeignet werde, deren Festlegung durch die Ausbildung bestimmter Sprachformen erfolgte. So richte sich die Bedeutung eines sprachlichen Ausdruckes nach der Rolle, die dieser in einem Sprachspiel einnehme[79].

Mündliche wie schriftliche Überlieferungen lassen darauf schließen, dass im magisch-mythischen Denken bestimmten sprachlichen Äußerungen besondere Macht zugekommen sein dürfte. Oft stellte die Nennung des wirklichen Namens eine Art Tabu dar. Denn es heißt, dass es möglich war, durch das Aussprechen des Namens über den Namensträger Macht zu gewinnen.

So schreibt beispielsweise die indische Tantratradition dem Namen magische Kräfte zu[80]. Nach einer ihrer mystischen Disziplinen soll die Aussprache eines Gottesnamens bewirken, dass dieser erscheint und seine Kraft tätig wird, denn der Name sei die hörbare Form des Gottes selbst. Die Kabbala[81] verbreitete den Glauben, dass man sich die Kraft von Dingen und übernatürlichen Wesen wie Engeln oder sogar Gottes durch das richtige Aussprechen ihrer Namen zunutze machen könnte. Liest man sich die Schöpfungsgeschichte des Johannesevangeliums durch, stellt sich die Frage, ob der Name eines Objektes nicht schon vor seiner Verkörperung bestanden hat, denn es heißt: „Im Anfang war das Wort und das Wort war bei Gott und Gott war das Wort". Gemäß alttestamentarischer Auffassung entstand die Welt durch das Nennen der Namen ihrer Bestandteile. So sprach Gott etwa: „Es werde Licht. Und es wurde Licht"[82].

---

[77] Vgl.: Grabner-Haider, Anton: Strukturen des Mythos. Frankfurt 1989, 440.
[78] Vgl.: Wittgenstein, Ludwig: Philosophische Untersuchungen. Berlin 2011, Mittelstraß, Jürgen (Hg): Enzyklopädie. Philosophie und Wissenschaftstheorie. Band 4, Stuttgart 2004, 66f. Sprachspiele sind „Vergleichsobjekte" oder „Muster" für Weltansichten und Lebensweisen zugleich, insofern sie die Verständlichkeit der Gebrauchssprache durch paradigmatische Rekonstruktion ihres „Sitzes im Leben" ihrerseits verständlich machen. Untereinander sind sie – wie Spiele im allgemeinen – durch „Familienähnlichkeiten" verbunden. Es gibt Züge, in denen je zwei Sprachspiele übereinstimmen, und Züge in denen sie sich unterscheiden, aber keinen allen gemeinsamen Zug.
[79] Vgl.: Röd, Wolfgang: Der Weg der Philosophie. Band II. 17. bis 20. Jahrhundert. 2. Auflage, München 2009, 501f.
[80] Vgl.: Michael, H.: Hinduismus. In: Grabner-Haider Anton / Prenner Karl (Hg.): Religionen und Kulturen der Erde. Darmstadt 2004, 144-152.
[81] Kabbala ist die Bezeichnung für die esoterischen und theosophischen Bewegungen im Judentum. Ihr Hauptwerk ist das Buch „Sohar". Die jüdische Geheimlehre und Mystik war besonders zwischen dem 12. bis 17. Jh. weit verbreitet.
[82] Altes Testament. Die fünf Bücher des Mose. Das Buch Genesis Kapitel 1.

Gemäß den inselkeltischen Überlieferungen hatten nicht nur schriftlich fixierte Beschwörungsformeln oder Verfluchungen große Bedeutung. Gefürchtet war auch der Zorn eines *fili Athime áilgesach*, eines auf eine besondere Form der „Bitte" spezialisierten Dichters. Bei Verweigerung seiner *áilges*, der „Schimpf-Bitte", konnte der Betroffene durch einen Spottvers die Ehre verlieren. „Ehre", „Antlitz" und „Wange" hatten dieselbe Bedeutung. Jemanden zum „Erröten zu bringen" hieß, ihm seine Ehre zu nehmen. Allerdings brachte die Erfüllung einer *áilges* in den meisten Fällen ebenfalls großen Schaden. Es gab noch eine andere Art von Verwünschungsspruch oder Spottlied. Seine Wirkung wurde ganz wörtlich aufgefasst. So konnte bei dem Geschmähten beispielsweise plötzlich ein Ausschlag auftreten, der sein ganzes Gesicht entstellte. Dieser Zauber war sogar fähig, dem Land die Fruchtbarkeit zu nehmen. Es gibt Berichte[83] über männliche wie weibliche Dichter, die unverschämt hohe Summen für ihre Gedichte verlangten. Weigerte sich der Betroffene zu bezahlen, drohten sie ihm mit einer magischen Verfluchung. Ähnliche Sprüche kannten der „Spruchmann" und das „Spruchweib". Die Fähigkeit, einen Mann mit einem Bann, Fluch oder Tabu zu belegen, scheinen aber nach den inselkeltischen Erzählungen alle keltischen Frauen besessen zu haben.

Für den Kulturphilosophen Ernst Cassirer besitzt das Wort im mythischen Denken eine „magische" Wirkung, weil die Überzeugung bestand, es könne auf die Umwelt einwirken[84]. So weist Cassirer der Sprache in Bezug auf den Mythos nicht nur eine semantische, sondern auch eine magische Funktion zu. Dabei handele es sich um emotionale Beeinflussung, die zu bestimmten Ergebnissen führen sollte. Sie würde insbesondere in Verbindung mit politischen Mythen eine nicht zu unterschätzende Gefahr darstellen[85]. Eine Gefahr, die selbst in den aufgeklärten westlichen Gesellschaften des 21. Jahrtausends tagtäglich stärker spürbar wird, sei es in der Propaganda von Terrororganisationen, in den Kundgebungen rechtsextremer Gruppierungen oder in den Wahlkampfparolen rechtspopulistischer Politiker.

---

[83] Vgl.: Birkhan, Helmut: Kelten. 3. Auflage Wien 1999, 945.
[84] Vgl. Cassirer, Ernst: Philosophie der symbolischen Formen I. Frankfurt 1923, 64-72.
[85] Vgl. Barner, Wilfried/Detken Anke/Wesche Jörg (Hg.): Texte zur modernen Mythentheorie. Stuttgart 2003, 51ff.
aus Ernst Cassirer: Der Mythos des Staates. Philosophische Grundlagen politischen Verhaltens. Frankfurt 1985.

3. Mythentheorien und Mythendeutungen

„Das wörtliche Verständnis eines Mythos entstellt seinen Sinn,
aber auch seine Verunglimpfung als bloßer Priesterschwindel
oder Zeichen geringer Intelligenz entspricht nicht der Wahrheit.
Mythen werden nicht rational ausgedacht
und können daher auch nicht rational verstanden werden."
Joseph Campbell[86]

Zahlreiche Methoden wurden ersonnen, die mythischen Weltbilder früherer Kulturen zu erschließen. Insbesondere kulturanthropologische und soziologische Deutungen trugen früh dazu bei, mythische Erzählungen vergangener Gesellschaften als Spiegel ihrer Lebenswelten zu betrachten. Inzwischen speist sich die Analyse mythischer Anschauungen aus einem großen Fundus an Mythentheorien und Deutungsansätzen.

Nach Ansicht des Ethnologen Karl Rudolf Wernhart spiegeln mythische Weltbilder stets die irdische Lebenssituation einer Gesellschaft wider, dargestellt in Bilderwelten, die sowohl einen Bezug zur Wirklichkeit der Betroffenen aufweisen, als auch von ihrem Wunschdenken geleitet sind. Zu den Grundstrukturen ethnischer Religionen zähle, dass ein Wertekanon die Glaubenswahrnehmungen bestimme, der Regeln zum Schutz des Lebens, der Mitmenschen, aber auch zur Akzeptanz der Transzendenz enthalte. Ihn habe sich die jeweilige Ethnie oder Gesellschaft selbst gegeben, ist K. R. Wernhart überzeugt, und es sei möglich, ihn zu festen Normen oder Gesetzen emporzuheben[87]. Ereignisse der Vorzeit würden im mythischen Spiel nicht nur ins Bewusstsein, sondern in die Gegenwart gebracht. Nach K. R. Wernhart besteht ein Wesensmerkmal des Mythos darin, dass er das, was er erzählt, auch bewirkt, weil er die Handlung der Urzeit in die Gegenwart bringe, weswegen er im Grunde nicht erzählt, sondern nur zelebriert werden könne[88].

In einem Mythos finden sich keine Theorien nach modernen wissenschaftlichen Kriterien. Stattdessen animiert er dazu, die Situation selbst zu durchleben. Vor den Augen aller Anwesenden kommt es zur Neuerschaffung der Welt, zur Geburt des ersten Menschen, zur Auferstehung des Heilands. Rituelle Handlungen schließen den Kreislauf, sorgen dafür, dass die Sonne auch am nächsten Tag wieder aufgeht, der Frühling den Winter vertreibt, der Regen die Trockenzeit. Mythos und Kulthandlung vermitteln das Gefühl, Einfluss nehmen zu können auf das Unverfügbare. Die Teilhabe befreit von der Angst vor der Handlungsunfähigkeit. Jeder weiß: Wird der Ritus angemessen vollzogen, geschieht das und das. So war es schon immer, so wird es wieder sein. Mythische Erzählungen können den Grundstock für Rituale selbst bilden oder ihre Wirksamkeit bezeugen.

Doch Mythen, seien es vergangene oder moderne, bedürfen immer des Verständnisses ihrer Inhalte, um von Nutzen zu sein. Jeder Mythos besitzt verschiedene Bedeutungsebenen: eine moralische, eine symbolische, eine metaphysische und eine wörtliche. Jede dieser Ebenen erfordert eine eigene Zugangsweise und Lesart, wobei die wörtliche in modernen Mythendeutungen so gut wie keine Beachtung mehr findet.

---

[86] J.Campbell, Die Masken Gottes, New York 1959.
[87] Vgl.: Wernhart, Karl R.: Ethnische Religionen. In: Johann Figl: Handbuch Religionswissenschaft, Innsbruck 2003, 260f.
[88] Vgl.: Wernhart, Karl R.: Ethische Religionen. 273.

Entsprechend weist der Theologe und Religionsphilosoph John Hick darauf hin, dass eine Definition des Begriffes „Mythos" eine „Unterscheidung zwischen wörtlicher und mythologischer Wahrheit" bedinge. Denn wörtlich handle es sich um die Übereinstimmung mit einer Tatsache, während die mythologische eine praktische oder „existentielle" Wahrheit sei, die eine bestimmte, angemessene Reaktion hervorrufe, wie beispielsweise Furcht auf das Wahrnehmen einer Gefahr folge. Allerdings sei die angemessene Verhaltensdisposition auf einen „wahren" Mythos von verschiedenen Voraussetzungen abhängig, etwa der Sozialisierung des Zuhörers oder von seiner Einstellung. So bestehe stets die Möglichkeit, dass die Botschaft eines Mythos nicht richtig „ankomme"[89]. Auch Bronislaw Malinowski betont, dass sich durch die Kenntnis des Inhalts eines Mythos alleine seine Bedeutung nicht feststellen ließe. Notwendig sei das Einbeziehen der gesamten empirischen wie intellektuellen Lebenswelt jener Kultur, in der er wirke[90].

A. Grabner-Haider macht darauf aufmerksam, dass es, um fremde oder frühere Kulturen verstehen zu können, zu einer Vergegenwärtigung jener „Lebensform" oder „Lebenswelt" kommen müsse, aus der sich eine mythische Sprache entwickelt habe. Er weist jedoch darauf hin, dass selbst wenn von einer vergangenen Kultur nur kleine Teilbereiche wie mündliche Überlieferungen, Verhaltensvorgaben oder Kulthandlungen erhalten seien, sich Mitglieder moderner Gesellschaften weiterhin in demselben Lebenszusammenhang befänden, der nicht nur in der biologischen Ausstattung bestünde, sondern ebenso in den Grundbedürfnissen sowie in den Fähigkeiten des emotionalen Erlebens und des rationalen Denkens. Jeder Sprecher wolle seinem Leben Struktur, Sinn und Bedeutung geben. Notwendig seien dafür neben verständlichen Kommunikationsformen vor allem bindende Verhaltensnormen[91].

Für den Philosophen Jacques Derrida stellt eine festgeschriebene Sprache wie die heilige Schrift der Juden das „beschnittene Wort" dar. Beschnitten, weil es nicht mehr den vollen Gehalt der Sprache als Ursprungsgeschehen wiedergibt. Die einstige Absicht eines Textes sei für spätere Rezipienten nie vollkommen nachzuvollziehen, denn die Art der Wahrnehmung eines jeden von ihnen entstamme seiner eigenen sprachlichen Welt. Keine der Aussagen nehme Bezug auf das Erleben selbst, sondern stets nur auf andere Aussagen. So gehe es immer um Neuinterpretationen der Texte, um die Inhalte an die jeweilige Lebenssituation anzupassen – ein Prozess der „Dekonstruktion" und „Transformation", wie er etwa in der Bibelhermeneutik der jüdischen Rabbiner stattfände[92]. Entsprechend müsste es möglich sein, die Kernaussagen der Mythen jeglicher Kultur herauszuschälen und, sofern diese mit modernen ethischen Konzeptionen vereinbar sind, in neuem Gewand den aktuellen Verhältnissen anzupassen. J. Derrida zeigt diesen Prozess beispielsweise am Bild des Turmbaus zu Babel. Statt den Verlust der Einheit zu beklagen, sei es sinnvoller, sich der Vielfalt der heutigen „Sprachspiele" und Weltdeutungen zu erfreuen und sie zu bewahren, sie jedoch gleichzeitig für alle Menschen zugänglich zu machen[93].

Als nicht festgeschrieben betrachtet Jean-Jacques Wunenburger die Inhalte eines Mythos; es sei sogar seine herausragende Eigenschaft, sich endlos umzuformen und mit Hilfe kollektiver Kreativität weiterentwickeln zu lassen. Statik im Bereich der narrativen Ausdrucksweise oder

---

[89] Vgl.: Hick, John: Religion. Die menschlichen Antworten auf die Frage nach Leben und Tod. München 1996, 372.
[90] Vgl. Mader, Elke: Mythen in Lateinamerika. PDF, 61.
[91] Vgl.: Grabner-Haider, Anton: Strukturen des Mythos. Frankfurt 1989, 440.
[92] Vgl.: Grabner-Haider, Anton: Die wichtigsten Philosophen. Wiesbaden 2006, 247f.
[93] Vgl.: Derrida, Jacques: Die Schrift und die Differenz. Frankfurt 1994, 37-41.

der symbolischen Strukturen entstehe erst durch ihre Objektivierung und der damit verbundenen wissenschaftlichen Reduktion auf einzelne Aspekte. Verbunden mit der kollektiven Kreativität hält ihn J.-J. Wunenburger hingegen dem Wesen nach einer unendlichen Geschichte gleich für „mytho-phorisch" [94]. Den Fortbestand mythischer Inhalte und wünschenswerte Transformationen könnten literarische Umsetzungen liefern, sei es durch eine Sinnerneuerung über die Hermeneutik, eine Neuorganisation seiner Bestandteile oder durch freie Neuschöpfungen im Sinne moderner fiktionaler Darstellungen[95].

Gesetzmäßigkeiten im sprachlichen System des Mythos untersucht die strukturale Mythenanalyse. Als Wegbereiter wird der Philologe Vladimir Propp[96] genannt. Ziel seiner Strukturanalyse war es, die Erzählung in Funktionen zu gliedern und diese dann zu klassifizieren, um mit ihnen in einem Korpus von Mythen eine gemeinsame Struktur herauszuarbeiten. Den sozialen oder kulturellen Kontext berücksichtigte er dabei kaum[97].

Der Ethnologe Claude Lévi-Strauss wiederum abstrahierte sogenannte „Mytheme" aus dem Handlungsverlauf einzelner Mythen und ordnete sie einem analytischem Schema zu, um die unveränderlichen Bestandteile innerhalb mythischer Weltbilder herauszufiltern. Er war überzeugt, dass die durch das Nervensystem grundgelegte Denkweise des menschlichen Gehirns allen Erfahrungen Struktur verleihen würde, und diese Struktur zeige sich auch in den Mythen[98].

C. Lévi-Strauss sieht im Mythos ein kognitives System mit komplexer Struktur, das keine Vorstufe sondern eine Alternative zur rationalistischen Logik sei. Seine Hauptfunktion bestehe in der Suche nach einem Konsens zwischen Kultur und Natur[99]. Was einen Mythos ausmache, fände sich weder in seinem Stil, noch der Struktur seiner Satzteile. Es sei die Geschichte, von der er handle. Diese ließe sich in textuelle Teile zerlegen, so genannte konstitutive Einheiten, die C. Lévi-Strauss Mytheme nennt. Allerdings würde es sich bei jedem Mythem um ein Beziehungsbündel handeln, das erst in Verbindung mit anderen Mythemen eine Bedeutungsfunktion erhalte. Durch das Herauslösen von Mythemen mittels logischer Operationen hoffte er, letztendlich ein Strukturgesetz der zugrunde liegenden mythischen Erzählung zu bekommen.

C. Lévi-Strauss machte es sich zum Ziel, die Leitlinien menschlichen Verhaltens bis hin zur Beschaffenheit sozialer Einrichtungen als Strukturen einer alles umfassenden Sprache zu deuten. Doch beschäftigte er sich wie V. Propp nur mit der Syntax der Mythen. Auf die Semantik, also die Inhalte der Erzählungen ging er nicht ein. Allerdings bescheinigte er den Mythen Rationalität, die durch ihre logischen Übereinstimmungen offensichtlich sei[100].

Die strukturale-funktionalistische Theorienbildung begreift den Mythos als Teil eines großen Gefüges, nämlich der Gesellschaft mit all ihren Vorstellungen, Ideen und Werten, deren Einzelteile funktional zusammenhängen. Im Rahmen der funktionalistischen Betrachtung

[94] Wunenburger, Jean-Jacques: Mytho-phorie. Formen und Transformationen des Mythos. (1994). In: Barner, Wilfried / Detken, Anke / Wesche, Jörg (Hg.): Texte zur modernen Mythentheorie. Stuttgart 2003, 292.
[95] Vgl.: Wunenburger, Jean-Jacques in: Texte zur Mythentheorie. 2003, 287ff.
[96] Vgl.: Propp, Vladimir: Die Morphologie des Märchens. Suhrkamp 1975, 161ff.
[97] Vgl.: Die Anthropologin Elke Mader geht im Rahmen ihrer ethnologischen Mythenforschung auf verschiedene Formen und Vertreter der strukturalen Mythenanalyse ein. Quelle: lateinamerika-studien.at/content/kultur/mythen/mythen-titel.html.
[98] Vgl.: Lévi-Strauss, Claude: Mythologica I, das Rohe und das Gekochte. Frankfurt 1971, 34ff.
[99] Vgl. Lévi-Strauss, Claude: Die Struktur der Mythen (1955). In: Barner, Wilfried / Detken, Anke / Wesche, Jörg (Hg.): Texte zur modernen Mythentheorie. Stuttgart 2003, 62f. Vorlage: Lévi-Strauss, Claude: Strukturale Anthropologie. Frankfurt 1967, 226-254.
[100] Vgl.: Lévi-Strauss, Claude (1955), a.a.O., 63f.

eines Mythos sind die einzelnen Annahmen und Vorstellungen, die eine Weltanschauung bedingen, nicht von Bedeutung. Im Vordergrund steht stattdessen, welche Funktionen diese Weltanschauung zu einem bestimmten Zeitpunkt für die entsprechende Gemeinschaft ausfüllte und wie sie sich zu anderen Regeln verhält[101].

Mythische Erzählungen können einem Motiv folgen. Ebenso ist es möglich, dass ein Mythos mehrere Motive enthält. Motiv-vergleichende Studien entwickelten Motiv-Verzeichnisse wie das „Verzeichnis von Märchentypen"[102]. Der „Motiv-Index of Folk-Literatur"[103] führt Motive aus Erzähltraditionen in Eurasien auf. Stith Thompson rechnete dabei einzelne Motive einer Hierarchie bestimmter Kategorien und Subkategorien zu. Letztendlich wurde diese Methode als unzureichend für die Textanalyse von Mythen erachtet und vielfach durch die strukturale Textanalyse abgelöst.

Analytische und nomothetische Erklärungsmodelle[104] konzentrieren sich vorwiegend auf die Struktur der Mythen. Anton Grabner-Haider betont mehrfach, dass analytische und nomothetische Verfahren sowie formal- und naturwissenschaftliche Modelle nur in Kooperation mit hermeneutischen Modellen eine adäquate Beschreibung fremder Sprachen, Verhaltensweisen und Kulturen ermöglichen[105]. Bei der Hermeneutik handelt es sich um eine metaphysische Methode des Verstehens menschlichen Daseins[106]. Insbesondere bei archaischen Kulturen würde zunächst jedoch ein teilweises Verstehen genügen. Es gehe weniger um „hermeneutisches Sicheinfühlen", denn um das ganzheitliche Erleben von ähnlichen Erfahrungen und Bedürfnissen[107]. Ein Punkt, der gerade bei vergangenen und prähistorischen Kulturen nicht zu unterschätzen ist.

So betont beispielsweise Peter Winch, dass uns fremde Kulturen nicht nur unterschiedliche Lebensdeutungen, sondern ebenso andere Vorgaben für Handlungen und den sogenannten Lebenssinn zeigen. Das ist ein Privileg, das bis in die heutige Zeit insbesondere während der spätrömischen und mittelalterlichen, dann westlich-industrialisierten Welt größtenteils der römisch-katholischen Kirche zukam[108].

Die Anfänge der Mythendeutung reichen weit zurück. Bereits die antiken Philosophen machten sich Gedanken über mythische Erzählungen und Göttervorstellungen fremder Kulturen. Doch befassten sie sich auch mit der Mythologie ihrer eigenen Kultur. Es entstanden verschiedene Erklärungsversuche und Theorien[109].

Beispielsweise sahen Stoiker und Epikuraer in den mythischen Überlieferungen größtenteils Gleichnisse und Personifikationen von Naturerscheinungen. Sie gingen davon aus, im Mythos würde das Fremde und Unverständliche, mitunter auch Unverfügbare in Bezug zur Erfahrungswelt der Menschen gestellt und gemäß dem jeweiligen Wissensstand erklärt. Es

---

[101] Vgl.: Mader Elke: Ethnologische Mythenforschung in mythen.pdf, S.59 unter www.lateinamerika-studien.at.

[102] Aarne, Antti Amatus: Verzeichnis der Märchentypen. Finnische Literaturgesellschaft 1910.

[103] Thompson, Stith: Motif-Idex of Folk Literature I-IV. 1955-1960.

[104] Eine kritische Zusammenfassung der analytischen und nomothetischen Verfahren sowie von hemeneutischen Modellen in A. Grabner-Haider: Strukturen des Mythos. Frankfurt 1989, 440-450.

[105] Vgl.: Grabner-Haider, Anton: Strukturen des Mythos. Frankfurt 1989, 34ff.

[106] Vgl.: Gadamer, Hans-Georg: Wahrheit und Methode. Frankfurt 1961, 68-75.

[107] Vgl.: A. Grabner-Haider: Strukturen des Mythos. Frankfurt 1989, 441.

[108] Vgl.: Kippenberg, H. / Luchesi, B. (Hg.): Magie. Kontroverse über das Verstehen fremden Denkens. Frankfurt 1978, 76ff.

[109] Kurt Hübner bietet einen guten Überblick über die Geschichte der Mythos-Deutung in: Wahrheit des Mythos. München 1986, 48-90. Siehe auch Hans G. Hödl: *Mythos*. In: Figl, Johann (Hg.): Handbuch Religionswissenschaft. Innsbruck 2003, 572f.

zeigt sich, dass schon damals die Meinung aufkam, Mythen wären das Ergebnis einer primitiven Unkenntnis.

Euhemeros von Messene hingegen vermutete etwa 300 v.u.Z, es handle sich um Vergöttlichungen von Ahnen und historischen Persönlichkeiten. Anhänger der allegorischen und euhemeristischen Deutung finden sich bis zum heutigen Tage, oft in Verbindung mit evolutionstheoretischen Ansätzen. Die allegorische Deutung wird auch angewandt, um aus den Mythen ethische Prinzipien herauszulesen.

Im Zeitalter der Aufklärung ging David Hume davon aus, dass die Menschen in vorwissenschaftlichen Zeiten empirisch nicht erklärbare Phänomene wie den Tod und das Leben, Gesundheit und Krankheit oder auch Reichtum und Armut dem Walten von Gottheiten zuschrieben[110]. Über Allegorien und Personifizierungen meinten sie, durch Opfer und Gebete Einfluss nehmen zu können auf das Unverfügbare[111].

Ein halbes Jahrhundert später, im deutschen Idealismus, bevorzugte Georg Wilhelm Friedrich Hegel eine transzendente Deutung, nach der die Wahrheit des Mythos im Erkennen des inneren Gehaltes der natürlichen Erscheinungen als einer vergeistigten Macht bestehe, die in Göttern vermenschlicht und individualisiert wird, indem der Mythos alles für etwas Lebendiges und Göttliches hält. Um mit Kurt Hübner zu sprechen tritt nach Hegel der Mythos auf als „Ereignis eines a priori notwendigen Prozesses des sich selbst denkenden Denkens" und ist somit „eine notwendige Stufe in der Selbstentfaltung des absoluten Weltgeistes"[112]. Entsprechend sind in der Geschichte der Philosophie, der Religion und der Kunst Stadien unterschiedlicher Niveaus zu erkennen, bei denen es sich um Entwicklungsschritte des Geistes im Sinne der Gewinnung einer vernünftigen Erkenntnis handelt, um sich letztendlich seiner selbst bewusst zu werden[113]. Erkenntnis bezeichnet am ehesten „den Prozess und das Ergebnis eines durch Einsicht oder Erfahrung gewonnenen Wissens"[114]. „Einsicht" bezieht sich in diesem Zusammenhang auf „das Erkennen und Verstehen eines Sachverhaltes, der zielgerichtetes Verhalten ermöglicht"[115]. Der Gewinnung von Erkenntnis durch objektiv nachvollziehbare Argumente mittels logischer Schlussfolgerung dient nach philosophischer Ansicht die menschliche Vernunft.

In der heutigen Zeit stehen abgesehen vom Common Sense insbesondere vier Auffassungen von Ratio im Vordergrund: der klassische[116] aus der Antike stammende „Logos", die Weltvernunft, der die gesamte Natur ihre Ordnung verdankt; die rein empirisch[117]

---

[110] Vgl.: Röd, Wolfgang: Der Weg der Philosophie, Band II., München 2. Auflage 2009, 98.

[111] Vgl.: Hübner, Kurt: Die Wahrheit des Mythos. München 1986, 50.

[112] Vgl.: Hübner, Kurt: Die Wahrheit des Mythos. München 1986, 61.

[113] Vgl.: Röd, Wolfgang: Der Weg der Philosophie, Band II., München 2. Auflage 2009, 271.

[114] Habermas, Jürgen: Erkenntnis und Interesse. Frankfurt 1967, 47-53.

[115] Habermas, Jürgen, a.a.O. 63-72.

[116] Vgl.: Röd, Wolfgang: Der Weg der Philosophie. Band I. Altertum, Mittelalter, Renaissance. München 2009, 33-40, In der stoischen Philosophie dient Nous der Regulierung der Triebe, um das Leben in den Logos, die Weltvernunft, einzugliedern, dem die gesamte Natur ihre Ordnung verdankt. Aufgrund der empirisch-rationalen Beweisführung sahen bereits die Sophisten im Logos einen Gegensatz zum Mythos. Vgl.: 204-208, Aristoteles sah im Nous (Geist) das reine Denken, den im Menschen wirkenden göttlichen Intellekt, der fähig ist, die Form ohne Zuhilfenahme geistiger Bilder zu erkennen. Vgl.: Ackrill, John L.: Aristoteles. Berlin 1985.

[117] Sie führt die Erkenntnis ausschließlich auf Sinneserfahrungen durch Beobachtung und Experiment zurück. Vgl.: Röd, Wolfgang: Der Weg der Philosophie. Band II. 17. bis 20.Jahrhundert.München 2009, 85-99. Als ihr Begründer in der Neuzeit gilt Francis Bacon. Vgl.: Bacon, Francis: Neues Organon, Teilband 1 und 2, Hamburg 1990. Unter John Locke gewonnen empirische Tendenzen Ende des 17. Jahrhunderts schnell an Einfluss und hatten mit David Hume ein halbes Jahrhundert später einen ihrer Hauptvertreter. Vgl.: Röd, Wolfgang: Der Weg der Philosophie. Band II. 17. bis 20. Jahrhundert. München 2009, 62-66; Hume, David: Eine Untersuchung über

gestützte Auffassung von Ratio; die *bounded rationality*[118] und die evolutionäre Erkenntnistheorie[119].

Eine kritische Position innerhalb der evolutionären Erkenntnistheorie vertritt der Philosoph und Begründer des kritischen Rationalismus Karl Raimund Popper. Für ihn gründet Wissenschaft auf vorwissenschaftlicher Erkenntnis und entstand somit als Folge einer Weiterbildung der tierischen Erkenntnis über die Erkenntnisweise des Common sense (gesunden Menschenverstandes) hin zur modernen Wissenschaftslehre und -logik[120]. In Bezug auf naturwissenschaftliche Behauptungen bestreitet K. R. Popper[121] die Existenz einer letzten autoritativen Quelle der Erkenntnis (35) und setzt an ihre Stelle die (objektive) Wahrheit im Sinne einer Übereinstimmung mit den Tatsachen, deren Kriterien jedoch weder Klarheit und Deutlichkeit, noch Folgerichtigkeit und Widerspruchslosigkeit seien. Diese stellten keinen Beweis für Wahrheit dar, sondern nur Gründe, weswegen wir glauben, etwas für wahr halten zu können, während die Feststellung ihrer Gegenteile auf einen Irrtum deutete (37).

Nach K.R. Popper gibt es zahlreiche Quellen der Erkenntnis, aber keiner von ihnen komme letzte Autorität zu. Solche Quellen könnten ein Experiment oder eine Beobachtung sein. Ebenso würden jedoch Entdeckungen, die keine Beobachtung enthalten, zur Vermehrung des Wissens beitragen (31). Als eine der wichtigsten Quellen bezeichnet K.R. Popper die Tradition. Denn nur Veränderung und Richtigstellung von früherem Wissen führe zu einem Fortschritt des Wissens (36). Die Suche nach Erkenntnis sei das Bestreben, Theorien zu finden, die besser mit den Tatsachen übereinstimmen als andere, ein Sich-Annähern an die Wahrheit (169). So zeige die Entwicklung der Wissenschaft, dass es möglich sei, der Wahrheit näher zu kommen, auch wenn der Abstand von der Wahrheit sich nicht feststellen ließe (177).

Alan F. Chalmers[122] und der Philosoph Hans Poser[123] weisen darauf hin, dass jegliche Beobachtung von einer bereits zuvor aufgestellten Theorie abhängig sei. Der Wissenschaft

---

den menschlichen Verstand. Stuttgart 1986. Mit dem logischen Empirismus kam es im 20. Jahrhundert insbesondere durch Rudolf Carnap zu einem erneuten Höhepunkt. Vgl.: Philosophische Bibliothek, Band 577: Wiener-Kreis – Texte zur wissenschaftlichen Weltauffassung von Rudolf Carnap, Otto Neurath, Moritz Schlick, Philipp Frank, Hans Hahn, Karl Menger, Edgar Zilsel und Gustav Bergmann. Hamburg 2006; Carnap, Rudolf: Der logische Aufbau der Welt. Hamburg 1999.

[118] Nach Herbert Alexander Simon geht das Konzept der „gebundenen Rationalität" davon aus, dass jegliche Entscheidungen wegen der geistigen Begrenztheit der Menschen niemals vollständig rational erfolgen können. Dabei beziehe es nicht nur die eingeschränkten geistigen Fähigkeiten der Menschen ein, ihr begrenztes Wissen ebenso wie ihre Unfähigkeit Informationen vollständig zu verarbeiten, sondern auch psychologische und soziale Faktoren sowie den Wunsch nach befriedigenden und gleichzeitig einfachen Problemlösungen. Vgl.: Simon, Herbert A. / Egidi, Massimo / Viale, Ricardo / Marris, Robin: Economics, Bounded Rationality and the Cognitive Revolution. Edward Elgar Publishing 2008; Matthias, Martin: Bounded rationality – begrenzte Rationalität. GRIN-Verlag 2009. Gemäß Herbert A. Simon (Vgl.: Homo rationales – Die Vernunft im menschlichen Leben, Campus Verlag 1993, 29) verbindet die bounded rationality Rationalität mit Wissen, weil jegliche Daseinsdeutung vor dem Hintergrund der herrschenden, von den meisten Mitgliedern einer Gesellschaft akzeptierten Theorien stattfinden würde. Vgl. auch der Paradigmenbegriff bei Kuhn, Thomas Samuel: Die Struktur wissenschaftlicher Revolutionen. Frankfurt 1967.

[119] nach der Vernunft im Laufe der Zeit zur Bewältigung von Problemsituationen entstanden ist. Vgl.: Lorenz, Konrad: Die Rückseite des Spiegels. Zur Naturgeschichte menschlichen Erkennens. München 1973; Vollmer, Gerhard: Evolutionäre Erkenntnistheorie. Stuttgart 1975, 56-62.

[120] Cgl.: Popper, Karl Raimund: Alles Leben ist Problemlösen. Über Erkenntnis, Geschichte und Politik. 17. Auflage, München /Berlin 2015, 19.

[121] Vgl.: Miller, David: Karl Popper Lesebuch. 2. Auflage, Nachdruck 2012, Tübingen, Die Seitenzahlen sind im Folgenden in Klammern angegeben.

[122] Vgl.: Chalmers, Alan F.: Wege der Wissenschaft. Einführung in die Wissenschaftstheorie. 6. Auflage, Berlin-Heidelberg 2007, 17f.

[123] Vgl.: Poser, Hans: Wissenschaftstheorie. Stuttgart, 2. Auflage 2012, 134.

gehe es um die Entwicklung begründeter Aussagensysteme. Allerdings, so betont H. Poser, seien in den Erfahrungswissenschaften keine Wahrheitsbeweise zu finden, weswegen jegliche „Naturgesetze" im Sinne von Hypothesen nur so lange als gültig betrachtet werden dürften, solange es keine Falsifizierung gäbe[124]. Till Biskup bezeichnet die Behauptung, Wissenschaften basierten auf „objektiven Tatsachen", insgesamt als einen Mythos[125].

Die Erlangung von objektivem Wissen – von „Erkenntnis ohne erkennendes Subjekt" – hält K. R. Popper[126] für möglich (42). Zur Veranschaulichung unterscheidet er drei Welten: eine erste Welt, der physikalischen Gegenstände und Zustände; eine zweite Welt, der mentalen Bewusstseins-Zustände oder Verhaltensdispositionen zum Handeln (40); und eine dritte Welt, der mehr oder weniger realen objektiven Theorien, Probleme und Argumente, aber auch der Inhalte von Kunstwerken, Literatur und Dichtung sowie der wissenschaftlichen Erkenntnis (42). Erkenntnis im objektiven Sinne entsteht gemäß K.R. Popper durch eine Wechselwirkung der Menschen mit der dritten Welt (46).

Diese dritte Welt ist autonom in Bezug auf die beiden anderen und vergleichbar mit dem „Mempool" bei dem Evolutionsbiologen Richard Dawkins[127]. Platons Reich der Ideen bildet insofern keine Entsprechung, als es für Platon das eigentlich Reale, der materiellen Welt vor- und übergeordnete darstellt. Zudem handelt es sich bei den Ideen um keine Produkte des menschlichen Geistes, sondern um das unveränderliche, zeitlose und einzig wahre Seiende. Die sich wandelnden, vergänglichen physikalischen Gegenstände in K.R. Poppers erster Welt stellen für Platon hingegen nur unvollständige Abbilder der Ideen dar[128].

Mario Bunde und Martin Mahner kritisieren an dem Drei-Welten-Modell von K.R. Popper unter anderem, dass es weder eine klare Bedeutung und einheitliche Verwendung des Wortes „Welt" gibt – so könne sie einerseits als ein aus allen physikalischen Gegenständen bestehendes Ding, andererseits als strukturierte Menge aufgefasst werden –, noch der Wörter „real" oder „Realität", die keine Abstufung in Form von „mehr oder weniger" erlauben, und als Existenzbegriff nur eine Unterscheidung in konkrete oder abstrakte Existenz ermöglichten – die Annahme einer Existenz von Mischobjekten, gebildet aus materiellen und ideellen Objekten, bedürfte einer formalen ontologischen Theorie. Auch erkläre K.R. Popper nicht, worum es sich bei dem „Inhalt" der verschiedenartigen Objekte aus Welt 3 handle, und in seiner These von der objektiven Erkenntnis ohne erkennendes Subjekt als Bestandteil der dritten Welt verwende er das Wort „objektiv" im ontologischen Sinn, als in der Existenz nicht von einem denkenden Subjekt abhängig und für sich alleine stehend, statt im erkenntnistheoretischen Sinne, also als in ihrer Wahrheit oder Gültigkeit vom erkennenden Subjekt unabhängig. Doch bedinge Erkenntnis bzw. Wissen stets ein erkennendes bzw. wissendes Subjekt[129].

---

[124] Vgl.: Poser, Hans: Wissenschaftstheorie. Stuttgart 2. Auflage 2012, 136.

[125] Vgl.: Biskup, Till (Hg.): Was ist Wissenschaft? Versuch einer Definition. Unter: evolutionskritik.de/essays/was_ist_wissenschaft#ref__Chalmers1999:WITCS vom 25.06.2014.

[126] Vgl.: Miller, David: Karl Popper Lesebuch. 2. Auflage, Nachdruck 2012, Tübingen, Die Seitenzahlen sind im Folgenden in Klammern angegeben.

[127] Richard Dawkins bezeichnet Ideen, Verhaltensmuster und Überzeugungen als „meme", abgeleitete von dem griechischen Wort „Mimema" („etwas Nachgemachtes"), und verwendet „Meme" in seiner kulturellen Evolutionstheorie analog zum Gen der biologischen Evolutionstheorie. Ihm zufolge setzt sich eine vorteilhafte Information entsprechend einem erfolgreichen Gen gegenüber anderen Informationen durch. Als „Mem-Komplexe" würden beispielsweise nützliche und Erfolg versprechende Arbeitsprozesse oder Rituale von Gehirn zu Gehirn weitergegeben.

[128] Vgl.: Gadamer, Hans-Georg: Plato. Texte zur Ideenlehre. Frankfurt1986. Ders.: Wege zu Plato (Reclams Universal-Bibliothek). Stuttgart 2001.

[129] Vgl. Bunge, Mario / Mahner, Martin: Über die Natur der Dinge. Stuttgart 2004, 118-122.

So wenig konsequent Poppers Drei-Welten-Modell und so unplausibel die Interaktion der Menschen (Welt 1) über ihre geistigen Fähigkeiten (Welt 2) mit dem objektiven Wissen (Welt 3) aus dem Blickwinkel einer materialistischen oder naturalistischen Ontologie auch sein mögen[130], gäbe es eine solche Dreiteilung, müssten mythische Anschauungen als Denkprozess (neuronale Aktivität) der ersten Welt, und als geistiger Zustand der zweiten Welt zugeordnet werden. Die Botschaft eines Mythos hingegen wäre als objektiver Gedankeninhalt ein Bewohner der dritten Welt.

Im Rahmen interdisziplinärer Untersuchungen versucht die moderne Mythenforschung dem Phänomen „Mythos" und seiner ihm eigene Daseinsdeutung inzwischen auch mit naturwissenschaftlichen Methoden auf den Grund zu gehen. Könnte die mythische Weltanschauung ein Produkt der Evolution im Rahmen der Entwicklung des menschlichen Gehirns mit seiner differenzierten Struktur und seinem komplexen Nervensystem sein? So hinterfragen etwa der Philosoph Rüdiger Vaas und der Religionswissenschaftler Michael Blume die biologischen Grundlagen von Religiosität. Dabei zählen sie zu den charakteristischen Merkmalen von Religiosität auch den Mythos mit seinen Funktionen der simplifizierenden Welterklärung, -legitimation und -bewertung sowie der Kontingenzbewältigung. In ihren Untersuchungen gehen sie aktuellen neuro- und evolutionsbiologischen Indizien nach, die für eine Natur- und Kulturgeschichte des Glaubens sprechen. Im Zentrum steht die Frage, ob es sich bei Religiosität um ein Bündel von, aus biologischer Sicht, adaptiven Merkmalen (Anpassungsprodukten) handelt oder aber um ein Nebenprodukt adaptiver Merkmale. Eine abschließende Antwort konnte jedoch schon aus Gründen des derzeitigen Forschungsstandes nicht erfolgen. Ebenso plausibel scheint es, dass Religiosität und mit ihr mythische Anschauungen ein Produkt der kulturellen Evolution darstellen[131].

Vielleicht ist die Fähigkeit zur Religiosität auch eine kontextuelle Anpassung, die ursprünglich einen Überlebensvorteil gewährte, ihren Nutzen jedoch im Laufe der Zeit verloren hat? Der Anthropologe, Kognitionspsychologe und Philosoph Pascal Boyer[132] geht davon aus, dass es bestimmter „mentaler Rezepte" bedürfe, um erfolgreiche Glaubenssätze zu entwickeln. Je mehr sie den im Laufe der natürlichen Selektion bewährten spezialisierten kognitiven Systemen zusagten, desto relevanter erschienen sie für eine kognitive Anpassung an die Umwelt. P. Boyer vermutet, dass Gehirne Mythen intuitiv erzeugen[133].

Der Psychiater Carl Gustav Jung spricht von „Archetypen" als universell vorhandenen Strukturen im menschlichen Unterbewusstsein[134], als sinngebende Seite des physiologischen Triebes. Zu ihnen zählt er auch mythische Vorstellungen[135]. Vieles deutet jedoch daraufhin, dass es sich bei mythischen Anschauungen als Produkt der kulturellen Evolution um der Ratio entsprungene Vorstellungen über die Beschaffenheit eines Teilbereiches der Weltsicht einer kleinen Gemeinschaft, eines Volkes, oder auch eines ganzen Kulturkreises handelt – erstellt

---

[130] Beispielsweise merkt Bernulf Kanitschneider an, dass die dritte Welt über die zweite Welt auf die erste Welt einwirke, ohne dass K.R. Popper näher auf die Wechselwirkung immaterieller Entitäten mit materiellen Systemen eingehe. Vgl.: Kanitscheider, Bernulf: Die Materie und ihre Schatten. Naturalistische Wissenschaftsphilosophie. Aschaffenburg 2007, 79.

[131] Vgl.: Vaas, Rüdiger / Blume, Michael: a.a.O., 22, 219-224.

[132] Boyer, Pascal: Und Mensch schuf Gott. Stuttgart 2004, 68-75.

[133] Vgl.: Vaas, Rüdiger / Blume, Michael: Gott, Gene und Gehirn. Warum Glaube nützt. Eine Evolution der Religiosität. Stuttgart 2009, 153f.

[134] Das Kollektive Unbewusste. Die Aussage bezieht C.G. Jung er auf Verhaltensdispositionen. Vgl.: Jung, Carl Gustav: Über die Archetypen des kollektiven Unbewussten, Zürich 1934, 87-93.

[135] Vgl.: Jung, Carl Gustav: Psychologie und Religion. Zürich 1937, 102-114.

mit den zum Zeitpunkt ihrer Entstehung zur Verfügung stehenden Kenntnissen. So sieht die Mythenforschung eine ihrer Hauptaufgaben in der Analyse mythischer Erzählungen. Im Folgenden werden vier Mythendeutungen näher vorgestellt, ergänzt um einen entwicklungsfähigen Ansatz aus der soziokulturellen Evolutionstheorie.

Soziologische Ansätze

Im Rahmen soziologischer Deutungen wird der Mythos als symbolische Reflexion der tatsächlichen Lebenswelt betrachtet. Allerdings handle es sich meist nicht um empirische Beschreibungen, sondern um eine symbolische Darstellung von sozialen Tatsachen und von menschlichem Verhalten, die einer Übersetzung bedürfen. Soziologische Deutungen untersuchen diese Symbolsprache, um daraus Erkenntnisse über die Sozialstruktur der jeweiligen Kultur zu gewinnen, etwa das Verhältnis der Geschlechter zueinander, die Arbeitsteilung oder rangspezifische Verhaltensregeln. Fragen nach den Möglichkeiten der Partnerwahl, nach der Kultur- und Wirtschaftsform, nach allgemeinen Lebenswerten zählen ebenso zum Forschungsgebiet wie jene nach den Formen von Sanktionen bei Fehlverhalten oder nach gesellschaftlichen und individuellen Tabus.

Die soziologische Deutung hat es sich unter anderem zur Aufgabe gemacht herauszuarbeiten, welche Funktionen ein Mythos in der betreffenden Gesellschaft erfüllen soll. Sie achtet auf die sozialen Rollen und Schichtungen, auf Formen der Herrschaft und auf das Verhältnis der Geschlechter. Eine Analyse im Sinne der soziologischen Deutung kann beispielsweise Hinweise auf eventuell einst in einer Kultur vorhandene mutterrechtliche Elemente aufdecken[136].

Im Allgemeinen basieren die normierten Verhaltensregeln einer Kultur auf ihren Moralvorstellungen. In mündlich tradierten Mythen werden diese moralischen Werte vertieft, ausgeformt oder an aktuelle Ereignisse angepasst, während heilige Schriften bestrebt sind, unter Berufung auf eine göttliche Herkunft „ewige" Gesetze (Gebote) festzuschreiben, die jedoch oft aufgrund ihrer Unbestimmtheit oder Mehrdeutigkeit über Interpretationen ebenfalls in Übereinstimmung mit der jeweiligen Lebenssituation einer Gesellschaft gebracht werden können.

Mythen überliefern nicht nur praktische Lebensregeln und Vorgaben für gewünschtes Verhalten. Sie zeigen auch die Auswirkungen unerwünschten Verhaltens. Neben sozialen Grundwerten, die das Überleben der Gruppen sichern und weltweit so gut wie allen Kulturen gemein sind, entwickeln einzelne Gesellschaften – profaner, wie religiöser Natur – zudem Verhaltensregeln, die nur für die eigenen Mitglieder gelten. Solche Regeln dienen zum einen der Bewältigung der individuellen Erlebenswelt, als Reaktion auf das direkte Umfeld mit seinen speziellen Lebensbedingungen. Zum anderen spiegeln sie die Kulturstufe einer Gesellschaft wider und werden von führenden Personen oder Gruppen eingeführt, um Problemfelder rational zu bewältigen[137]. Ihre Entwicklung entspricht dem Stand – mit all seinen Kenntnissen, Techniken und sozialen Gesellschaftsstrukturen – jener Kultur, in der sie gültig sind. So gelten etwa bei Ackerbauern andere Regeln, als bei Hirtennomaden. Monotheistische Glaubensgemeinschaften bilden andere Vorschriften aus als polytheistische, Hochkulturen folgen anderen Normen als schriftlose Stammeskulturen, patriarchale Gesellschaften fördern andere moralische Ideale als matrifokale Lebenswelten.

Im keltischen Buch der Einwanderungen deutet etwa die Wahl von *Bres* zum König der *Tuatha De Danann* auf eine Thronweitergabe (auch) durch die weibliche Linie. Denn nicht sein Vater, sondern seine Mutter ist es, die den *Tuatha De* angehört. Verhaltensregeln

---

[136] Vgl.: Grabner-Haider, Anton: Strukturen des Mythos. Frankfurt 1989, 69-71.
[137] Vgl.: Grabner-Haider, Anton: Ethos der Weltkulturen, Göttingen 2006, 11.

spiegeln sich beispielsweise im Heiratsverbot bei Blutsverwandtschaft wider, selbst jener durch Trinken des Blutes, wie es CuChulainn als Argument bei der Zurückweisung einer ihm versprochenen Frau anführt. Er hatte durch Saugen einen Schleuderstein aus ihrem Fleisch entfernt und dabei etwas von ihrem Blut getrunken.

Viel verraten die inselkeltischen Erzählungen über die Sozialstruktur der mythischen Gesellschaft. Sie bestand aus dem Krieger-König und einem Hauptdruiden, weiteren Druiden mit unterschiedlichen Tätigkeitsfeldern wie Barden und Opferpriestern, anderen Kriegern, verschiedenen Handwerkern, Viehzüchtern und Ackerbauern.

Auch der Religionswissenschaftler und Soziologe Georges Dumézil[138] sah in den Mythen die Wiedergabe zeitgenössischer, vor allem gesellschaftlicher Gegebenheiten. Die Anwendung einer strukturalistischen Sichtweise ermöglichte es ihm, soziale Muster in Mythen zu erkennen. Mit Hilfe der vergleichenden Mythologie und Etymologie kam er zu dem Schluss, sowohl die Welt der Götter, als auch die Welt der Menschen wäre in den meisten indogermanischen Kulturen von den drei Funktionen des Lehrens, des Wehrens und des Nährens bestimmt. Diese Dreiteilung[139] zeige sich beispielsweise in der Gesellschaftsstruktur durch die Etablierung von Priesterklasse, Kriegerklasse und eine Klasse der „Produzierenden ", der Bauern, Hirten und Handwerker[140].

H. Birkhan bestätigt, dass es aufgrund der engen Zusammenhänge zwischen der Sprache einer Kultur und ihrer Religion, Kunst und Mythologie möglich sei, Kulturen derselben Sprachgemeinschaft, trotz der meist sehr unterschiedlichen Fremdeinflüsse, für eine religionsgeschichtliche Rekonstruktion heranzuziehen[141].

Die keltische Sprache gehört ohne Zweifel der indogermanischen Sprachgemeinschaft an. Doch bei der Zuordnung einzelner Tätigkeitsbereiche anhand der inselkeltischen Überlieferungen zu bestimmten Funktionen entsprechend einer Dreiteilung der indoeuropäischen Gesellschaft nach G. Dumezil ist festzustellen, dass es sich häufig um übergreifende Funktionen handelt. Ist der König, der sich in einem Ritual mit einer symbolischen Verkörperung der Erde vereinigt, um die Fruchtbarkeit seines Reiches zu gewährleisten, nun als Auserwählter ein Vertreter der Priesterkaste, als Kriegsherr der Kriegerklasse oder als Garant für die Fruchtbarkeit ein Vertreter der „Produzierenden"? Zählt der Schmied, der bei der Herstellung einer Waffe magische Beschwörungsformeln ausspricht, nun zu den Magiern oder doch zu den Handwerkern? Dieselbe Frage stellt sich bei dem Beruf des Heilers. Er wird als Handwerker bezeichnet und doch wie ein Angehöriger der Priesterklasse behandelt.

Der König hatte gerecht[142], tapfer, fruchtbar, schön und körperlich unversehrt[143] zu sein sowie eine einwandfreie Ehe zu führen. Die Führungsrolle war an das Gedeihen des Reiches

---

[138] Dumezil, George: Les dieux des Indo-Européens. Paris 1952; L´idéologie tripartite des Indo-Européens. Bruxelles 1958; Mythe et épopée III. Paris 1973.

[139] Vgl.: Dumezil, George 1958, 461.

[140] Vgl.: Dumezil, George 1958, 93-104.

[141] Mit Bezug auf Dumezils These von der Dreiständegesellschaft regt H. Birkhan an, zu untersuchen, ob nicht auch nichtindogermanische Völker auf gleicher oder vergleichbarer Kulturstufe zu derselben Dreiteilung als Ergebnis polyphyletisch auftretender spontaner Kategorienbildung gekommen sind. Vgl.: H. Birkhan: Kelten 1997, 453f.

[142] Es heißt, dass das Land unter einem gerechten König fruchtbar, unter einem ungerechten König unfruchtbar war.

[143] Aus den Überlieferungen geht hervor, dass ein König unversehrt zu sein hatte und für das Wohl des Volkes verantwortlich war. König *Nuada* von den *Tuatha De Danann* verlor in der ersten Schlacht von *Mag Tured* seinen Arm und musste den Thron an *Bres* weitergeben. Doch *Bres* war ein ungerechter und eigennütziger Herrscher und wurde von den *Tuatha* nach der Heilung von Nuadas Arm abgesetzt. Er trat erneut die Herrschaft an.

gebunden: Der König muss Frieden, Wohlstand und Fruchtbarkeit bringen. Dazu hat er verschiedene so genannte „ges[144]" zu befolgen. Da dem Herrscher „übermenschliche" im Sinne von Fruchtbarkeit und Wohlstand bringende Fähigkeiten zugeschrieben wurden, fiel jegliches Unheil zu seinen Lasten. Es machte keinen Unterschied, ob der Auslöser eine Naturkatastrophe, eine Infektionskrankheit oder der Einfall feindlicher Kriegstruppen war. Das Unheil kam über das Volk, weil der Herrscher seine Fähigkeiten verloren hat. Er verlor sie, weil er die ihm auferlegten Ge- und Verbote (seine Ges) nicht eingehalten hat. Insofern beruht das Unheil auf moralischen Verfehlungen des Herrschers. Doch auch in ökonomischer Hinsicht obliegt eine Verbesserung der Lebensumstände seiner Pflicht: Als Auserwählter ist er der Garant für das Gedeihen seines Volkes.

Im Grunde besitzt wohl jeder seine eigenen *ges*, die größtenteils schon bei der Geburt vorbestimmt sind. Nur in Einzelfällen bestimmt ein Einzelner, was für einen anderen *ges* ist. Oft kommt es vor, dass ein Held sterben muss, weil er gezwungen wird, eines seiner *ges* zu verletzen[145]. Es gibt aber ebenso allgemeine, für jeden gültige *ges*, etwa das „*fir fer*" (Männerrecht), welches besagt, dass sich einem Mann, der sich zum Zweikampf stellt, nur ein Einzelner entgegenstellen darf[146].

Aus den Überlieferungen geht auch hervor, dass die individuellen Fähigkeiten des Menschen eine bedeutende Rolle spielen. Kriterien für seine gesellschaftliche Stellung scheinen, abgesehen von körperlichen Eigenschaften, nicht nur die Zugehörigkeit zu einer bestimmten Gesellschaftsklasse, sondern ebenso die Qualität seiner Arbeit, die Größe seines Besitzes und der Umfang seines Wissens zu sein.

---

[144] Eine Art Tabu, also ein absolutes Verbot oder Gebot.
[145] Deutlich zeigt sich das in der Geschichte von Conaire, der ein guter König war, aber durch das Schicksal gezwungen wurde, nacheinander alle seine ges zu brechen. Vgl. Die Zerstörung der Halle von *Ua Dergae*.
[146] Vgl.: Thurneysen, Rudolf: a.a.O. 1921, 80.

Kulturanthropologische Ansätze

Die kulturanthropologische Deutung folgt den Vorgaben der Pragmatischen Philosophie. Auch kulturanthropologisch betrachtet spiegelt der Mythos eine konkrete Lebenswelt mit ihrer ganz eigenen Kulturform, ihren Techniken und Werkzeugen. Dabei darf nicht übersehen werden, dass es sich bei ihr meist um eine Beschreibung der Kulturstufe des jeweiligen Mythenerzählers handelt. Anthropologie ist das Studium der gesamten Menschheit, biologisch wie kulturell, über alle Zeiten hinweg und wo immer menschliche Wesen zu finden waren und sind. Ihre beiden Hauptkennzeichen sind nach F. R. Vivelo[147] die vergleichende und die holistische Methode. Erstere setze voraus, dass es möglich ist, menschliche Gesellschaften über Raum und Zeit hinweg zu vergleichen und aus den Ergebnissen allgemein gültige Aussagen zu generieren. Letztere wolle einen ganzheitlichen Überblick geben, indem sie die menschliche Kultur als funktionale Einheit betrachtet.

Auch wenn zum Zwecke beispielsweise einer Analyse einzelne Elemente wie die politische Organisation oder soziale Schichtung isoliert untersucht werden, sei das Einbeziehen ihres Zusammenhanges innerhalb eines soziokulturellen Systems für ein richtiges Verständnis unerlässlich. Zudem bedeute holistisch, nicht nur die kulturellen, sondern ebenso die biologischen Merkmale der Gattung Mensch herauszuarbeiten. Für die Kenntnis der menschlichen Evolution seien beide Bereiche von Bedeutung.

Die Kulturanthropologie stellt somit ein Teilgebiet der Anthropologie dar. Sie beinhaltet die Ethnographie und Ethnologie, die Linguistik und die Sozialanthropologie. Kultur definiert Vivelo[148] als „die Gesamtheit der Werkzeuge und Geräte, Handlungen, Gedanken und Institutionen, durch welche sich eine Bevölkerungsgruppe schützt und erhält."[149] Mit dem evolutionären Ansatz ließen sich nun im Rahmen von „ökologischen Typen"[150] Gleichheiten zwischen den Gesellschaften herausarbeiten, etwa bei den Verarbeitungstechniken von Ressourcen, bei den verwendeten Werkzeugen oder der politischen Organisation.

Beispielsweise lassen viele inselkeltische Erzählungen darauf schließen, dass die Viehzucht und der Besitz von Vieh in der mythischen Gesellschaft eine wichtige Rolle gespielt haben; und es ist anzunehmen, dass ihnen in der realen Gesellschaft dieselbe Bedeutung zukam. So werden Kühe wegen ihrer Gabe, Milch zu spenden, gerühmt. Schafe waren wegen ihrer Wolle begehrt. Und die Herkunft des Schweines in die „Andere Welt"[151] verlegt[152]. Darauf deuten etwa die Erzählung *De cophur in da mucado*, nach der die zwei Stiere *Donn*

---

[147] Vgl.: Vivelo, F. R.: Handbuch der Kulturanthropologie. Stuttgart 1981, 37-41.

[148] Vivelo (Stuttgart 1981, 50-53) unterscheidet zwischen der totalistischen (mit der Organisation und Funktion der Lebensweise eines Volkes im Zentrum) und der mentalen (rein auf Gedankensysteme bezogenen) Betrachtungsweise. Mit dem Begriff „kulturell" bezieht er sich auf mentale Vorgänge, die zu Ideensystemen wie Verhaltensnormen führen, mit dem Begriff „sozial" auf die Interaktion zwischen den Menschen selbst. Kultur enthält somit Anleitungen für das richtige Verhalten, während das soziale System das Verhalten selbst betrifft.

[149] Vgl.: Vivelo, F. R.: Handbuch der Kulturanthropologie. Stuttgart 1981, 51.

[150] C. P. Kottak: Anthropology: The Exploration of Human Diversity. New York 1974, 147.

[151] Die Inselkelten selbst hatten keine eigene Bezeichnung für die gesamte jenseitige Welt im Sinne einer Geister- und Götterwelt oder eines Totenreiches. Vgl.: Berndt, Susanna: Kunst und Mythos, Hamburg 2014. III.4.5.1. Erzählungen über die „Andere Welt", 202ff.

[152] Die *Tuatha De Danann* besaßen magische Tiere wie *Goibnius* Kuh, die ganz Irland mit Milch versorgen konnte, die Schafe von *Manannans* Frau, die genug Wolle für den Bedarf aller Bewohner Irlands hatten oder die Schweine von *Manannan*, die sich, nachdem man sie gegessen hatte, immer wieder erneuerten. Vgl.: Berndt, Susanna: Kunst und Mythos, Hamburg 2014, 230.

und *Finndbennach* ursprünglich zwei rivalisierende Schweinehüter aus der „Anderen Welt" waren; das Mabinogi *Pwyll Pendevig Dyved*, in dem Schweine aus der „Anderen Welt" als Dank für einen Freundschaftsdienst in die Menschenwelt kommen; oder das Mabinogi *Math vab Mathonwy* mit der Feststellung, *Gwydion* habe die Schweine durch eine List aus der „Anderen Welt" entwendet und dadurch den Menschen die Kenntnis der Schweinezucht gebracht.

Ebenso ist aus den inselkeltischen Überlieferungen ersichtlich, welch große Bedeutung dem Ackerbau zukam. Zum Beispiel ist das Wort Pflug Bestandteil des Namens von *Mac Cecht*, „Sohn des Pfluges", einem der drei Könige, die bei der Ankunft der „Söhne des *Mile*" herrschten. Und bei König *Bres* scheint es sich trotz seiner Selbstsucht und ungerechten Herrschaft um einen Kulturhelden zu handeln, denn um sein Leben zu retten, verrät er den Tuatha De Danann, wann die besten Zeiten zu pflügen, säen und ernten sind[153].

Es zeigt sich, dass die kulturanthropologische Deutung für das Verständnis eines Mythos von grundlegender Bedeutung ist. Insbesondere in Verbindung mit einer soziologischen Deutung lassen sich so jene mythischen Bestandteile aufzeigen, die einen direkten Bezug zur empirischen Lebenswelt und somit zu historischen Tatsachen aufweisen. Ihre Ergebnisse ermöglichen zudem eine Verifikation oder Falsifikation beispielsweise mit den natur- und geisteswissenschaftlichen Methoden der Archäologie oder der Geowissenschaften.

---

[153] Vgl.: Birkhan, H.: Kelten. 1999, 575.

Psychodynamische Ansätze

Gefühle von Hass, Trauer, Angst, Schuld, Freude, Glück, Hoffnung, Sehnsucht, Liebe, Hingabe, mithin emotionale Prozesse in Form von Wünschen und Bedürfnissen stehen im Zentrum der psychologischen oder psychodynamischen Deutung[154]. Ihre Aufgabe sieht sie darin, die emotionalen Prozesse und Dynamiken in einzelnen Mythen aufzuzeigen.

Der Mediziner Sigmund Freud, Begründer der Psychoanalyse und der modernen Traumdeutung, sah in Mythen[155] eine Entsprechung zu Träumen, in denen er die Befriedigung von aus dem Bewusstsein verdrängten triebhaften (sexuellen) Bedürfnissen sah. Nach den Aussagen des Psychoanalytikers Otto Rank, seines langjährigen Vertrauten, bestand einer seiner größten Fehler jedoch darin, alle Gefühle auf die Libido[156] zu reduzieren. Gefühle waren gemäß Freud immer von sexueller Art. Auch bildeten sie die Ursache jeder Neurose. So führte er auch die Angststörung auf die nicht zur Verwendung gelangte Libido zurück[157]. Nach dem Religionswissenschaftler Robert A. Segal wäre S. Freud somit nie bereit gewesen, den Geburtsvorgang, also die Trennung von der Mutter, zur letztendlichen Quelle von Angstneurosen zu machen[158]. O. Rank hingegen – und dieser Umstand führte letztendlich auch zum Bruch der Freundschaft – war im Rahmen seiner Anwendung der Psychoanalyse unter anderem auf Werke der Kunst, Mythologie und Religion zu einem abweichenden Schluss gekommen. Er stellte das Geburtstrauma zeitlich vor die Entwicklung des Ödipuskomplexes[159] und sah in ihm den Ursprung von Angstneurosen[160]. S. Freud wiederum beharrte auf dem Ödipuskomplex als der ursprünglichen Quelle von „Religion, Sittlichkeit, Gesellschaft und Kunst"[161].

Zeitgenössische Freudianer schätzen den Mythos nach R. Segal allerdings wesentlich positiver ein: Mythen lösen Probleme statt sie zu bewahren; sie sind fortschreitend und nicht rückläufig; sie begünstigen die Anpassung an, nicht die Flucht vor der Welt; sie dienen nicht nur dazu, den Gefühlen Ausdruck zu verschaffen, sondern auch sie zu läutern; sie nützen jedem, nicht nur Neurotikern[162].

Der Psychiater C.G. Jung wendet sich von dem begrenzten Libidobegriff des deskriptiven Standpunktes ab und plädiert für einen genetischen Libidobegriff[163]. Dieser erweitere den Terminus „Libido" zu einem „Begriff des Willens" im Sinne eines Lebenstriebes[164], dessen Mannigfaltigkeit sich in seinen unterschiedlichen Funktionen zeige – zunächst in Form des

---

[154] Vgl. Grabner-Haider, Anton: Strukturen des Mythos. Frankfurt 1989, 116.

[155] Es ist anzumerken, dass Freud in seinem Werk „die Traumdeutung" zwischen „Sage" und „Mythos" keinen Unterschied zu machen scheint.

[156] Freud fasste sie im medizinischen Sinne als „sexuelle Triebkraft" auf.

[157] Vgl.: Freud, Sigmund: Die Traumdeutung. Leipzig und Wien 1900, 68-72. Als Pdf: archive.org/stream/Freud_1900_Die_Traumdeutung_k#page/370/mode/2up (Jan. 2016)

[158] Vgl.: Segal, Robert A.: Introduction. In: In Quest oft he Hero. Princeton University Press, New Jersey 1990, ix Interessant ist in diesem Zusammenhang, dass Segal bezugnehmend auf Freuds religionskritische Schriften folgert, dass für Freud nicht nur der drohende, sondern auch der nährende und schützende Gott männlich war.

[159] Vgl.: Rank, Otto: Das Trauma der Geburt und seine Bedeutung für die Psychoanalyse. Leipzig, Wien, Zürich 1924 (pdf unter archive.org), 206

[160] Ebd.: 20 „....ganz wie jeder Angst die Geburtsangst zugrunde liegt..."

[161] Vgl.: Freud, Sigmund: Totem und Tabu. 2. Auflage, Leipzig, Wien, Zürich 1920, 210.

[162] Vgl.: Segal, Robert A.: Introduction. In: In Quest oft he Hero. Princeton University Press, New Jersey 1990, ix.

[163] Vgl.: Jung, C.G.: Wandlungen und Symbole der Libido. Beiträge zur Entwicklungsgeschichte. Leipzig und Wien 1925. Zweite Auflage 130.

[164] Vgl.: Ebd. 126f.

Ernährungstriebes, dann im Laufe der körperlichen Entwicklung über weitere Anwendungs-
gebiete bis hin zur Sexualität. Dabei geht C. G. Jung von einer „sexuellen Urlibido" aus, die
im Laufe der Zeit durch Differenzierungen immer weiter aufgezehrt werde. Im Rahmen
dieses Prozesses wären ihre sekundären Funktionen von Anlockung und Brutschutz in den
Vordergrund getreten und es habe sich sukzessive eine „desexualisierte" Libido entwickelt,
die eine erhöhte Wirklichkeitsanpassung erfordere[165]. Doch auch die verschiedenen Lebens-
abschnitte des Menschen bedürfen nach C. G. Jung einer Wirklichkeitsanpassung. Demgemäß
würden ab der Lebensmitte die Selbstreflexion und innere Differenzierung an Bedeutung
gewinnen. Dadurch könnten „bislang nur außen gesehene geschlechtlich gefärbte Persön-
lichkeitsanteile verstärkt in der eigenen Person bewusst werden"[166], wenngleich es durchaus
möglich ist, dass die Frau ihren „Animus" und der Mann seine „Anima" bereits oder erst in
einer anderen Altersstufe wahrnehmen[167].

Bezugnehmend auf C. G. Jungs Studien zum Ich-Bewusstsein liefert die Tiefenpsychologin Ingeborg Clarus eine interessante Sicht auf die in den mythischen Erzählungen der
Inselkelten stattfindenden psychischen Prozesse. Sie geht vor allem den Animus- und Anima-
Projektionen im Sinne von C. G. Jung und deren Bedeutung für das erwachende Bewusstsein
der männlichen Ratio nach [168].

Zudem setzt C. G. Jung eine kollektive unbewusste Erinnerung voraus, die vererbbar ist.
Dabei beruft er sich auf Studien aus der Tierwelt und Untersuchungen der mythischen
Vorstellungen von verschiedenen Kulturen auf der ganzen Welt. C. G. Jung entdeckte, dass
sich überall die gleichen Denk- und Verhaltensmuster feststellen ließen, obwohl die
betreffenden Personen keine Kenntnis von diversen Mythologien hätten. Seine Schlussfolgerung war, dass diese „Erinnerungen" wahrscheinlich von einem gemeinsamen Urgrund
stammten, der schon in den Genen gespeichert wäre[169]. So speise sich die „schöpferische
Phantasie" nicht nur aus „persönlichen Quellen", sondern ebenso aus dem „vergessenen und
längst überwucherten primitiven Geist mit seinen eigentümlichen Bildern, die sich in den
Mythologien von allen Zeiten und Völkern ausdrücken"[170]. Doch rät er, die mythologischen
Symbole nicht zu wörtlich zu nehmen, denn in der Fantasie sei „Gefühl alles"[171].

Insbesondere der Philosoph und Religionskritiker Ludwig Feuerbach propagierte die
Ansicht, dass die Basis religiöser Vorstellungen „in der Natur des Menschen" läge, die in
erster Linie durch Sinnlichkeit und nicht durch Vernunft definiert sei. Sie würde in eine
jenseitige Welt übertragen, etwa der Wunsch nach Unvergänglichkeit oder Macht.
„Menschlichkeit" sei das wichtigste Prädikat eines Gottes. Seine Entrückung gleiche einer
Entfremdung und würde ihn als Trugbild entlarven[172].

Ob nicht zu falsifizierende Wahrheit, Illusion oder Ideologie, der Kinderarzt und Psycho-
analytiker Donald Woods Winnicott geht davon aus, dass Mythen durch die Fähigkeit, die
vielfältigsten Vorstellungen widerzuspiegeln, eine notwendige Grundlage für die Bewältigung

---

[165] Vgl.: Ebd. 129, Jung bezeichnet die Urlibido „als Wachstumsenergie schlechthin" .
[166] Vgl.: Vgl.: Jung, Carl Gustav: Die Dynamik des Unbewussten. Zürich 1967, 129f.
[167] Vgl.: Ebd. 134f.
[168] Vgl.: Clarus, Ingeborg: Keltische Mythen. Der Mensch und seine Anderswelt. Olten 1991.
[169] Vgl.: Segal, Robert A.: Mythos. Eine kleine Einführung. Stuttgart 2007, 139-141.
[170] Vgl.: Jung, C. G.: Wandlungen und Symbole der Libido. Beiträge zur Entwicklungsgeschichte des Denkens.
Leipzig und Wien 1925, Vorrede zur zweiten Auflage.
[171] Vgl.: Ebd. 215.
[172] Vgl.: Röd, Wolfgang: Der Weg der Philosophie, Band II., München 2. Auflage 2009, 296.

der weit über die Erlebenswelt des Einzelnen reichenden äußeren Welt darstellen. Wie schon das Spiel bereits im Kindesalter normalerweise als von der Realität verschieden wahrgenommen werden könne und trotzdem kein reines Fantasiegebilde darstelle, biete auch der Mythos einen Bereich zwischen äußerer und innerer Wirklichkeit, der Teile der äußeren Welt mit Bedürfnissen und Erfahrungen des inneren Erlebens verbinde[173].

Der Mythenforscher Joseph Campbell vertritt in seinem Buch über die Masken Gottes die Meinung, dass sich literarische Metaphern an den Verstand des Menschen wenden, während die Mythologie primär auf die zentralen Erregungsmechanismen und angeborenen Auslösemechanismen des ganzen Menschen ziele. Diese angeborenen, kollektiven und doch spontanen Gedanken fänden sich bei allen Menschen, hätten jedoch durch Klima, Geographie und die betreffende Gesellschaft verschiedene Formen erhalten. So wäre es zu einer Vielfalt mythischer Erzählungen gekommen, die alle auf ein und dieselben Urmythen zurückzuführen seien. J. Campbell zeigt auf, dass es bestimmte weltweit verbreitete mythische Motive gäbe, die dem jeweiligen Bedürfnis entsprechend unterschiedlich ausgewählt, organisiert, interpretiert und ritualisiert wurden. Dazu gehörten unter anderem die Jungfrauengeburt, das Totenreich, der auferstandene Held und der Feuerdiebstahl[174].

R. Segal weist darauf hin, dass J. Campbell die Mythentheorien von Jung am meisten lobte, auch wenn er betonte, kein Jungianer zu sein[175]. So führte J. Campbell die Funktionen eines Mythos nicht nur auf die Begegnung mit im Unterbewusstsein gespeicherten Archetypen, sondern auf vier gleichermaßen bedeutende Faktoren zurück: den Erhalt der Ehrfurcht vor der Welt, die Bereitstellung von symbolischen Bildnissen der Welt, die Bewahrung von Gesellschaftsordnungen durch göttliche Rechtfertigung sozialer Regeln, das In-Einklang-Bringen des Menschen mit dem Kosmos, mit der Gesellschaft und mit sich selbst. Zudem hielt er Mythen für unverzichtbar, weder Religion, noch Kunst oder Träume könnten sie ersetzen[176].

Nicht nur die Angststörung, auch die alltägliche Angst vor dem Fremden, vor plötzlichem Unheil steht im Zentrum vieler Theorien zur Entstehung mythischer Erzählungen. Denn das Unheimliche, das Unbekannte lässt sich nicht berechnen, ist weder kalkulier- noch steuerbar. So ist es nicht erstaunlich, dass Menschen von jeher versuchten, diese Empfindungen auf etwas zurückzuführen, über das sich eine – wenn auch nur fiktive – Herrschaft erlangen lässt. Theodor Adorno und Max Horkheimer sind der Meinung, dass der Ausdruck der Angst vor dem Unbekannten über Mythos, Magie und Wissenschaft durch Wiederholung gebannt wird, im magischen und mythischen Weltbild durch den Zauberer, der die Phänomene nachahmt, um Kontrolle über sie zu erlangen. Da diese Weltsicht zur Wesensverfassung des Menschen gehöre, sei es wohl nie möglich, sie vollständig zu überwinden[177].

Hans Blumenberg sieht die Grundlage des Mythos ebenfalls in der Angst. Bewältigt wird sie seiner Meinung nach durch Erklärungen, die Distanz schaffen sowie durch Benennungen, die – beispielsweise durch Personifizierungen – Entlastung bringen, indem die Personi-

---

[173] Vgl. auch das Folgende Segal, Robert A.: Mythos. Stuttgart 2007, 184ff.
[174] Vgl.: Campbell, Joseph: Die Masken Gottes. Bd. 1-4 München 1996.
[175] Vgl.: Segal, Robert A.: Introduction. In: In Quest oft he Hero. Princeton University Press, New Jersey 1990, x.
[176] Vgl.: ebd. x f..
[177] Vgl.: Barner, Wilfried/Detken Anke/Wesche Jörg (Hg.): Texte zur modernen Mythentheorie. Stuttgart 2003, 251f. und 21ff., letzteres aus Max Horkheimer /Theodor W. Adorno: Dialektik der Aufklärung. 1944.

fizierten sich die Gewalt teilen und ihre Macht gegenseitig einschränken[178]. Die Furcht oder besser die „Metamorphose der Furcht" stellt auch für Ernst Cassirer eine der Hauptfunktionen des Mythos dar. Ihre Erfahrung würde Entastung bieten. Das Ritual lehre den Menschen, seine Gefühle zu zeigen und zu ordnen. In ihm verbänden sich die Wünsche des Einzelnen mit den Vorstellungen der Gemeinschaft. So würde durch die Kulthandlungen kulturelles und soziales Leben aufgebaut[179].

Für Kurt Hübner besteht das Problem der psychologischen Deutung in der willkürlichen Übertragung moderner Denkweise auf eine anders geartete Vergangenheit. So werde etwa Schuld und Unschuld in das Innere des Menschen verlegt. Doch während die moderne Psychologie das Subjekt für seine Taten verantwortlich macht und jedem Individuum Entscheidungsfreiheit zuschreibt, also die Möglichkeit, sich für oder gegen etwas zu entscheiden, zählen im Mythos die objektiven Ereignisse[180]. Nach K. Hübner bilden das Ich und seine Umwelt keine streng getrennten Sphären, sondern eine unauflösliche Einheit. Subjekt und Objekt verschmelzen. Die psychologische Deutung unterstelle dem Mythos eine wissenschaftliche Ontologie[181].

Nichtsdestotrotz zeigen schon die angeführten Beispiele, dass die psycho-dynamische Mythenforschung ihren Spielraum durchaus noch nicht ausgeschöpft hat. Insbesondere die interdisziplinäre Forschung als Hybrid von Psychologie und Neurowissenschaft könnte in Zukunft neue spannende Erkenntnisse zutage fördern.

---

[178] Vgl.: Barner, Wilfried/Detken Anke/Wesche Jörg (Hg.): Texte zur modernen Mythentheorie. Stuttgart 2003, 252f.; Blumenberg, Hans: Arbeit am Mythos, 1979, 63-73.
[179] Vgl.: Cassirer, Ernst: Vom Mythos des Staates. 1946, 66
[180] Vgl.: Hübner, Kurt: Wahrheit des Mythos. München 1986, 57ff.
[181] Vgl.: Hübner, Kurt: a.a.O. 85

Kognitive Ansätze

Die rationalen Elemente in den mythischen Weltanschauungen stehen im Mittelpunkt der kognitiven Deutung. So stellt für die Akzeptanz eines Mythos neben dem Glauben an seine Wahrhaftigkeit, der Identifikation mit den Handlungsträgern und der Kenntnis des dargelegten Problems insbesondere die Nachvollziehbarkeit der Aussagen ein wichtiges Kriterium dar. Indem die Interpretationen auf dem Kenntnisstand von Außen- und Innenwelt der jeweiligen Gesellschaften gründen, werden sie von diesen für rational gehalten.

Eben weil mythische Erzählungen in vielen Fällen nachvollziehbare Begründungen für zum Zeitpunkt ihrer Entstehung mit empirischen Methoden nicht zu erklärende Phänomene jeglicher Art bieten, geht die kognitive Mythendeutung davon aus, dass es sich bei ihnen um keine Märchen, keine Fantasiegebilde oder Idealisierungen historischer Ereignisse handelt. Stattdessen wird angenommen, dass es sich bei mythischen Daseinsdeutungen um eine eigene Form rationaler Erkenntnis- und Informationsverarbeitung handelt.

Entsprechend setzt sich der Philosoph Kurt Hübner für eine sachliche Auseinandersetzung mit dem Mythos ein[182]. Ihm geht es vor allem um den Vergleich der ontologischen Grundlagen, auf denen die Denk- und Erfahrungssysteme von Mythos und Wissenschaft basieren[183]. Bei diesen Grundlagen handle es sich um apriorische Voraussetzungen, die Erfahrungen etwa in der mythischen oder in der wissenschaftlichen Art und Weise ermöglichen. K. Hübner stellt nun Bestandteile der wissenschaftlichen Ontologie Vergleichbarem in der mythischen Weltdeutung gegenüber. So würden beispielsweise Subjekt und Objekt im Mythos eine Einheit bilden, während sie in der Wissenschaft streng getrennte Begriffe darstellen[184]. Diese Verfahrensweise zeige, dass die Unterschiede der beiden Ontologien sich nicht nur auf die Arten von Erfahrung, sondern ebenso auf die Ansichten über Begriffe wie Wahrheit, Realität, Notwendigkeit und ähnliches beziehen. K. Hübner kommt zu dem Schluss, dass beide – Mythos und Wissenschaft – auf ihre Weise Wahrheit vermitteln und nur verschiedene Standpunkte darstellen, von denen aus die Wirklichkeit erklärt werden kann. Rationaler als andere Zeiten sei unser wissenschaftliches Zeitalter jedoch nicht[185].

Nach Michael von Brück vertritt Kurt Hübner in „Die Wahrheit des Mythos" eine konstruktivistische Stellung. Laut K. Hübner sei der Mythos ein der Wissenschaft ebenbürtiges ontologisches System. Seine Struktur setze sich aus beständig aufeinander aufbauenden Auffassungen zusammen. Demnach enthalte der Mythos als logisches System eine ebensolche Rationalität wie die Wissenschaften. Für von Brück genügt K. Hübners Begriff von Rationalität jedoch nicht, um ihn dem mythischen Denken entgegenzustellen. So tue sich Rationalität vor allem dadurch hervor, dass sie Wissen hinterfragt und relativiert. Im Sinne von Vernunft würde dies nach von Brück Toleranz gegenüber anderen Daseinsdeutungen möglich machen, während mythisches Denken nur an die Wahrheit der eigenen Weltsicht glaube[186].

---

[182] Vgl.: Hübner, Kurt: Wahrheit des Mythos. München 1985; Eine Vorstellung der – auch gemeinsamen – Grundlagen von wissenschaftlicher Ontologie und mythischer Weltdeutung 28-46.
[183] Vgl.: Barner, Wilfried/Detken Anke/Wesche Jörg (Hg.): Texte zur modernen Mythentheorie. Stuttgart 2003, 248ff.
[184] Vgl.: Texte zur modernen Mythentheorie. 2003, 256f.
[185] Vgl.: Hübner: Die Wahrheit des Mythos. München 1986, 289.
[186] Vgl.: von Brück, Michael: Mythos und Rationalität – zur Revision einer postmodernen Gleich-Gültigkeit. LMU Hauptseminar SS 2009, http://www.mythos-magazin.de.

Für Anton Grabner-Haider zieht K. Hübner den Schluss, dass die Verschiedenheit von mythischen und wissenschaftlichen Erfahrungen rein in ihren Inhalten liegt, während die Erklärungsmodelle dieselben seien. Auch die von der Wissenschaft postulierten empirischen „Tatsachen" entsprächen stets nur Interpretationen der Wirklichkeit. Somit dominiere in der Wissenschaft ebenso wie im Mythos empirische Intersubjektivität vor Objektivität [187].

Die kognitive Mythendeutung nimmt an, dass sowohl das wissenschaftsbasierte Weltbild, als auch die mythische Daseinsdeutung rationale Erklärungen für die Wirklichkeit bereitstellen – so sehr sich ihre Methoden und Rechtfertigungen auch unterscheiden mögen. Wenn aber die mythische Weltanschauung tatsächlich auf einem anderen Verständnis von Rationalität gründet als die wissenschaftsbasierte, wäre es dann vorstellbar, dass Menschen für einzelne Bereiche ihrer Lebenswelt eine mythische Daseinsdeutung der wissenschaftsbasierten vorziehen? Und wovon würde es abhängen, ob ein Sachverhalt rational im Sinne eines mythischen oder rational im Sinne eines wissenschaftlichen Weltverständnisses gedeutet wird? Fragen dieser Art werden sich vermutlich nur interdisziplinär beantworten lassen. Insbesondere durch Einbeziehen der Ergebnisse neuro- und evolutionsbiologischer Untersuchungen, aber auch in Zusammenarbeit mit den Kognitions- und kognitiven Neurowissenschaften könnten neue, fruchtbare Hypothesen entstehen

---

[187] Vgl.: Grabner-Haider, Anton: Strukturen des Mythos. Frankfurt 1989, 449.

Erste Ansätze zu soziokulturellen Evolutionstheorien in der Mythenforschung

„Culture is roughly everything we do and monkeys don't"
FitzRoy Somerset, 4. Baron Raglan

Um Mythen als Quelle für eine soziokulturell-evolutionstheoretische Untersuchung nutzen zu können, bedarf es einer Analyse ihrer Inhalte. Inwieweit spiegeln sich reale Lebensumstände wieder? Welche (sozialen) Probleme stehen im Mittelpunkt? Wie lautet die Botschaft der Erzählung? Hier bieten sich beispielsweise kulturanthropologische, soziologische, psychodynamische oder kognitive Mythentheorien und Mythendeutungen an. Erst nach der Herausarbeitung der Kernaussage ist es möglich, ihren Sinngehalt mit bestehenden Verhältnissen zu vergleichen, die mythische Deutung eventuell sogar in eine wissenschaftsbasierte zu transformieren.

Die ersten evolutionstheoretischen Ansätze in der Mythendeutung gehen auf das 19. Jahrhundert zurück. Gemäß dem aufkommenden Evolutionismus ihrer Zeit betrachteten etwa der Anthropologe Edward Burnett Tylor und der Sozialphilosoph Herbert Spencer die Entwicklung der Menschheit als ein Fortschreiten von primitiven zu fortschrittlichen Kulturstufen[188]. Den Höhepunkt würde die westliche industrialisierte Gesellschaft bilden. Im Mythos sahen sie den Ausdruck primitiver Daseinsdeutungen.

H. Spencer übertrug den Darwinismus auf die Entwicklung von Gesellschaften und ging davon aus, dass sich auch dort langfristig durchsetzt, was ihren Fortschritt fördert. Auch er sah in Charles Darwins „natürlicher Auslese" ein „Survival of the fittest"[189] und somit einen „Kampf um's Daseyn"[190]. H. Spencers Name taucht immer wieder im Zusammenhang mit der Entstehung des Sozialdarwinismus auf.

E. B. Tylor wiederum gilt als Begründer der Sozialanthropologie. Auf der Suche nach einer ursprünglichen Stufe der Religion gelangte er über das Mythenstudium zur animistischen Weltsicht, deren Spuren sich unter anderem in überlieferten, aber inhaltlich nicht mehr nachvollziehbaren Bräuchen zeige. Gemeinsam mit dem Geister-, Götter- und schließlich dem monotheistischen Glauben bilde sie als mythische Welterklärung eine Vorstufe zur wissenschaftlichen Daseinsdeutung[191]. Dennoch sei die Wissenschaft nicht aus dem Mythos hervorgegangen, sondern habe ihn einfach ersetzt – wobei E. B. Tyler nach Auffassung von R. Segal weder zureichend erklärt, warum er Mythen als unwissenschaftlich betrachtet, noch wie es dann überhaupt zu einer Entwicklung von mythischer zur wissenschaftlicher Weltdeutung kommen konnte[192].

Die ritualistisch-soziologische Deutung sieht die Entwicklung von Gesellschaften und Kulturen im Licht eines beständigen Fortschrittes. Sie fasst das Ritual als Grundform und

---

[188] Zu denken ist hier an „homo homini lupus" (Der Mensch [ist] dem Menschen ein Wolf – aus: De Cive 1642), eine Metapher, die Thomas Hobbes in Bezug auf den vorstaatlichen Naturzustand des Menschen verwendet, in dem das egoistische Streben noch keinen rechtlichen Regeln unterworfen ist. Vgl.: Röd, Wolfgang (Hg.) Der Weg der Philosophie, Bd. II. 2. Auflage, München 2009, 38f.

[189] Spencer, Herbert: The study of sociology. London 1873, 108-114.

[190] Darwin, Charles: Entstehung der Arten im Thier und Pflanzen-Reich. Stuttgart 1860. Drittes Kapitel: Der Kampf um's Daseyn, 65-84.

[191] Vgl.: Hödl, Hans Gerald: Mythos. In: Figl, Johann (Hg.): Handbuch Religionswissenschaft, Innsbruck 2003, 377f.

[192] Vgl.: Segal, Robert A.: Mythos. Eine kleine Einführung. Stuttgart 2007, 26-37.

Bezugspunkt der im Mythos beschriebenen Normen und Handlungsanweisungen auf. Es entstamme einer animistischen Weltsicht mit heiligen Totemstieren und war ursprünglich zum Schutz sowie zur Sicherung des Weiterbestehens der Gruppe entstanden. Im Laufe der Zeit wandelte sich der magische Animismus schließlich zum Mythos[193]. Die einstigen Vorstellungen gerieten in Vergessenheit und die Erklärungen wurden durch immer neue Deutungen dem Mythos entnommen.

Auch der Theologe William Robertson Smith beschränkt Mythos und Ritual auf die frühe primitive Religion[194]. Er hält den Mythos jedoch für kein Glaubensbekenntnis, sondern für eine Erzählung, die zur Erklärung eines viel früher entstandenen Rituals diene, dessen ursprünglicher Sinn längst in Vergessenheit geraten war[195].

Zu den bedeutendsten Vertretern der ritualistischen Mythendeutung zählen der Altphilologe und Anthropologe James Georg Frazer[196] und der Anthropologe Bronsilaw Malinowski[197]. J. G. Frazer etwa sah in Mythen das primitive Gegenstück einer angewandten Wissenschaft[198], die symbolische Darstellung natürlicher Ereignisse. Zudem würden sie eine Erklärung für gemeinschaftliche Rituale darstellen[199], ihnen sozusagen als Skript dienen und erklären, was das Ritual magisch verfüge[200]. Eine gleichzeitige Entstehung von Mythen und Ritualen propagierte der Privatgelehrte Fitzroy Sumerset, 4. Baron Raglan[201].

Der Philosoph und Soziologe Jürgen Habermas geht in seiner Entwicklungstheorie davon aus, dass Gesellschaften evolutiv lernen könnten, wenn sie die in Weltbildern enthaltenen kognitiven Potentiale für eine neue Organisation von Handlungssystemen verwendeten. Mythischen Deutungsmustern sei ursprünglich die Funktion von kognitiven Erklärungen zugekommen und mit der Entstehung erster Hochkulturen auch die Legitimation einer genealogischen Herrschaftsordnung. Mit dem Wandel zur entwickelten Hochkultur lösten kosmologische Weltbilder und verschiedene Hochreligionen die genealogisch aufgebaute, mythische Weltanschauung ab. Eine weitere Rationalisierung durch naturrechtliche, vernunftbestimmte Konstruktionen hätte in der frühen Moderne stattgefunden. Die Neuzeit schließlich kennzeichne der Aufbruch in den demokratischen Staat und die bürgerliche Gesellschaft[202].

Viele der jüngeren soziokulturellen Evolutionstheorien haben die Vorstellung von einer teleologischen sozialen Entwicklung von Gesellschaften und Kulturen im Sinne eines steten Fortschrittes verworfen. Stattdessen stellen sie die Veränderungen innerhalb einzelner Gesellschaften in den Mittelpunkt ihrer Untersuchungen. Sie gehen dabei unter anderem davon aus, dass auch Sprache, Sozialisation und Verhaltensvorgaben der Evolution unterworfen sind.

Moderne Sozialtheorien mit Bezugnahme auf die neue allgemeine Evolutionstheorie zeigen, dass es möglich scheint, Konzepte für optimale Lösungen gesellschaftlicher Konflikte zu entwickeln, deren empirische Verwirklichungen den Kurs evolutiver Trajektorien positiv

---

[193] Siehe auch Kurt Hübner: Wahrheit des Mythos. München 1985, 54f.

[194] Vgl.: Segal, Robert A.: Mythos. Eine kleine Einführung. Stuttgart 2007, 90.

[195] Vgl.: Robert A. Segal: a.a.O. 87.

[196] Frazer, James Georg: Der goldene Zweig Band I und II. Berlin 1977.

[197] Malinowski, Bronislaw: Magie, Wissenschaft und Religion und andere Schriften. Fischer-Taschenbuch-Verlag 1983. Malinowski, Bronislaw: Magie, Wissenschaft und Religion. Frankfurt 1973 Sammelband.

[198] Vgl.: Segal, Robert A.: Mythos. Eine kleine Einführung. Stuttgart 2007, 94.

[199] Vgl.: Ebd. 98

[200] Vgl.: Segal, Robert A.: Introduction. In: In Quest oft he Hero. Princeton University Press, New Jersey 1990, xi.

[201] Vgl.: Ebd.: xii

[202] Vgl.: Habermas, Jürgen: Zwischen Naturalismus und Religion. Frankfurt 2005, 119-124.

beeinflussen und somit zu einem Vorteil sowohl für das Individuum, als auch für die Gesellschaft führen könnten[203]. Es stellt sich die Frage, ob sich mit Hilfe soziokultureller Evolutionstheorien auch im Rahmen der Mythenforschung neue Erkenntnisse gewinnen lassen, die sich eignen, als Teil der Kulturgeschichte einen Beitrag zur Erstellung von genaueren Prognosen sowie zur Generierung von brauchbaren Lösungen für gegenwärtige und voraussehbare künftige Probleme zu leisten. Um Mythen jedoch als Quelle für eine soziokulturell-evolutionstheoretische Untersuchung nutzen zu können, bedarf es zuvor einer Analyse ihrer Inhalte. Hier bieten sich vor allem kulturanthropologische, soziologische, psychodynamische sowie kognitive Mythentheorien und Mythendeutungen an. Erst nach Herausarbeitung der Kernaussage eines Mythos ist es möglich, seinen Sinngehalt mit modernen Theorien über bestehende Verhältnisse zu vergleichen, die mythische Deutung eventuell sogar in eine wissenschaftsbasierte zu transformieren.

Noch befindet sich die soziokulturell-evolutionstheoretische Mythenforschung in den Kinderschuhen. Doch zeigen die Forschungsergebnisse aus den Sozialwissenschaften, dass es möglich scheint, mit Bezugnahme auf die neue allgemeine Evolutionstheorie geeignete Sozialtheorien zur optimalen Lösung gesellschaftlicher Konflikte zu entwickeln, deren empirische Verwirklichungen zu einer positiven Beeinflussung der evolutiven Trajektorien führen könnten. Für die Mythenforschung bedeutet dies, herauszufinden, inwieweit sich durch Einbeziehen soziokultureller Evolutionstheorien in mythischen Erzählungen positive evolutive Trajektorien und mit ihnen ihre Ursachen und Randbedingungen feststellen lassen. So könnte beispielsweise untersucht werden, ob sich in mythischen Erzählungen Hinweise darauf finden, welche Kulturfakte[204] präferiert, genutzt oder verworfen wurden, und aus welchen Gründen dies geschehen war, oder ob es Beschreibungen von Innovationen gibt, die zu einer humanitären Verbesserung der Gesellschaft führten.

Die Ergebnisse ermöglichten wahrscheinlich nicht nur Rückschlüsse auf die Entwicklung der beschriebenen Gesellschaft, sondern über eine Bezugnahme zu den vielschichtigen Soziodynamiken in modernen Gesellschaften auch zusätzliche Erkenntnisse zur Generierung von brauchbaren Lösungen für gegenwärtige und voraussehbare künftige Probleme. Eine abschließende Beantwortung der Frage, ob sich mit Hilfe soziokultureller Evolutionstheorien auch im Rahmen der Mythenforschung neue, für die Konfliktlösung in modernen Gesellschaften geeignete Erkenntnisse gewinnen lassen, muss aufgrund des derzeitigen Forschungsstandes (noch) offen bleiben, aber die ersten Ansätze zu soziokulturellen Evolutionstheorien in der Mythenforschung scheinen vielversprechend.

---

[203] Vgl.: Götschl, Johann: Introduction. In: Götschl, Johann (Hg.): Evolution and progress in democracies. Towards New Foundations of a Knowledge Society. Dordrecht 2011, 7-39.
[204] Unter Kulturfakten versteht Johann Götschl alle von Menschen während der gesellschaftlichen Evolution erschaffenen Güter (Mentefakte als Werke des Geistes; Soziofakte als Werke der Gesellschaft; Artefakte als Werke der Kunst und Technifakte als Werke der Technik). Vgl.: Götschl, Johann (Hg.): Evolution and progress in democracies. Dordrecht 2011,

II. Teil

Keltische Mythologie und Kultur

1. Grundzüge der keltischen Kultur

Als Beispiel für eine Gesellschaft mit mythischer Weltsicht werden in diesem Abschnitt die Grundzüge keltischer Stammeskulturen dargelegt, wie sie sich aus den archäologischen und literarischen Zeugnissen auf dem Festland sowie insbesondere aus den inselkeltischen Überlieferungen erschließen.

Nach wie vor gibt es keine einheitliche Meinung über die Herkunft der keltischen Völker. Einige Wissenschaftler lassen sie einfach aus dem Dunkel[205] auftauchen, andere betrachten die Beschäftigung mit der Frage nach der Herkunft als Zeitverschwendung[206]. Ganz so einfach ist es aber nicht, insbesondere wenn der Versuch unternommen werden soll, sich mit den Vorstellungen einer Völkerschaft auseinanderzusetzen, wie sie „die" Kelten in den Jahrhunderten vor unserer Zeitrechnung zweifelsohne bildeten.

Im Allgemeinen wird die erste Erwähnung des Begriffes Κελτική dem griechischen Geograph Hekataios von Milet zugeschrieben. So erwähnt er im Rahmen seiner Erdbeschreibung aus dem beginnenden fünften Jahrhundert v.u.Z.: Narbo (Narbonne), eine keltische Handelsstadt, Massalia (Marseille) in der Gegend des Keltenlandes und eine bisher unidentifizierte keltische Stadt namens Nyrax. Etwa ein halbes Jahrhundert später lässt Herodot, der „Vater der Geschichtsschreibung" (um 484 bis 425 v.u.Z.) die Donau im Keltenland entspringen, das er in den äußersten Westen Europas verlegt[207]. Bernhard Maier geht davon aus, dass der von den Griechen gebrauchte Name Keltoi, wie die Bezeichnung Galatai ursprünglich auf die Selbstbenennung nur eines Volksstammes zurückgeht[208].

Neuerdings beruft sich die Sekundärliteratur gerne auf ein ganz anderes Werk als Quelle der ersten Nachrichten über die Kelten: Die *Ora maritima* des Rufius Festus Avienus[209] (um 380 u.Z.), einem römischen Dichter aus der senatorischen Oberschicht. Als Vorlage seines Werkes werden ein um 520 v.u.Z. verfasstes Segelhandbuch (Periplus) aus Massalia oder die Reiseberichte des Karthagers Himilco (fünftes Jahrhundert v.u.Z.) vermutet. Vieles deutet darauf hin, dass sich beide Nachrichten noch auf die Zeit vor der Abriegelung des westlichen Mittelmeerraumes durch die Phönizier beziehen[210]. Abgesehen von der Quellenlage bleibt zudem umstritten, ob sich die angeführten Stellen tatsächlich alle auf keltische Stämme beziehen.

Viel mehr ist den ältesten schriftlichen Quellen nicht über die Herkunft der keltischen Völker zu entnehmen. Um so wichtiger sind die archäologischen Zeugnisse. Das Kennzeichen für die spätbronzezeitliche Urnenfelderkultur (ca. 1200 bis 750 v.u.Z.) stellen große Friedhöfe mit zahlreichen oft eingefassten, vielerorts vermutlich einst unter einem künstlichen Hügel gelegenen Brandgrubengräbern dar. Befestigte Höhensiedlungen, Versenkopfer meist un-

---

[205] Herm, Gerhard: Das Volk, das aus dem Dunkel kam. Augsburg, 1996.
[206] So vertritt Ludwig Pauli (Die Kelten in Mitteleuropa. Ausstellungskatalog, 2. Auflage, Salzburg 1980, 23) die Meinung, die Frage nach der Herkunft der Kelten würde für die langen Zeiten vor dem 6. Jahrhundert v.u.Z ihren Sinn verlieren.
[207] Vgl.: Herrmann, Joachim (Hg.): Griechische und lateinische Quellen zur Frühgeschichte Europas I. Berlin 1988, 45ff.
[208] Vgl.: Maier, Bernhard: Die Druiden. München 2009, 8.
[209] Vgl.: Die Religion der Kelten in den antiken literarischen Zeugnissen I. Wien 2005, 16ff. Der Autor Andreas Hofeneder weist jedoch darauf hin, dass bei der Beurteilung des Quellenwertes von Avienus zu großer Vorsicht gemahnt worden ist, eine Ansicht, der er sich vorbehaltlos anschließt.
[210] Vgl.: Birkhan, Helmut: Kelten, Wien 1997, 37f.

benutzter Gegenstände oder Waffen in Gewässern aller Art und Geschirrbeigaben für Festmahle selbst in einfachen Gräbern sowie Bestattungen besonderer Personen mit Repräsentationswagen finden sich im gesamten Gebiet der Urnenfelderkultur. Trotzdem dürfte es sich bei ihren Trägern um keine ethnische Einheit gehandelt haben[211]. Um die Mitte des achten Jahrhunderts v.u.Z. nahm die Urnenfelderkultur allem Anschein nach ein gewaltsames Ende. In weiten Teilen Mitteleuropas kam es plötzlich zum Abbruch der großen Siedlungen, jenen zentralen politischen Zentren inmitten kleiner Dörfer und Bauerngehöfte.

Zur gleichen Zeit waren Völkerstämme aus den Steppen Asiens und der Ukraine unter dem Druck der Skythen in Bewegung geraten und setzten sich vor allem in Richtung Westen in Marsch. Manche Stämme aus dem unteren Donauraum, etwa solche der Thraker, mögen mitgerissen worden sein. Dass mit diesem Ereignis auch die einfache Bevölkerungsschicht ihre Wohnsitze aufgeben musste, ist unwahrscheinlich. Zu wichtig war ihre Kenntnis der einheimischen Tier- und Pflanzenwelt, die sich wie die Beschaffenheit des Bodens und das Wetter von Gebiet zu Gebiet unterscheidet, zu wertvoll ihre Arbeitskraft.

Es ist anzunehmen, dass der offen zur Schau gestellte Reichtum in den Gräbern der Führungsschicht während der Hallstattzeit (750 bis 480 v.u.Z.) ohne die Mitwirkung der autochthonen Bevölkerung nicht möglich gewesen wäre – vor allem wenn er auf dem Abbau von Kupfererz beruhte. Die Kenntnis der Eisenverhüttung und -verarbeitung gelangte erst um 700 v.u.Z. nach Mitteleuropa. Und es dauerte Jahrhunderte, bis die Bronze ihre Bedeutung verlor. In dieser Zeit konzentrierte sich die politische Macht auf jene Orte, an denen größere Kupfererzlager vorhanden waren, oder über die der Import von Zinn aus Cornwall kontrolliert wurde. Mit dem Aufkommen der riesigen Grabanlagen im achten Jahrhundert v.u.Z. schien es zudem innerhalb der Bevölkerung Zentraleuropas nicht nur zu gesellschaftlichen Veränderungen gekommen zu sein. Auch die Jenseitsvorstellungen und mit ihnen vermutlich die gesamte Weltdeutung erhielten neue Impulse.

Die Latènezeit (480 bis ca. 15 v.u.Z. auf dem Festland) schließlich hatte sich ganz dem Werkstoff Erz verschrieben. Ihre Kultur ist jedoch nicht mit der Kultur der Kelten gleichzusetzen, die sich wie ihre Sprache wohl viele Jahrhunderte zuvor ausgebildet hatte. Archäologisch lassen sich Mitte des fünften Jahrhunderts v.u.Z. Wanderungen keltischer Stämme von Mitteleuropa in westlicher Richtung bis nach Irland und auf die britischen Inseln nachweisen, in südwestlicher Richtung bis auf die iberische Halbinsel, wo durch Verschmelzen mit der einheimischen Bevölkerung die keltiberische Kultur entsteht. In südlicher Richtung überqueren sie die Alpen und vertreiben in Oberitalien die Etrusker. In südöstlicher Richtung zieht es sie um 400 v.u.Z. über Böhmen erst bis Ungarn, dann weiter in das Gebiet des ehemaligem Jugoslawien. Um 280 v.u.Z. erreicht ein siegreicher Heerhaufen das panhellenische Heiligtum in Delphi. Eine Plünderung kann nur durch hohe Zahlungen abgewendet werden. Kurz darauf entsteht in Zentralanatolien das Königreich Galatien. Mitte des dritten Jahrhunderts v.u.Z. zählen keltische Krieger zu den begehrtesten Söldnern im Mittelmeerraum.

Um 200 v.u.Z. beginnt die Unabhängigkeit der keltischen Völkerschaften ein Ende zu nehmen. Im Osten werden die Galater von den Römern besiegt. Zwar erhalten sie Mitte des zweiten Jahrhunderts die formale Unabhängigkeit zurück, allerdings sind sie von nun an dem

---

[211] Vgl.: Gebhard, Rupert in: Das keltische Jahrtausend. Ausstellungskatalog, 3. Auflage München 1993, 4, geht davon aus, dass es sich wie bei den Trägern der Hallstattkultur um viele kleine zu einem Teil sehr unterschiedliche Gruppen gehandelt hat.

römischen Reich Rechenschaft schuldig. 25 v.u.Z. wird das Gebiet vollends der römischen Verwaltung unterstellt. Südgallien entwickelt sich im ersten Jahrhundert zu einer der am intensivsten romanisierten Provinzen. Cäsar erobert Mitte des ersten Jahrhunderts schließlich ganz Gallien, aber es gelingt ihm nicht, die Stämme Britanniens zu unterwerfen. Um das Jahr 100 u.Z. herum gibt es auf den britischen Inseln eine fast flächendeckende römische Herrschaft. Der Hadrianswall wird errichtet. Irland und Schottland sind die letzten Bastionen des freien Keltentums[212].

In Mitteleuropa spricht Verschiedenes für eine zumindest an der Basis unveränderte Trägerschicht von Urnenfelder-, Hallstatt- und Latènekultur. So kam es beispielsweise oft zu einer durchgehenden Verwendung von Felsspalten und Schachthöhlen zur Darbringung von Opfergaben. Dies zeigt sich auch bei einigen vorrömischen Heiligtümern wie die über-regionale Kultstätte der Helvetier im Schweizer Kanton Waadt aus dem zweiten bis ersten Jahrhundert v.u.Z. mit zahlreichen Gegenständen, Schmuck, Münzen und Überresten von Menschen und Tieren, deren Bedeutung scheinbar selbst nach dem von Cäsar geschilderten Auszug der Helvetier 58 v.u.Z. für einige Zeit unvermindert andauerte[213]. Weitere Gemein-samkeiten[214] bestehen in der Größe der Nekropolen und ihrer Weiternutzung, der Bauart der Gräber mit Kennzeichnungen durch Einfassungen bzw. aufgeschüttete Hügel, der Gliederung der Oberschicht in Wagenfahrer und Schwertträger, die Keramikausstattung in Gräbern für eine mehr oder weniger festliche Bewirtung sowie der Sonnendekor auf der Innenseite von Schalen.

Nach wie vor bereitet es jedoch große Schwierigkeiten, ein Gesamtbild der keltischen Kultur zu zeichnen. Einigkeit besteht im Rahmen der wissenschaftlichen Forschung zu-mindest darin, dass die Sprache der Kelten im Indogermanischen wurzelt, wie sich auch viele der durch archäologische Funde und antike Quellen belegten Hinweise auf Sozialstruktur, Kulturtechniken, Sitten und Gebräuche gut ins Bild des indogermanischen Erbes fügen.

Ein spezifisch keltisches Ethnos mit roten Haaren und wildem Wesen, wie es antike Schriftsteller propagierten, dürfte es vermutlich zu keiner Zeit gegeben haben, zumindest nicht außerhalb der Welt von Asterix und Obelix. Zu konstatieren, dass sich hinter den Kelten eine Vielzahl von unterschiedlich großen und nebeneinander existierenden religiösen, sozialen, politischen und ökonomischen Einheiten verbirgt, deren einziges wirklich gemein-sames Merkmal die Zugehörigkeit zur selben Sprachfamilie war[215], trifft die Wahrheit aller Wahrscheinlichkeit nach aber nicht[216]. Schließlich lässt sich nicht leugnen, dass es da etwas gab, dass die keltischen Stämme über die Sprache hinaus verband, das sie unterscheidbar machte von beispielsweise den Germanen, den Etruskern oder den Thrakern. Gemeinsame

---

[212] Ausführliche Beschreibung der keltischen Geschichte in: Zimmer, Stefan (Hg.): Die Kelten. Mythos und Wirklichkeit. Stuttgart 2. Auflage 2009, 10ff.

[213] Vgl.: Maier, Bernhard: Die Druiden, München 2009, 55.

[214] Herausgearbeitet von Hans Peter Uenze in: Das keltische Jahrtausend. Ausstellungskatalog, 3. Auflage, München 1993, 13.

[215] Vgl.: Norbert Baum in: Zimmer, Stefan (Hg.): Die Kelten, Mythos und Wirklichkeit, Stuttgart, 2. Auflage 2009, 32. Ähnlich meint Bernhard Maier (Die Druiden, München 2009, 8) dass sich aus dem Gebrauch einer einzigen gemeinsamen, oder sogar mehrerer verschiedener, lediglich historisch verwandter Sprachen nicht auf eine gemeinsame Kultur schließen ließe. Tatsächlich würde alles dafür sprechen, dass jene Völker, die in der antike eine keltische Sprache gebrauchten, unterschiedlichen Kulturen und somit auch unterschiedliche Religionen gehabt hätten.

[216] Helmut Birkhan (Kelten, Wien 1997, 26f.) wehrt sich gegen diese Vorstellung und stellt die Frage, ob für das keltische Selbstverständnis und Zusammengehörigkeitsgefühl nicht Sprache, Religion und Kunststil ausschlaggebend waren.

Ausdrucksformen in der Kunst zählen dazu, die Ausstattungen der Krieger, die Art der Darbringung von Votivgaben und spezielle Eigenheiten im Götterkult. So läge es im Bereich des Möglichen, dass sich die zahlreichen Abweichungen innerhalb des keltischen Siedlungsgebietes und durch die Jahrhunderte hinweg auf Fremdeinflüsse zurückführen lassen. Dazu zählen Hochkulturen wie jene der Griechen und Römer ebenso, wie die Traditionen der jeweiligen autochthonen Bevölkerung.

Es ist außerdem davon auszugehen, dass viele der keltischen Stämme sich nach einer friedlichen Niederlassung auf fremdem Gebiet mit der einheimischen Bevölkerung vermischten. Darauf könnten etwa die matriarchalen Elemente in den inselkeltischen Überlieferungen und den archäologischen Zeugnissen vom Festland zurückzuführen sein. Reste matriarchaler Gesellschaftsformen sind zu Beginn der Latènezeit vor allem in Irland, der Provence und im Rheinland festzustellen[217].

So geht die moderne Forschung größtenteils davon aus, dass es sich bei den als keltisch zu bezeichnenden Stämmen wie bei den Trägern der vorangegangenen Kulturen um ein aus vielen einzelnen höchst autarken Stämmen bestehendes Volk handelte[218]. Dieses Bedürfnis nach Unabhängigkeit, das schon die kleineren Einheiten wie Familie und Sippe auszeichnet, dürfte wohl der Grund gewesen sein, warum es nie zur Ausbildung großer politisch zusammenhängender Reiche gekommen war. Zur Zeit Cäsars soll in Gallien die Herrschaft über die einzelnen Stämme in den Händen einer aristokratischen Oberschicht gelegen haben, deren Macht sich nach ihrer jeweiligen Herkunft, ihrem Landbesitz und der Größe ihrer Gefolgschaft bemaß.

Neben indigenen Bildwerken und Texten in Form von Inschriften, Nachrichten bei antiken Autoren und archäologischen Zeugnissen, darunter Siedlungsfunden, Votivgaben, Tempelresten und einstigen Kultbezirken, ist es vor allem die inselkeltische Literatur, von Mönchen des Mittelalters aufgezeichnete Überlieferungen der einheimischen Bevölkerung, die zu Erkenntnissen über die Daseinsdeutung der keltischen Kulturen führte[219]. Zur Verlässlichkeit der schriftlichen Quellen ist zu bemerken, dass die klassischen Geschichtsschreiber in unterschiedlicher Gewichtung dem Vorurteil, der Verzerrung, dem Unwissen und Missverständnis, der literarischen Konvention und Stereotypen unterlagen[220], während es bei den mittelalterlichen Aufzeichnungen der walisischen und irischen Zeugnisse Gang und Gebe war, dass die klösterlichen Autoren die heidnischen Gottheiten zu Dämonen oder Wesen mit lediglich übermenschlichen Fähigkeiten degradierten, Elemente der Heilsgeschichte einfließen ließen und das Gehörte im Kontext ihrer christlichen Weltanschauung interpretierten.

---

[217] Pierre Lambrechts (L´exaltation de la tete dans la pensee et dans l`art des Celtes, Brügge 1954) schreibt die bevorzugte Stellung der weiblichen Gottheit im Pantheon bestimmter, von Kelten besiedelter, Gebiete dem Erbe der Mittelmeerkulturen der späten Steinzeit zu.
[218] Bernhard Maier (die Druiden, München 2009, 9) geht sogar so weit, zu behaupten, alles spreche dafür, dass jene Völker, die in der Antike eine keltische Sprache gebrauchten – und von denen nur manche von den Griechen und Römern als Kelten bezeichnet wurden –, unterschiedlichen Kulturen und damit auch unterschiedliche Religionen hatten. Dabei stellt sich für die Autorin des vorliegenden Werkes die Frage, ob die unterschiedlichen Kulturformen im gesamtkeltischen Gebiet nicht ebenso auf eine Vermischung mit der jeweiligen autochthonen Bevölkerung und die Übernahme ihrer Vorstellungen zurückgeführt werden könnte.
[219] Ausführlicheres über die gesamte Quellenlage bei Berndt, Susanna: Kunst und Mythos, Hamburg 2014. Gute Zusammenfassung der Textquellen zudem bei Fries-Knoblach, Janine: Die Kelten, Stuttgart 2002, 16ff.
[220] Vgl.: J. Green, Miranda: Die Druiden, Welt der keltischen Magie. Augsburg 2000, 24.

Gesellschaft[221]

Die patriarchal organisierte Gesellschaft keltischer Stammeskulturen lässt sich im Allgemeinen wohl in Krieger, Priester, freie Bauern, Händler und Handwerker sowie Unfreie und Sklaven einteilen. Die Zugehörigkeit einzelner Berufsstände zu einer bestimmten Gesellschaftsklasse ist jedoch umstritten.

Für die Ernährung des Stammes wurde Ackerbau und Viehzucht betrieben. Die keltische Gesellschaft unterschied zwischen freien und unfreien Bauern. Die freien Bauern waren berechtigt, an den Volksversammlungen teilzunehmen[222]. Doch im Laufe der Zeit stellten sich vermehrt freie Stammesmitglieder mitsamt ihren Familien wegen Schulden, Armut oder Unrecht unter die Obhut eines Fürsten, um Schutz vor der Unterdrückung anderer Adeliger zu erhalten[223]. Im Gegenzug verloren sie ihr Mitspracherecht. Sklaven hingegen zählten zum Besitz ihres Eigentümers.

In Wales unterschied man zwischen den Freien, *vchelwyr*[224], und den Unfreien, zu denen die beschränkt eigentumsfähigen Bauern, *taeogion*, und die Sklaven[225], *caethweision*, sowie Sklavinnen, *caethverched*, zählten. Die Frau war dem Mann untergeordnet. Dies zeigt sich gerade im Erbrecht, denn, obwohl sie immer einen Anteil am fahrenden Besitz des Vaters erbte, war sie am Landbesitz des Vaters nur erbberechtigt, wenn es keine männlichen Erben innerhalb der Sippe, also der „echten Verwandtschaft", gab. Nach ihrem Tod kehrte das Erbgut jedoch an die väterliche Sippe zurück.

Die irische Gesellschaft teilte sich nach den Überlieferungen[226] in die *flaith*[227], „Adligen", und die *aithech*, „Zinsbauern". Es gab auch unter dem bevorrechteten Stand solche, die ihren Haushalt selbst bestellen mussten oder durch Schulden in ein Abhängigkeitsverhältnis geraten waren. Die Zinsbauern teilten sich wiederum in freie und unfreie Genossen. Ein großer Unterschied bestand zwischen dem *saer*, „frei geboren, edel", und dem *daer*, „unfrei, gemein". Neben dem *aithech* gab es noch den *mug*, „Sklave, Knecht" und die *cumal*[228], „Sklavin". Besser gestellt waren der *gilla*, „Jüngling, Bursche", und die *inailt*, „Dienerin, Magd". Sie standen im Dienst eines Herrn oder einer Herrin. Die einzige Möglichkeit für einen Angehörigen aus einer unteren Klasse einen Höhergestellten zu zwingen, seiner Schuldigkeit nachzukommen oder eine Bitte zu erfüllen, bestand im Fasten.

Handwerke wie der jenes des Zimmermanns waren nach irischen und walisischen Quellen sehr angesehen. Es gab bei Hof beschäftigte Handwerker und Wanderarbeiter[229]. Über ihren

---

[221] Vgl.: Berndt, Susanna: Kunst und Mythos. Hamburg 2014, 180 – 189.
[222] Die Erzählung *Ces Ulad*, „Der Schwächezustand der *Ulter*" berichtet, dass der reiche Bauer *Crunnchu* als freier Mann die Festversammlungen von *Tara* besuchen und sich an den Festgelagen beteiligen konnte. Vgl.: Thurneysen, 1980, 361ff.
[223] Ausführlich bei Birkhan, Helmut: Bausteine zum Studium der Keltologie. 2005, 383ff.
[224] „*uchelwyr*" bedeutet die „hohen Leute".
[225] Bei den Sklaven handelte es sich größtenteils um gefangene Fremde.
[226] Vgl.: Thurneysen. 1980, 76ff.
[227] „*flaith*" bedeutet Herrschaft, Herrenstand, Adel. Helmut Birkhan (1997, 990) bezeichnet hingegen nur den Herrschaft ausübenden Adel als *flaith*.
[228] Oberste Rechnungseinheit war in Irland und Wales die Sklavin, altkymrisch *aghell*.
[229] Im Mabinogi von *Manawyddan vab Llyr* müssen die Helden von einem Dorf zum anderen ziehen, um sich ihren Lebensunterhalt als Handwerker zu verdienen. Doch werden sie wegen ihrer überragenden Handwerkskünste überall von den ansässigen Handwerkern vertrieben. Im Mabinogi *Math vab Mathonwy* verkleiden sich *Gwydion* und sein Ziehsohn *Llew* als Schuhmacher, um unbemerkt zu *Arianrhod* zu gelangen.

gesellschaftlichen Status[230] ist zwar nichts Genaueres bekannt, aber sie dürften in der keltischen Gesellschaft eine geachtete Position besessen haben. So heißt es, dass der Schmied bei Versammlungen neben dem Priester auf derselben Bank[231] saß. Als Verantwortlicher für die Herstellung der Waffen wurde er zu den Hofbeamten gezählt.

In Irland hatte nach den Helden- und Königsagen jeder freie Stamm einen *ri tuaithe*, „Stammes- oder Gaukönig". Über den kleineren Königen stand der *ri coicid*. Er war der König über eines der „Fünftel" Irlands. An der Spitze befand sich der „Hoch- oder Oberkönig", der jedoch in den älteren Texten noch nicht aufscheint.

Die höheren Könige sicherten ihre Herrschaft durch Geiseln, die an ihrem Hof lebten. Das Volk konnte von einem König oder einer Königin[232] regiert werden. Sie waren für die Sicherheit und den Wohlstand ihres Reiches verantwortlich. Dazu mussten sie bestimmte *ges* befolgen, die der Einhaltung und Erfüllung der Herrschaftstugenden dienten. Der zukünftige König sollte zwar Angehöriger der *stirps regia*, der herrschenden Familie sein, wurde aber dennoch entweder von den freien Stammesmitgliedern gewählt oder durch ein Ritual eruiert. Vermutlich hatte er bestimmte „Proben[233]" zu bestehen, die seinen Herrschaftsanspruch bestätigten. Dann wurde er von einem Druiden durch verschiedene Rituale[234] in sein Amt eingewiesen. Vermutlich bildete der König in einigen Gesellschaften gemeinsam mit dem Oberhaupt der Priesterklasse sogar eine Führungsgemeinschaft.

Der König reiste durch das Land, um Recht zu sprechen. Er konnte sich von einem oder mehreren Richtern beraten lassen. In seinem Gefolge befand sich ein *trenfer*, „starker Mann", der ihm wahrscheinlich Respekt verschaffen sollte. Um den Haushalt und das Eintreiben der Zinsen kümmerte sich der *rechtaire*, „Hausmeier"[235].

Der Krieger war mit einem Schild oder Buckelschild aus Erlenholz ausgestattet. Zur Bewaffnung zählten ein Schwert mit Scheide und ein Wurfspeer sowie Wurfpfeile für den Kampf und die Jagd. Für die Vogeljagd benützte man eine Schleuder. Die Krieger trugen nach den älteren Sagen noch keinen Helm, sondern banden das Haar am Hinterkopf zusammen oder in Flechten um den Kopf. Ein wichtiger Bestandteil für einen Krieger war der Bart. Nur Schmiede, Zimmerleute, Ärzte und die Männer des fahrenden Volkes scherten sich den Bart ab. Die vornehmsten Krieger hatten einen zweirädrigen, zweispännigen Wagen und saßen links neben ihrem Wagenlenker.

Die Kriegerschaft bestand aus Gefolgsleuten und abhängigen Klienten sowie aus Freien, die sich als Vasallen in den Herrendienst begaben. Es scheint jedoch nach Rechtstexten wie dem *Críth Gablach* auch eine allgemeine Wehrpflicht für junge Männer gegeben zu haben[236].

---

[230] Inselkeltische Erzählungen berichten, dass zu den Versammlungen und Gelagen im Festsaal des Königs jeder eingeladen war, der ein spezielles Handwerk besser beherrschte als andere. Vgl. Tuatha De Danann: Die zweite Schlacht von Mag Tuired;. *Kulhwch ac Olwen.*

[231] Außerdem durfte nur ein Freier den Beruf eines Schmiedes erlernen: Quelle: Das walisische Recht des *Hywel Dda*, Vgl.: Jenkins, Dafydd: Hywel Dda. The Law. Law Texts of Medieval Wales. Llandysul, Dyfed 1986, 37ff.

[232] Beispielsweise erzählt die *Tain Bo Cuailnge*, dass Königin *Medbh* von *Connaught* mit ihren Kriegern nach Ulster zieht, um den Stier von Cuailnge zu rauben. Sie ist während der Kämpfe bei ihnen und beteiligt sich auch an einer Jagd.

[233] Z.B. der Stein von *Fal.*

[234] Wahrscheinlich gab es auch jährlich stattfindende Rituale wie die Heilige Hochzeit, also die symbolische Verbindung des Königs mit der Landesgöttin. Nur wenn die Landesgöttin seine Herrschaft anerkannte, konnte er das Volk zufriedenstellend regieren. Bei der Thronerbung der Ulsterkönige handelte es sich um die öffentliche Verbindung des Königs mit einer Stute, deren Fleisch anschließend verzehrt wurde.

[235] Vgl.: Thurneysen, a.a.O. 1980, 78.

[236] Vgl.: Birkhan, a.a.O. 1997, 1006.

Nach inselkeltischen Aufzeichnungen standen geistig zurückgebliebene Stammesmitglieder unter der Führung eines männlichen Verwandten. Er war dafür verantwortlich, dass sie niemanden beleidigten. Ihre Rechte standen jedoch über allen anderen und sie durften nicht bloßgestellt werden.

Wertvolle Beigaben in Frauengräbern belegen zumindest für den Beginn der Latènezeit einen erhöhten, vielleicht sogar vereinzelt dem Manne ebenbürtigen Rang der Frau. Welcher Art ihre gesellschaftliche Stellung war, ob es sich um wohlhabende Ehefrauen, Priesterinnen oder gar Fürstinnen handelte, konnte bisher nicht endgültig geklärt werden.

Nach H. Birkhan beschränkten sich die meisten Frauen der keltischen Gesellschaft auf die Rolle der Mutter. Sie waren vom Vater, Ehemann oder Sohn abhängig und spielten politisch vermutlich keine große Rolle. Laut Cäsar würde die Mitgift vom Mann verdoppelt und die Summe Gewinn bringend auf die Seite gelegt. Sollte einer der Partner sterben, stand sie dem Überlebenden zu. So hätte die Frau eine finanzielle Absicherung für das Alter. Andererseits konnte der Mann über Leben und Tod seiner Frau und Kinder entscheiden.

Allerdings weist H. Birkhan darauf hin, dass nach den archäologischen Funden zumindest einige Frauen eine höhere Stellung innehatten[237]. Zudem erwähnen Pomponius Mela und andere antike Schriften keltische Priesterinnen. Es gab die keltischen Königinnen Boudicca und Cartimandua. Außerdem durften Frauen Handwerk ausüben und Teil der gebildeten Klasse werden mit dem entsprechenden Status ihres Berufes und dem zugehörigen Ehrenpreis, der bei einer Verletzung der Ehre eines freien Stammesmitgliedes an es selbst oder seine Angehörigen zu entrichten war.

Auch Plutarch berichtet in seinen Moralia[238] von der einst bedeutenden Rolle der keltischen Frauen bei Beratungen und Verträgen. Er erwähnt eine Sage, nach der die keltischen Frauen noch vor dem Italienzug durch ihr weises Urteil Unruhen und Bürgerkrieg beendet haben, weshalb es Recht wurde, über Krieg und Frieden mit den Frauen zu beraten[239].

Es wird vermutet, dass dieser Hinweis auf matrifokale Reste deutet, die im Laufe der Zeit abgebaut wurden, und zwar bei den Festlandkelten eher, als bei den Inselkelten[240]. H. Birkhan vermutet jedoch, dass die Belege für ein Mutterrecht bei den Inselkelten und Keltiberern auf die vorkeltische Bevölkerung zurückzuführen sind, da es bei den übrigen Festlandkelten kaum Zeugnisse dafür gäbe[241].

Von Relikten älterer Zustände berichtet auch Poseidonios. Er beschreibt eine kleine Insel vor der Loiremündung, die kein Mann betreten durfte, während die Frauen zum Festland fahren und dort Umgang mit ihren Männern pflegen würden. Sie sollen zu einem Gott vergleichbar dem Dionysos gebetet und ihm einmal jährlich eine der Ihren geopfert haben[242].

Cäsar führt eine Sonderstellung der Frau nur im Rahmen seiner Beschreibung der Gruppenehe in Britannien an, allerdings mit Andeutung auf inzestuöse Verhältnisse. Er behauptet, dass die Frauen der Britannier je zehn oder zwölf Männer gemeinsam hatten, am öftesten Brüder mit Brüdern oder Väter mit ihren Söhnen. Die Kinder werden jenem

---

[237] Vgl.: Birkhan, Helmut: Bausteine zum Studium der Keltologie. 2005, 386.
[238] Plutarchos: mulierum virtutes 6 in Moralia (Anfang 2.Jh.) 246 b - d. Quelle: Herrmann, Joachim: Griechische und lateinische Quellen zur Frühgeschichte Europas I. Berlin 1988, 425.
[239] Vgl.: Birkhan, Helmut: Kelten. 1997, 987.
[240] Vgl.: Herrmann, Joachim: Griechische und lateinische Quellen zur Frühgeschichte Europas I. Berlin 1988, 611.
[241] Vgl.: Birkhan, a.a.O. 1997. 1022-1036: Exkurs zum keltischen „Matriarchat".
[242] Vgl.: Poseidonios zitiert in Strabon: Geographie. 4, 4,6 (1.Jh. v.u.Z. – 1.Jh. u.Z.).

zugeschrieben, dem die Mutter als Jungfrau zugeführt worden war[243]. Ob diesen Darstellungen wie sie sich ähnlich bei Cassius Dio in Bezug auf Schottland und Strabon in Bezug auf Irland[244] finden, Glauben zu schenken ist, bleibt fraglich. Denn Inzest- oder Polygamievorwürfe stellen laut Andreas Hofeneder seit je ein probates Mittel dar, eine Gesellschaft als besonders primitiv und rückständig zu charakterisieren[245]. Doch scheint es auch andere Beweggründe gegeben zu haben. So überliefert etwa Cassius Dio die Antwort der Gemahlin des $A\rho\gamma\epsilon\nu\tau o\chi\acute{o}\xi o\varsigma$ bezugnehmend auf eine Frage von Kaiserin Iulia Domna Augusta über die Promiskuität der Kaledonier: „Wir erfüllen die Bedürfnisse der Natur auf viel bessere Art als ihr, römische Frauen, es tut, denn wir verbinden uns öffentlich mit den Besten, während ihr im Geheimen von den Niedrigsten entwürdigt werdet.[246]" Auch gemäß den inselkeltischen Überlieferungen dürften Frauen ursprünglich wohl ein Recht auf freie Partnerwahl gehabt haben[247].

Nach altirischem Recht hatte die Frau bei den Rechtsgeschäften ihres Mannes nur ein Vetorecht. Das Verbrechen an einer Frau war einem Verbrechen an jenem Mann gleichwertig, in dessen Muntschaft sie stand, aber der „Ehrenpreis" der Ehefrau hatte im Vergleich zu seinem nur die halbe Höhe. Heiratete ein Mann in den Clan der Frau ein, halbierte sich sein „Ehrenpreis". Es gab die Möglichkeit einer Scheidung mit gegenseitigem Einverständnis.

Bei einem Ehebruch seitens des Mannes wurde dieses als Eingehen einer neuen ehelichen Verbindung gewertet und die *cétmuinter*[248], „erste Frau", erhielt für die Kränkung von der neuen Frau einen „Ehrenpreis" sowie von ihrem Ehemann eine Abfindung in der Höhe des Brautpreises ihrer Nachfolgerin.

In Irland war es üblich, die Söhne von Zieheltern großziehen zu lassen. Auch Mädchen konnten an Zieheltern übergeben werden. Die Kosten dafür waren um ein Drittel höher als bei einem Knaben. Mit vierzehn Jahren kehrten die Mädchen in das Haus der leiblichen Eltern zurück. In Wales blieben die Mädchen zu Hause und wurden im Alter von zwölf bis vierzehn verheiratet.

Bei den Knaben folgte auf die ersten Jahre im Elternhaus je nach Stand der Eltern erst eine Erziehung durch Zieheltern, dann die Aufnahme in die Knabenschaft und schließlich in die Jungmannschaft. Die jungen Krieger waren in Altersklassen eingeteilt. Das Verhältnis zu den Zieheltern wird als sehr eng beschrieben[249] und wahrscheinlich erhielt der Ziehsohn die ersten Waffen von seinem Ziehvater. Die Kosten für diese Erziehung musste der leibliche Vater übernehmen. Sie wurden nach seiner gesellschaftlichen Stellung berechnet. Mit siebzehn Jahren kehrte der Sohn in das Elternhaus zurück.

In den Jungmannschaften lernte der zukünftige Krieger die Beherrschung der Waffen, Reiten, das Fahren mit dem Wagen, kriegerische Kunststücke und sich sprachlich auszudrücken. Nach dieser Ausbildung folgte eine Initiation zum Vollkrieger. Dann wurde er

---

[243] Vgl.: Julius Cäsar: De bello Gallico, 5, 14,4.
[244] Beide Autoren mit Quellennachweis nennt Andreas Hofeneder: Die Religion der Kelten in den antiken literarischen Zeugnissen, Band I, Wien 2008, 181.
[245] Vgl.: Hofeneder, Andreas: Die Religion der Kelten in den antiken literarischen Zeugnissen, Band I, Wien 2008, 181.
[246] Cassius Dio LXXVII.16, Vgl.: Birkhan, Helmut: Kelten. 1997, 1028.
[247] Z.B. bei *Derdriu* in der Ulstersage, Hinweise dazu finden sich in der *Finn*-Sage ebenso wie im Ulsterzyklus, etwa *Fand* und *Fedelm* oder *Macha* (Thurneysen 1980, 359f. *Ces Ulad*).
[248] *Cétmuinter* war eine Frau jedoch nur, wenn sie dieselbe gesellschaftliche Herkunft und Achtung wie ihr Mann hatte.
[249] Vgl.: Thurneysen, a.a.O. 1980, 803.

zum Mitglied der Volksversammlung und des Gerichts. Ab einem gewissen Alter hatte er Zutritt zur Altenversammlung. In Wales blieb der Knabe bei den leiblichen Eltern und wurde im Alter von vierzehn Jahren in das Gefolge des Herren aufgenommen.

Religion

Über die Jahrhunderte hinweg boten die Religionsvorstellungen der Kelten viel Anlass zu den fantastischsten Spekulationen. Und bis heute hat sich daran im Grunde wenig verändert. Eine einheitliche, systematisierende Mythologie wie über das griechische Pantheon oder den hinduistischen Götterhimmel ist für die keltische Religion nicht belegt. Dennoch lassen sich im gesamtkeltischen Siedlungsgebiet anhand des Quellenmaterials Gemeinsamkeiten herausarbeiten, die auf eine verwandte, wenn nicht sogar dieselbe mythische Weltdeutung schließen lassen.

Auf gemeinsame Weltanschauungen deuten nicht nur die im gesamten keltischen Siedlungsgebiet zu findenden Übereinstimmungen bei den Bestattungen, Grabbeigaben, versenkten Opfergaben und heiligen Kultplätzen, sondern vor allem die Weigerung, religiöse Inhalte schriftlich niederzulegen[250], obwohl die damals bekannten Schriften etwa im Handel nachweisbar zur alltäglichen Verwendung in Gebrauch waren. Es ist schon erstaunlich, dass kein Priester, kein Dichter, kein Gelehrter dieser zahlreichen Stämme über einen Jahrhunderte andauernden Zeitraum auch nur ein einziges Schriftstück mit Bezug auf die eigene Glaubensvorstellung und Weltdeutung hinterließ, insbesondere, da doch gerade die Rede- und Dichtkunst bei den keltischen Stämmen in so hohem Ansehen gestanden haben soll.

Große Bedeutung kam dem Opferwesen zu. Zu opfern, bedeutet, etwas „heilig" zu machen und anschließend in die nicht fassbare, die „Andere Welt" zu überführen. Auf diese Art war es möglich, den transzendenten Wesen die Wünsche oder den Dank des Einzelnen wie auch der Gemeinschaft kundzutun, sie zu stärken, oder begangenes Unrecht wieder gutzumachen, um die Wesen zu versöhnen. Das Vollziehen von Sach-, Tier- und Menschenopfern gehörte zu den Kulthandlungen der Druiden. Diese Opfergaben wurden meist auf eine spezielle Weise an einem besonderen Ort dargebracht. Viele der Gegenstände, besonders Waffen und Werkzeuge, wurden vor der Weihung unbrauchbar gemacht, um damit ihr Ausscheiden aus der profanen (natürlichen) Welt anzuzeigen. Weit verbreitet waren außerdem Riten, die darin bestanden, ein Götterbildnis oder einen Steinpfeiler mit Fett, Blut oder Rötel einzureiben. Vermutlich ging es dabei um die Kräftigung und Stärkung der damit verbundenen Gottheit.

Neben der Darbringung oft unbrauchbar gemachter Votivgaben in Höhlen, Spalten und vor allem Gewässern[251], deuten versenkte Menschenopfer auf eine tiefe Verehrung chthonischer Mächte. Handelte es sich um einen Kult der Erdmutter? Einst war er weit verbreitet. Insbesondere den frühen Ackerbauern diente er der Huldigung der fruchtbaren Erde, aus der alles Leben stammte und in die es an seinem Ende wieder einging. Doch wieso genossen die erdgebundenen Gottheiten bei den Kelten eine solche Stellung? Hatten die kriegerischen Völker der Indogermanen mit ihrem Sieg über die autochthone Bevölkerung Europas nicht auch einen Sieg über die alten Gottheiten errungen?

---

[250] Vgl.: Julius Cäsar: De bello Gallico, 14, 3 und 4; Quelle: Herrmann, Joachim: Griechische und lateinische Quellen zur Frühgeschichte Europas I. Berlin 1988, 143.
[251] Bsp.: Flag Fen im Cambridgeshire (1.200 – 200 v.u.Z.) mit über 300 versenkten teilweise absichtlich zerbrochenen Gegenständen, toten Hunden und einem menschlichen Leichnam; Llyn Cerrig Beach auf der Insel Anglesey, See mit teilweise zerschlagenen oder verbogenen Opfergaben aus dem 2. Jh. v.u.Z. - 1.Jh., laut Tacitus (1./2.Jh.) angeblich mit Festung und großem Druidenheiligtum; das Gallierheiligtum Gournay-sur-Aronde (4.Jh.v.u.Z. - 1.Jh.) mit umfangreichen Tieropfern und versenkten Waffen.

Anhand der griechischen und römischen Mythen lässt sich gut nachvollziehen, wie die Funktionen der Erdgöttin zu einem Großteil auf männliche Gottheiten übertragen wurden. Als unberechenbare Urmutter hatte sie kaum noch Anteil an den offiziellen Götterkulten, wenngleich sich Hinweise auf ihre einstige Macht in zahlreichen Mythen finden und Rituale ihres Kultes über lange Zeit hinweg in geheimen Mysterienkulten ausgeübt wurden.

Hatte die Verehrung chthonischer Mächte eine Abwendung von den lichten, Ordnung bringenden Himmelsbewohnern zu bedeuten, hin zu den dunklen Kräften des Chaos, dem Schoß der alles verschlingenden Erdmutter? Nicht unbedingt. So stand an der Spitze der keltischen Götterwelt eine männliche Gottheit. Sie war zugleich Ahnherr des Stammes und Herrscher über das fruchtbare Jenseits.

Die Linguistin und Keltologin Marie Louise Sjoestedt vermutet, dass es in der keltischen Religion zwei Leitmotive gab: das männliche Prinzip der Gesellschaft und das weibliche Prinzip der Natur oder – dem keltischen Verständnis einer Vielfalt näherstehend – die sozialen Kräfte männlichen Charakters und ihr Gegenstück die natürlichen Kräfte weiblichen Charakters. Ein Gegensatz, der durch die sexuelle Vereinigung von Stammesgott mit Erdmutter, von König mit Priesterin zu einer Versöhnung und somit zum Gedeihen des Stammes führen sollte[252].

Dafür spricht auch, dass Menschenopfer offenbar nicht nur den chthonischen Mächten dargebracht wurden. Zeugnis darüber liefern beispielsweise Berichte antiker Autoren, wobei es einigen von ihnen ein besonderes Anliegen gewesen sein dürfte, ihre Leserschaft durch Beschreibungen grausamer Opferpraktiken über das vermeintlich barbarische Wesen der keltischen Stämme aufzuklären[253]. Mit Bezug auf Menschenopfer meinte Cäsar: „Sie [die Druiden] glauben zwar, dass die Tötung von Menschen, die bei Diebstahl, Raub oder anderen Verbrechen gefasst wurden, den unsterblichen Göttern angenehmer ist; wenn es ihnen jedoch an solchen fehlt, gehen sie auch dazu über, Unschuldige zu opfern."[254]

Archäologisch lassen sich Menschenopfer oft schwer nachweisen. Eine rituelle Tötung ist anhand der erhaltenen Überreste meist kaum von einer tödlichen Verletzung etwa im Rahmen eines Kampfes zu unterscheiden. Bei einem Bauopfer könnte es sich ebenso um eine normale Bestattung handeln, Doppel- und Mehrfachbestattungen können auf natürliche Ursachen zurückgehen. Bernhard Maier betont, dass selbst in den latènezeitlichen Heiligtümern Nordfrankreichs Menschenopfer nicht eindeutig nachzuweisen sind. Die Skelettreste würden eher auf rituelle Manipulationen post mortem hinweisen[255].

Selten sind die Umstände so eindeutig wie bei dem sogenannten „Lindow Man", der Moorleiche von Lindow Moss bei Wilmslow in Cheshire aus dem 1. Jahrhundert. Der Tod des jungen Mannes war auf dreifache Art eingetreten: Erdrosseln, Erschlagen und Durchschneiden der Kehle. Über den Grund dieser Tötung lässt sich allerdings nur spekulieren. Ein rituelles Opfer? Eine öffentliche Hinrichtung? Blutrache?

---

[252] Vgl.: Sjoestedt, Marie Louise: Gods and heroes of the Celts. London 1949, 93.

[253] Unter anderen Strabon: Geographie (frühes 1. Jh.) 4, 4,5 c143, 225; M. Annaeus Lucanus: De bello civili (1. Jh.) 1,441-462 und die Commenta Bernensia ad Lucan (1, 445-459) in Hofeneder, A.: Die Religion der Kelten in den antiken literarischen Zeugnissen, Band I. Wien 2008, 295.

[254] Julius Caesar: De bello gallico, 6, 16.

[255] Vgl.: Maier, Bernhard: Die Religion der Kelten. Darmstadt 2001, 111; über die Angst vor Unheil bringenden, nach dem Tod Wiederkehrenden: Pauli, Ludwig: Keltischer Volksglaube, München 1975, 171ff. Zu den „gefährlichen Toten" zählt er Magier, Wahnsinnige, Verbrecher, vorzeitig durch Unfall, Hinrichtung oder Opferung sowie im Kindbett Verstorbene und wahrscheinlich unverheiratete oder kinderlos gestorbene Frauen.

Ob die vielfach belegte Bedeutung des menschlichen Hauptes mit Menschenopfern in Verbindung stand, bleibt zu bezweifeln. Die Kopfjagd beschränkte sich auf das Enthaupten bereits verstorbener Menschen, wobei die Köpfe anschließend um den Hals der Pferde gebunden[256] beziehungsweise auf Lanzen gespießt wurden. Ein Brauch, den antike Autoren auch dem Reitervolk der Skythen zuschrieben. Vielleicht sollte er die Kraft des Siegers vermehren, wie es für die Dajak auf Borneo belegt ist. Dort diente die Enthauptung des getöteten Feindes der Vermehrung der persönlichen Manneskraft des Siegers. Erst durch die Darbringung zumindest eines menschlichen Hauptes kam er für seine Auserwählte als ernst zu nehmender Geschlechtspartner in Betracht. Als Zeugnis seiner Mannhaftigkeit wurde dem Krieger nach dem Vorzeigen seines ersten Menschenkopfes ein Ring über dem Finger tätowiert. Die Potenz des erbeuteten Kopfes galt als umso höher, je außergewöhnlicher die Herkunft oder Position seines einstigen Trägers gewesen war, wobei das Geschlecht keine Rolle spielte[257]. Auch die Gallier sollen gerne mit der besonderen Herkunft ihrer Trophäen geprahlt haben, insbesondere wenn es sich um Menschenköpfe handelte[258]. Zudem wurden menschliche Köpfe in südgallischen Heiligtümern[259] öffentlich ausgestellt.

Eine himmlische Götterwelt ist weder überliefert, noch durch Darstellungen fassbar. Vielmehr existierte parallel zur Menschenwelt eine eigene Sphäre mit ausgedehnten Reichen der überirdischen Fürsten und Fürstinnen. Die Erdgöttin trat meist in Gestalt der königlichen Herrscherin als Personifikation des Landes auf oder als mütterliche Schutzgöttin. Auch Kriegsgöttinnen sind überliefert. Die Verbindung der Erdgöttin zum Jenseits wird jedoch nicht explizit herausgestellt. Sie lässt sich nur noch durch Attribute und Begleittiere erahnen. Darstellungen während der römischen Zeit zeigen sie oft an der Seite eines römischen Gottes. Ein Umstand, der nach Bernhard Maier auf die Unterordnung der einheimischen Gottheit unter den fremden Gott der siegreichen Römer deutet[260].

Hinzu kommen unzählige inschriftlich überlieferte Namen von männlichen und weiblichen Gottheiten, deren Vielfalt jedoch nicht auf die Existenz ebenso vieler Götter und Göttinnen verweisen muss. Eventuell handelte es sich um stammesspezifische Kultnamen, die zur Identifikation mit dem jeweiligen Stamm beitrugen, aber auf einer ursprünglich gemeinkeltischen Weltdeutung beruhten. Darauf deuten die im gesamten keltischen Siedlungsgebiet durch Inschriften, Abbildungen und die Art ihrer Verehrung bezeugten Funktionen der Gottheiten. So besaßen vor allem männliche wie weibliche Schutzgottheiten des Krieges und des Handwerks überregional große Verehrung.

---

[256] Titus Livius: Ab urbe condita (Anfang 1.Jh.u.Z.) in Hofeneder: Die Religion der Kelten. Wien 2008, Band II, 168, 10, 26, 10-13; Diodoros: Weltgeschichte (1.Jh.v.u.Z.) 5, 29,4 Quelle: Herrmann, Joachim: Griechische und lateinische Quellen. Berlin 1988, 177.

[257] Nach Aussage des Medizinmannes eines Dajakstammes am Skrang-River, Sarawak auf Borneo, Malaysia, Quelle: unveröffentlichte ethnische Studien der Autorin bei den Dajak auf Borneo 1994.

[258] Vgl.: Strabon, Geographie, 4, 4,5 nach Poseidonios: „[...] dass sie bei der Rückkehr aus der Schlacht die Köpfe der Feinde ihren Pferden an den Hals hängen, sie dann nach Hause bringen und an den Portalen annageln. [...] Die Köpfe der angesehenen Feinde pflegten sie einzubalsamieren und ihren Gastfreunden zu zeigen, worauf sie darauf bestanden sie nicht einmal gegen Gold im gleichen Gewicht herzugeben." Quelle: Herrmann, Joachim: Griechische und lateinische Quellen zur Frühgeschichte Europas I. Berlin 1988, 225.

[259] Unter anderem Roquepertuse (4.-3.Jh. v.u.Z.), Gournay-sur-Aronde (4.-2.Jh. v.u.Z.), Ribemont-sur-Ancre (3./2.Jh. v.u.Z.).

[260] Vgl.: Maier, Bernhard: Die Religion der Kelten. Darmstadt 2001, 77.

Außer Frage scheint zu stehen, dass die Kelten im Tod kein Ende, sondern den Anfang von etwas Neuem sahen. Darauf lässt nicht nur eine Nachricht bei Valerius Maximus[261] schließen, wonach bei den Galliern der alte Brauch begegnet, Geld zu leihen, dessen Rückzahlung im Jenseits erfolgte, weil sie überzeugt waren, dass etwas im Menschen, eine Art Seelenkraft, für einen nicht näher bestimmten Zeitraum weiterlebt. Auch die Angst vor Wiedergängern, also von unheilbringenden Totenseelen weist auf den Glauben an ein Weiterleben dieser Seelenkraft. Sie lässt sich anhand der Bestattungsformen, darunter Manipulationen der Leichname, und der Beigabe von apotropäischen Symbolen nachweisen.

Cäsars Beschreibungen ist zu entnehmen, dass er die bestärkte Tapferkeit der keltischen Krieger ihrem Glauben an das ewige Leben ihrer Seele zuschrieb[262]. Pomponius Mela erwähnt, dass eines ihrer Dogmen lautete, die Seelen seien ewig und unter den Schatten gebe es ein anderes Leben[263]. Lucanus schreibt, dass die Schatten nach Ansicht der Druiden nicht in die Gefilde des Erebus und die bleichen Reiche von Dis gingen, sondern dass der gleiche Geist den Gliedern in einer anderen Welt[264] gebäte; und wenn das, was sie sängen, richtig sei, wäre der Tod nur die Mitte eines langen Lebens[265]. Ammianus behauptet, dass die Druiden das sterbliche Los der Menschen verachteten und die Unsterblichkeit der Seele propagierten[266]. In den Hippolytus[267] zugeschriebenen Philosophumena wird berichtet, dass die druidische Lehre mit der pythagoreischen Philosophie der Wiedergeburt verwandt sei. Allerdings ging es mit großer Wahrscheinlichkeit nicht um die allgemeine Wiedergeburt in irgendeinem Körper dieser Welt, sondern um ein neues Leben in einem menschlichen Körper, ob in dieser oder in einer anderen Welt steht weiterhin zur Diskussion.

Generell zeigen die Überlieferungen zwei verschiedene Auffassungen über die Art der Wiedergeburtslehre bei den Kelten[268]. Die eine nahm an, dass die Druiden eine Wiederkehr der Seele in einem menschlichen Körper in dieser Welt lehrten, die andere, dass es sich um ein menschengleiches Leben in einer anderen Welt handelte. Auf letzteres könnten die umfangreichen Grabbeigaben deuten. Zu diesem Brauch passt zudem die Beschreibung bei Cäsar: „Was dem Toten [...] lieb war, werfen sie auf den Scheiterhaufen, auch Tiere und bis vor kurzem noch Sklaven und Clienten, [...die...] der Tote [...] geliebt hatte. Nach den feierlichen Beerdigungsriten werden sie zusammen mit den Verstorbenen verbrannt.“[269]

Ob jeder Mensch eine unsterbliche Seele besaß, unabhängig von seiner Volkszugehörigkeit oder seiner gesellschaftlichen Stellung, geht aus den Überlieferungen nicht hervor. Vielleicht entstand und entwickelte sie sich auch erst im Laufe eines Lebens und war somit auserwählten Menschen vorbehalten, eine Vorstellung, die sich unter den afrikanischen Weltdeutungen findet[270]. Ebenso scheint die Art des Lebens im Jenseits nicht mit der Lebensweise

---

[261] Valerius Maximus: Facta et dicta memorabilia. (27 –31), 2, 6, 10; in Hofeneder, Andreas: Die Religion der Kelten in den antiken literarischen Zeugnissen, Band II. Wien 2008, 253.
[262] Vgl.: Julius Cäsar: De bello Gallico, 6, 14, 5; in Herrmann, Joachim: Griechische und lateinische Quellen zur Frühgeschichte Europas I. Berlin 1988, 143.
[263] Vgl.: Pomponius Mela: De Chorographia (1. Jh.), 3,2,19.
[264] Die Deutung von „orbis alius“ ist unsicher.
[265] Vgl.: M. Annaeus Lucanus: De bello civili (1. Jh.) 1, 450-460.
[266] Vgl. Ammianus Marcellinus: Res gestae (4.Jh.).
[267] Hippólytos von Rom (um 170 bis um 235).
[268] Vgl.: Green, Miranda J.: Die Druiden, Welt der keltischen Magie. Augsburg 2000, 51f.
[269] Julius Cäsar: De bello Gallico. 6, 19, 4 in: Herrmann, Joachim: Griechische und lateinische Quellen zur Frühgeschichte Europas I. Berlin 1988, 145.
[270] Vgl.: Grabner-Haider, Anton: Afrika. In: Grabner-Haider, Anton / Prenner, Karl (Hg.): Religionen und Kulturen der Erde. Darmstadt 2007, 257-266.

im Diesseits zusammenzuhängen. So deutet nichts in den inselkeltischen Aufzeichnungen auf Vorstellungen von Lohn und Strafe für ein bestimmtes Verhalten im Diesseits, auf den Glauben an ein Strafgericht, an etwas wie die christliche Hölle oder an ein dem Hades entsprechendes düsteres Schattenreich, wenngleich es in der keltischen „Anderen Welt", also „jenseits" der menschlichen Welt durchaus unfruchtbare und trostlose Reiche zu geben scheint.

Die Namen der jenseitigen Inseln weisen auf ihre Funktionen hin wie *Tir na n-óg* (Land der Jugend), *Tir na mban* (Land der Frauen) oder *Mag Mell* (Angenehmes Gefilde). Doch selbst Unsterblichkeit, ewige Jugend und Gesundheit hinderten die Bewohner der transzendenten Welt nicht daran, sich zu bekämpfen. Es zeigt, welch hohe Bedeutung der kriegerische Aspekt im Leben der keltischen Stammeskulturen hatte.

Für viele Völker stellen die Bereiche der diesseitigen und der jenseitigen Welt eine zusammengehörige Einheit dar. Naturgeister, Ahnenseelen, Götter und andere übernatürliche Wesen sind ein Teil des gewöhnlichen Alltaglebens. Sie sind ebenso real wie alle anderen Dinge. Diese Art der Weltsicht kennt keine absolute Trennung der transzendenten von der empirisch fassbaren Welt. Auch in den inselkeltischen Erzählungen scheinen die Grenzen zwischen den beiden Welten zu verschwimmen. In der transzendenten Welt befanden sich neben männlichen und weiblichen Gottheiten, den Seelen der Verstorbenen sowie anderen übernatürlichen Wesen ebenso Tiere und Pflanzen. Trotz der Transzendenz wurde diese Welt durchaus real vorgestellt, real und konkret, etwa auf bestimmten Inseln weit im Westen, aber auch in den Seen, oder unter großen Erdhügeln, den so genannten Sidhe, bei denen es sich um Wohnsitze der Feen handelt, die unter der Erde über riesige Reiche geboten. Auserwählte Sterbliche konnten diese Reiche besuchen, jedoch geschah dies nicht immer freiwillig, und nicht immer bekam ihnen die Reise dorthin.

Der Druide

Besonderes Interesse genießt die Gestalt des Druiden[271], nicht zuletzt durch das in der Romantik aufgekommene Bild des weisen Priesters mit von Efeu bekränztem Haar und langem Bart in wallenden Kleidern, das noch heute durch die kommerzielle Literatur und Filmwelt geistert, ebenso wie die Behauptung, im Grunde hätten die Druiden die abergläubischen Vorstellungen des Volkes längst hinter sich gelassen und seien Anhänger des einzig wahren Gottes gewesen.

Eine ausführliche Beschreibung über den Berufsstand des Druiden verdanken wir Cäsar. Dass er dabei jedoch neben der Vermittlung von Eindrücken sicher auch politisch motivierte Gründe hatte, die nicht unbedingt mit der Wahrheit korrelierten, dürfte inzwischen allgemein bekannt sein. Um ganz Gallien unter die römische Herrschaft zu zwingen, brauchte er Unterstützung. Diese bekam er nur, wenn die Entscheidungsträger in Rom die keltischen Stämmen mitsamt ihrer Priesterschaft für kultiviert genug hielten, nicht nur die römische Lebensart anzunehmen, sondern auch als verlässliche Gefolgsleute die Grenzen entlang Rhein und Donau gegenüber den bei Cäsar extrem barbarisch dargestellten germanischen Stämmen zu verteidigen. Im Großen und Ganzen ging es dem römischen Feldherren also darum, die – wie es der Religionswissenschaftler Bernhard Maier treffend formuliert – Akkulturationsfähigkeit der keltischen Völker hervorzuheben[272].

Cäsars Bericht enthielt eine Beschreibung der Ausbildung, gesellschaftlichen Stellung und Tätigkeiten der gallischen Priester. Er nannte sie *Drui*. Es gibt zwei Erklärungsversuche des Namens. Entweder man übersetzt das Element *dru-* mit „Eiche[273]" oder mit „stark, wichtig, sehr[274]". Das Zweitglied *-uid-* wird allgemein mit lateinisch *videre* (sehen, wissen) in Verbindung gebracht. Das Wort *Druide* kann also „der Eichenweise" oder „der Vielwissende" bedeuten. Aus dem alten Irland kennen wir die Bezeichnungen *bandrúid* (Druidin) und *banfáith* oder *banfilid* (Seherin). In den Heiligenlegenden wurden die Angehörigen der Priesterklasse schließlich zu Zauberern und Hexen degradiert.

Der Priesterklasse in der keltischen Gesellschaft gehörten Priester, Seher, Dichter, Magier, Rechtsgelehrte, Philosophen, Astronomen und Ärzte an. Die Druiden beschäftigten sich mit metaphysischen Spekulationen, erfüllten den Kult und führten die Rituale durch, überlieferten die Mythen sowie die Glaubenslehre und vermittelten zwischen den Menschen und den Göttern. Sie deuteten Naturerscheinungen und die Träume der Stammesmitglieder, sagten die Zukunft voraus, heilten Kranke und Verletzte, kannten positive wie negative Beschwörungsformeln und die verschiedenen *ges*, die für den Einzelnen oder den ganzen Stamm bestanden. G*es* ist die Bezeichnung für ein absolutes Tabu, also ein Verbot oder Gebot.

Die Zugehörigkeit zur Priesterklasse war nicht vererbbar, sondern beruhte auf einer langen Studienzeit, in deren Verlauf die Eignung des Schülers für seine Mitgliedschaft festgestellt wurde. In der *Tain Bo Cuailnge* wird überliefert, hundert tollkühne junge Männer wollten die Lehre des Druidentums kennenlernen und der Druide *Cathbad* unterrichtete sie. Fähig, sich

---

[271] Ausführlich behandelt Bernhard Maier den Berufsstand der Druiden (Die Druiden, München 2009).
[272] Vgl.: Bernhard Maier in: Zimmer, Stefan (Hg.): Die Kelten, Mythos und Wirklichkeit, Stuttgart 2. Auflage, 2009,67.
[273] Griechisch *Drus* (Eiche), keltisch *Dervo*, gälisch *Daur*, walisisch *Derw* und bretonisch *Derv*.
[274] Französisch *Dru* (dicht, kräftig), altirisch *derb* (sehr).

das Wissen anzueignen, waren letztendlich nur acht von ihnen. Die Ausbildungszeit betrug ungefähr zwanzig Jahre, während der die Schüler einige Jahre in den Wäldern verbrachten, Verse auswendig lernen mussten und die Natur studierten.

Julius Cäsar[275] berichtet über die Druiden: „jene nehmen an den religiösen Angelegenheiten teil, sie besorgen die öffentlichen und privaten Opfer und interpretieren die religiösen Vorschriften. Zu ihnen kommt eine große Zahl von jungen Männern in die Lehre und sie stehen bei den Galliern in großem Ansehen. Denn in fast allen öffentlichen und privaten Streitfällen entscheiden sie [...] Sie wollen vor allem davon überzeugen, dass die Seelen nicht sterblich seien, sondern nach dem Tod von dem einen zu den anderen übergehen, und sie meinen, dies sporne besonders zur Tapferkeit an, da man die Todesfurcht verliere. Außerdem stellen sie häufig Betrachtungen an über die Gestirne und deren Bewegung, über die Größe der Welt und der Erde, über die Natur der Dinge, über Gewalt und Macht der unsterblichen Götter und vermitteln dies der Jugend."

Zu den Wissensinhalten der Druidenlehre gehörten die Kenntnisse von der Herkunft der Götter und der Menschen, von der Geschichte des Stammes, von der Bedeutung der Orts-, Stammes-, Personen- und anderer Namen, von den Gesetzen, der Sittenlehre und den Kulthandlungen, von den Beschwörungsformeln, Zaubersprüchen und Gebeten, von der Naturkunde sowie von der Zukunftsschau und astronomischen Berechnungen. In ihrem Aussehen unterschieden sich die Druiden durch eine bestimmte Art von „Tonsur" von den anderen Stammesmitgliedern. Sie hatten eine „hohe Stirn" bis zu einer Linie ausrasiert, die von einem Ohr zum anderen verlief. Außerdem trugen sie stets weiße Kleidung. Cäsar schreibt, dass sie sich vom Krieg fernzuhalten pflegten und keine Abgaben zu bezahlen hatten. Wegen dieser Vorteile würden sich viele entweder selbst in ihre Lehre begeben oder von den Eltern zu ihnen geschickt werden[276].

Nachdem Cäsar sich mit dem Druiden *Diviciacus* gegen dessen Bruder, den Häduerfürsten *Dumnorix*, verbündet hatte, reiste *Diviciacus* nach Rom, um vor dem Senat seine Bitte um Unterstützung vorzutragen. Dort traf er Cicero, der schrieb, dass *Diviciacus* behaupten würde, die Naturgesetze zu kennen und dass er die Zukunft durch Beobachtung und Deutung der Zeichen voraussagen könnte[277].

Cäsar berichtet von einer überregionalen Druidenvereinigung. So hätten sich die Druiden der verschiedenen Stämme zu einer bestimmten Jahreszeit im Lande der *Karnuten* getroffen, das als Mitte von ganz Gallien galt. Sie wählten ein gemeinsames Oberhaupt. Dieses überträfe alle anderen an Ansehen und Würde. Starb es, so wurde sein Nachfolger durch Wahl bestimmt. Es könnte aber auch vorkommen, dass sie mit den Waffen um die führende Stellung kämpften. In Britannien soll es besondere Schulen gegeben haben, zu denen sich jene Druiden begaben, die ihre Ausbildung vervollständigen wollten[278]. Die irische Heldensage berichtet zudem von großen Magiern, die im Alpenraum lebten. Bei ihnen konnte man seine Zauberkunst perfektionieren.

---

[275] C. Julius Cäsar: Commentarii de bello gallico (6,13,1 – 14,6). in: Hofeneder, Andreas: Die Religion der Kelten in den antiken literarischen Zeugnissen. Band 1. Von den Anfängen bis Cäsar. Wien 2005, 187-198; Übersetzung und Interpretation.

[276]Vgl.: C. Julius Cäsar: Commentarii de bello gallico (6,13,1 – 14,6). in: Hofeneder, Andreas: Die Religion der Kelten in fen antiken literarischen Zeugnissen. Band 1. Von den Anfängen bis Cäsar. Wien 2005, 187-198 Übersetzung und Interpretation.

[277] Vgl.: Cicero, De Divinatione, I, 40.

[278]Vgl.: C. Julius Cäsar: Commentarii de bello gallico (6,13,1 – 14,6).

In der irischen Königsage wird erwähnt, dass sich der Druide beratend und unterstützend neben dem herrschenden König oder der Königin befand. Sie waren voneinander abhängig. Der König oder die Königin wurden vom Druiden durch ein Ritual bestätigt und hatten während der Herrschaft seinen Rat zu berücksichtigen. Sie durften nicht ohne die Zustimmung des Druiden handeln und mussten seinen Willen vollstrecken. Eine irische Erzählung berichtet, dass es den Männern von *Ulster* verboten war, vor dem König zu sprechen, und dem König war es verboten, vor den drei Druiden zu sprechen. Die Druiden hingegen hatten zu tun, worum sie der herrschende König oder die Königin baten. Als Botschafter sprachen sie Kriegserklärungen aus oder vermittelten als Friedensrichter zwischen feindlichen Stämmen. Sie schlichteten auch innerhalb der eigenen Gruppe Streit und waren imstande, zwei feindliche Heere, die sich mit gezückten Schwertern gegenüber standen, aus ihrer „tierischen Raserei" herauszureißen und Frieden zu stiften. Die Druiden waren Heilkundige und kannten die Geheimnisse der Natur. Sie verwendeten Heilkräuter, Zaubertränke und magische Beschwörungsformeln. Zu ihren magischen Fähigkeiten gehörten gemäß der irischen Überlieferungen auch die Wiederbelebung Toter, entweder mit einer Gesundheitsquelle oder mit einem Kessel, sowie die Erschaffung von Illusionen.

Die Druiden vertraten das Recht und jeder hatte sich ihrem Urteil zu fügen. Wer es nicht anerkannte, dem versagten sie die Opfer. Daraufhin war er ein Gottloser, der von den anderen wie ein Verbrecher behandelt und gemieden wurde. Der Druide selbst wurde bei einem falschen oder ungerechten Rechtsspruch von den Elementen bestraft. Er durfte sich nicht irren, denn die Folgen wären Krankheit, schlechte Ernten und Unfruchtbarkeit.

Neben den Druiden berichten antike Autoren auch von Barden [279] und speziellen Opferpriestern. Die Barden konnten mit ihrer Musik die Gefühle der Menschen beherrschen und die Krieger im Kampf mit ihren Gesängen stärken oder schwächen. Ihre Spottverse waren gefürchtet. Den höchsten Stand unter den Musikanten hatten die Harfenspieler. Der *Fili* war ursprünglich ein „Seher". Er war in der antiken Welt für seine charakteristische Redegewandtheit berühmt und hatte großen Einfluss. Als gelehrter Dichter kannte er die Geschichte und Mythologie seines Volkes. Ihm oblag es, dieses Wissen unter das Volk zu bringen. Doch waren seine Reden einschüchternd und hochmütig und tendierten zu tragischem Pathos.

---

[279] So etwa Annaeus Lucanus: de bello civili / Pharsalia (1.Jh.); Diodoros Suculus: Bibliothek (1.Jh.v.u.Z.), Strabon: Geographie (frühes 1.Jh.) 4, 4,4.

2. Mythische Weltdeutung am Beispiel ausgewählter inselkeltischer Überlieferungen

„Myth is not merely a story told, but a reality lived."
Bronislaw Malinowski 1948

Eines der größten Probleme bei dem Versuch, die inselkeltischen Überlieferungen als Basis für die Ausarbeitung keltischer Weltdeutungen heranzuziehen, stellt ohne Zweifel die Verfälschung ihrer ursprünglichen Inhalte durch den christlichen Hintergrund ihrer Verfasser dar. Andererseits ist es eben jenen Verfassern zu verdanken, dass in der heutigen Zeit überhaupt Aufzeichnungen von mythischen Erzählungen keltischer Völker existieren. Denn obgleich die Träger dieser keltischen Weltdeutungen die griechische und lateinische Schrift für den Vermerk profaner Inhalte verwendeten, so sind nach aktuellem Kenntnisstand keine Schriftstücke bekannt, in denen sie Bezug auf ihre Daseinsdeutung genommen haben. Es zeigt sich jedoch, dass die erhaltenen Überlieferungen durchaus geeignet sind, Rückschlüsse auf die Lebenswelt ihrer ursprünglichen Schöpfer zu erlauben.

Zu den Quellen findet sich nachfolgend eine Auflistung der bekanntesten erhaltenen Literatur. Aufgrund des umfassenden Materials handelt es sich dabei jedoch nur um einen ausgewählten Ausschnitt. Weitere Literaturhinweise, insbesondere zu Übersetzungen und Interpretationen von Originalmanuskripten, finden sich zudem im Anschluss in den einzelnen Kapiteln.

Aus Irland stammen mehrere Sammel- und Einzelwerke[280]. Zu den Sammelwerken gehören Lebor Dromma Snechta, „Das Buch von Druim Snechta", eine verlorene, einst berühmte und häufig zitierte Handschrift aus der ersten Hälfte des achten Jahrhunderts; Lebor na h´Uidre, „Das Buch von der dunkelfarbigen Kuh"[281], das neben anderen der Mönch Mael-Muire[282] verfasst haben soll, als älteste erhaltene irische Sagenhandschrift, in der sich auch die Táin Bó Cúailnge befindet; Lebor Laignech[283], „Das Buch von Leinster" wurde größtenteils in den 60er Jahren des 12.Jh. vermutlich von Aed Mac Crimthann, dem Abt von Tír-Dá-Glas (Terryglass), verfasst und enthält die vollständige Táin Bó Cúailnge sowie erstmals Lebor Gabála Érenn, das „Buch von der Besitzergreifung Irlands". „Das Gelbe Buch von Lecan" entstand zwischen 1391 und 1399 mit einigen Nachträgen aus dem 16.Jh. „Das Buch von Ballymore" wurde zwischen 1384 und 1406 niedergeschrieben.

Die Einzelwerke enthalten Sanas C(h)ormaic[284], „Cormacs geheimes Flüstern", das in Saltair Chormaic, die Handschrift von Cormacs Psalter, aufgenommen wurde, Dindsenchas[285], „Ortsnamentraditionen", die bis ins neunte Jahrhundert entstanden und gesammelt

---

[280] Eine ausführliche Auflistung der großen klösterlichen Manuskripte als Überlieferer der alt- und mittelirischen Literatur findet sich bei Murphy, Gerard: The Ossianic Lore and Romantic tales od Medieval Ireland. Dublin 1961, 17.

[281] Nach der Farbe des Einbandes.

[282] Er wurde 1106 in der „Steinkirche" des Klosters Clon macnoise von Räubern ermordet.

[283] Es war ursprünglich die umfangreichste der älteren Sagenhandschriften, ist aber heute nicht mehr vollständig. Ursprünglich war es nach dem Fundort seiner Wiederentdeckung im 14. Jahrhundert unter dem Namen „Book of Noghoval" bekannt.

[284] Ein Glossar um 900.

[285] Sie finden sich erstmals im Buch von Leinster, aber auch in anderen Handschriften und Manuskripten.

im 12. und 13.Jh. aufgeschrieben wurden, Acallam na Senórach, „Unterredung der Alten", entstand um 1200 und ist seit dem 15.Jh. in Handschriften erhalten, Coir Anmann, „Das Richtige von den Namen", ist ein Wörterbuch der Personen- und Stammesnamen aus Geschichte und Sage und seit dem 14.Jh. belegt, Foras Feasa ar Eirinn, „Die Geschichte Irlands" wurde 1633/34 von dem Theologen Geoffrey Keating fertig gestellt.

Aus Schottland ist eine Sammlung schottisch-gälischer Gedichte erhalten, die vorwiegend dem Sagenkreis um Finn mac Cumaill angehören. Sie wurde von Sir James Mac Gregor, Dean of Lismore, und seinem Bruder Duncan zwischen 1512 und 1529 unter dem Titel „The Book of the Dean of Lismore", „Das Buch des Dekan von Lismore", angelegt[286].

Zur walisischen Literatur zählen Lleyfr Du Caerfyrddin, „Das schwarze Buch von Carmarthen", aus der zweiten Hälfte des 13.Jh. mit prophetischen Gedichten aus der Merlin-Sage, das Gododdin des Barden Aneirin mit Schilderungen der Ereignisse des sechsten Jahrhunderts nach mündlicher Tradition im neunten Jahrhundert aufgeschrieben[287] sowie Llyfr Taliesin, „Das Buch des Taliesin", mit einer Sammlung der Werke von Taliesin[288] aus dem ersten Viertel des 14.Jh., darunter der Taliesin-Mythos, das Gedicht Kat Godeu[289], „Die Schlacht von Goddeu" und Preiddeu Annwfn[290], „Die Beraubung von Annwfn".

Ebenfalls aus Wales sind Llyfr Gwyn Rhydderch, „Das weiße Buch des Rhydderch[291] ", aus der Mitte des 14.Jh. mit Pedeir Keinc y Mabinogi[292], „Die Vier Zweige des Mabinogi", und weiteren Erzählungen darunter Mal y Kavas Kulhwch Olwen[293], „Wie Kulhwch Olwen errungen hat" sowie Llyfr Coch O Hergest, „Das Rote Buch des Hergest", die umfangreichste Handschrift[294] mit der gesamten mittelkymrischen Literatur, das um 1400 abgeschrieben worden war.

Trioedd Ynys Prydain, „Die Triaden der Insel Britanniens" ist ein Einzelwerk und enthält in Dreiergruppen zusammengefasste wichtige Personen, Tiere, Ereignisse und Dinge mit Anspielungen auf Sagen und wahrscheinliche Mythen. Das Werk „Historia Brittonum" von Nennius aus dem neunten Jahrhundert enthält die älteste historische Nennung von Kaiser Arthur und eine zusammengefasste Geschichte über die Einwanderungswellen Irlands. Geoffrey of Monmouth versuchte um 1135 in seiner „Historia Regum Britanniae" die Geschichte seines Landes zu rekonstruieren und machte mythische Helden zu historischen Königen mit definitiven Lebenszeiten.

Zur Veranschaulichung finden sich im Folgenden die Nacherzählungen einiger aus-gewählter inselkeltischer Überlieferungen. Frühe Interpretationen dieser und weiterer kel-tischer Mythentexte stammen beispielsweise von dem Archäologen Robert Alexander Stewart

---

[286] M'Lauchlan, Thomas: Dean of Lismore's Book. A Selection of ancient Gaelic Poetry. From a Manuskript Collection made by Sir James M'Gregor, Dean of Lismore, in the Beginning of the Sixteenth Century. Edinburgh 1862. Mit einer Einführung von William F. Skene.
[287] Heute in einer Handschrift aus dem 13.Jh erhalten.
[288] *Taliesin* war vermutlich ein berühmter Barde des sechsten Jahrhunderts.
[289] Das Thema ist der Kampf der Bäume und Sträucher, in 74 Versen werden 34 Pflanzennamen erwähnt.
[290] Über *Arthurs* verlustreiche Reise in die „Andere Welt".
[291] Wahrscheinlich war *Rhydderch ab Ievan Llwyd* (ca. 1324-1398) Auftraggeber.
[292] Den Mabinogion im engeren Sinn, zu den Mabinogion im weiteren Sinn gehören noch sieben weitere Erzählungen, die zum Teil über König *Arthur* und seine Gefolgsmänner berichten.
[293] Die altertümlichste der Sagen aus dem Sagenkreis um *Arthur*, meist nur als *Kulhwch ac Olwen*, „Kulhwch und Olwen", bezeichnet.
[294] *Arthur*tradition, erweiterte *Merlin*sage und mit archaischen Zügen *Breudwyt Ronabwy*, „Der Traum des *Ronabwy*", aber ohne religiöse Dichtung, Gesetzestexten und nur Teilen der alten Bardenpoesie.

Macalister[295] und dem Philologen Rudolf Thurneysen[296], beide bekannt für ihre herausragenden Übersetzungen alt-und mittelirischer Manuskripte. Inzwischen kamen zahlreiche Analysen der inselkeltischen Texte unter Anwendung klassischer Mythendeutungen hinzu. Sie geben einen Einblick in die wichtigsten Charakteristika der mythischen Gesellschaft wie Kulturform und Kulturtechniken, Sozialstruktur, Verhaltensregeln, emotionalen Prozesse und Leitmotive.

---

[295] Macalister, Stewart R.A.: Lebor Gabála Érenn, The book oft he taking of Ireland, Part I - IV. Dublin 1938-1941.
[296] Thurneysen, Rudolf: Die irische Helden- und Königsage bis zum siebzehnten Jahrhundert. Hildesheim – New York 1980.

Lebor Gabála Érenn

Die nachfolgende Inhaltsangabe des Mythos über die Landnahme Irlands durch die Tuatha de Danann bezieht sich zum einen auf die erstmals von dem Archäologen und Universalgelehrten Robert Armstrong Stewart Macalister[297]ins Englische übersetzten Originaltexte des Lebor Gabála Érenn[298], dem „Buch der Landnahme" oder „Buch der Einwanderung", zum anderen auf Werke namhafter Keltologen[299] und ihre Kurzfassungen von für die Untersuchung geeigneten inselkeltischen Texten.

R. Macalister[300] erwähnt fünf Fassungen, wiedergegeben in fünfzehn vollständig oder teilweise erhaltenen Manuskripten, von denen er elf für seine Übersetzung verwendet. Der ersten Fassung findet sich im „book of Leinster" und im „book of Fermoy", die zweite in den mit den Buchstaben V, E, P, R und D bezeichneten Manuskripten sowie dem ersten Text des „Book of Lecan". Die dritte Fassung ist erhalten im „Book of Ballymote", im zweiten Text des „Book of Lecan" sowie dem Manuskript H. Als Standardkopien der einzelnen Fassungen wählte R. Macalister für seine Übersetzung das „book of Leinster", V und das „Book of Ballymote". Die übrigen Manuskripte nützt er, um Lücken zu füllen oder offensichtliche Fehler zu korrigieren.

Inhaltlich lässt sich das Buch der Landnahme nach R. Macalister in zehn unabhängige Bereiche gliedern: 1. Von der Schöpfung bis zur Ausbreitung der Völker; 2. Die Vorfahren der Gälen; 3.-7. Die erfolgreichen Einwanderungen von Cessair, Parthölon, Nemed, den Fir Bolg und den Tūatha dē Danann; 8. Die Einwanderung der Söhne von Mil, das heißt der Gälen; 9. Die Rolle der Könige vor der Christianisierung; 10. Die Rolle der Könige nach der Christianisierung. Macalister weist darauf hin, dass ursprünglich wohl der achte Bereich auf den zweiten folgte, während der dritte bis zum siebten auf einen Einschub zurückzuführen wären. Ohne diesen Einschub würde es sich um eine „Geschichte der Gälen" handeln mit starken Parallelen zur Geschichte von den Kindern Israels aus dem Alten Testament. Der Einschub selbst habe den Anschein einer mythischen Lehre von Ursprung und Abstammung der Götter im Sinne der Theogonie des Hesiod[301].

R. Macalister vermutet, dass die Inhalte des Lebor Gabala anfangs im Sinne der druidischen Tradition mündlich in Form von Versen gelehrt wurden, die als Merkhilfe einen Rahmen für die Erklärungen, Ausführungen und Übertragungen der individuellen Lehrer dienten. Zudem sei das Buch der Einwanderung ursprünglich wohl in lateinischer Sprache verfasst und sein Inhalt erst nach vielen Jahren in der Landessprache der Scholaren aufgeschrieben worden[302].

---

[297] Macalister, Stewart R.A.: Lebor Gabála Érenn, The book of the taking of Ireland, Part I - V. Dublin 1938-1941, 1956.

[298] Das Lebor Gabála Érenn, Buch der Landnahme Irlands, findet seine erste Erwähnung im Lebor Laignecht, book of Leinster, das in den 60er Jahren des 12.Jh. vermutlich zu großen Teilen von Áed Ua Crimthaind, dem Gründer des Klosters Terryglas verfasst wurde. Siehe Duffy, Seán: Medieval Ireland: An Encyclopedia, New York 2005, A-Z 4f.

[299] Insbesondere Birkhan, Helmut: Kelten. 1997 und 1999 mit einer Auflistung der inselkeltischen Texte 1226ff.; sowie MacCulloch, John Arnott: Celtic Myhology.1964; Clarus, Ingeborg: Keltische Mythen. Der Mensch und seine Anderswelt. Olten 1991.

[300] Macalister, Stewart R.A.: Lebor Gabála Érenn, The book of the taking of Ireland, Part I. Dublin 1938, ix-xxxiv Introduction.

[301] Vgl.: Macalister, Stewart R.A.: Lebor Gabála Érenn, Part I. Dublin 1938, xxv.

[302] Vgl.: Macalister, Stewart R.A.: Lebor Gabála Érenn, Part V. Dublin 1956, 2 .

Es zeigt sich, dass die christlichen Verfasser der Manuskripte für ihre Rekonstruktion einer chronologischen Besiedlung Irlands Erzählungen von Gottheiten und mythischen Helden mit historischen Überlieferungen vermischten – zu einem Teil sicher aufgrund mangelnder Kenntnis, vor allem jedoch, weil es ihnen aus verschiedenen Gründen nicht möglich gewesen sein dürfte, die Vorlagen ohne Rücksicht auf ihren christlichen Hintergrundes zu übernehmen. Neben einer eindeutigen Bezugnahme auf biblische Texte, scheinen die Verfasser der Manuskripte bei ihrer Aufzeichnung mündlicher oder Abschrift älterer Quellen auch auf Passagen gestoßen zu sein, die sie aus mangelndem Verständnis oder anderen Gründen nicht übernehmen wollten, und deswegen abänderten. Zudem gibt es inhaltlich zahlreiche Unstimmigkeiten und Widersprüche, die nach R. Macalister auf Änderungen der Verfasser zurückzuführen sind, weil diese die sich daraus ergebenden Konsequenzen innerhalb des gesamten Manuskriptes nicht bedachten[303].

Das *Lebor Gabála Érenn* beginnt mit einer eigenwilligen Abhandlung des Alten Testamentes bis zur Rettung Noahs und seiner Frau, der eigenen Schwester, sowie seiner drei Söhne und drei Töchter, die miteinander verheiratet waren. Die Flut ertränkte alle Menschen und Tiere, bis auf jene, die sich in der Arche befanden. Zudem überlebten Enoch, der im Paradies den Antichrist bekämpft, und Fintan, Sohn von Bochra, der den nachfolgenden Menschen diese Geschichten überlieferte. Nachdem die Wasser der Flut sich zurückgezogen hatten, teilte Noah die Welt unter seinen Söhnen in drei Teile auf. Iafeth und seine Nachkommen siedelten im Norden Asiens und in ganz Europa. Fünfzig Völker stammen von ihm ab, darunter auch die Gälen[304]. Für R. Macalister dient diese künstliche Gestaltung dazu, den Ursprung der Gälen beginnend mit der Schöpfung der Welt über ihre Wanderungen bis zu ihrer Niederlassung im „gelobten Land" Irland erklärend zu beschreiben. Zudem bemerkt er, dass der Verfasser von einem der überlieferten Manuskripte sich sehr viel Mühe mit seiner Arbeit gegeben hatte, indem er den Text der griechischen Septuaginta mit jenem der Vulgata abglich[305].

Auf den abgewandelten biblischen Text folgt eine Beschreibung der sechs Landnahmen von Cessair oder Banba und ihrem Gefolge über Partholon und seine Anhänger, Nemed mit seiner Völkerschaft, den Fir Bolg und Tuatha De Dannan bis zu den Söhnen des Mil. Im Anschluss findet sich eine Landbeschreibung mit genauer Schilderung der Aufteilung der Insel unter den eingewanderten Familien. Den Abschluss bildet eine stark an die hebräischen „Bücher der Könige" erinnernde Liste der Könige, die von leicht zu erkennenden und wohl einst als eigenständige Sagen existierenden Einschüben unterbrochen wird.

---

[303] Vgl.: Macalister, Stewart R.A.: Lebor Gabála Érenn, Part IV. Dublin 1941, 5.

[304] Vgl.: Macalister, Stewart R.A.: Lebor Gabála Érenn, Part I. Dublin 1938.

[305] Vgl.: Macalister, Stewart R.A.: Lebor Gabála Érenn, Part I. Dublin 1938, xxxi.

Noch vor der Flut soll *Banba* Irland als erste Frau zusammen mit dreimal fünfzig Jungfrauen und drei Männern erreicht haben. Vierzig Jahre verbrachten sie auf der Insel, bevor eine Krankheit sie alle innerhalb einer Woche dahinraffte. Zweihundert Jahre später folgte die Flut und bedeckte Irland für ein Jahr und vierzig Tage. Dreihundert Jahre darauf kam *Partholón*. Fünfhundertfünfzig Jahre verweilte er, bis ihn die Kynokephalen vertrieben. Keines seiner Kinder überlebte.

Nach einer anderen Version war es *Cessair*, Tochter des *Bith*, die dem Rat Noahs folgend vierzig Tage vor der Flut mit drei Schiffen nach Irland kam, denn vielleicht würde sich die Flut nicht bis an den westlichen Rand der Welt erstrecken. Zwei Schiffe versanken vor der Küste. *Cessair* gelangte mit fünfzig Frauen und drei Männern auf die Insel. Doch sie alle starben in *Connacht*.

Die Erzählung von *Cessair* nimmt nach R. Macalister Bezug auf eine heidnische Kosmogonie. *Cessair Cruthach*, Tochter von *Bith* („Leben" oder „Welt") durfte die Flut jedoch aufgrund ihrer Verflechtung mit der biblischen Geschichte von Noah nicht überleben. Ihr Begleiter war der unsterbliche Fintān, Sohn des *Bochna* (Ozean). Macalister vergleicht *Cessair* und *Fintān* mit *Deukalion* und *Pyrrha* aus der griechischen Mythologie. Ursprünglich, so vermutet er, sei *Cessair* wohl die „Magna Mater" der Iren gewesen, eine Entsprechung von *Eriu*, und ihre fünfzig Begleiterinnen die Mütter der verschiedenen Völker der Erde[306]. Der Name *Fintan* als *Fintan* „of True Knowledge" taucht bei einem der Verfasser der Manuskripte neben Genealogien, Jahrbüchern und Chroniken auch als Quelle für die Glaubwürdigkeit seiner Erzählung über die Besiedlungswellen Irlands auf[307]. Derselbe Autor liefert auch Zeitangaben, indem er beispielsweise bemerkt, dass die Ankunft der Söhne von *Mil* in Irland stattfand, als Alexander[308] fünf Jahre die Königsherrschaft innehatte.

Nach *Cessair* erreichte *Partholón* die Insel, doch fielen er und seine Gefolgschaft einer Seuche zum Opfer. Macalister führt die Geschichte von *Partholón* auf eine Art „Fruchtbarkeitsritualdrama" mit Königsopfer zur Erneuerung der lebensspendenden Vegetation zurück. Das Volk des *Partholón* vergleicht er mit den *Fomore*, doch scheint es sich bei diesen wohl eher um die Urbevölkerung respektive chthonischen Gottheiten der präkeltischen Bewohner Irlands zu handeln[309]. Es gibt verschiedene Interpretationen ihres Namens[310] als die „Unter-Meerischen", die „Gespenster" oder die „sehr Großen". Sie werden als die Urbevölkerung Irlands bezeichnet und *goborchend*, „Ziegenkopf", *Síaburchenn mac slisremuir*, „Gespensterkopf, Sohn des Dickschädels" oder *Cichol Gri-cenchos*, „der an Fleisch Große Beinlose (Kopffüßer)" genannt[311]. Teilweise besitzen sie nur einen Fuß, eine Hand und ein Auge[312] sowie drei Zahnreihen, teilweise einen Tierkopf. Unpaarigkeit[313] tritt in mythischen

---

[306] Vgl.: Macalister, Stewart R.A.: Lebor Gabála Érenn, Part II. Dublin 1939, 172f.

[307] Vgl.: Macalister, Stewart R.A.: Lebor Gabála Érenn, Part IV. Dublin 1941, 205.

[308] Gemeint ist Alexander der Große, König von Makedonien.

[309] Vgl.: Macalister, Stewart R.A.: Lebor Gabála Érenn, Part II. Dublin 1939, 264.

[310] Zur schwierigen Etymologie der Fomore Vgl. Duval, 1967, 35: *Fomore* setzt sich aus *Fo*, „unter", und *more* oder *mahr*, womit ein weiblicher Dämon gemeint ist, zusammen.; Birkhan,, 1997, 456: je nachdem ob das zweite o als kurz oder lang angesehen oder von der Wurzel *mor-*, „Gespenst, deutsch *mahr*" abgeleitet wird. Da die *Fomore* riesige, gespenstische und gewöhnlich auch monströse Dämonen aus dem Meer sind, ist keine der drei Interpretationen unmöglich.

[311] Übersetzungen bei Birkhan, 1997, 731.

[312] *Balor* mit dem „bösen" Auge.

Erzählungen oft als Zeichen für besonderes magisches Vermögen auf. Doch gibt es neben den abstoßenden und dämonisch anmutenden *Fomore* auch strahlend schöne: König *Elatha,* der Halb-*Fomore Bres* und *Eithne,* die Tochter von *Balar.*

Es folgte *Nemed*[314], der „Heilige", mit den *Nemesiern.* Sie kamen entweder aus Spanien oder aus dem Skythenland. *Nemed* war mit *Macha* vermählt. Nach ihr wurde eine der Ebenen[315] *Macha Magh* benannt. Es gab mehrere Schlachten gegen die *Fomore,* doch erst nachdem *Nemed* einer Seuche erlag, wurde seine Gefolgschaft in der Schlacht um den Turm des *Conan* besiegt und verließ bis auf *Tuan Mac Cairill* Irland. Es heißt, dass *Tuan* sechs Wiederverkörperungen während der sechs Einwanderungswellen erfahren hat. Nach seiner letzten berichtete er einem Mönch von seinen Erlebnissen, der sie aufzeichnete. *Tuan* lebte als Mensch, Hirsch, Eber, Adler, Lachs und wieder als Mensch. Bei seinen Verwandlungen könnte es sich um die Gestalt des Wappentieres der jeweiligen Neuankömmlinge gehandelt haben. Anschließend folgten die *Firbolg*[316].

R. Macalister vermutet, dass die Erzählung über die *Fir Bolg* auf einer unabhängigen Sage, außerhalb der *Lebor-Gabála*-Tradition basiert, und dass sie mehr historisch-politisch denn mythisch zu betrachten ist. So sei sie gestaltet worden, um den Ursprung nicht nur der Plebeje, also des einfachen Volkes zu erklären, sondern auch der "Fünf Fünftel", der Pentarchie der unabhängigen Königreiche[317].

Es heißt, ihren Namen erhielten sie von den Ledersäcken, die sie einst tragen mussten, bevor sie nach Irland kamen. Neun Könige der *Fir Bolg* regierten Irland, der letzte war *Eochaid mac Eirc, Eochaid* „Sohn des Himmels", unter dessen gerechter Herrschaft die Lanze nicht mehr verwendet wurde und es anstelle der Wolkenbrüche nur noch sanften Nieselregen gab. Kein Jahr verging ohne Ernte. Seine Frau und Königin der *Fir Bolg* war *Tailtiu*[318], Tochter von König *Mag Mor*[319]. Zehn Jahre dauerte seine Regentschaft, bis die *Túatha dé Danann* als der Druidenkunst mächtiges Volk in einen magischen Nebel gehüllt auf der Insel erschienen. Nach einem verlustreichen Kampf gegen die *Fir Bolg* erhielten sie die Königsherrschaft. Achtundzwanzig Jahre später lag es an ihnen ihren Herrschaftsanspruch

---

[313] Z.B. In der *Tain Bó Regamna,* „Wegtreiben der Rinder von *Regamain*" besitzt die Kriegsgöttin *Bodb* ein einbeiniges Pferd; In der *Tain Bo Cuailnge* trifft *CuChulainn* auf einen Wagen, den ein einziges rotes Pferd mit einem Bein zieht; Die Kuh der *Morrighan* hat nur drei Zitzen.

[314] Vgl. Clarus, 1991, 69: *Nemed,* „der Geheiligte", kam aus dem Land der Griechen in *Skythia.*

[315] In Süd-Ulster.

[316] Vgl.: Birkhan, 1997, 498: die alten Iren deuten den Namen als „Sack"- oder „Balgleute". Das zweite Element *-bolg* könnte aber nach T.Lewis (*Bolg, Firbolg,* Caladbolg, in: Féil-sgríbhinn Eóin Mhic Néill. Essays and Studies presented to Professor Eoin MacNeill, Dublin 1940) mit „Burg"- oder „Turm"- übersetzt werden. Vgl. Clarus, 1991, 70: als vierte Einwanderungswelle erschienen die *Fir Bolg* aus Spanien. *Builg* bedeutet Ledersäcke, Spanien kann „von weit her" bedeuten oder wörtlich gemeint sein. Sie sollen einst Sklaven in Griechenland gewesen sein und machten den Boden mit Meertang fruchtbar. Patricia Moaghan: The Encyclopedia of Celtic Mythology and Folklore. New York 2004, 194 bemerkt, dass der Name Bolg auch mit den Stammesnamen Builg oder Belgae verwandt sein könnte, jenen keltischen Völkern, nach denen Belgien benannt wurde. Vermutlich gab es einen Donnergott mit Namen Bolg oder Bulg, dann wären die Fir Bolg die „Söhne des Gottes Bolg".

[317] Vgl.: Macalister, Stewart R.A.: Lebor Gabála Érenn, Part IV. Dublin 1941, 5.

[318] In dem nach ihr benannten Ort Teltown, Co. Meath. Teltown heißt altirisch *Tailtinn* (Genitiv von *Tailtiu*) und wurde auch *glún gnáthach na hindsi-sea,* „wohlbekannte" oder „übliche Ernährerin dieser Insel", genannt. Vgl. Birkhan, 1997, 535.

[319] Vor der Ankunft des *Partholon* gab es in Irland nur eine einzige große Ebene, *magmór.* Die Leute des *Partholon* schufen neue Ebenen und *Magmór* wurde im Laufe der Zeit zur „Anderen Welt". Vgl.: Birkhan, Helmut: Kelten. 1999, 534. Die Verbindung von Tailtiu zu Erde und Landwirtschaft scheint schon durch ihren Namen offensichtlich: Erde auf lateinisch tellus, altirisch talam.

verteidigen, diesmal gegen die *Fomore*. Beinahe dreihundert Jahre vergingen, bevor die Söhne des *Mil* Irland erreichten. Sie kamen, um *Ith* zu rächen, der von einem Turm in Spanien aus die Insel erblickt hatte und sie auskundschaften wollte. Gegen den Willen seiner Brüder war *Ith* nach Irland gefahren. Die Bewohner hießen ihn willkommen und beschrieben ihm das Land und seine Herrscher. Als hervorragender Richter und Gesetzgeber gelang es *Ith* einen Rechtsstreit unter den Bewohnern zu schlichten, doch als er daraufhin unbedacht eine flammende Lobeshymne auf das Land hielt, töteten sie ihn, aus Angst er würde diesen wunderbaren Bericht möglichen Angreifern zutragen. Seine Anhänger konnten mit seinem Leichnam fliehen und brachten ihn zurück nach Spanien. Dort wurde sogleich ein Rachefeldzug aufgestellt. Trotz Schwierigkeiten und Verlusten gelang es ihm in Irland zu landen und einen Sieg gegen die *Túatha dé Danann* davonzutragen. Dennoch musste er nach einem Gespräch mit den Königen von Tara zurück auf das Meer, um das Land erneut unter Schwierigkeiten zu betreten und seinen Stand durch eine weitere gewonnene Schlacht zu sichern.

Die *Túatha dé Danann* verschwanden von der Oberfläche Irlands, ohne die Insel zu verlassen. Sie überließen den Söhnen des *Mil* die Welt der Menschen, während sie selbst sich in die „Andere Welt" zurückzogen, in Wohnsitze unter den Hügeln und in den Tiefen der Seen, auf Nebel verhangene Inseln. Im Gegenzug für ihren Rückzug versprachen die *Milesianer* ihnen kultische Verehrung. Als *Sidhe*, Elfenvolk konnten sie an den Geschehnissen der Menschenwelt fortan jederzeit teilhaben und wenn es ihnen gefiel, sogar Einfluss nehmen auf einzelne Schicksale.

Ungewiss wird die Abstammung der *Túatha dé Danann* im Lebor Gabala genannt. So ist zu lesen, die einen meinen, die *Túatha dé Danann* müssten Dämonen gewesen sein, denn nicht nur wären sie unbemerkt gekommen, auch über ihre Kenntnis, Abenteuer und Abstammung hätte Unsicherheit geherrscht. Andererseits heißt es, dass die Tuatha De Danann von ihrer Würde und ihren Taten her weder von den Dämonen, noch dem *Sidh*-Volk abstammen könnten, denn obwohl der Glaube kam, wurden ihre Künste nicht verworfen, weil sie gut waren, und kein Dämon habe je Gutes getan.

In vier Städten auf den Inseln im Norden der Welt hatten sie die Druidenkunst, Wissen, Zukunftsschau und Magie gelernt. Vier Dichter lehrten sie: *Morfesa* in *Failias*, *Esrus* in *Goirias*, *Usicias* in *Findias*, *Semias* in *Muirias*. Sie wurden zu Meistern der heidnischen List. Aus *Failias* brachten sie den *Lia Fáil*, den Großen *Fal* oder „Stein der Erkenntnis" und stellten ihn auf den Hügel von Tara[321], den bereits der *Fir Bolg Eochaid*, als Königssitz auserkoren hatte und der nach dem Rückzug der Tuatha de Danann zum Sitz der milesischen Hochkönige werden sollte. Es heißt, der Stein habe unter der Berührung der rechtmäßigen Könige Irlands aufgeschrien, bis der Held *CuChulainn* ihm aus Zorn einen Schlag versetzte, weil er bei ihm und seinem Sohn geschwiegen hatte. Aus *Goirias* kam der Speer von *Lug*, dessen Träger in jeder Schlacht siegreich ist. Aus *Findias* stammte das Schwert des *Nuadu*, dem niemand entkommen konnte, sobald es seine Scheide verließ. Und in *Muirias* erhielt *Der Dagda* seinen Kessel, der jede noch so große Gesellschaft zufriedenstellen konnte. Sieben Jahre regierte König *Nuadu* mit der flachsblonden Mähne großmütig über die hellhaarige Gesellschaft.

Die *Túatha dé Danann* kamen ohne Schiffe und Boote in dunklen Wolken über das Meer nach Irland, durch die Macht des Druidentums. Sie landeten auf einem Berg in *Connachta*. Die *Fir Bolg* waren da und sahen eine große Nebelwolke über dem Berg von *Conmaicne*, doch wagten sie es nicht, sich dem Berg zu nähern. Am nächsten Tag, nachdem der Nebel sich gelichtet hatte, sahen sie die Scharen auf dem Berg und ihre Zahl war größer, als es schien.

Andere berichten, sie wären mit Schiffen gekommen, die sie verbrannten. Der Grund, warum sie ihre Schiffe verbrannten, war, dass sie niemals zurückgehen könnten, selbst wenn sie eine Niederlage erleiden sollten. Und sie wollten nicht, dass die Schar des melodienreichen *Balar* die Schiffe erhalte, um sich in Irland niederzulassen. Der dritte Grund war, dass nicht Lug sie fand und *Nuadu* zum Kampf auffordere. Hierauf verdunkelten die Tuatha De Danann die Sonne für drei Tage und drei Nächte.

Sie forderten von den *Fir Bolg* die Königsherrschaft über Irland oder den Kampf. So kam es zur ersten Schlacht von *Mag Tuired*. Elfhundert der *Fir Bolg* starben, nach einer anderen Version Einhunderttausend, doch auch auf Seite der Tuatha De Danann waren die Verluste groß. Die Überlebenden der *Fir Bolg* flohen auf die umgebenden Inseln, bis sie sich zur Zeit von *CuChulainn*, lange nach der Herrschaft der Tuatha De unter den Schutz von Königin *Medb* und König *Ailill* stellten und von diesen im irischen Fünftel *Connaught* Land erhielten.

Eochaid, Sohn von *Erc*, saß vor der ersten Schlacht von *Mag Tuired* als erster und letzter König der *Fir Bolg* in *Temair*. Er war der erste Mann, der in Irland durch eine Speerspitze starb. Es heißt, ihn quälte Durst in der Schlacht und er fand kein Wasser, bis er das Ufer von

---

[320] Nach Macalister, Stewart R.A.: Lebor Gabála Érenn, Part IV. Dublin 1941, 91-314.
[321] Altirisch: Temair.

Eothail erreichte. Dort fiel er durch die Hand der drei Söhne von *Nemed*, namentlich *Cesarb*, *Luam* und *Luachra*.

Nach der ersten Schlacht von *Mag Tuired* rodete seine Witwe *Tailltiu* den Wald, so dass noch vor Ende des Jahres eine fruchtbare Ebene entstand. Sie wohnte in *Tailltiu* und schlief bei *Eochu Garb*, Sohn von *Dui*, dem Blinden von den *Túatha dé Danann*. *Cian*, Sohn von *Dian Cecht*, gab ihr seinen Sohn *Lug*[322] zur Pflege, dessen Mutter *Eithne* war, Tochter des *Balar* mit den kräftigen Schlägen. Sein Ziehvater war *Manannan* der Große, auch *Orbsen* genannt, Sohn von *Allot*, ein fahrender Händler zwischen Irland und Britannien. *Manannan* hatte selbst sieben Kinder. Von ihm bekam *Lug* das Pferd *Enbarr*, auf dessen Rücken niemand getötet wurde, die *lorica*, die vor Verwundungen schützte, eine Brustplatte, die keine Waffe durchbohren konnte, sowie ein Schwert, dessen Anblick jeden schwach machte und dessen Verletzungen immer tödlich waren. Nach dem Tod seiner Ziehmutter *Tailltiu* veranstaltete *Lug* ihr zu Ehren jährlich vierzehn Tage vor und vierzehn Tage nach *Lugnasad*[323] eine Versammlung mit Pferderennen, Wettkämpfen und vielem mehr[324].

Der Sieg über die *Fir Bolg* übertrug die Königsherrschaft Irlands auf die *Túatha dé Danann*. Sie kannten die Beschwörungen der Druiden und Wagenlenker, Fallensteller und Mundschenke. Ihre Männer der Kunst waren Götter, die Bauern Nicht-Götter. König *Nuadu* hatte in der Schlacht einen Arm verloren und die Tuatha de Danann gaben die Königswürde an den Halb-*Fomore Bres*. Sieben Jahre später sollte sie wieder an *Nuadu* zurückgehen. Der Heiler *Dian Cecht* hatte mit der Hilfe des Kunsthandwerkers *Creidne* einen silbernen Arm mit beweglichen Fingern hergestellt und *Nuadu* angefügt. *Miach*, der Sohn von *Dian Cecht*, heilte schließlich in drei Mal neun Tagen die echte Hand von *Nuadu*. Als Lohn bekam er die Silberhand. In Begleitung von König *Nuadu* waren der Schmied *Goibniu*, der Macher *Creidne*,, der Zimmermann *Luichne*, und der Heiler *Dian Cecht*. *Math* hieß der Druide. *Dana*[325], so ist zu lesen, wurde als die Mutter der Götter bezeichnet. Ihre Töchter sind *Airgden, Berrand, Be Chuille, Be Thete*.

Bres[326] war der Sohn von *Elatha*, einem Fürst der *Fomore*, und dessen Schwester *Eri*, einer Angehörigen der *Tuatha De*. Über die erste Begegnung von *Elatha* und *Eri* wird berichtet, dass *Elatha* in einem silbernen Boot zu *Eri* kam. Er hatte goldene Locken, einen

---

[322] H. Birkhan vermutet, dass Lug als Verbindungs-, oder besser Versöhnungsglied zwischen den Völkern der Fir Bolg, Fomore und Tuatha De Danann dienen sollte. Vgl.: Birkhan, Helmut: Kelten, 1999, 535.

[323] Am 1. August, im gallischen *Lugdunum*, heutiges Lyon, ist dieses Fest als Fest des vergöttlichten Kaisers Mercurius Augustus und der Muttergottheit Maria-Augusta überliefert. Vgl. Birkhan, 1997, 535: „Tod des Lugh" oder die „Tötung des Lugh", wobei nicht ersichtlich ist, ob Lugh jemanden tötet oder selbst getötet wird. Eventuell handelt es sich aber um die Vermählung des *Lugh*, der als neuer Gemahl von *Tailtiu* auftritt. Vielleicht wurden *Lugs* und *Taltius* Tod, Wiedergeburt und Hochzeit am gleichen Tag gefeiert.

[324] Zu der Zeit der Versammlung von Lugnasad war es auch möglich, Beischläferinnen zu kaufen oder zu verkaufen, und es wurden Ehen auf Probe geschlossen, die – blieben sie ohne Nachwuchs – im nächsten Jahr problemlos geschieden werden konnten. Ein Teil des *Lugnasad* Brauchtums ist im heidnisch anmutenden Michaels-Brauchtum der *Cailleach an Dudain* erhalten. Etwa ein Tanzspiel, bei dem ein Mann und eine Frau komplizierte Schritte und Figuren ausführen, bis er eine „Druiden"- oder „Zauberrute", *slachdan druidheachd, slachdan geasachd*, über sich und die Frau schwenkt und sie damit berührt. Sie bricht wie tot zusammen und er beklagt sie eine Weile, dann haucht er ihre Hände, Füße und ihren Mund an. Sobald er sie an denselben Stellen mit der Rute berührt, springt sie wieder auf und tanzt mit ihm zu einer nun fröhlichen Musik.

[325] Vgl.: Macalister, Stewart R.A.: Lebor Gabála Érenn, Part IV. Dublin 1941, 183.

[326] Zu den Geschichten über Bres und seine Herkunft: MacCulloch: Celtic Mythology. 1964, 25-28, über Bres und die zweite Schlacht von Mag Tuired: Stokes, Whitley: The Second Battle of Moytura. In: Revue Celtique 12 (1891) 52–130, 306–308. Online unter: ucc.ie/celt/online/T300011.html; Birkhan, Helmut: Kelten. Wien 1999, 501-506.

bestickten Mantel, der von einer juwelenbesetzten Fibel aus Gold zusammengehalten wurde, zwei Speere mit Bronzegriffen und silbernen Spitzen und ein Schwert mit Goldgriff und Silbereinlagen. Um den Hals trug er fünf goldene Halsringe. *Eri* war überwältigt. Als er sie verließ, gab er ihr einen goldenen Ring, den sie nur jemandem geben durfte, dem er passt. Aus dieser Verbindung entstand *Bres*, „der Schöne".

Aufgezogen wurde er von den Frauen der *Tuatha* und er wuchs zu einem wunderschönen, überall beliebten Mann heran. *Der Dagda* baute ihm eine Festung und gab ihm seine Tochter *Brigit* zur Frau. Ihr gemeinsamer Sohn hieß *Ruadan*. Doch nachdem *Bres* die Herrschaft angetreten hatte, entwickelte er sich zu einem ungerechten und geizigen König. Das Volk hungerte, der starke *Ogma* musste wie ein Sklave Brennholz tragen und wurde vor Hunger schwach. Im Haus *des Dagda* saß ein *Fomore*, der die besten drei Bissen seines Essens beanspruchte. Von den *Nemedern* forderten die *Fomore* Tributzahlungen. In großen Kesseln aus Eisen sammelten die *Fomore*-Frauen je fünfzig Füllungen Korn, Milch, Butter und Mehl[327].

Bres verlangte die Milch aller braunen, haarlosen Kühe. Gab es zu wenig Milch, ließ er die übrigen Kühe durch ein Feuer treiben, damit sie braun und haarlos wurden. Nach einer anderen Version brauchte er die Milch einfarbiger Kühe, um seine Frau von ihrer Unfruchtbarkeit zu kurieren. Es findet sich auch die kurze Erzählung, *Lug* hätte *Bres* Morast in Gestalt von Milch zu trinken gegeben, woran *Bres* dann gestorben sein soll, allerdings taucht *Bres* in einer anderen Erzählung nach der zweiten Schlacht wieder sehr lebendig als Gefangener auf und hilft den *Túatha dé* bei der Fruchtbarmachung des Landes.

Auch die Poeten, Barden und Musiker wurden schlecht bewirtet. Daraufhin verfasste *Cairpre* den ersten Spottvers, der zu einem Aufstand führt. Von diesem Tag an verfiel *Bres*. Er fragte seine Mutter nach seiner Herkunft und erhielt den Ring. Da er passte, brachte sie ihn zur Grenze des Landes zu den *Fomore*. Sein Vater *Elatha* rügte ihn, weil er das Königreich verlassen hatte. *Bres* erkannte zwar die Ungerechtigkeit seiner Herrschaft, bat den Vater aber dennoch, den Aufstand der *Túatha dé* zu unterdrücken. *Elatha* schickte ihn zu *Balor*, dem Enkel von *Net*[328], der daraufhin eine Streitmacht aufstellte.

Siebenundzwanzig Jahre vergingen bis zur zweiten Schlacht von *Mag Tuired*[329] gegen die *Fomore*. Als *Nuada* die große Versammlung von *Tara* einberief, erschien *Lug* vor den Toren der Stadt und begehrte Einlass. Der Torwächter durfte jedoch nur den Sohn eines Königs einlassen oder jemanden, der eine Handwerkskunst beherrschte, die unter den Anwesenden noch nicht vertreten war. *Lug* zählte nacheinander alle Künste[330] auf, derer er kundig war, doch jedes Mal erwidert der Wächter, es gäbe bereits jemanden. Da bat *Lug* den Torwächter, König *Nuadu* zu fragen, ob denn jemanden anwesend sei, der – wie er selbst – alle diese Künste beherrsche. Nun durfte *Lug* eintreten, aber er musste seine Behauptungen beweisen. Er warf einen schweren Stein weiter als der starke *Ogma*, konnte die Harfe *des Dagda* mit den Melodien des Schlafes, der Trauer und der Freude spielen und besiegte schließlich König

---

[327] Vgl.: MacCulloch: Celtic Mythology. 1964, 27.

[328] John Arnott MacCulloch (1964, 27) sieht in *Net* den Kriegsgott der *Fomore*.

[329] „The Second Battle of Moytura" mit detaillierter Beschreibung der zweiten Schlacht in: Harleian MS 5280, einer Sammlung irischer Texte aus dem frühen 16. Jahrhundert. Übersetzung ins Englische von Whitley Stokes in: Revue Celtique 12 (1891) 52–130, 306–308. Online unter: ucc.ie/celt/online/T300011.html.

[330] Es kommt zur Aufzählung der wichtigsten Männerberufe an einem Hof der keltischen Eisenzeit: Wagner, Schmied, Krieger als „Kraftmensch" und Techniker, Harfner, Geschichtenerzähler, Zauberer, Arzt, Mundschenk und Bronzehandwerker. Vgl.: H. Birkhan. 1997, 502

Nuadu beim Schachspiel. Daraufhin beriet sich der König mit den Anwesenden und übertrug *Lug* die Herrschaft.

Vor dem Kampf gegen die *Fomore* versprachen die Anführer der *Túatha dé* Wunder, Handwerk und Magie in Form von unfehlbaren Waffen, Schwächung und Zerstörung des Feindes, Spottverse sowie magische Heilung der Verwundeten und Erschlagenen. Zwei Hexen warnten *Lug,* mitzukämpfen, da sie einen frühen Tod für einen Helden mit so vielen Fähigkeiten fürchteten. Der Zauberer *Mathgen*, „Abkömmling des Bären", verkündete, dass er die zwölf Gebirge Irlands auf die *Fomore* werfen würde, der Mundschenk, dass die *Fomore* kein Wasser mehr fänden, und der Druide *Figol*, dass er Feuerströme regnen ließe, um den *Fomore* zwei Drittel ihrer Kraft[331] zu nehmen, während die *Tuatha* sieben Jahre kämpfen könnten, ohne je müde zu werden. *Der Dagda* behauptete, er würde mehr als alle anderen zusammen zu machen.

Sieben Jahre lang wurden unter *Lugs* Leitung Waffen hergestellt. Die Schmiede *Goibniu*, *Leuchtine* und *Creidne* konnten mit drei Handgriffen Waffen herstellen und sie mit einem Zwinkern erneuern. Sie ersetzten während der Schlacht jedes gebrochene Schwert und jede Speerspitze. Die Speerspitzen trafen immer ihr Ziel und waren tödlich. *Diancecht* heilte alle tödlich verletzten Krieger in einer Heilquelle, nur die nicht, deren Kopf abgeschlagen oder deren Gehirnhaut und Rückenmark verletzt waren. Die Verwundeten wurden erst angezündet, damit sie am nächsten Tag noch mehr erstrahlten, und dann in die „Quelle der Gesundheit" gelegt, in die *Diancecht* von jeder Kräuterart Irlands ein Exemplar gegeben hatte. Zusammen mit seinen Kindern, *Airmed, Octriul* und *Miach*, sang er magische Zauberformeln über die Quelle. Durch die Kraft der Heilkräuter und der Inkantationen wurden die Verwundeten wieder gesund.

Der Dagda wurde zu den *Fomore* geschickt, um sie auszuspionieren und einen Waffenstillstand anzubieten. Die *Fomore* kochten in einem riesigen Kessel aus achtzig Maß frischer Milch, ebenso viel Mehl und Fett einen Brei, in den sie ganze Ziegen, Schafe und Schweine hineingaben. Dann leerten sie den Inhalt in eine Grube. *Indech*, König der *Fomore*, zwang *den Dagda*, alles aufzuessen. *Der Dagda* nahm einen riesigen Löffel und verschlang den ganzen Inhalt[332]. Daraufhin schlief er mit einem so dicken Bauch ein, dass sich alle über ihn lustig machen. Bevor er das Reich der *Fomore* verließ, hatte er noch eine Affäre mit *Indechs* Tochter.

Kurz vor der Entscheidungsschlacht an *Samhuin*[333] trafen sich *der Dagda* und *Morrigan* an einer Furt oder an einem Strand und vereinigten sich. Danach erzählte sie ihm, wann die *Fomore* angreifen werden[334] und gab ihm Blut von *Indechs* Herz, damit seine Weisen Beschwörungsformeln gegen die *Fomore* vorbereiten konnten. Während der Schlacht verwandelte sich *Morrigan*[335] in eine Krähe oder einen Raben, um Neuigkeiten auf dem Schlachtfeld zu erfahren und sang magische Zaubersprüche, um die Feinde zu entmutigen.

---

[331] ...und den *Fomore* und ihren Pferden eine schmerzhafte Harnverhaltung beibringen wird.

[332] Helmut Birkhan (1997, 503) vergleicht den großen Appetit von *dem Dagda* mit dem nordischen Thor und dem indischen Indra.

[333] *Samhuin* wird am 1.Nov. gefeiert. Es heißt, dass sich an diesem Tag die Feenhügel öffnen und die Angehörigen der „Anderen Welt" zu den Menschen kommen.

[334] Vgl. H. Birkhan, 1997, 503: *Morrighan* verrät *dem Dagda* die Aufmarschpläne der *Fomore* und verspricht, einem der drei Könige das Blut aus den Adern zu holen.

[335] Auch *Macha, Badbh* und *Nemain*.

Lug ermutigte die Heerscharen, indem er sie auf einem Bein mit einem geschlossenen Auge umkreiste und Zaubersprüche für ihren Schutz sang. Den *Fomore* war das Zusammenspiel von Lanzenproduktion und Wiederbelebung unheimlich und sie schickten *Ruadan*, den Sohn von *Brigit* und *Bress*, als Kundschafter zu den *Túatha dé*. Er bat die drei Schmiede um einen Speer und traf damit *Goibniu*, der ihn jedoch aus seiner Wunde zog und zurückschleuderte. *Ruadan* starb und *Brigit* stimmte die erste Totenklage an, während *Goibniu* in der Quelle von *Dian Cecht* geheilt wurde. *Balar,* der kräftige Schnitter, tötete *Nuadu* und *Macha* mit seinem bösen Auge[336], dessen Lid von vier Männern auf dem Schlachtfeld hochgehoben werden musste. *Indech*, Sohn des *De Domnann* und König der *Fomore*, tötete *Ogma*. Zahlreiche weitere namentlich in den Manuskripten aufgeführte weibliche wie männliche Kämpfer wurden getötet. Von der Zahl der Gefallenen erhielt *Lug* Kunde durch den Druiden *Indech*, dem Großen, Sohn von *De Domnann*, einem Mann mit Dichtkunst und Geschick.

Als sich schließlich *Morrigan* an der Schlacht beteiligte, unterlagen die *Fomore*. *Lug* traf mit einem Schleuderstein *Balors* Auge. Der Stein drang durch *Balors* Kopf, den *Lug* anschließend vom Körper trennte. Als der Kopf *Lug* bat, ihn auf den eigenen zu setzen, damit er ihm sein Wissen übertragen könnte, setzte *Lug* ihn auf einen Haselnussstrauch. Aus dem Kopf trat Gift, das den Strauch in zwei Teile spaltete und zu einer Behausung von Geiern und Raben wurde, bis ihn *Manannan* ausgraben ließ. Dabei töteten die giftigen Wurzeln viele Arbeiter. Aus dem Holz machte *Luchtine* ihm einen Schild.

Bres gab nach seiner Gefangennahme die Sonne, den Mond, das Meer und das Land als Garantie dafür, dass er nie wieder gegen die *Túatha dé* kämpfen würde[337]. Und nachdem er versprochen hatte, dass Irlands Kühe immer Milch spenden würden, das Korn jedes Vierteljahr reif wäre und weil er den Männern von Irland verriet, dass an Dienstagen die beste Zeit zu pflügen, zu säen und zu ernten wäre, schenkte *Lug* ihm sein Leben[338].

Der Dagda schläferte die fliehenden *Fomore* mit Hilfe seiner Harfe ein, um ihre Viehherden zu rauben. Vier *Fomore* entkamen und zerstören auf ihrer Flucht die Korn-, Milch-, Frucht- und Meeresprodukte. Zu *Samhuin* wurden sie von *Bodb, Midyr, Aengus* und *Morrigan* vertrieben. Der (anscheinend wieder auferstandene) *Ogma* eroberte das Schwert von *Tethra*, einem Kriegsgott der *Fomore*, das seine Taten erzählt, wenn man es aus der Scheide zieht.

Lug, Sohn von *Cian*, Sohn von *Dian Cecht*, Sohn von *Esarg*, Sohn von *Net*, Sohn von *Indui*, Sohn von *Alldui* herrschte vierzig Jahre lang. Er dachte sich als erster das Schachspiel, Ballspiel und Pferderennen sowie den Wettkampf der Pferde und die Versammlung aus. Als Wergeld für seinen Vater *Cian* forderte *Lug* von *Brian, Iuchar* und *Iucharbar*, den Söhnen des *Tuirill Biccereo* die beiden Pferde namens *Gaine* und *Rea*, die durch Wunden, Wellen oder Blitz nicht verletzt werden konnten; die Haut des Schweines von *Duis*: berührte sie Jemandes Seite, so wurde dessen Wunde und Krankheit geheilt; die sechs Schweine von *Essach*: Bewahrte man ihre Knochen ohne Bruch oder angenagt zu sein nach der Schlachtung in der Nacht auf, so erwachten sie am nächsten Tag wieder zum Leben; den Welpen des königlichen Schmiedes *Ioruath*, der nachts ein Jagdhund und tagsüber ein Schaf war. Jedes

---

[336] Die Druiden seines Vaters hatten einen Zaubertrank bereitet, dessen Rauch seinem Auge magische Fähigkeiten verlieh.
[337] John Arnott MacCulloch (1964, 29) sieht in den Garantien einen Hinweis auf eine animistische Sicht der Natur, da die Natur *Bres* bei einem Treuebruch bestrafen wird.
[338] Vgl.: H. Birkhan, 1999, 505.

Wasser, das auf ihn geschüttet wurde, verwandelte sich in Wein; die Enthüllung der Insel von *Caire Cendfinne*, die verborgen zwischen Irland und Schottland lag; sowie die Apfelernte eines Obstgartens, der sich in der Nähe dieser Insel unter dem Meer befand.

Lug hatte drei Söhne: *Ainnle* und *Abartach* und *Cnu Dereoil*. Nach vierzig Jahren Herrschaft wurde er von den drei Söhnen des *Cermat* am *Coem-Druim* in *Uisnech* erschlagen.

Nach *Lug* herrschte *Eochu Ollathair*, der große *Dagda* für achtzig Jahre. Seine Söhne waren *Oengus* und *Aed* und *Cermat Coem. Aed* war ungerecht gegen seine Frau gewesen und in der zweiten Schlacht gefallen. Nun soll er beschämt in seinem Grab liegen. *Der Dagda* starb wegen einer Wunde, die ihm die Frau *Cetlenn* in der großen Schlacht von *Mag Tuired* mit einem Pfeil zufügte. Über ihm und seinen Söhnen errichteten die Männer von Irland den Hügel vom *Brug*.

Dian Cecht hatte vier Söhne *Cu, Cian, Cathen* und *Miach*. Seine Töchter waren die Dichterin *Etan*, deren Sohn der Dichter *Etan* war, sowie die Heilerin *Airmed. Cridinbel, Bruigne* und *Casmael* waren die drei Satiriker. *Be Chuille* und *Danann* die Landwirtinnen.

Nach dem *Dagda* regierte erst zehn Jahre *Delbaeth*, dann zehn Jahre *Fiachna*. Anschließend hatten die drei Enkel *des Dagda* – *Mac Cuill, Mac Cecht* und *Mac Greine* – für neunundzwanzig Jahre die Herrschaft inne. *Mac Cuill* hieß *Sethor*, rau war der Mann, die Hasel sein Gott, und *Banba* seine Frau, *Mac Cecht* hieß *Tethor*, stark und kühn im Kampf, die Pflugschar war sein Gott und *Fotla* seine Frau, *Mac Greine* hieß *Cethor*, frei und freundlich, hell von Farbe, die Sonne war sein Gott und *Eriu* seine Frau. Die drei Frauen waren Töchter von *Fiachna*, Sohn des *Delbaeth*. und von *Ernmas*, Tochter von *Etarlam*, Sohn des *Nuada Airgetlam. Ernmas* war auch die Mutter von *Fiachna* und *Ollom*. Ihre anderen drei Töchter hießen *Badb* und *Macha* und *Morrigu*, auch *Anann* genannt, von der die beiden Brüste von *Ana* in *Luachair* ihren Namen erhielten. Die drei Söhne der *Morrigu* waren *Glon, Gnim* und *Coscar. Badb* und *Neman* sind die beiden Frauen des *Net*, Sohn von *Indui*, und die Töchter von *Elcmar* vom *Brug*.

Die Namen der Könige, Herrscher, Druiden und Männer der Künste lauteten: *Nuadu, Bres, Lug, der Dagda, Delbaeth, Fiachna*. Die Götter von *Dana* waren *Brian* und *Iuchar* und *Iucharbar*, das bedeutete die drei Druiden, die den *Túatha dé Danann* ihre Namen gaben. *Der Dagda, Ogma, Elloth, Bres* und *Delbaeth* waren die fünf Söhne von *Elada*, Sohn des *Delbaeth*, oder die Söhne von *Elada*, Sohn des *Net*. Oder es handelte sich um die sieben *erhabenen* großen Söhne des *Ethliu: Dagda, Dian Cecht, Credne* der Macher, *Luichne* der Zimmermann, *Nuada* mit der Silberhand, *Lug mac Cein, Goibninn* der Schmied.

Die Dichterin[339] *Brigit*, Tochter des *Dagda*, besaß die zwei königlichen Ochsen *Fe* und *Men*, hatte *Cirb*, den König der Hammel, und *Triath*, König der Eber, von denen die drei dämonischen Schreie nach Plünderung in Irland zu hören waren: Pfeifen und Weinen und Wehklagen.

Mac Cuill, Mac Cecht und *Mac Greine* teilten Irland in drei Reiche. In dieser Zeit kamen die Söhne des *Mil* nach Irland. Sie kamen, um die *Túatha dé Danann* wegen der Ermordung von drei ihrer Vorfahren „erröten" zu lassen. Denn einst hatte König *Ith* von Spanien die sagenhafte Insel Irland gesehen und beschlossen, sie zu erobern. Bei seiner Ankunft in Irland wurde er von den *Túatha dé* freundlich empfangen. Sie luden ihn sogar zu ihren Beratungen ein. Als er sich zu ihnen gesellte, konnten sie jedoch in seinen Gedanken die wahre Absicht

---

[339] Brigit wird als *banfile* bezeichnet, die weibliche Form des *file*, der zu den Druiden gezählt wird.

für sein Kommen lesen. Daraufhin töteten sie ihn und sein Gefolge. So starben die drei letzten Könige der *Túatha dé Danann* durch die Hände der drei Söhne des *Mil*, zu rächen *Ith, Cuailnge* und *Fuat*.

Macalister zweifelt nicht daran, dass die Erzählungen über die *Túatha dé Danann* auf einer Mythologie im Sinne der Theogonie von Hesiod beruhen. Leider habe der Verfasser sich größtenteils auf eine Auflistung von Namen beschränkt, vermutlich aus Angst einer heimlichen Anhängerschaft des damals längst noch nicht vergessenen Heidentums verdächtigt zu werden[340].

---

[340] Vgl.: Macalister, Stewart R.A.: Lebor Gabála Érenn, Part IV. Dublin 1941, 91.

Der Sagenkreis von Ulster

„Aber ich, der ich diese Geschichte oder richtiger Fabel geschrieben habe,
schenke einigem in dieser Geschichte oder Fabel keinen Glauben.
Denn einiges darin ist Blendwerk der Teufel, einiges aber dichterische Erfindung,
einiges wahrscheinlich, einiges nicht, einiges zur Ergötzung von Toren (erfunden)."
Irischer Klostergelehrter des 12. Jahrhunderts.[341]

Bis in das 12. Jahrhundert stand der Sagenkreis von Ulster im Vordergrund der irischen Überlieferungen. Die Hauptrolle spielen die *Ulter*, die Bewohner des Fünftels *Ulster*. Den Rahmen bildet die Auseinandersetzung zwischen Königin *Medb (Auch Medbh)* von *Connaught* und König *Conchobar* von Ulster, weswegen der *Ulster*-Zyklus häufig als Aufeinandertreffen zweier Gesellschaftsordnungen interpretiert wird[342]: jener, die von Frauen geprägt ist, und ihrer Komplementärform, in der die Herrschaft des Mannes gilt. Vermutlich handelte es sich um den Versuch, die patriarchalen Einwanderer mit der matriarchalen Ur-bevölkerung zu verbinden. Auf einen Kampf zwischen Matriarchat[343] und Patriarchat würden unter anderem die Benennungen der Helden, einmal nach der Mutter, ein anderes mal nach dem Vater deuten, wobei erstere auf ältere Überlieferungen zurückzugehen scheint.

Hauptheld der *Ulster*-Sage ist *CūChulainn*. Im Mittelpunkt steht die Erzählung vom *Tāin Bō Cuailgne*, „dem Wegtreiben der Rinder von *Cuailnge*", in deren Verlauf wegen eines von König *Conchobar* begangenen Unrechts freiwillig in die Verbannung nach *Connaught* gegangene *Ulster*-Krieger Königin *Medb* von den Jugendtaten *CūChulainns* berichten. Über den Umstand seiner Herkunft gibt es verschiedene Versionen. In jedem Fall ist seine Mutter jedoch *Dechtire*[344], die Tochter (in späteren Fassungen auch Schwester) von *Conchobar mac Nesa*, Sohn der *Nesa* und König von *Ulster*. Dieser soll kein falsches Urteil gefällt haben und der tapferste Held gewesen sein. Zu seinen *ges* gehörte es, dass jedes mannbare Mädchen zuerst mit ihm das Lager teilen musste. Auch heißt es, jeder Mann, bei dem er zu Gast war, hatte ihm die eigene Frau für die Nacht zu überlassen.

Als Wagenlenkerin begleitet *Dechtire* ihren Vater und seine Krieger auf die Jagd nach einer, die Felder abweidende Vogelschar. Drei der Vögel führen die Verfolger zu einem verzauberten Haus, in dem sie freundlich willkommen geheißen werden und die Nacht verbringen. Des Nachts gebiert die Gasgeberin in Anwesenheit von *Dechtire* einen Sohn. Am nächsten Morgen ist bis auf den Knaben alles verschwunden. *Dechtire* nimmt sich des Jungen an, doch er wird krank und stirbt noch im Kleinkindalter. Kurz darauf trinkt sie aus einem Kupfergefäß, aus dem ein Tierchen nach ihrem Mund springt. In der folgenden Nacht tritt der Elf *Lug* zu ihr und berichtet, der Knabe sei sein Sohn gewesen und nun in ihren Leib eingegangen. Sein Name werde *Sētanta* sein. Die *Ulter* denken, *Conchobar* habe die Schwangerschaft verursacht. Als dieser sie mit *Sualdaim mac Roich* verlobt, schämt sie sich

---

[341] Nachwort einer Handschrift des 12.Jh. zu Tain Bō Cuailnge. Vgl.: Thurneysen: Die irische Helden- und Königsage. 1980, 13.

[342] Vgl.: Clarus, Ingeborg: Keltische Mythen. Olten 1991, 118; Lengyel, Lancelot (Das geheime Wissen der Kelten. Freiburg 1994, 257) sieht darin den Kampf zwischen „solaren" und „lunaren" Kräften.

[343] Im Sinne von Heide Göttner-Abendroth: „von Frauen geschaffene und geprägte Gesellschaften, in denen sie dominierten, nicht aber herrschten. Das griech. Wort ‚arché' bedeutet nicht nur ‚Herrschaft', sondern auch ‚Anfang': Am Anfang war die Mutter, das weibliche Prinzip. Und das trifft die Sache." Quelle: Göttner-Abendroth, Heide: Das Matriarchat I. Geschichte seiner Erforschung. 3. Auflage, Stuttgart Berlin Köln 1995, 9.

[344] In ältesten Handschriften Deichtine.

ihres Zustandes und sorgt für einen Schwangerschaftsabbruch. Daraufhin wird sie erneut schwanger. Ihr Sohn erhält den Namen *Sētanta mac Sualtaim*.

Deutlicher auf einen Bewohner der Anderen Welt weist eine Erzählung, in der sich *Dechtire* mit fünfzig Mädchen aus Ulster in das Elfenland begibt. Drei Jahre später locken sie in Gestalt von Vögeln einige Helden der *Ulter* in die Wildnis. Dort entdeckt einer der Männer ein herrliches Haus. Der Hausherr und seine Frau begrüßen ihn und er erfährt, dass es sich um *Dechtire* handelt, die hier mit ihren Mädchen weilt. Er berichtet *Conchobar* von der wunderschönen Frau, ohne ihre Identität preiszugeben. *Conchobar* fordert, dass die Frau sein Lager teile, da sich das Haus auf seinem Land befände. Doch als sie zu ihm kommt, befindet sie sich in den Wehen. Er willigt ein, zu warten. Am nächsten Morgen liegt ein Knabe in seinem Schoß und er gibt ihn in die Obhut seiner Schwester, die ihn sogleich liebt wie ihren eigenen Sohn. Nun wird die wahre Identität der wieder verschwundenen *Dechtire* enthüllt. *Conchobar* nennt den Jungen, der in dieser Version seinen Neffen darstellt, *Sētanta*.

Seinen Namen *CūChulainn*, Hund des *Caulann*, verdankt er dem Umstand, als Sechsjähriger den Hund des Schmiedes *Caulann* in Notwehr getötet zu haben, um anschließend ob der Betrübtheit von *Caulann* über den Verlust eines so guten Wachhundes sowohl Vieh, als auch Gehöft wie ein Hund zu schützen, bis ein Nachfolger großgezogen war. *CūChulainns* treuer Gefährte ist sein Wagenlenker *Læg mac Riangabra*. Die meiste Zeit begleiten ihn zudem seine Pferde *Liath Macha* (der Graue von Macha) aus dem *Linn Lēith* (Wasser des *Liath*) und *Dub* (der Schwarze) *Sainglenn* aus dem *Loch n-Dub* (schwarzen See). Nachfolgend geben zwei ausgewählte Überlieferungen einen beispielhaften Einblick in die Erzählweise und Vorstellungswelt des Sagenkreises von Ulster.

CūChulainn ist ein gutaussehender[346] Mann, mit je sieben Zehen an den Füßen und ebenso vielen Fingern an den Händen. Er hat drei Pupillen in einem und vier im anderen Auge und auf jeder Wange vier Flecken in Gelb, Grün, Blau und Purpur. Sein schulterlanges Haar ist an der Haut braun, in der Mitte rot und an der Spitze blond. Er trägt ein Hemd aus Goldfäden und einen grünen Umhang mit Silberspangen. Hinzu kommen seine Klugheit, Ausdrucksweise und Stimme sowie die Kunst der „Abschätzung[347]" und die Prophetengabe. Doch drei Fehler begleiten seine vielen Vorzüge: Übermäßige Jugend, Kühnheit und Schönheit. Alle Frauen und Mädchen verlieben sich in *CūChulainn* und die *Ulter* beschließen, den unverheirateten Helden so schnell wie möglich zu vermählen.

Vergeblich suchen neun Männer auf Befehl von König *Conchobar* ein Jahr lang in ganz Irland nach einer passenden Frau, bis *CūChulainn* entscheidet, sich der Sache selbst anzunehmen. Auf dem Spielplatz vor der Burg von *Forgall Monach* (dem Listenreichen), der jeden an Kraft, Macht und magischen Fähigkeiten übertrifft, sieht er dessen Tochter *Emer* im Kreise ihrer Freundinnen, jede von ihnen die Töchter eines der umliegenden Fürsten. Doch keine konnte an Emer heranreichen in Bezug auf Klugheit, Schönheit, Wohlklang der Rede und Stimme sowie Handfertigkeit und Keuschheit.

Als *CūChulainn* bei *Emer* erscheint, beginnt zwischen den beiden eine größtenteils unverständliche Rätselrede, die nur erhellt wird, weil *CūChulainn* sie seinem Wagenlenker erklärt. So antwortet *CūChulainn* auf *Emer*'s Frage, bei wem sie übernachtet hätten, etwa: „Im Haus des Mannes, der gegen das Vieh von *Tethra*'s Feld prozessiert". Damit ist *Conchobar*'s Fischer *Roncu* gemeint, der die Fische im Meer jagt, denn *Tethra* ist der König der hier unterseeisch gedachten *Fomore*. Somit bezeichnet „*Tethra*'s Feld" das Meer und „das Vieh von *Tethra*'s Feld" die Fische.

Auf die Frage, was sie dort gegessen hätten, antwortet er: „Wagenfrevel wurde uns dort gekocht". Das bedeutet, das sie ein Fohlen erhalten haben, denn für den, der Pferdefleisch gegessen hat, ist es dreimal neun Tage *ges*, also verboten, einen Wagen zu besteigen, weil das Pferd die Stütze des Wagens ist. Dann preisen beide ihre Tugenden und Vorzüge, insbesondere ihre Erziehung. Emer rühmt die ihre als einer Prinzessin würdig und *CūChulainn* bemerkt, dass seine durch die besten Ulter einschließlich des (Druiden) Cathbad erfolgte.

CūChulainn ist begeistert von der Klugheit ihrer Rede und will mit ihr zusammenkommen. Als sie erfährt, dass er unverheiratet ist, weist sie ihn mit Verweis auf ihre ältere (ledige) Schwester ab. Diese will *CūChulainn* jedoch nicht heiraten, zum einen weil er sie nicht liebe, zum anderen, weil sie schon einen anderen Mann kenne. Daraufhin erwidert *Emer*, für sie käme nur ein Mann in Frage, der Hundert an jeder Furt zwischen dem *Delvin*-Bach und der *Boyne* töte, unter diesen *Scen Menn*, die Schwester ihres Vaters. Sie nämlich würde versuchen, in unterschiedlicher Gestalt ihn und seinen Wagen zu zerstören.

Zudem müsse er über drei Wälle springen und mit einem Streich acht Männer töten ohne ihre drei bei ihnen stehenden Brüder zu verletzen. Außerdem solle er sie selbst und ihre

---

[345] Quellen: Thurneysen, Rudolf: Die irische Helden- und Königsage 1980, 377ff.; Berndt, Susanna: Kunst und Mythos. Hamburg 2014, 227ff.

[346] Der Schönheitsbegriff scheint sich am Außerordentlichen in Aussehen und Charakter zu orientieren.

[347] Er hat die Gabe der Abschätzung des Gesanges, des Brettspiels, der Rhetorik und Grammatik sowie der Fährten.

Ziehschwester mitsamt ihrem Gewicht an Gold und Silber aus der Burg ihres Vaters bringen. Zuletzt schließlich wäre es diesem Mann verboten, von *Samhain* am 1. November über *Oimelc* am 1. Februar und *Beltene* am 1.Mai bis zur „Beschwerung der Erde" im Herbst zu schlafen.

CūChulainn verspricht, ihre Forderungen zu erfüllen. Auf der Fahrt zurück erklärt er seinem Wagenlenker *Laeg*, sein Werben wäre so rätselhaft ausgefallen, um die anderen Mädchen zu täuschen, damit sie nicht Emers Vater davon berichten, der die Werbung sonst sicher zu unterbinden trachte.

Forgall jedoch erkennt schnell, dass es sich bei dem Besucher um *CūChulainn* gehandelt hatte. Um die Annäherung an seine Tochter zu verhindern, besucht er *Conchobar* und überbringt ihm als Gruß des Königs der *Gaill*, „Ausländer", Goldschätze und Wein. Während seines Aufenthaltes loben die *Ulter* vor ihm *CūChulainn*. Da wendet *Forgall* ein, *CūChulainn* sei noch preiswürdiger, ginge er zu *Domnal Mildemail*, den Kriegerischen, in *alpi*, „den Alpen[348]", oder *albu*, „Schottland". Dort könne er seine kriegerischen Fähigkeiten vervollständigen. *Forgall* macht sich auf den Rückweg und hofft, es werde für *CūChulainn* eine Reise ohne Wiederkehr.

Nachdem sich *CūChulainn* und *Emer* gegenseitig Keuschheit [349] versprochen haben, besteigt der Held gemeinsam mit *Laegaire Buadach* und *Conchobar* ein Schiff und sie begeben sich zu *Domnal, der* sie außergewöhnliche Kunststücke[350] lehrt. Seine grässliche Tochter mit dem Namen *Dornoll*, „Großfaust" verliebt sich in *CūChulainn*. Trotz ihrer Racheschwüre weist *CūChulainn* sie ab. Daraufhin erklärt *Domnal* seine Ausbildung sei beendet, aber wenn er zur wahren Vollendung kommen wolle, müsse er zu der Kampffrau *Scathach*, „die Schattige", östlich der Alpen gehen[351].

Auf dem Weg lässt *Dornoll* die Begleiter von *CūChulainn* vor dem geistigen Auge *Emain Macha* sehen. Voll des Heimwehs verlassen sie ihn und treten die Heimreise an. *CūChulainn* trifft auf ein löwenartiges Untier. Statt ihn anzugreifen, begleitet es ihn vier Tage lang. Nach einer anderen Fassung reitet er auf ihm. Dann begegnen ihm nacheinander ein Mädchen und ein junger Mann, der ihm verrät, wie er über das gefährliche Feld gelangen kann. Auf der ersten Hälfte frieren die Menschen fest, auf der zweiten werden sie auf die Spitzen des Grases gehoben. Der junge Mann gibt ihm ein Rad sowie einen Apfel und meint, *CūChulainn* müsse so schnell rennen wie das Rad und genauso auf dem Boden haften wie der Apfel. Dann werde er an eine tiefe Schlucht gelangen, über die ein dünnes Seil gespannt sei. In einer jüngeren Version wohnt *Scathach* auf einer Insel, zu der eine Brücke führt, deren eines Ende in die

---

[348] Vgl. Thurneysen 1980, 388, Anmerkung 1: Die jüngere Fassung scheint *Alpi* als *Albu* verstanden zu haben; Vgl. H. Birkhan, a.a.O. 1997, 657: *Alpi* bedeutet Alpen, nicht *Albu* von *Albion*, „Schottland". Die Bezeichnung *Albion* taucht erst in jüngeren Versionen auf, nachdem die irische Mission im Alpenraum tätig wurde, weil die entfernten Alpen interessanter als das naheliegende Schottland klangen, sonst müsste es sich um eine sehr viel ältere Überlieferung, wahrscheinlich aus der Hallstattzeit, handeln. Vgl. Duval, Paul-Marie: Les Celts. Paris 1967, 39, der von albu, „Schottland", ausgeht.

[349] Rudolf Thurneysen (1989, 388, Anmerkung 3) merkt an, dass „Keuschheit" für den Mann wohl etwas ganz anderes bedeutet als für die Frau, für jenen bloß Ehelosigkeit.

[350] Etwa auf einem glühenden Stein mit Löchern zu tanzen, ohne die Fußsohlen zu schwärzen, auf Speerspitzen balancieren, *cles* bedeutet Kunststück, vorwiegend akustische Manifestationen wie das *Torann chless*, „Donnerkunststück", und Akrobatik wie den „Lachssprung" oder das „Katzenkunststück" eines Streitwagenfahrers.

[351] Die Lehre bei der Scathach wird ausführlich in einem jüngeren Sagentext frühestens aus dem 15.Jh. beschrieben. Nach Rudolf Thurneysen hat der Bearbeiter den Text jedoch überaus frei wiedergegeben und der Erzählung den Charakter eines Märchens verliehen. Vgl. Thurneysen 1980, 396-403.

Höhe schnellt, wenn man auf das andere springt, so kommt der Springer zu Fall. *CūChulainn* überkommt seine Wutverzerrung und er überquert sie mit dem „Helden-Lachssprung".

Zur selben Zeit begibt sich König *Lugaid* von Munster auf Brautschau. *Forgall* zieht ihm eilends entgegen und verlobt seine Tochter *Emer* mit ihm. Doch als *Lugaid* sich am Tage der Hochzeit zu ihr setzt, packt sie seine Wangen, appelliert an seine Ehre und bekennt, das sie *CūChulainn* liebe. Daraufhin rührt er sie nicht an und kehrt zurück in sein Reich.

So gelangt er zu *Scathachs* Burg. *Uathach*, die "schreckliche" Tochter *Scathachs,* verliebt sich in ihn[352]. Sie bietet sich ihm an, doch *CūChulainn* vergewaltigt sie so stark, dass ihr ein Finger bricht und sie aufschreit. Den herbeilaufenden Kriegsmann tötet er. *Scathach* kümmert sich daraufhin selber um *CūChulainn*. Drei Tage darauf sagt ihm *Uathach*, wie er von seiner Mutter alle Wünsche erfüllt bekommt.

CūChulainn folgt ihrem Rat, macht seinen Helden-Lachssprung in einen Eibenbaum, in dem *Scathach* ihre zwei Söhne auf dem Rücken liegend unterrichtet. Er setzt ihr das Schwert zwischen die Brüste und fordert ihn sorgfältig zu lehren, eine Verlobung mit ihrer Tochter ohne Brautgeld und eine Vorhersage seiner Zukunft. Sie willigt ein. Von ihr lernt er nicht nur den Gebrauch der Waffen[353], sondern auch verschiedene *cleasana*[354], „Kunststücke". Gegen ihren Willen beteiligt er sich an ihrem Kampf gegen *Aife,* einer gewaltigen Kriegerin und Fürstin anderer Stämme. Als es zum Zweikampf kommt, zerbricht *Aife* seine Waffen. Mit einer List kann er sie dennoch besiegen, denn er weiß, dass ihr nichts so nahe steht wie ihre beiden Pferde und ihr Wagen. Als er ruft, diese wären in die Schlucht gestürzt, blickt sie sich um, und er nutzt den Moment, sie auf den Boden zu schleudern. Nachdem sie ihm verspricht, *Scathach* zu dienen, eine Nacht mit ihm in ihrer Burg zu verbringen und ihm einen Sohn zu gebären, schont er ihr Leben.

CūChulainn wünscht, dass er *Conlui* heißen soll. *Aife* verkündet, nach sieben Jahren werde er Irland aufsuchen. Laut einer anderen Version gibt *CūChulainn* ihr einen Daumen-ring. Passt er dem Knaben, solle er Irland aufsuchen, aber er dürfe nie einem einzelnen seinen Namen nennen oder Platz machen und keinen Zweikampf ablehnen. Auf dem Rückweg zu *Scathach* begegnet ihm auf einem Seil ein altes, auf dem linken Auge blindes Weib. Auf ihre Bitte, sie vorbei zu lassen, versucht er das Unmögliche. Nur mit der Zehengabel klammert er sich an das Seil, doch sie will ihn in den Abgrund stürzen und steigt auf seinen großen Zeh.

Er macht erneut den "Helden-Lachssprung" und enthauptet sie. Es war die Mutter von Kriegern gewesen, die er getötet hatte. Anschließend bleibt er bei *Scathach* bis seine Wunden verheilt sind. Bei seinem Abschied sagt sie ihm wie versprochen die Zukunft voraus. Auf der Reise zurück nach Irland bewahrt er die Jungfrau *Derbforgaill* als Tribut dem Stamm der *Formori* ausgeliefert zu werden. Zum Dank will ihr Vater sie *CūChulainn* zur Frau geben und den Brautpreis selbst bezahlen. Doch dieser meint, sie solle in einem Jahr zu ihm nach Irland

---

[352] An anderer Stelle wird sie als schön und mit goldfarbigem Haar bezeichnet: Vgl.: Thurneysen, 1980, 398.

[353] Besonders den Gebrauch des *Gae Bolgae*, „Balgenspeer(?)", eine harpunenartige Waffe, die mit den Zehen abgeschossen wird. Vgl. Birkhan: Kelten. 1997, 959, 658: *CūChulainn* bekam eine sexuelle Initiation beim Ringkampf mit *Uathach* und eine kriegerische Belehrung durch *Scathach*. Er vereinigte sich mit der Gegnerin *Aife* und zeugte mit ihr einen Sohn.

[354] Auch *cles*: Darunter Jonglieren mit Schwert und Kugeln, kunstvolle Schwertschläge, das *torann cles*, „Donnerkunststück" zur Erzeugung von Lärm, das Kunststück mit den Äpfeln (schneiden), mit den waagrecht gehaltenen Schilden, den Wurfpfeilen, dem Rad, auf dem Seil, dem „Lachssprung", dem „Schleuderstockwurf", dem „Heldenschrei", dem „Hieb mit der Anpassung", dem auf die Lanze steigen und den Körper strecken...diese Kunststücke dürften eine Art Konditions- und Geschicklichkeitstraining gewesen sein. Eine ausführliche Beschreibung bietet Helmut Birkhan (Kelten. Wien 1999, besonders 957-960).

kommen. In dieser Zeit versucht er zu Emer zu gelangen. Sie wird aber zu gut bewacht. Nach einem Jahr begibt er sich an den Strand und erwartet *Derbforgaill*. Als er zwei Vögel über dem Meer entdeckt, verletzt er einen mit dem Schleuderstein. Die Vögel aber verwandeln sich in die schöne *Derbforgaill* und ihre Dienerin. Da entfernt *CūChulainn* den Stein durch Saugen und erklärt ihr, weil er von ihrem Blut trank, könne er nun nicht mehr die Nacht mit ihr verbringen. So gibt er sie *Lugaid* zur Frau.

Ein weiteres Jahr sucht er vergeblich, *Emer* zu holen. Dann lässt er seinen besonderen Wagen anspannen, macht das "Donner-*cles*", springt über die drei Wälle von *Forgalls* Burg, fällt an jedem acht Mann ohne die Brüder von *Emer* zu verletzen und kehrt mir ihr, ihrer Ziehschwester und beider Gewicht an Gold wieder zurück. Anschließend tötet er an jeder Furt auf dem Weg zurück nach *Emain Macha* Hundert Feinde.

Dort bemerkt einer der Edlen, dass es *CūChulainn* sicher nicht freue, wenn *Conchobar* die erste Nacht mit seinem Weib verbringe. Tatsächlich wird *CūChulainn* so wütend, dass er die Burg verlässt. Für *Conchobar* aber ist es *ges*, das Lager in der Hochzeitsnacht mit der Braut zu teilen. Die *Ulter* beraten sich und beschließen, *Fergus* und *Cathbad* sollten sich ebenfalls in das Lager legen. So würde *CūChulainns* Ehre nicht verletzt. Am nächsten Tag bezahlt *Conchobar* den Brautpreis und gibt *CūChulainn* ein Bußgeld.

Conchobar und Derdriu

Zwei Fassungen[355] sind von der mythischen Erzählung über das Schicksal von Derdriu [Derdru] erhalten: Longas mac n-Uislenn (Longas vak Nuschlen), die ⬚ älteste erhaltene Handschrift vom Anfang des 12. Jahrhunderts findet sich im Buch von Leinster, die schriftliche Vorlage stammt vermutlich aus dem achten oder neunten Jahrhundert, sowie Oided mac n-Uisnech (Eded vak Nuschnech), entstanden um 1500.

Longas mac n-Uislenn, „Die Verbannung der Söhne Uisliu's[356]" beginnt mit einem Gelage der *Ulter* im Haus von *Fedlimid mac Daill*, „Sohn des Blinden". Seine namenlose, schwangere Frau wartet der Gesellschaft auf. Nachdem die Männer sich satt und trunken zur Ruhe gelegt haben, weckt sie plötzlich ein lauter Schrei. *Sencha* beruhigt die Männer, während ihr Druide *Cathbad* feststellt, dass der Schrei von einem ungeborenen Mädchen stammt. Er prophezeit, sie werde sehr schön, aber auch der Grund für viele Kämpfe sein, und aus *Conchobars* Fünftel entweichen. Er nennt sie *Derdriu*[357], weil sie schon im Mutterleib tobt.

König *Conchobar* verhindert, dass sie nach der Geburt getötet wird. Er will sie später heiraten. In einem abseits gelegenen Gehöft wird sie von Zieheltern und dem Spruchweib *Leborcham* aufgezogen, damit keiner ihre Schönheit sieht. Eines Tages beobachtet sie, wie ihr Ziehvater ein Kalb im Schnee schlachtet und ein Rabe von seinem Blut trinkt. Sie wünscht sich einen Mann mit Haar so schwarz wie der Rabe, Wangen so rot wie Blut und der Haut weiß wie Schnee. *Leborcham* sagt, so ein Mann lebe in der Burg *Emain*. Sein Name sei *Noisiu mac Uisnig*. Als *Noisiu* auf dem Wall von *Emain* sitzt und singt, geht sie zu ihm und bittet ihn, sie zu sich zu nehmen. Er zögert, weil er die Propheizeiung des Druiden gehört hat. Doch als sie droht, seine Ohren würden zu „Ohren der Schmach und des Spotts", wenn er sie nicht mitnehme, fügt er sich ihrem Willen, und nach einigen Aufenthalten in anderen Fünfteln Irlands fliehen sie nach Schottland. Der König nimmt die Krieger in sein Söldnerheer auf. Als er von der Schönheit *Derdrius* erfährt, will er sie für sich gewinnen, sie aber weist seine Werbungen ab. Als er beschließt, ihren Mann zu töten, rät sie den Ihren zur Flucht auf eine der Inseln vor Irland.

König *Conchobar* erfährt von ihrer misslichen Lage und gewährt ihnen eine gefahrlose Rückkehr. Unter den Helden der *Ulter* dürfen sie sich Bürgen wählen. Doch hintergeht der König die Bürgen, indem er sie hindert, das Paar und sein Gefolge zu beschützen. Als die Bürgen abgelenkt sind, lässt er bis auf *Derdriu* alle töten. Die Bürgen, deren Ehre beschmutzt ist, weil sie, wenn auch unverschuldet, ihr Wort gebrochen haben, töten viele Krieger *Conchobars*, bevor sie eine Dreitausendschaft stark zu Königin *Medb* und König *Ailill* nach *Connaught* gehen. Sie werden in der nachfolgenden *Tāin Bō Cuailgne* gegen *CuChulainn* kämpfen.

Derdriu lebt ein Jahr bei *Conchobar*, ohne ein einziges Mal zu lächeln oder sich satt zu essen. Der Prunk in der Königsburg bedeutet ihr nichts. Sie sehnt sich nach der herrlichen Zeit mit *Noisiu*, besonders in der Wildnis von Schottland. Erbost überlässt der König sie für eine Nacht dem Mann, den sie am meisten hasst: *Eogan*, dem Mörder ihres Mannes. Am nächsten Tag, als sie sich zwischen *Conchobar* und *Eogan* auf dem Weg zum Festplatz von Macha befindet, verspottet *Conchobar* sie als Schaf zwischen zwei Widdern. So unerträglich ist es *Derdriu*, dass sie sich von dem Streitwagen stürzt und ihren Kopf an einem Felsen zerschmettert.

---

[355] Die Übersetzungen stammen von Rudolf Thurneysen (Die irische Helden- und Königsage. 1980).
[356] Auch: Longas mac n-Uisnig, „Die Verbannung der Söhne Uisnech's.
[357] *Derdriu* von *ro-derdestrar*. Sie ist die Tochter von *Fedlimid mac Daill*, „Sohn des Blinden". Er ist der „Erzähler" von König *Conchobar*.

Bei dem Sagenkreis um Finn[358], der Fiannaigheacht[359] handelt es sich um Überlieferungen rund um den Helden Finn mac Cumhaill[360] und die Kriegerschar Fianna. Die Gedichte, Erzählungen, Balladen und Volkssagen stammen aus beiden goidelischen Ländern, Irland und Schottland. Hinweise auf Finn sind in Schrifttexten seit dem 11. Jahrhundert nachweisbar. Der Historiker Gerard Murphy geht davon aus, dass die ursprünglichen Legenden und mythischen Erzählungen von Geschichtenerzählern und Dichtern bis ins 16. Jahrhundert mit zahlreichen neuen Elementen, auch aus anderen Traditionen, angereichert wurden[361]. Eines der größten Sammelwerke mit ersten „modernen"[362] Balladen über Finn bildet das „book of the dean of lismore"[363], erstellt Anfang des 16. Jahrhunderts von dem Geistlichen James Mac Gregor uns seinem Bruder Duncan. Die Handlungsorte befanden sich in den altirischen Gebieten von Munster, Connaught und vor allem Leinster.

Nach dem Althistoriker Paul Duval fanden die „historischen" Ereignisse in den Erzählungen zwischen der Schlacht von *Crucha* unter *Conn* 174 u.Z. und der Schlacht von *Ghabra* oder *Gavra* unter *Cormac* 283 u.Z. statt, wenngleich viele Elemente auf eine wesentlich ältere Herkunft schließen lassen[364]. So enthält der Sagenkreis Berichte über herumziehende Gruppen, die von der Jagd und Beutezügen leben, aber als *Fianna*[365] auch die Grenzen Irlands vor Invasoren schützen. Er berichtet von der „Anderen Welt", geheimnisvollen Ländern unter und über Wasser, in denen es Riesen, Zwerge, Feen, Zauberer, Hexen und Ungeheuer gibt. Viele Bestandteile des Sagenkreises lassen auf schamanistische und totemistische Traditionselemente einer vorkeltischen Jägerkultur schließen[366].

Im Rahmen des Finn-Zyklus gibt es verschiedene Fassungen, Liedersammlungen und Anekdoten, die über das Leben des Finn berichten[367]. Sein Vater *Cumhal,* Anführer der

---

[358] Der Sagenkreis um Finn: Übersetzungen einzelner Erzählungen, Zusammenfassungen und Bezüge zu inselkeltischen Überlieferungen gibt es zahlreiche. Die Autorin verwendete bei ihrer Darstellung des Finn-Zyklus insbesondere: MacCulloch, J.A.: Celtic Mythology. London 1992, 160 – 183, Birkhan, Helmut: Kelten. 1997, 702, 729f., Campbell, J.F.: Leabhar Na Feinne. Heroic Gaelic Ballads. Vol. I. Gaelic Texts, London 1872; Sjoestedt, Marie Louise: Gods and heroes of the Celts. London 1949, 81-91, Murphy, Gerard: The Ossianic Lore and Romantic Tales of Medieval Ireland, Dublin 1961; Saga und Myth in Ancient Ireland, Dublin 1961 mit einer Fassung der Jugendtaten des Finn (Macgnímartha Find) aus dem 12. Jh.; Monaghan, Patricia: The Encyclopedia of Celtic Mythology and Folklore. New York 2004.

[359] Auch Ossian-Zyklus nach *Ossian* oder *Oisin,* dem Sohn des *Finn,* der Legenden zufolge dem Heiligen Patrick von den Heldentaten seines Vaters berichtet.

[360] In der ursprünglichen Form vermutlich Find Mac Umall. Auch Fionn Mac Cumhaill, Finn Mac Cool, Finn Mac Cumhal, Demne Máel.

[361] Vgl.: Murphy, Gerard: The Ossianic Lore and Romantic tales od Medieval Ireland. Dublin 1961, 5

[362] Im Sinne von neuzeitlich. Vgl.: Murphy, Gerard: The Ossianic Lore Dublin 1961, 54.

[363] Übersetzung in Maclauchlan, Thomas: Dean of Lismore's Book. A Selection of ancient Gaelic Poetry. From a Manuskript Collection made by Sir James M'Gregor, Dean of Lismore, in the Beginning od the Sixteenth Century. Edinburgh 1862. Mit einer Einführung von William F. Skene.

[364] Vgl. Paul-Marie Duval in : Grimal, Pierre: Mythen der Völker III, Hamburg 1967, 42.

[365] Fian bedeutet Schar, Bande.

[366] Beispielsweise kommt besondere Bedeutung dem Hund und dem Hirsch zu, bei denen es sich vielleicht sogar um Totemstiere oder Seelenführer handelt.

[367] Über seine Kindheit und Jugend insbesondere die Erzählung Macgnímartha Finn (the boyhood deeds of fionn): das wichtigste Manuskript ist Laud 610: folio 118Rb-121Va, laut Kuno Meyer vermutlich aus dem 12. Jh.: Macgnimartha Find. in: Revue Celtique V, Paris 1881-1883, 195-204, hier fehlt jedoch der Schluss. Des weiteren unter anderen: Duanaire Finn (Finns Liederbuch) und Acallam na Senórach (Die Unterredung mit den Alten), Cath Finntrága (Die Schlacht von Ventry), Fiannaigecht, Tóraigheacht Dhiarmada agus Ghráinne (Die Verfolgung von Diarmait und Gráinne) sowie Tochmarc Ailbe (Das Werben um Ailbhe), vermutlich spätestens aus dem frühen 10. Jh. die älteste ausgearbeitete Erzählung über Finn, erhalten in einem Manuskript aus dem 16. Jh.

Fíanna vom Clan *Baíscne*, bat um die Hand von *Muirne*, doch ihr Vater, der Druide *Tadg mac Nuadat*[368] verwehrte sie ihm und jedem anderen Freier, da er vorhergesehen hatte, einst würde er durch seinen Enkel den Stammsitz *Almha* verlieren. *Cumhal* entführte *Muirne*, doch *Tadg* wandte sich an den Hochkönig *Conn*. In Folge wurde *Cumhal* für vogelfrei erklärt und starb durch die Hand von *Goll*[369] *mac Morna*, Anführer der rivalisierenden *Fíanna* vom Clan *Morna*. *Muirne* war jedoch bereits schwanger. Ihr Vater wollte sie verbrennen lassen, aber *Conn* stellte sie unter seinen Schutz. Nach der Geburt gab sie ihrem Sohn den Namen *Deimne*, „das Hirschlein". Aus Angst um sein Leben wurde er in den Wäldern großgezogen. *Bodhmall*, die Schwester seines Vaters, war seine Pflegemutter und die Kriegerin *Luaths Lurgann*[370] lehrte ihn die Kampfkunst, darunter schnell zu laufen, hoch zu springen und zu schwimmen[371]. Später half ihm seine Mutter *Muirne* das Schwert *Mac an Luinn* zu gewinnen.

Es gibt mehrere Versionen, wie er seinen neuen Namen erhält. In einer kommt er zu einer Festung und besiegt die dort spielenden Jungen. Sie bezeichnen ihn als „hell". Fortan heißt er *Finn mac Cumhal*. In einer anderen wird ihm der Name von König *Conn* gegeben, der bei den Wettkämpfen zusieht. *Finn* wird auch mit „weise" übersetzt. So besaß *Finn* den „Daumen der Weisheit". Er erhielt während seines Aufenthaltes bei dem Druiden *Finnéces*. Er sollte dort die Dichtkunst erlernen. Zu dieser Zeit fing *Finneces* eben den Lachs der Weisheit mit dem Namen *Fintan*[372], nachdem er sieben Jahren lang sein Heranwachsen beobachtete hatte. Er wollte ihn essen, um seine Weisheit zu erlangen. So bat er *Finn* ihn zu kochen, ohne davon zu kosten. Aber *Finn* verbrannte sich dabei seinen Daumen, steckte ihn zur Linderung des Schmerzes in den Mund und die Weisheit des Lachses ging auf ihn über. Fortan brauchte er nur an seinem Daumen zu saugen, um in einen Zustand zu verfallen, der ihn die Vergangenheit, Gegenwart und Zukunft sehen ließ[373]. Einer anderen Quelle aus dem achten oder neunten Jahrhundert zufolge erhielt *Finn* sein magisches Wissen aus der Anderen Welt. *Cúldub*, Bewohner des *Síd ar Femun*, stahl der *Fíanna* nachts das Essen. Beim dritten Mal nahm Finn die Verfolgung auf, doch als er an der Schwelle zum Sid erfolgreich nach *Cúldub* stieß, tauchte eine Frau mit einem tropfenden Kessel auf und schlug die Tür zu. Finn klemmte sich den Daumen ein. Nachdem er ihn befreit hatte, sprach er eine Beschwörung und erhielt das geheimnisvolle Wissen[374].

Zur Vollendung seiner kriegerischen Ausbildung ging Finn zu der Kampffrau *Búannan* und dem Krieger *Cethern Mac Fintain*. Als er schließlich zum Manne gereift war, gab es keinen, der ihn übertreffen hätte können. Zum Anführer, später gar König der *Fíanna* wurde er nach seinem Sieg über den Feuer speienden *Aillén mac Midna*, einem Angehörigen der *Túatha dé Danann* aus der Anderen Welt. Alljährlich zu *Samhain* war in der Königsburg *Tara* eine schlafbringende Harfenmusik zu hören, der niemand widerstehen konnte. Zugleich näherte sich *Aillén* und steckte mit seinem Feueratem die Burg in Brand. Bisher war es

---

[368] Ein Abkömmling des Nuadu mit der Silberhand, König der mythischen Tuatha De Dannan. Somit kann sich Finn mütterlicherseits auf eine „göttliche" Herkunft berufen.
[369] Goll bedeutet „der Einäugige".
[370] Auch Los Lugann.
[371] Vgl.: Birkhan, Helmut: Kelten. 1997, 659.
[372] Nach dem Barden Fintan, der in vielen Inkarnationen lebte und so den höchsten Zustand von Weisheit erwarb.
[373] Der britische Gelehrte John Arnott MacCulloch weist darauf hin, dass diese Geschichte auf die universale Vorstellung zurückgehen dürfte, dass sich durch den rituellen Genuss von heiligen Tieren übermenschliche Fähigkeiten, übernatürliches Wissen oder die Kenntnis der Tiersprache erwerben lassen. Vgl.: MacCulloch J.A.: Celtic Mythology. London 1992,166.
[374] Vgl.: Murphy, Gerard: The Ossianic Lore and Romantic tales od Medieval Ireland. Dublin 1961, 10.

keinem der *Fíanna* gelungen, ihn aufzuhalten. *Finn* jedoch schaffte es wach zu bleiben, indem er die Spitze seines glühenden magischen Speeres an die Stirn drückte. Er erstickte die Flammen unter seinem Mantel, verfolgte *Aillén* und tötete ihn mit dem Speer. Zum Dank erhielt er von König *Conn* den Oberbefehl über die Fianna. Auch sein Gegenspieler *Goll* wurde gezwungen ihm die Treue zu schwören. Später rettete er *Finn* sogar das Leben. *Conaran*, ein Fürst der *Túatha dé Danann* bat seine drei Töchter, *Finn* für eine unerlaubte Jagd zu bestrafen. Sie setzten sich in eine Höhle und banden *Finn* und andere beim Eintreten mit magischem Garn. Doch als *Goll* kam, kämpften sie mit ihm. Er tötete zwei von ihnen. Die dritte verschonte er, nachdem sie die Krieger freigelassen hatte. Zu einer Aussöhnung kam es nicht nur mit *Goll*. Als *Finn* seinen Großvater *Tagd* im Zweikampf oder dessen Krieger besiegte, ließ er ihn am Leben – im Tausch gegen den Wohnsitz *Almha*. *Goll* wird in vielen Gedichten als *Finn* überlegen beschrieben, doch als er sich in der Schlacht von *Gabrah* gegen *Finn* wendet, wurde er von einem der Gefolgsleute des Finn nach tapferem Kampf enthauptet.

Als König verfügte *Finn* über „heilende Hände". Wer aus seiner Hand Wasser trank, wurde wieder gesund, wie schwer seine Verletzungen auch gewesen sein mögen[375]. Zu seinen liebsten Gefährten zählten die beiden Hunde *Bran* und *Segolán*, bei denen es sich um seine verwandelten Neffen handelte. *Finns* Schwester *Tuireann* heiratete *Illan*. Doch vor der Geburt ihrer beiden Söhne verwandelte dessen eifersüchtige Geliebte aus dem Feenreich sie in eine Hündin. Nachdem *Illan* zu seiner Geliebten zurückkehrte, erhielt sie ihre Gestalt zurück. Ihre Söhne aber blieben Hunde.

Im Gegensatz zu dem Helden *CuChulainn* hatte *Finn* mehrere Ehefrauen und Liebschaften. Viele Legenden berichten über seine Liebesabenteuer. Beispielsweise hatten sich *Miluchradh* und *Aine,* die beiden Töchter von *Cuailnge*, dem Schmied der *Túatha dé Danann*, in ihn verliebt und er konnte sich nicht zwischen ihnen entscheiden. *Aine* war die ältere, allerdings hatte sie gesagt, niemals einen grauhaarigen Mann zu heiraten. *Miluchradh* brachte daraufhin die Götter dazu, einen See zu erschaffen und mit einem Zauberspruch zu belegen, der alle, die darin baden, altern ließ. Eines Tages nun, wurde *Finn* von einem Reh an sein Ufer gelockt. Dort bat ihn eine Frau, ihren Ring aus dem See zu holen. Als er zurückkam, war sie verschwunden und er ein alter Mann. Die *Fíanna* trug die Erde ab bis zu *Miluchradh's* Sid. Da erschien sie mit einem Trinkhorn und gab ihm seine Jugend zurück. Das Haar jedoch beließ sie grau.

Einer irischen Ballade berichtet von seiner Beziehung zu *Sabia*[376], Tochter des Gottes *Bodb Dearg*. Sie war von einem Druiden in eine Hirschkuh verwandelt worden. Zur gleichen Zeit wurde *Finn* mit einem Zauberspruch belegt, das erste weibliche Wesen zu heiraten, das ihm begegnet. Als er die Hirschkuh sah, half ihm sein magisches Wissen, in ihr die verzauberte Frau zu erkennen. Er nahm sie mit zu sich, dem einzigen Ort, an dem sie sich des Nachts in ihre wahre Gestalt zurückverwandeln konnte. Eines Tages musste er sie für einige Zeit verlassen und als er zurückkam, war sie verschwunden. Es hieß, sie folgte seinem Ebenbild in den Wald. Dies war jedoch ein Zauberer, der "schwarze Mann", gewesen, der sie wieder in ein Reh verwandelt und in sein Reich gebracht hatte. Einige Zeit später fand *Finn* ein Kind mit einem Fellfleck auf seiner Stirn. Es war sein Sohn. *Sabia* hatte ihn in Rehgestalt geboren und konnte nicht widerstehen, ihm einmal kurz über den Kopf zu lecken. Ein voll-

---

[375] Vgl.: Birkhan, Helmut: Kelten, Wien 1999, 894.
[376] Oder *Saar*.

ständiges Ablecken hätte ihn zu einem Hirsch gemacht. So blieb er ein Mensch und erhielt den Namen *Oisin*, kleines Rehkitz. Ihm werden zahlreiche Gedichte über *Finn* und die *Fíanna* zugeschrieben. Vermutlich kam ihm die Position des Barden zu. Seinen Sohn *Oscar* wiederum soll kaum jemand an Tapferkeit übertroffen haben[377].

Eine weitere Erzählung, *Tochmarc Ailbe*, berichtet vom Werben *Finns* um die jüngste Tochter von *Cormac*. Ihre Eignung als Ehefrau testet Finn, indem er ihre einige Rätsel aufgibt, unter anderem soll sie ihm all die Tiere und Pflanzen rund um seinen Wohnsitz im Wald beschreiben. Eine Rätselrede als Eignungstest für eine Heirat findet sich auch in der Erzählung von *CuChulainn's* Werben um *Emer*. *Tochmarc Ailbe* enthält zudem Hinweise auf *Aithed Gráinne re Diarmait* (Die Flucht von *Gráinne* und *Diarmait*). Eine Erzählung, die vermutlich aus dem 9. Jh. stammt, jedoch erst in späteren Fassungen aus dem 14. Jh. erhalten ist und starke Parallelen zu *Longas mac n-Uisnig*, (Die Verbannung der Söhne *Uisnech's*) aus der *Ulster*-Sage aufweist. In beiden Fällen geht es um die Tragödie einer jungen Frau, die gegen ihren Willen einen alternden König heiraten soll. Doch statt sich zu fügen, zwingt sie einen jungen Krieger, sie zu entführen. Verletzte Eitelkeit bringt beide Könige dazu, ihre Widersacher zu töten. Die Liebe der Frauen gewinnen sie jedoch nicht, wenngleich über *Finn* berichtet wird, er hätte *Gráinne* mit liebevollen Worten für sich gewonnen und damit auch die Rache ihrer Söhne abgewendet. Finn selbst fand sein Ende während oder kurz nach der Schlacht von *Ghabra*, durch die Hand der Nachfahren seines Widersachers *Goll*.

---

[377] Vgl.: MacCulloch, J.A.: Celtic Mythology. London 1992, 162.

Die Fíanna

Nach wie vor ist nicht eindeutig geklärt, ob die *Fíanna*[378] (auch *Fienne* oder *Feinne*) einst eine tatsächliche soziale Institution darstellte, oder einer mythischen Vorstellung entsprungen ist[379]. Den Legenden nach bestand sie aus verschiedenen Kriegerscharen, die als Halbnomaden unter ihren jeweiligen Anführern durch Irland zogen[380]. Von Frühjahr bis Herbst jagten sie in den Wäldern und boten ihre Dienste zur Verteidigung des Landes an. Im Winter zogen sie sich zurück und lebten auf Kosten der ansässigen Bevölkerung.

Die Aufnahme in eine *Fian* erforderte außergewöhnliche Fähigkeiten und Kenntnisse. Der Kandidat musste in Wettkämpfen nicht nur bemerkenswerte Schnelligkeit, Geschicklichkeit und Kampfkunst beweisen[381], sondern sich außerdem als herausragender Dichter hervortun. Auch Frauen konnten *der Fíanna* beitreten. Ein Beispiel stellt *Crèidne* dar[382]. Die Tochter des Königs von Irland schloss sich der Kriegerhorde an, um sich an ihrem Vater und ihrer Stiefmutter zu rächen. Sie hatte ihm drei Söhne geboren, doch er verstieß die Kinder aus dem Königreich. Bis es zu einer Versöhnung mit ihrem Vater kam, kämpfte sie als Anführerin mehrerer Kriegerscharen an Land und auf See[383].

Viele Gedichte beschreiben die außergewöhnlichen Merkmale der Kommandanten der *fianna*. *Diarmaid* etwa hatte einen Schönheitsfleck, dem keine Frau widerstehen konnte. *Goll* mit dem einen Auge war der ideale Krieger und *Caolite* so schnell, dass er in dreifacher Gestalt erschien, während *Conan* sich mit seiner ungehobelten und leichtsinnigen Art dauernd in Schwierigkeiten brachte. Zum Kreis der berühmten Mitglieder der *Fienna* gehörten auch *Mac Lugach* mit der grausamen Hand und *Fergus* mit der wahren Lippe. Hinzu kommt, dass viele Mitglieder der *Fíanna* tierhafte Züge hatten. Finn konnte sich mit seiner magischen Kappe sogar in einen Hund oder Hirsch verwandeln, je nachdem, wie er sie trug. Die geforderten außerordentlichen Fähigkeiten und das magische Vermögen einzelner Mitglieder der *Fíanna* passen zu herumziehenden Jägern, die „zwischen den Welten" zu Hause sind. Denn wer einer *fían* beitrat, lebte die meiste Zeit in der Wildnis, in ständigem Kontakt mit der „Anderen Welt", dem Wohnsitz der *Túatha dé Danann* und anderen Wesen mit übernatürlichen Kräften.

Ein *fénnid* unterstand keinem König und musste alle Verbindungen zu seiner Sippe lösen. Sich der *Fíanna* anzuschließen, bedeutete, keine andere Verwandtschaft mehr zu haben als die Mitglieder seiner Schar. Doch auch wenn die *Fíanna* als außerhalb des Stammes betrachtet wurde, besaßen ihre Anhänger einen rechtlichen Status und niemand sah in ihnen Gesetzlose oder Räuber, denn als Sippen- und Landlose galten ihre Plünderungen als legal.

---

[378] Ausführliches über die Fienna beispielsweise in Maclauchlan, Thomas: Dean of Lismore's Book. A Selection of ancient Gaelic Poetry. From a Manuskript Collection made by Sir James M'Gregor, Dean of Lismore, in the Beginning od the Sixteenth Century. Edinburgh 1862. Introduction lxivf.,lxxivf., Birkhan, Helmut: Kelten, Wien 1997, 1043-1046, Sjoestedt, Marie Louise: Gods and heroes of the Celts. London 1949, 82-91.

[379] Beispiele und Argumente in: Sjoestedt, Marie Louise: Gods and heroes of the Celts. London 1949, 86f.

[380] William F. Skene, fügt hinzu, dass diese Kriegerscharen nach den irischen Ossian-Gedichten und dem Dean's MS vermutlich nicht auf Irland beschränkt waren, sondern einem viel größeren Territorium angehörten. Vgl.: Maclauchlan (1862), Einführung xxiv.

[381] Beispielsweise musste er im Wald Verfolgern entkommen, die kurz nach ihm losliefen. Zuvor hatte er seine Haare zu bürsten, denn wenn nur eine Strähne von einem dünnen Ast in Unordnung geraten war, ihn seine Verfolger erwischten, die Waffe in seiner Hand zitterte oder während des Laufes ein Zweig unter seinen Füßen zerbrach, wurde er nicht aufgenommen.

[382] Vgl.: Birhan, Herlmut: Kelten. 1999, 1044.

[383] Vgl.: Sjoestedt, Marie Louise: Gods and heroes of the Celts. London 1949, 89.

Zudem durften sie für an ihnen begangenes Unrecht straffrei Vergeltung üben. Der hohe Status der *Fíanna* als Verteidiger des Landes zeigte sich beispielsweise darin, dass kein Mädchen verheiratet werden durfte, ohne dass es zuvor ihren Mitgliedern angeboten worden war. Die einzige Möglichkeit, sich der Heirat mit einem Krieger der *Fíanna* zu entziehen bestand darin, das betroffene Mädchen freizukaufen. Diese Regel soll sogar für Königstöchter bestanden haben, ein Umstand der letztendlich zum Untergang der *Fíanna* geführt haben soll[384].

---

[384] König Caibre wollte seine Tochter mit einem Prinzen verheiraten, doch die fianna verlangte eine so ungeheure Abfertigungssumme, dass der erboste König beschloss, ihre Macht zu brechen. Es kam zur Schlacht von Gabhair, bei der er zwar sein Leben verlor, der fianna jedoch so große Verluste zufügte, dass sie sich nicht mehr davon erholten. Vgl.: Sjoestedt, Marie Louise: Gods and heroes of the Celts. London 1949, 84.

Überlieferungen aus Wales

Aus dem altkymrischen Zeitraum[385] vom späten achten bis zur Mitte des zwölften Jahrhunderts haben sich nur sehr wenige fortlaufende Texte erhalten[386]. Die umfangreichsten Sammelhandschriften der walisischen Überlieferungen stammen aus der mittelkymrischen Sprachepoche vom 13. bis 15. Jahrhundert. Sie umfassen unter anderen das „Schwarze Buch von Carmarthen", das „Buch Aneirins", das „Buch Taliesin", das „Weiße Buch Rhydderchs" und das „Rote Buch von Hergest". In vielen Fällen lassen der Inhalt und die Personen jedoch auf ein wesentlich höheres Entstehungsalter schließen. Der Religionswissenschaftler Bernhard Maier[387] regt ob der inhaltlichen Vielfalt die Zuordnung über eine Unterscheidung in Dichtung und Prosa an.

Neben fünf Erzählungen aus dem Sagenkreis um Arthur[388] haben sich noch sechs weitere Ausführungen keltischer Stoffe bewahrt: die „Geschichte von Lludd und Llefelys", der „Traum des Macsen" und die „Vier Zweige des Mabinogi[389]".

Sowohl im „Weißen Buch Rhydderchs[390]", als auch im „Roten Buch von Hergest[391]" sind die „Vier Zweige des Mabinogi vollständig enthalten. Verfasst wurde die Vorlage beider vermutlich im 11. oder 12. Jahrhundert. Bei den vier Zweigen handelt es sich um „Pwyll, Fürst von Dyved", „Branwen, die Tochter Llŷrs", „Manawydan, der Sohn Llŷrs" und „Math, der Sohn Mathonwys". Die erste Veröffentlichung einer englischen Übersetzung aller vier Zweige und weiterer mittelwalisischer Prosaliteratur stammt aus dem Jahre 1848 von Lady Charlotte Guest[392]. Die nachfolgenden Erzählungen „Pwyll, Fürst von Dyved" und „Manawydan, der Sohn Llŷrs" folgen der ersten Übersetzung aus dem Walisischen ins Deutsche von Bernhard Maier, veröffentlicht im Jahre 1999[393].

---

[385] Vgl.: Maier, Bernhard: Das Sagenbuch der walisischen Kelten. Die Vier Zweige des Mabinogi. 2. Auflage, München 2004, 98-114.

[386] Etwa das Surexit-Memorandum und das Computus-Fragment sowie zwei anonyme Gedichte

[387] Schicksal berühmter Sagenhelden des 6. und 7. Jh., politische Gedichte, Naturlyrik, Spruchweisheit, Preisdichtung panegyrischer und elegischer Art begegnen in der Dichtung; historische Werke wie die „Historia Regum Britanniae" des Geoffrey von Monmouth, Geschichte der walisischen Fürsten bis Ende 12.Jh., Genealogien, Rechtstexte, Erbauungsliteratur, Abhandlungen über Grammatik und Metrik, Versionen antiker und französischer Epen, fiktive Erzählungen über Stoffe einheimischer Herkunft finden sich in der Prosa – in Maier, Bernhard: Das Sagenbuch der walisischen Kelten. Die Vier Zweige des Mabinogi. 2. Auflage, München 2004, 99.

[388] 1.) *Kulhwch ac Olwen*, 2.) *Breudwyt Ronabwy*, 3.) *Iarlles y Ffynnhawn*, 4.) *Peredur vab Evrawc*, 5.) *Gereint vab Erbyn*, Übersetzung, Th,Jones, The Mabinogion, London 1949.

[389] Deutsche Übersetzung unter anderem von Buber, Martin (Hg.): Die vier Zweige des Mabinogi. Frankfurt am Main 1966.

[390] Um 1350.

[391] Um 1400.

[392] Anonymous and Lady Charlotte Guest: The Mabinogion. Teddington, 2006.

[393] Maier, Bernhard: Das Sagenbuch der walisischen Kelten. Die Vier Zweige des Mabinogi. 2. Auflage, München 2004, 9-35 und 55-71.

Pwyll, Fürst von Dyved

Eines Tages begab sich *Pwyll*, Fürst von *Dyved* und Herr über die sieben *Cantrefi Dyfeds* auf die Jagd. Er ließ seine Hunde im Wald los und stieß in sein Horn, zum Zeichen des Jagdbeginns. Dem Gebell seiner Meute folgend, verlor er schon bald seine Gefährten aus den Augen. Da hörte er fremdes Gebell und als er eine Lichtung erreichte, sah er eine andere Meute, wie sie einen Hirsch verfolgte und zu Boden riss. Leuchtend weiß war ihr Fell und rot leuchteten ihre Ohren. Er verjagte die Hunde und gab seinen eigenen von dem Hirsch zu fressen, als plötzlich ein Reiter auf einem großen Apfelschimmel erschien, ein Jagdhorn um seinen Hals gehängt.

Der Reiter hieß ihn unverschämt, weil er die Meute, die den Hirsch erlegte, verjagt, und stattdessen seinen eigenen Hunden von dem Hirsch zu fressen gegeben hatte. Nun solle Schande über ihn kommen, die hundert Hirsche wert sei. *Pwyll* bat, sich die Gunst des Reiters erkaufen zu dürfen.

Der Reiter gab sich als König *Arawn* von *Annwn* zu erkennen und der Preis, den er für seine Gunst forderte, bestand darin, dass *Pwyll* ihn von einem Mann namens *Hafgan* befreite, der als König des angrenzenden Reiches beständig Krieg gegen ihn führte. Dazu würden sie erst dauerhaft Freundschaft schließen, um anschließend für ein Jahr ihre Gestalt zu tauschen. Ein Jahr sollte *Pwyll* an seiner statt über *Annwn* herrschten, an der Seite der schönsten Frau, mit der er jede Nacht verbringen könnte. Nach dem Ablauf des Jahres müsste er gegen den Widersacher antreten, dürfte ihm jedoch nur einen einzigen tödlichen Hieb geben, so sehr dieser auch den Tod erflehte, denn jeder weitere Schlag brächte ihn am folgenden Tag wieder vollständig genesen zurück. *Arawn* versprach, *Pwyll* währenddessen in *Dyved* zu vertreten, ohne dass jemand davon Kenntnis erhielt.

Das Jahr verging sehr schnell, denn nie hatte *Pwyll* an einem Hof größeren Überfluss oder ein stattlicheres Gefolge gesehen. Auch gab es keine Frau, die anmutiger oder unterhaltsamer als die Königin gewesen wäre. Dennoch drehte er ihr nach dem Zubettgehen Abend für Abend den Rücken zu, so freundlich sie bei Tage auch miteinander umgingen. Am letzten Tag schließlich stellte er sich zum Kampf und führte ihn genau so aus, wie es *Arawn* geraten hatte. König *Hafgan* starb und seine Edlen brachten Pwyll in der Gestalt *Arawns* ihre Gehorsamsbezeigungen dar. Ganz *Annwn* war nun vereint.

Daraufhin ging *Pwyll* zum vereinbarten Treffpunkt. *Arawn* dankte ihm für seine Freundschaft, tauschte ihre Gestalt zurück und machte sich auf den Weg in sein Reich. Dort verbrachte er einen Tag voller Frohsinn. Er scherzte mit seinem Gefolge und führte unterhaltsame Gespräche mit seiner Frau. Als sie zu Bett gingen, begann er sie zu liebkosen, sie aber war daran nicht mehr gewöhnt. Des Nachts erwachte er und sprach sie an, doch erst nach dem dritten Mal erwiderte sie, dass er ein Jahr nicht mit ihr geredet oder etwas anderes getan habe, nachdem sie zu Bett gegangen waren. Da berichtete ihr *Arawn* von dem Abenteuer und beide priesen den Freund, der so standhaft der Versuchung des Leibes widerstanden hatte.

Pwyll befragte nach seiner Rückkehr die Edlen des Landes, wie denn seine Herrschaft im Vergleich zum Vorjahr gewesen wäre und sie lobpreisten seine Kenntnisse, Freundlichkeit, Freigiebigkeit und Rechtsprechung. Weil er meinte, den Dank sollte Arawn erhalten, erzählte er ihnen, wie sie zu dieser Herrschaft gekommen waren. Anschließend versprach er, ihnen diese Art der Herrschaft nicht mehr wegzunehmen. Die Freundschaft zwischen *Arawn* und

Pwyll wurde im Laufe der Zeit immer enger und Pwyll wegen seines erfolgreichen Aufenthaltes fortan Oberhaupt von *Annwn* genannt.

Ein anderes Mal wohnte *Pwyll* mit seiner Gefolgschaft einem Festmahl an einem wichtigen Hof bei. Als er anschließend einen Spaziergang machte, ging er zur Kuppe eines nahen Hügels. Einer der Höflinge verriet ihm, dass der Hügel[394] eine besondere Eigenschaft hätte. Jedem Edlen zeigte er entweder ein Wunder oder teilte ihm Schläge aus.

Da erschien die Schimmelreiterin *Rhiannon*. *Pwyll* schickte ihr die schnellsten Reiter nach, doch drei Tage lang schaffte es keiner von ihnen sie einzuholen. So folgte er ihr am nächsten Tag selbst, trieb sein Pferd zur höchsten Leistung an und konnte sie dennoch nicht erreichen. Laut bat er sie, stehenzubleiben. Sie zügelte ihr Pferd, sah ihn lange an und meinte, für sein Pferd wäre es besser gewesen, hätte er sie gleich angesprochen. Er fragte nach ihrem Namen und woher sie käme. Sie erwiderte, in eigener Angelegenheit unterwegs zu sein, aber es freue sie sehr, ihn zu sehen.

Nie hatte *Pwyll* eine schönere Frau als sie getroffen. Als er sie nach dem Grund ihrer Reise fragte, erzählte sie, ihr Name wäre *Rhiannon*, Tochter von *Heveydd*, und sie sollte gegen ihren Willen einem Mann zur Frau gegeben werden. Keinen Ehemann wollte sie, weil sie ihn, *Pwyll*, liebte, und keinen würde sie nehmen, solange er sie nicht zurückgewiesen hätte.

Pwyll versicherte ihr, selbst wenn er unter allen Frauen der Welt wählen könnte, seine Wahl fiele auf sie. So bat sie ihn, nach einem Jahr an den Hof ihres Vaters zu kommen. Sie würde zu seinen Ehren ein Fest veranstalten.

Als *Pwyll* ein Jahr später an der Tafel zwischen *Rhiannon* und ihrem Vater saß erschien ein großer junger Mann mit goldbraunem Haar und bat um die Erfüllung eines Wunsches. Freundlich antwortete *Pwyll*, was immer es wäre, er sollte es bekommen, solange es in seiner Macht stünde. Fassungslos fragte *Rhiannon*, weshalb er denn solch eine Antwort geben musste. Der junge Mann war *Gwawl* und er wählte *Rhiannon*. Gezwungenermaßen nahm sie seinen Antrag an, allerdings unter der Bedingung, das Hochzeitsfest erst in einem Jahr zu feiern. *Pwyll* hingegen rügte sie, nie hätte ein Mann weniger Gebrauch von seinem Verstand gemacht. Dann gab sie ihm einen Sack. Er sollte als Bettler verkleidet auf dem Fest erscheinen und den freudig feiernden *Gwawl* bitten, den Sack mit Nahrung zu füllen. Sie würde dafür sorgen, dass der Sack niemals voll werde. Wenn *Gwawl* schließlich fragte, ob der Sack sich denn jemals füllte, müsste *Pwyll* antworten, nur wenn ein reicher Mann von nobler Herkunft hineinsteige, den Inhalt mit beiden Füßen heruntertrete und rufe: „Genug wurde hier hineingegeben". Sie würde *Gwawl* dazu bringen, hineinzusteigen. Daraufhin hätte *Pwyll* den Sack zuzubinden und sein Horn zu blasen, damit seine Krieger den Palast stürmten.

Pwyll tat wie ihm geheißen. Sobald *Gwawl* in dem Sack war, legte er seine Bettlerkleidung ab, rief seine Männer und sie alle warfen den Ball mit Tritten und Schlägen durch den Saal, bis *Gwawl* um Gnade flehte. Sie wurde ihm gewährt, nachdem er auf Anraten von *Rhiannon* versprochen hatte, auf sie zu verzichten, keine Rache zu nehmen und alle Bittsteller auf ihrer Hochzeit mit *Pwyll* zufrieden zu stellen.

Rhiannon und *Pwyll* lebten glücklich zusammen, doch es dauerte, bis sie endlich schwanger wurde. Kurz nach der Geburt aber am Vorabend des 1.Mai verschwand ihr Sohn plötzlich. Die Ammen beschmierten ihr Gesicht heimlich mit Tierblut und behaupteten, sie

---

[394] Der Hügel wird auch als Stein gedeutet. John Arnott MacCulloch (1964, 94) sieht in dem Stein ein Äquivalent zu den irischen Grabhügeln, die ein bevorzugter Platz der Bewohner der „Anderen Welt" waren.

hätte ihr Baby in einem Anfall von Raserei aufgegessen. Sie fürchteten, bestraft zu werden, weil sie schlecht aufgepasst hatten. Um das Volk zu besänftigen, musste *Pwyll* nun seine Frau bestrafen. Sie hatte auf einem Pferdeblock im Burghof zu sitzen, der normalerweise zum Anbinden der Pferde diente, allen Besuchern ihre Geschichte zu erzählen und ihnen anzubieten, sie auf ihrem Rücken in die Burg zu tragen. Auf einem der Nachbarhöfe lebte etwas abgeschieden Lord *Teyrnon*. Er besaß eine Stute, deren Fohlen stets am Vorabend des 1.Mai verschwanden. In der gleichen Nacht, in der *Rhiannons* Kind verschwunden war, sah er wie eine Klaue nach dem Fohlen seiner Stute griff. Er trennte sie dem Eindringling mit einem Schwerthieb ab. Das Wesen floh, hinterließ aber ein Baby, das *Teyrnon* und seine Frau gerne aufzogen, war es ihnen selbst doch verwehrt geblieben, eigene Kinder zu bekommen. Als *Teyrnon* schließlich die Ähnlichkeit des Jungen mit *Pwyll* erkannte, brachte er ihn an den Königshof und *Rhiannon* sagte, jetzt hätte ihre Qual ein Ende. Daraufhin wird das Kind *Pryderi*, „Qual" oder „Verlust", genannt.

Manawyddan vab Llŷr

Nach der Rückkehr aus Irland[395], bedauerte *Manawyddan,* dass er keinen Platz habe, an den er gehen könnte. Daraufhin bot ihm *Pryderi* die Mitherrschaft über sein Reich *Dyfed* und die Hand seiner Mutter *Rhiannon* an. Als sie am Hof von *Pryderi* ankamen, wurde ein großes Fest veranstaltet, in dessen Verlauf sich *Rhiannon* und *Manawyddan* unterhielten und nie hatte er eine schönere und unterhaltsamere Frau kennengelernt als sie. Auch *Rhiannon* willigte freudig in die Heirat ein. Die folgende Zeit verbrachten *Pryderi,* seine Frau *Cigfa, Manawyddan* und *Rhiannon* gemeinsam. Ihre Freundschaft wurde so stark, dass keiner mehr ohne den anderen sein wollte.

Eines Tages jedoch saßen alle vier auf einem Hügel und hörten plötzlich einen Donnerschlag. Ein Nebel senkte sich auf sie. Als er schwand, war alles in helles Licht getaucht und es hatte den Anschein, als würde außer ihnen niemand mehr das Land bewohnen. Es gab keine Siedlungen, keine Häuser, keine Haustiere und keine Menschen. Der Hof stand verlassen da. Nachdem die Vorräte verbraucht waren, gingen sie mit den Hunden[396] auf die Jagd und verbrachten ihre Zeit damit, durch das Reich zu streichen.

Nach zwei Jahren verdross es sie jedoch und sie beschlossen, sich ein Handwerk zu suchen, um in England ihren Lebensunterhalt zu verdienen. In *Hereford* versuchte sich *Manawyddan* als Hersteller von Sattelknöpfen. Er bemalte sie mit einer besonderen blauen Farbe, die er nach der Rezeptur eines Spezialisten zubereitete. So besonders war die blaue Farbe, dass niemand mehr einen anderen Sattel oder Sattelknopf kaufen wollte, und die Sattler in *Hereford* verloren ihren Gewinn. Da beschlossen sie, die Eindringlinge zu beseitigen. Aufgrund einer Warnung wollte *Pryderi* die gemeinen Kerle umbringen, doch fürchtete *Manawyddan* einen schlechten Ruf und das Gefängnis, also drängte er darauf, die Stadt zu verlassen. Die vier ließen sich in einer anderen Stadt nieder und stellten hochwertige Schilde her, die sie mit derselben blauen Farbe bemalten wie die Sattelknöpfe. Erneut waren sie so erfolgreich, dass ihre Mitbürger sie töten wollten. Ein weiteres Mal konnte *Manawyddan* die anderen überzeugen, ihr Glück woanders zu suchen.

Diesmal versuchten sie sich als Schuster, denn Schuster hätten sicher nicht das Herz, zu kämpfen oder einzuschüchtern. Weil ihre Stiefel und Schuhe so sorgfältig gefertigt waren und aus dem feinsten Leder und mit vergoldeten Schnallen, kauften die Leute ihr Schuhwerk schon bald nur noch bei ihnen. Schnell erkannten die Schuster der Stadt, dass sie keinen Gewinn mehr machen würden. So fassten sie den Beschluss, die vier ums Leben zu bringen. Zwar stellte sich *Manawyddan* auch diesmal gegen einen Kampf, in England bleiben wollte er aber auch nicht. Er riet zu einer Rückkehr nach *Dyfed.*

Erneut lebten sie zu viert in dem verlassenen Hof und streiften zusammen mit ihren Hunden durch das Land, um sich Nahrung zu beschaffen. Auf der Jagd nach einem weißen Eber, entdeckten *Manawyddan* und *Pryderi* an einem Morgen schließlich ein magisches Schloss. Der Eber rannte hinein und mit ihm die Hunde. Gegen den Rat seines Freundes betrat *Pryderi* das Schloss und fand darin viele Schätze, aber als er versuchte einen Goldbecher aufzuheben, konnte er sich nicht mehr bewegen. *Manawyddan* berichtete *Rhiannon* von dem Schloss. Sie machte sich auf die Suche und erlitt dasselbe Schicksal. Kurz darauf

---

[395] Diese Aussage bezieht sich auf das Mabinogi von Branwen, die Tochter Llŷrs.
[396] Jagdhunde galten wohl mehr als Wildtiere denn als Haustiere und blieben von dem Zauber verschont.

ertönte ein Donner. Ein Nebel senkte sich auf das Schloss und als er sich verzog, war es verschwunden.

Manawyddan und *Cigfa* blieben alleine zurück. Ohne Hunde für die Jagd wollten sie lieber nach England gehen, um als Handwerker ihren Lebensunterhalt zu verdienen. Ein Jahr lang fertigte *Manawyddan* seine berühmten Schuhe, bis sich erneut die Schuster gegen ihn stellten. So besorgte er eine Ladung Weizen und kehrte mit *Cigfa* zurück nach Dyfed. Dort bestellten sie drei Felder. Die Erntezeit nahte und nachdem *Manawyddan* die Felder begutachtet hatte, befand er, eines von ihnen reif genug. Er beschloss, es am Folgetag zu mähen. Doch als er kam, sah er nur noch die kahlen Halme. Ebenso erging es ihm mit dem zweiten Feld. Das dritte Feld aber bewachte er. Jäh erhob sich um Mitternacht ein Lärm und ein Heer von Mäusen fiel über das Feld her. So flink waren sie, dass *Manawyddan* kaum fähig war, ihnen mit den Augen zu folgen. Da entdeckte er eine, die sehr schwer schien. Sie konnte er fangen. Er steckte sie in seinen Handschuh.

Am nächsten Morgen errichtete er auf einem Hügel einen Galgen und wollte sie wie einen Dieb hängen. Auf einmal erschienen nacheinander ein Scholar, ein Priester und ein Bischof, um ihm die Maus abzukaufen. Sie begründeten es damit, dass sie nicht mitansehen könnten, wie ein hochgestellter Mann eine armselige Maus tötet. *Manawyddan* lehnte ab. Nachdem der Bischof sein Angebot erfolglos erhöht hatte, bat er ihn, den Preis selbst zu bestimmen. *Manawyddan* erhielt die Freilassung von *Pryderi* und *Rhiannon,* die Aufhebung des Zaubers und Fluches auf *Dyfed* sowie die Versicherung, dass kein Zauber mehr auf *Dyfed* gelegt und keine Rache an *Pryderi, Rhiannon* und ihm selbst genommen werde. Zudem erfuhr er, dass die Mäuse die Frau und das Gefolge von *Llwyd* waren. Dieser wollte *Gwawl* rächen, den *Pryderis* Vater, *Pwyll*, beleidigt hatte[397]. *Llwyd* erfüllte die Forderungen, weil es sich bei der gefangenen Maus um seine Frau handelte. Nur wegen ihrer Schwangerschaft war es *Manawyddan* möglich gewesen, sie einzuholen.

---

[397] Vgl.: Das Mabinogi von Pwyll, Fürst von Dyfed. Deutsche Übersetzung bei Bernhard Maier: Das Sagenbuch der walisischen Kelten. Die vier Zweige des Mabinogi. 2. Auflage München 2004.

3. Keltisches Erbe

„...weil wir [...] uns der Geschichte bedienen, als ob sie ein großer Mythos wäre,
der, je nach unserem philosophischen oder politischen Standort unterschiedlich ist..."
Claude Lévi-Strauss[398]

Bereits im ersten Jahrhundert, als Tacitus über die Prophezeiungen keltischer Druiden beim Brand des Kapitols im Jahre 69 berichtet, dürfte die Stellung der Druiden nicht mehr jene von politisch einflussreichen Theologen und Philosophen gewesen sein. Vermutlich aufgrund der Verfolgungen durch Tiberius und Claudius waren sie inzwischen eher mit spätantiken Propheten und Wahrsagern zu vergleichen[399]. Im Zuge der Christianisierung verschwand die einstige Priesterklasse der Kelten schließlich vollständig. Nicht wenige, so heißt es, ließen sich bekehren, und wurden Priester und Nonnen. Andere verloren im Rahmen der Heidenverfolgungen ihr Leben.

Das Wissen um die keltische Weltdeutung behielten sie jedoch alle für sich, zumindest scheint es weltweit keine Aufzeichnungen über Mythen, Kulthandlungen oder Daseinsdeutungen keltischer Stämme aus der Hand eines Mitgliedes ihrer Priesterklasse zu geben. Nichtsdestotrotz entstanden im 19. und 20. Jahrhundert in ganz Europa Druiden-Orden, von denen einige behaupten, ihre Kenntnisse würden auf bis in die heutige Zeit nachweisbaren mündlichen Überlieferungen beruhen. An ausgewählten, prähistorischen Kultplätzen vollziehen moderne druidische Gruppen verschiedene, der heutigen Zeit angepasste Rituale, verehren die weiblichen und männlichen Gottheiten des keltischen Götterhimmels und geben ihr Geheimwissen an Eingeweihte weiter.

Vielen dieser Vereinigungen geht es jedoch nicht um die Zugehörigkeit zu einem Geheimkult, vielmehr suchen sie Wege, sich von den Fesseln des Christentums zu befreien und zu den Ursprüngen der europäischen Glaubensvorstellungen zurückzukehren. Ihrer Meinung nach bedeutet Religion nicht, sich lebensfeindlichen Dogmen unterwerfen zu müssen oder mit der Hölle vor Augen in ewiger Angst vor der Rache eines Gottes zu leben. Niemand begeht eine Sünde, wenn er sich an Sinnlichkeit und Sexualität erfreuen kann. Für die modernen Druiden besteht auch kein Widerspruch darin, an das eine Göttliche zu glauben, es aber in vielen Göttern wie Göttinnen zu verehren. Ihr Ziel besteht darin, die wahre Weisheit der keltischen Druiden wiedererstehen zu lassen, um dem Christentum eine tolerantere, humanere und weniger doktrinäre Religion entgegenstellen zu können.

Festzustellen ist in Europa zudem das vermehrte Auftreten von sogenannten „Neuen Hexen". Sie wenden sich gegen die patriarchalen Machtstrukturen in der christlichen Kirche und gegen das von ihr entworfene Bild eines allmächtigen, männlichen Schöpfergottes. Mit dieser Vorstellung und ihren von männlichen Vorurteilen geprägten mythischen Erzählungen könnten sich Frauen kaum identifizieren, daher treten die neuen Hexen für die Wiedereinführung der europäischen, vorchristlichen Urreligion ein. In dieser wurden einst eine „Große Göttin" und ein „gehörnter Gott" verehrt.

---

[398] Claude Lévi-Strauss in einem Fernsehinterview. Zitat unter: lateinamerika-studien.at/content/kultur/mythen/mythen-431.html (ges. 01.03.2016).
[399] Vgl.: Hofeneder, Andreas: Die Religion der Kelten in den antiken literarischen Zeugnissen, Band II, Wien 2008, 489.

Den Kult leiteten männliche und weibliche Priester; selbst im Alltag sei die Frau dem Manne gleichwertig gewesen. In der frühen Neuzeit, so sind sich die Vertreterinnen der Hexenkulte sicher, wären schließlich zahlreiche Trägerinnen dieses vorchristlichen, ja sogar vorkeltischen Kultes als böse Zauberinnen und Anhängerinnen des gehörnten Teufels verfolgt und hingerichtet worden[400].

Besonders umfassende Informationen über die keltische Kultur finden sich im Internet. Allerdings sind sie größtenteils schlecht recherchiert und zeigen insgesamt viel Erfindungsreichtum, ob es sich nun um die Beschreibung keltischer Rituale oder die Zusammensetzung von keltischen Zaubertränken handelt. So lässt sich in diversen Esoterikläden vom keltischen Baumhoroskop, über Kultgegenstände bis hin zu den Anleitungen für die verschiedenen Beschwörungsformeln alles erstehen, um von zu hause aus ganz bequem ohne allzu viel Vorwissen seine eigenen Orakel zu legen oder den „keltischen Schamanismus" zu praktizieren. Im Gegensatz dazu stellen Fantasy-Romane oft eine durchaus gelungene Mischung aus inselkeltischen Überlieferungen, archäologischen Berichten, antiken Aufzeichnungen und phantasievoller Unterhaltung dar[401].

Die inselkeltischen Überlieferungen haben die Menschen bis heute auf vielfältige Weise inspiriert. In den letzten Jahrzehnten entstanden zahlreiche Romane, die jene mythischen Erzählungen neu interpretierten oder als Grundlage für die Beschreibung von phantastischen Welten verwendeten. Auch die Berichte der antiken Autoren über die keltischen Stämme, die Weisheit ihrer Druiden und die blutigen Opferhandlungen boten Anlass für mannigfache Spekulationen. In den meisten Fällen nahm man die alten Überlieferungen als Anlass, um auf die Unterschiede zwischen der christlichen und der heidnischen Religion aufmerksam zu machen.

Entweder vertritt der Autor die Auffassung, dass mit dem Christentum auch die Erlösung von den grausamen Kulten gekommen war, oder er sieht in der Christianisierung eine Zerstörung der alten, naturverbundeneren und toleranten Traditionen. In diesem Zusammenhang steht auch die Verdrängung der Frau aus dem Kult durch die patriarchal strukturierte, christliche Kirche. Mit dem Dämonisieren der heidnischen Göttinnen und der Einführung eines rein männlichen Gottes verlor auch die Frau ihre Stellung in der Gesellschaft. Im christlichen Mythos tritt sie als Personifikation der Sünde auf, die nicht nur Schuld an der Vertreibung aus dem Paradies ist, sondern durch ihre sexuelle Ausstrahlung für jeden gottesfürchtigen Mann eine ständige Bedrohung darstellt.

Doch während das Christentum die sinnliche, körperliche Liebe für eine Sünde hält, wird sie in vielen polytheistischen Religionen hoch geschätzt. So erzählen etwa von den inselkeltischen Überlieferungen inspirierten Romane von autonomen Frauen, die sich ihre Partner selbst wählen können, von ausschweifenden Fruchtbarkeitsfesten zu Ehren der Muttergöttin und von Priesterinnen, die sich gegen das herannahende Christentum wehren[402].

Den wohl bekanntesten Zyklus stellt die Buchreihe „Die Nebel von Avalon" dar, aber es gibt zahlreiche andere Werke, die über weise Druiden, kämpferische Frauen und übernatürliche Helden wie Heldinnen berichten.

Die magisch-mystische Welt unserer prähistorischen Vorfahren mit ihren Beschwörungsformeln, Geisterwelten und übernatürlichen Wesen wird die Vorstellungen der Menschen

---

[400] Bischofberger, Otto: Das neue Heidentum. Rückkehr zu den alten Göttern. Fribourg 1996, 11-24.
[401] Miller, Ronald S.: Handbuch der Neuen Spiritualität. Bern 1994, 115-122.
[402] Faivre, Antoine: Esoterik im Überblick. Freiburg 2001, 50-61.

unseres technischen Zeitalters wahrscheinlich immer faszinieren, bietet sie doch eine willkommene Möglichkeit, unserer eigenen, allem Zauber entkleideten Welt, die von Wissenschaft und rationalem Verstand beherrscht wird, zu entfliehen. In den Bereich einer immer wieder aufkeimenden Keltenbegeisterung sind des Weiteren die zahlreichen Bücher über Druiden, keltische Kultorte und Grabstätten zu stellen. Außerdem ist in diversen Esoterikläden vom keltischen Baumhoroskop, über Kultgegenstände bis zu Anleitungen für verschiedenste Beschwörungsformeln alles zu erstehen[403].

Im 19. und 20. Jahrhundert entstanden in ganz Europa Druiden-Orden. Moderne druidische Gruppen vollziehen an ausgewählten, prähistorischen Kultplätzen verschiedene, der heutigen Zeit angepasste Rituale, verehren die weiblichen und männlichen Gottheiten des keltischen Götterhimmels und geben ihr Geheimwissen an Eingeweihte weiter. Als neuzeitliche Druiden wollen die Anhänger sich von den Fesseln des Christentums befreien und zu den Ursprüngen der europäischen Glaubensvorstellungen zurückkehren. Ihrer Meinung nach bedeutet Religion nicht, sich lebensfeindlichen Dogmen unterwerfen zu müssen oder mit der Hölle vor Augen in ewiger Angst vor der Rache eines Gottes zu leben. Niemand begeht eine Sünde, wenn er bzw. sie sich an Sinnlichkeit und Sexualität erfreuen kann. Für sie besteht auch kein Widerspruch darin, an das eine Göttliche zu glauben, es aber in vielen Göttern wie Göttinnen zu verehren. Ihr Ziel besteht darin, die wahre Weisheit der keltischen Druiden wiedererstehen zu lassen, um dem Christentum eine tolerantere, humanere und weniger doktrinäre Religion entgegenstellen zu können.

Trotz der Verehrung von keltischen Gottheiten handelt es sich bei der Religionsauffassung um eine Art pantheistischen Naturkult. Die ersten Gründungen von Druidenorden gehen auf das 18. Jahrhundert zurück und waren stark von den Gedanken der Aufklärung geprägt. Inzwischen zählen zu den Inhalten je nach Druidenorden auch Baumkult, Mantik, Naturheilkunde, Alchemie und sogar ein „keltischer Schamanismus"[404].

Festzustellen ist in Europa zudem das vermehrte Auftreten von „Wicca-Kulten", modernen, synkretistischen Naturreligionen, deren Anhänger sich meist als Hexen oder Hexer bezeichnen. Viele von ihnen wenden sich gegen die patriarchalen Machtstrukturen in der christlichen Kirche und gegen das von ihr entworfene Bild eines allmächtigen, männlichen Schöpfergottes.

Mit dieser Vorstellung und ihren von männlichen Vorurteilen geprägten mythischen Erzählungen könnten sich Frauen kaum identifizieren, daher treten die neuen Hexen für die Wiedereinführung einer angenommenen europäischen, vorchristlichen Urreligion ein. In dieser habe man einst eine „Große Göttin" und einen „gehörnten Gott" verehrt. Der Kult wurde von männlichen und weiblichen Priestern geleitet; auch im Alltag sei die Frau dem Manne gleichwertig gewesen.

In der frühen Neuzeit seien die meisten Trägerinnen dieses vorchristlichen Kultes schließlich als Hexen verfolgt und hingerichtet worden. Die Anhänger und Anhängerinnen der Wicca-Kulte gründen ihre Religion auf der Synthese und freien Interpretation von vorchristlichen Kulten, darunter jenen der Kelten, der Mysterien und der Freimaurer sowie einigen literarischen Werken aus der klassischen Antike[405].

---

[403] Bischofberger, Otto: Das neue Heidentum. 7-14.
[404] Vgl.: Miller, Ronald S.: Handbuch der Neuen Spiritualität. 147-163.
[405] Vgl.: Miller, a.a.O. 77-99.

III. Teil

Theorien und Konzeptionen von Wissenschaft

1. Zur Relation zwischen mythischem und wissenschaftsbasiertem Weltbild

Wie die vorangegangenen Kapitel zeigten, schien es mythischen Weltbildern über lange Zeit hinweg möglich gewesen zu sein, sämtliche Bereiche der menschlichen Lebenswelt nachvollziehbar zu deuten und selbst außergewöhnliche Ereignisse befriedigend zu erklären. Durch Gleichnisse, Allegorien und Personifizierungen gaben sie positiven wie negativen Erlebnissen einen Sinn. Erst mit dem Erfolg der Naturwissenschaften [406] wurde ihrer Deutungshoheit ein Ende bereitet.

Wann genau er begonnen hat, dieser „Paradigmenwechsel[407]" von mythischer zu wissenschaftsbasierter Weltanschauung, ist eine Frage, auf die es viele mögliche, aber keine definitive Antwort gibt. Mit dem Humanismus, dessen Geburtsstunde in geisteswissenschaftlichen Fachkreisen kontrovers diskutiert wird und die je nach Konzept entweder mit der Philosophie Platons, der Stoa oder Descartes' beginnt, wie der Philosoph Stefan Lorenz Sorgner in seiner Einführung zum Transhumanismus nachvollziehbar darlegt[408]? Oder erst mit der Aufklärung?

Doch lässt sich von einem Wechsel sprechen, wenn weiterhin an einem dualistischen Menschenbild festgehalten wurde? Handelt es sich bei der Behauptung, der Mensch besäße einen materiellen Körper und einen immateriellen Geist, einen Geist, dem als „Seele" Unsterblichkeit beschert sei, nicht um eine mythische Annahme? Zumal sich diese Annahme auf die Existenz einer mit den Methoden der exakten Wissenschaften weder be-, noch widerlegbaren göttlichen Wesenheit oder transzendenten Substanz gründet. Eine Auffassung, die sich auch mit dem Beginn der Moderne nicht wesentlich änderte.

Erst die Vertreter der Postmoderne postulieren ein nicht-dualistisches Menschenbild, indem sie davon ausgehen, dass der Geist und mit ihm die Vernunft des Menschen ein Produkt evolutionärer Prozesse sind. Die Wurzeln zum postmodernen Weltverständnis reichen jedoch weit zurück. S. L. Sorgner zählt zu den wesentlichen Faktoren die skeptische Methode sowie die „drei Kränkungen" von Kopernikus, Darwin und Freud[409]:

---

[406] Die Naturwissenschaften konzentrieren sich auf deskriptive Aussagen. Sie beschreiben, was der Fall ist. Antworten auf die Frage, was der Fall sein sollte, liefert hingegen die Erkenntnistheorie. Sie beschäftig sich im Allgemeinen mit normativen Aussagen, indem sie danach frägt, welche Bedingungen erfüllt sein müssen, um Meinungen als gerechtfertigt ansehen zu können.

[407] Im Sinne des Wissenschaftsphilosophen Thomas Samuel Kuhn. Vgl.: Chalmers, Alan F.: Wege der Wissenschaft. Einführung in die Wissenschaftstheorie. 6. Auflage Berlin Heidelberg 2007, 96. Chalmers bietet nicht nur eine leicht verständliche Beschreibung der Theorie von Kuhn, sondern hinterfragt sie auch kritisch.

[408] Vgl.: Sorgner, Stefan Lorenz: Stammbäume des Meta-, Post- und Transhumanismus in Sorgner, Stefan Lorenz (Hg.): Aufklärung und Kritik. Schwerpunkt Transhumanismus. 3/2015, 9f.

[409] Eine weitere Kränkung stellt zudem die „eschatologische Kränkung" dar. Nach Bernulf Kanitscheider habe das Wissen um die Bedeutungslosigkeit aller während eines Menschenlebens wichtigen Ereignisse in Bezug auf ein vollkommen ungerührtes und unverändert weiter existierendes Weltall auf viele moderne Menschen bedrohlich gewirkt und tue es vielerorts weiterhin. Vgl.: Kanitscheider, Bernulf: Die Materie und ihre Schatten. Aschaffenburg 2007, 206f. Weitere Kränkungen beispielsweise bei Gerhard Vollmer durch künstliche Intelligenz oder die drohende Auflösung des Dualismus von Körper und Seele durch neurobiologische Forschungen. Vgl.: Die vierte bis siebte Kränkung des Menschen. Gehirn, Evolution und Menschenbild. In: Gesellschaft für kritische Philosophie GKP Nürnberg (Hg.)Aufklärung und Kritik. 1/1994, 81ff.

Das heliozentrische Weltbild, die Evolutionstheorie und die Zersplitterung des ehemals geeinten Subjekts[410]. Hinzu komme die Vorstellung von unterschiedlichen Rationalitäten, die kaum geeignet seien, die Wahrheit in Korrespondenz zur Wirklichkeit zu erfassen[411].

Es scheint, als handle es sich bei dem Wechsel von mythischer zu wissenschaftlicher Weltauffassung eher um einen schleichenden Prozess, denn um eine Revolution mit abruptem und vor allem vollständigen Gesinnungswandel; einem Prozess, dessen Beginn wohl lange vor den ersten humanistischen Anschauungen anzusetzen ist, wenn davon ausgegangen wird, dass jede technische Errungenschaft, jede empirische Erkenntnis letztendlich zur Aufgabe jener mythischen Annahme führte, die in Bezug auf denselben Gegenstand zuvor als Erklärung diente. Wobei natürlich niemals auszuschließen ist, dass an die Stelle der ursprünglichen mythischen Vorstellung eine neue, ebenso auf mythischen Annahmen beruhende tritt, die – zumindest vorerst – in keinem Widerspruch zu den vorhandenen empirischen Einsichten steht. Dies würde auf eine allmähliche gesellschaftliche Entwicklung hindeuten, in deren Verlauf sich mit fortschreitender wissenschaftlicher Erkenntnis und entsprechender Bildung aller Gesellschaftsmitglieder der Spielraum für mythische Anschauungen so weit verkleinern könnte, dass ihnen in der allgemeinen Weltdeutung letztendlich keine Bedeutung mehr zukommt. Ein solcher Prozess lässt sich in wissenschaftsorientierten demokratischen Gesellschaftssystemen zweifelsfrei nachweisen, wenngleich die sozialen und politischen Verhältnisse zu Beginn des 21. Jahrhunderts zeigen, wie leicht und vor allem schnell es in Krisenzeiten zu einer Wiederbelebung längst überwunden geglaubter mythischer Annahmen kommen kann, insbesondere von jenen, die sich auf durch Nichts zu beweisende oder zu widerlegende Vorstellungen berufen.

Über das Verhältnis von mythischen zu wissenschaftsbasierten Weltansichten herrscht nach wie vor Uneinigkeit. Bis zum heutigen Tage werden die Mythentheorien denn auch von zwei Grundkonzeptionen bestimmt: zum einen jene von der Unvereinbarkeit des mythischen mit dem wissenschaftsbasierten Denken. Sie mündet entweder in der Abwertung des Mythos, indem er als prälogisches Denken dem „Logos", dem rationalen Denken, zeitlich vorgeordnet und zu einer mangelhaften Vorstufe degradiert wird. Oder sie verklärt den Mythos als authentischer und der „wahren" Welt näherstehend als die rein auf empirische Erkenntnisse vertrauenden Wissenschaften.

Zum anderen gibt es die Konzeption von der Komplementarität der beiden Weltanschauungen. Mythos wird dabei nicht mit der Wissenschaft verglichen, sondern als alternative Möglichkeit der Weltdeutung betrachtet, die sich in mancher Hinsicht besser zur Bewältigung von Emotionen eignet. So ist etwa der Philosoph Christoph Jamme der Ansicht, dass der Mythos erklärt, was die verstandesmäßige Erkenntnis nicht zu fassen vermag[412]. Von einer Alternative zur wissenschaftlichen Welterklärung geht ebenso Wolfgang Pannenberg aus. Die mythische Sicht sei demnach keine subjektive Glaubenseinstellung, sondern eine universal-menschliche Wahrnehmungskategorie[413]. Und Ernst Cassirer betrachtet den Mythos als eine Denkform, die der empirisch-wissenschaftlichen Art von Erkenntnis gleichwertig

---

[410] Vgl.: Stefan Lorenz (Hg.): Aufklärung und Kritik. 3/2015,14.
[411] Vgl.: Ebd.,15ff.
[412] Vgl.: Jamme, Christoph: Gott an hat ein Gewand. Grenzen und Perspektiven philosophischer Mythostheorien der Gegenwart. Frankfurt 1999, 19.
[413] Vgl.: Barner, Wilfried/Detken Anke/Wesche Jörg (Hg.): Texte zur modernen Mythentheorie. Stuttgart 2003, 263ff. Wolfgang Pannenbergs Vortrag auf dem VI. Europäischen Theologenkongress 1988: Die weltgründende Funktion des Mythos und der christliche Offenbarungsglaube.

gegenüberstehe. Sie würden sich nicht durch ihre Qualität, sondern die Art und Weise ihrer Erkenntnisform unterscheiden[414]. Der Mythos definiere sich über die Identität. Erst mit der Religion hätte der Prozess der Objektivierung seinen Anfang genommen[415].

Der Religionswissenschaftler Mircea Eliade spricht dem Mythos eine grundsätzlich andere Funktion zu als der Wissenschaft[416]. Er sieht in ihm eine heilige Erzählung, die dem Menschen als Vorbild für sein eigenes Leben dient. Es sei der Wunsch, am wahren Sein teilzuhaben, denn das Profane gehöre der Sphäre des Realen nicht an. Erst durch die „imitatio dei", die Nachahmung der göttlichen Taten erhielte der Mensch seinen Platz in der Wirklichkeit. Nur durch die stete Wiederholung könne die profane Welt des Menschen geheiligt werden. Deswegen stelle das Heilige eine ontologische Kategorie a priori dar[417].

Für den Sozialphilosophen Ernst Topitsch basieren die mythisch-magische Weltauffassung und die empirisch-rationale Wissenschaft auf unterschiedlichen Paradigmen, weswegen letztere nicht fähig sei, erstere angemessen zu erklären oder zu kritisieren[418]. E. Topitsch unterscheidet zwischen mythischen und wissenschaftsbasierten Weltbildern über die Trennung von Erkennen und Werten. Seiner Ansicht nach werden mythische Weltbilder von zwei Interpretationsmodellen beherrscht: dem biomorphen und dem intentionalen, wobei sich letzteres wiederum in technomorphes, soziomorphes und ekstatisch-kathartisches gliedere. Es sei die Angst vor dem Fremden, dem Unbekannten, die den Menschen von jeher dazu brachte und bringt, nach Erklärungen zu suchen. Doch nicht die Ergebnisse wissenschaftlich-physikalischer Untersuchungen alleine vermögen es, das dem Menschen innewohnende Bedürfnis nach Sicherheit und Sinnhaftigkeit zu stillen. Die Erklärung müsse in ihm eine Regung auslösen, die ihn befähige, die Situation angemessen bewerten und bei Bedarf mit entsprechenden Handlungen reagieren zu können[419]. E. Topitsch nennt dies „werthaft-affektiv wirksam" und „praktisch bedeutsam". Solche Erklärungen eigneten sich zudem zur Stärkung des Gemeinschaftsgefühls und als perfektes Mittel zur Leitung einer Gesellschaft. Zusammengefasst fänden sie sich im Weltbild einer Kultur und differierten je nach Entwicklungsstufe[420].

Tatsächlich schwand mit dem Siegeszug der Naturwissenschaften und dem technischen Fortschritt die Bedeutung des mythischen Weltbildes. Gefragt war eine Lebensdeutung im Sinne der wissenschaftlichen Rationalität. So viele Naturerscheinungen hatte die Physik bereits vernünftig erklärt. Schien es da nicht logisch, dass sich mit ihr letztlich irgendwann einmal alles auf empirisch nachweisbare Phänomene zurückführen lassen würde? Im 19. sowie 20. Jahrhundert schallte in den Industriestaaten überall der Ruf nach einer endgültigen Abkehr vom Mythos und nach einer rein auf wissenschaftlichen Erkenntnissen basierenden Bildung aller. Ziel war die Entmythologisierung der gesamten Kultur. Es hieß, die mythische Lebensdeutung sei nicht mehr verträglich mit einem naturwissenschaftlichen Weltbild[421]. Und

---

[414] Vgl. Siebrecht, Else: Aspekte philosophischer Mythentheorien im 20. Jahrhundert. Abschlussarbeit an der Goethe-Universität, Frankfurt am Main; Cassirer, Ernst: Philosophie der symbolischen Formen. II, 2002, 74.
[415] Vgl.: Cassirer, Ernst: Was ist der Mensch? München 1960, 13-24.
[416] Vgl.: Robert A. Segal: Mythos. Stuttgart 2007, 183.
[417] Vgl. Barner, Wilfried/Detken Anke/Wesche Jörg (Hg.): Texte zur modernen Mythentheorie. Stuttgart 2003, 78ff. Mircea Eliade: Das Heilige und das Profane. Vom Wesen des Religiösen 1957.
[418] Vgl.: Topitsch, Ernst: Wie rational ist Magie? In Hans Lenk (Hg.): Zur Kritik der wissenschaftlichen Rationalität. Freiburg/München 1986, 55.
[419] Vgl. Topitsch, Ernst: Vom Ursprung und Ende der Metaphysik. München 1972, 12f.
[420] Vgl.: Ebd., 14.
[421] Vgl.: Anton Grabner-Haider in: Helma Marx (Hg.): Das Buch der Mythen. Styria 1999, 607.

wer mit dem Begriff Mythos religiöse Dogmenbildung, menschenfeindliche Ideologien oder herrschaftliches Machtinstrument verbindet, sieht in dieser Forderung zu Recht einen Fortschritt.

Mythische Weltanschauungen können aber ebenso dazu beitragen, ein positives Menschenbild zu verbreiten und den sozialen Zusammenhalt von Gemeinschaften bis hin zu großen Gesellschaften zu fördern. Die Stärke von Mythen als Übermittler von Wertvorstellungen liegt in ihrer narrativen Struktur. Der Sinn des Daseins wird dichterisch interpretiert und hilft dem Einzelnen, oft verbunden mit anderen Ausdrucksformen wie Musik, Tanz und Schauspiel oder in der religiösen Praxis mit zeremoniellen Ritualen, sich in seiner jeweiligen Lebensphase zurechtzufinden[422].

Zudem gibt es in der Erlebenswelt des Menschen Bereiche, die ein rein wissenschaftsbasiertes Weltbild anscheinend nicht befriedigend abdecken kann, dazu zählen Erklärungen für unvorhergesehene insbesondere negative Ereignisse ebenso, wie die Linderung von Angst vor einer vollständigen Auslöschung des eigenen Individuums mit dem Tod oder bestimmte ethische Fragestellungen. Diese Bereiche bilden heute durchaus den Gegenstand kultur- und neurowissenschaftlicher Untersuchungen. Auch die Suche nach sozial verträglichen Lösungen für menschliche Lebensprobleme wie dem Bedürfnis nach Orientierung oder der Bildung moralischer Werte findet hier ihren Platz.

Praktische Lebenshilfe beziehen viele Menschen jedoch nach wie vor aus pseudowissenschaftlichen[423] Quellen, zu denen neben beispielsweise Esoterik, Parapsychologie, okkulten Strömungen und Astrologie je nach Begriffsbestimmung auch die Religion gezählt wird, sofern ihre Lehre einen wissenschaftlichen Anspruch erhebt. Ebenso scheint der Mensch in bestimmten Situationen oder emotionalen Zuständen für wissenschaftlich nicht fundierte Ideologien empfänglich zu sein – so einseitig oder irrational Teile der dahinter liegenden Vorstellungen auch sein mögen. Liegt es an seiner „bounded rationality"[424]? Oder daran, dass – wie Platon vermutete – nicht jeder Mensch in demselben Maße seine Vernunft anwenden kann[425]?

Vielleicht hängt es aber auch damit zusammen, dass viele Menschen zu den Weltdeutungen der in immer zahlreichere Einzeldisziplinen zerfallenden Wissenschaften keinen Bezug haben, weil es ihnen schwer fällt, ihre Grundlagen nachzuvollziehen. Den mythischen Sichtweisen beraubt, suchen sie eigene Wege, ihre Erlebniswelt zu deuten. Aus dem Viele-Welten-Modell von Hugh Everett[426] werden „Parallele Welten", die Zeitreisende beliebig wechseln können. Die quantenmechanische Verschränkung wird als Grundlage der Telepathie interpretiert. Die Evolution gilt vielen als von einer göttlichen Macht angeregt und der Mensch bleibt die Krone der Schöpfung.

---

[422] Vgl.: Kanitscheider, Bernulf: Entzauberte Welt. Über den Sinn des Lebens in uns selbst. Eine Streitschrift. Stuttgart 2008, 31-40. Bunge Mario / Mahner, Martin: Über die Natur der Dinge. Materialismus und Wissenschaft. Stuttgart 2004, 19-23.

[423] Pseudowissenschaft im Sinne des Mathematikers John L. Casti (Verlust der Wahrheit. Streitfragen der Naturwissenschaften. München 1990).

[424] Nach dem Konzept der „gebundenen Rationalität" ist es unter anderem wegen der eingeschränkten geistigen Fähigkeiten des Menschen nicht möglich, dass Entscheidungen vollständig rational erfolgen. Vgl.: Simon, Herbert A. / Egidi, Massimo / Viale, Ricardo / Marris, Robin: Economics, Bounded Rationality and the Cognitive Revolution. Edward Elgar Publishing 2008; Matthias, Martin: Bounded rationality – begrenzte Rationalität. GRIN-Verlag 2009.

[425] Vgl.: Sorgner, Stefan Lorenz: Stammbäume des Meta-, Post- und Transhumanismus. In: Sorgner, Stefan Lorenz (Hg.): Aufklärung und Kritik. Schwerpunkt Transhumanismus. 3/2015, 12.

[426] Vgl.: Gribbin, John: Auf der Suche nach Schrödingers Katze. Quantenphysik und Wirklichkeit. 10. Auflage, München 2012, 250-265.

Zugleich entstehen neue Mythen. Waren es in der Vergangenheit mythische Erzählungen mit vorwiegend religiös oder politisch motiviertem Kontext, so umspannen diese inzwischen beinahe den gesamten Bereich menschlichen Wirkens – vom Sport über die Wirtschaft bis hin zu pseudowissenschaftlichen Theorien. Tatsächlich gelöst von mythischen Deutungen ihrer Erlebenswelt haben sich viele Menschen selbst als Mitglieder der Wissensgesellschaft bisher wohl nicht, trotz veränderter Regelsysteme und Grundannahmen.

Könnte es demnach sein, dass mythische Welterfahrung eine andere Weise der Wirklichkeitserfahrung darstellt als jene in der Wissenschaft, wie es Kurt Hübner in „die Wahrheit des Mythos" darlegt[427]? Hat der Mythos sein ihm eigenes Begriffs- und Erfahrungssystem in einer umfassenden Lebenswirklichkeit? Oder spiegelt er eine Darstellung der Wirklichkeit wider, die nicht auf reiner Sinneserfahrung beruht? Zumindest lässt sich nicht abstreiten, dass bei der Entstehung von Mythen auch das Kreativpotential des Menschen eine große Rolle spielt; dass mythische Anschauungen und die menschliche Kreativität vielleicht sogar untrennbar miteinander verbunden sind, wobei Kreativität nicht mit dem Erschaffen von reinen Fantasiegebilden oder irrealen Vorstellungen gleichzusetzen ist.

So sollte es weniger eine Frage sein, ob, sondern in welchem Maße sich die Daseinsdeutung von Mitgliedern der heutigen Wissensgesellschaft auf ein rein wissenschaftsbasiertes Weltbild stützt. Ohne umfassende statistische Untersuchungen können darauf jedoch nur mit heuristischen Verfahren gewonnene Hypothesen eine Antwort geben.

Nachfolgend findet sich ein kleiner, ausgewählter Auszug aus den vielfältigen und zahlreichen wissenschaftsbasierten Daseinsauffassungen, eine Art Streifzug durch die Bereiche der modernen Natur-, Sozial-, Wirtschafts- und Kulturwissenschaften. Er dient zum einen als Einblick in die Weltsicht wissenschaftlichen Denkens, zum anderen als Bezugspunkt für eine Gegenüberstellung des mythischen und des wissenschaftsbasierten Weltbildes.

---

[427] Vgl.: Hübner, Kurt: Die Wahrheit des Mythos. München 1985, 87-95.

2. Ausgewählte zentrale Charakteristika, Theorien und Konzeptionen wissenschaftsbasierter Weltbilder

> *„Die wahren Abenteuer sind im Kopf, in meinem Kopf,*
> *und sind sie nicht in meinem Kopf, dann sind sie nirgendwo."*
> *André Heller*

Das moderne Weltbild der westlichen Wissensgesellschaften gründet sich wesentlich auf den Erkenntnissen wissenschaftlicher Forschung. Neben einer auf den Naturwissenschaften basierenden Weltdeutung prägen auch zahlreiche andere Interpretationsmodelle eine an der Wissenschaft orientierte Daseinsdeutung, darunter etwa sozial- und wirtschaftswissenschaftsbasierte Weltanschauungen oder eine konstruktivistisch beeinflusste Weltsicht. Doch was genau bedeutet der Begriff „Wissenschaft"? Schon die unterschiedlichen Begriffsbestimmungen in der Wissenschaftsphilosophie zeigen, dass es darauf keine einfache Antwort gibt.

Umschrieben als „Lebens- und Weltorientierung, die auf eine spezielle meist berufsmäßig ausgeübte Begründungspraxis angewiesen ist und insofern über das Alltagswissen hinausgeht, ferner die Tätigkeit, die wissenschaftliches Wissen produziert", findet sich der Begriff „Wissenschaft" in der Enzyklopädie „Philosophie und Wissenschaftstheorie" von Jürgen Mittelstraß[428].

Wissenschaft ist in erster Linie ein Begriff, aber auch ein Metabegriff, weil sie alle Disziplinen umfasst, die ihren Kriterien gerecht werden. Als „lehrbares Gesamtergebnis von Einzelforschungen über einen bestimmten Bereich, die auf begründete Weise und allgemein nachvollziehbar zustande gekommen sind und ihrer Vermehrung, Erweiterung und Korrektur offenstehen", beschreibt das Philosophische Lexikon von Martin Gessmann die Wissenschaft. Strenge Wissenschaftlichkeit verlange zudem grundsätzliche Wiederholbarkeit der Ergebnisse[429].

Das Seminarfach „wissenschaftlich arbeiten" der Universität Erfurt bezeichnet Wissenschaft als „die Gesamtheit des begründeten und überprüfbaren Wissens, das zu einer bestimmten Zeit in der Menschengemeinschaft als gesichert und irrtumsfrei gilt. [...] Wissenschaft als Forschung ist eine menschliche Tätigkeit mit dem Ziel, begründetes, überprüfbares, irrtumsfreies, nachvollziehbares Wissen zu produzieren und auch infrage zu stellen"[430]. Im Metzler-Lexikon „Philosophie" ist wiederum zu lesen: „Wissenschaft, die rationale, operable und lehrbare Gesamtdarstellung aller Einzelerkenntnisse eines definierbaren Gegenstandsbereichs mit dem Ziel steter Wissensvermehrung, -erweiterung und -korrektur. Einzelwissenschaften werden durch ihren Gegenstandsbereich definiert. [...] Neben der theoretischen Erklärung von Wirklichkeitszusammenhängen gelten die empirische Bestätigung einer

---

[428] Kambartl, Friedrich: Wissenschaft, in: Mittelstraß, Jürgen (Hg): Enzyklopädie. Philosophie und Wissenschaftstheorie. Band 4, Stuttgart 2004, 719.
[429] Vgl.: Gessmann, Martin (Hg.): Philosophisches Wörterbuch. 23. Auflage, Stuttgart 2007, 772f.
[430] Vgl.: Schultka, Holger: Wissenschaft. Unter: www.uni-erfurt.de/seminarfach/kurs/1 am 25.06.2014.

wissenschaftlichen Theorie und die prinzipielle Reproduzierbarkeit der Ergebnisse als grundlegende Kriterien für strenge Wissenschaftlichkeit."[431]

Der vereinfachten Darstellung einer Charakterisierung von aktuellen Real- oder Wirklichkeitswissenschaften des Philosophen und Physikers Mario Bunge sowie des Biologen und Wissenschaftsphilosophen Martin Mahner folgend, zählen zu den gemeinsamen Merkmalen:

1. Der Gegenstandsbereich umfasst alles real[432] Existierende, also alle (nachgewiesenen oder angenommenen) konkreten und materiellen Objekte, ihre Veränderungen in Vergangenheit, Gegenwart und Zukunft sowie überprüfbare Hypothesen zu noch nicht entdeckten Objekten.

2. Der Wissensbestand besteht aus sämtlichen von den Wissenschaftlern der jeweiligen Wissenschaftsgemeinde generierten aktuellen und gut bestätigten Erkenntnissen[433].

3. Das Hintergrundwissen einer Fachrichtung entstammt gegenwärtigen und in vernünftigem Maße bestätigten Erkenntnissen aus benachbarten, für die Forschungsarbeit bedeutsamen Disziplinen.

4. Die Ziele dienen nur Erkenntnissen in Bezug auf den ausgewählten Gegenstandsbereich und sind kognitiver Natur. Von Bedeutung ist insbesondere die Formulierung von Gesetzesaussagen.

5. Die Methodik besteht aus spezifischen Methoden oder Techniken, besonderen statistischen Methoden sowie der allgemeinen – wissenschaftlichen – Methode. Letztere basiert auf der Abfolge von Problemstellung, Hypothesenbildung, Überprüfung mit geeigneten Methoden, Beurteilung und eventueller Integration in den Wissensbestand, unter Umständen auch durch Umbau desselben.

6. Allgemeine philosophische Grundannahmen, die sich zusammensetzen aus dem Ontologischen Realismus, demzufolge es eine von der Vorstellung oder Existenz eines Menschen unabhängige Welt gibt; dem erkenntnistheoretischen Realismus, der davon ausgeht, dass die Welt zumindest in Ansätzen und näherungsweise erkannt werden kann; dem Prinzip der Gesetzmäßigkeiten; dem Genetischen Prinzip, wonach nichts weder aus nichts entsteht, noch ins Nichts verschwindet; dem Ontologischen Naturalismus, gemäß welchem die Welt natürlich ist und aus sich selbst heraus besteht; dem Sparsamkeitsprinzip, das die Vermeidung unnötiger Annahmen fordert; dem Korrespondenztheoretischen Wahrheitsbegriff, der besagt, dass die Wahrheit einer Tatsachenaussage mit den Tatsachen übereinstimmen muss, sowie dem Fallibilismus, nach dem es keine absolute Gewissheit geben kann.

Hinzu komme nach M. Bunge und M. Mahner ein internes Wertesystem (Endoaxiologie), in dem sich unter anderem logische[434], semantische[435] und methodologische[436] Werte sowie Einstellungs- und moralische[437] Werte fänden. Ein externes Wertesystem (Exoaxiologie) sei

[431] Hardy, Jörg: Wissenschaft. In: Prechtl, Peter, Burkard(Hg.), Franz-Peter (Hg.): Metzler-Lexikon Philosophie, Begriffe und Definitionen. 3. Auflage, Stuttgart, 2008, 684.
[432] Über den Realitätsbegriff im Sinne des Materialismus: Bunge, Mario / Mahner, Martin: Über die Natur der Dinge. Stuttgart 2004, 62-66.
[433] Daten, Hypothesen und Theorien.
[434] M. Bunge und M. Mahner (a.a.O. 2004, 213) nennen als Beispiele Widerspruchsfreiheit und Zirkelfreiheit.
[435] Beispielsweise Klarheit und maximale Wahrheit oder Übereinstimmung von Tatsachenaussagen durch eindeutige Begriffsbestimmungen. Vgl.: M. Bunge und M. Mahner: a.a.O. 2004, 213.
[436] Etwa Überprüfbarkeit nicht nur aller Aussagen, sondern auch der verwendeten Methoden. Vgl.: M. Bunge und M. Mahner: a.a.O. 2004, 213.
[437] Auch „Ethos der Wissenschaft". Unter den Werten finden sich zum Beispiel kritisches Denken und Aufgeschlossenheit. Vgl.: M. Bunge und M. Mahner: a.a.O. 2004, 213.

nicht gegeben, da in der Grundlagenwissenschaft keine Werturteile über die Bezugsobjekte gefällt würden[438]. Während die Psychologie und Sozialwissenschaften ausdrücklich zu den Realwissenschaften gezählt werden, finden in dieser Charakterisierung weder die Formalwissenschaften, noch die Geisteswissenschaften – als Sammelbegriff für Disziplinen wie Philosophie oder Theaterwissenschaft – Berücksichtigung[439].

Schon Anfang des 20. Jahrhunderts sah der Philosoph Wilhelm Windelband einen grundlegenden Unterschied zwischen der nomothetisch-naturwissenschaftlichen und der idiographisch-geschichtlichen Methode. Sein Schüler Heinrich Rickert sprach von einem verallgemeinernden und einem individualisierenden Verfahren. Es ist der Unterschied zwischen allgemein gültigem, von Raum und Zeit unabhängigen Gesetz und fest umrissenem Ereignis[440]. Nach H. Rickert sollte es keine Unterscheidung von Natur- und Geisteswissenschaft geben, sondern eine Zuordnung der Einzelwissenschaften bei Anwendung der naturwissenschaftlichen Methode zur Naturwissenschaft, bei Anwendung der historischen Methode zur Kulturwissenschaft[441].

Auch für den Physiker und Schriftsteller Charles Snow besteht der grundlegende Unterschied zwischen den Naturwissenschaften und den Geisteswissenschaften in ihrer Methodik. Die Naturwissenschaften würden die Objekte der Erkenntnis unter Nichtbeachtung der besonderen Gegebenheiten durch idealisierte und quantifizierbare Messgrößen ersetzen. Ihr Ziel sei es, Erklärungen zu finden. Die Geisteswissenschaften hingegen interpretierten die Realität mit den Mitteln von Sprache, Mythos, Religion und Kunst. Ziel sei es, die Wirklichkeit zu verstehen[442]. Schon der Philosoph Wilhelm Dilthey wies das Verstehen und Deuten von Texten als hermeneutische Methode den Geisteswissenschaften zu, im Gegensatz zu den erklärenden Disziplinen der Naturwissenschaften[443].

Doch Schwierigkeiten bei der Beschreibung des modernen wissenschaftsbasierten Weltbildes bereitet nicht nur die Zuordnung der Einzeldisziplinen oder die eindeutige Bestimmung des Wissenschaftsbegriffes. Angesichts der ansteigenden Innovations-geschwindigkeit, der immer komplexer werdenden Inhalte und der zunehmenden Spezialisierungen stellt sich die Frage, ob nicht die „Wissenschaft" inzwischen in so viele Teilbereiche zerfallen ist, dass es kaum noch möglich scheint, ein einheitliches für alle Mitglieder der Wissensgesellschaft annehmbares oder verständliches Weltbild bereitzustellen. Es hat den Anschein, als suche sich jede der Disziplinen ihren eigenen Zugang zur Realität; einer Realität, die als subjektive Erlebniswelt der einzelnen Individuen selbst Gegenstand kontroverser Auffassungen über das Wesen der Wirklichkeit darstellt.

---

[438] Eine mögliche Ausnahme stelle nur die Eignung eines Gegenstandes als Forschungsobjekt dar. Vgl.: M. Bunge und M. Mahner: a.a.O. 2004, 213.

[439] Vgl. Bunge, Mario / Mahner, Martin: a.a.O. 2004, 207-213.

[440] Vgl.: Rickert, Heinrich: Sehen und Erkennen. Leipzig 1934, 16-24.

[441] Vgl.: Rickert, Heinrich: Kulturwissenschaft und Naturwissenschaft. Berlin 1926, 15, 34ff.

[442] Vgl.: Snow, C.P.: Die zwei Kulturen. Stuttgart 1967. Küppers, Bernd-Olaf: Die Berechenbarkeit der Welt. Stuttgart 2012, 259.

[443] Vgl.: Eberhard, Ursula (Hg.): Sophias Gärten. Eine Geschichte der Philosophie. Graz Wien Köln 2001, 188f.

Der philosophische Materialismus

Nur materielle Objekte besitzen reale Existenz. Dieser Satz bildet die Kernaussage und den gemeinsamen Nenner der zahlreichen, oft sehr unterschiedlichen Strömungen im Materialismus. Es wird davon ausgegangen, dass alle Abläufe und Phänomene der Welt, einschließlich des menschlichen Bewusstseins auf Materie, ihre Gesetzmäßigkeiten und Relationen zurückführbar sind. Im Gegensatz zum ontologischen Naturalismus gesteht der Materialismus nicht nur übernatürlichen Entitäten, sondern ebenso immateriellen – abstrakten oder ideellen –Objekten keine Realität zu.

Bezugnehmend auf die Argumentationsweise bilden drei Forderungen[444] die Grundvoraussetzung aller materialistischen Positionen:

1. Theoretische Rationalität: In einer wissenschaftlichen Erklärung dürfen sich keine verborgenen Kräfte, unerkennbaren Umstände oder transzendente Initiatoren finden. Sämtliche Gegenstände und Mittel der Erklärung müssen zu überschauen und überprüfbar sein.

2. Subjektlose oder übersubjektive Objektivität: Eine Abbildung der Realität lässt sich nur über einen Ausschluss subjektiver Einschätzungen und Überzeugungen gewährleisten.

3. Reduktionistische Uniformität: Komplexe und vielfältige Vorgänge sowie Zusammenhänge müssen über einheitliche Erklärungen auf gleichartige elementare Ereignisse und Dinge zurückzuführen sein.

Einen modernen Materialismus vertreten der Physiker und Philosoph Mario Bunge und der Biologe Martin Mahner[445]. In Erinnerung an das vom epikureischen Materialismus bestimmte Lehrgedicht „De rerum naturae" des römischen Philosophen Titus Lucretius Carus[446] titelt ihr Werk „Über die Natur der Dinge" und vertritt einen emergentistischen oder systemischen Materialismus, basierend auf einer wissenschaftsorientierten Ontologie. Dabei distanzieren sie sich insbesondere vom reduktionistischen Physikalismus sowie von einigen Gesetzen und erkenntnistheoretischen Annahmen im dialektischen Materialismus. (3).

Die Substanz oder Entität als Träger von (niemals negativen oder disjunktiven) Eigenschaften wird als konkretes, materielles oder reales „Ding" bezeichnet, genau dann, wenn sie mit anderen Dingen wechselwirken und sich der Wert zumindest einer ihrer Eigenschaften im Laufe der Zeit verändern kann, denn nach Ansicht von M. Bunge und M. Mahner gibt es in der Wirklichkeit keine substanzlose Eigenschaft und keine eigenschaftslose Substanz (20-22). Aus diesem Grund käme Konstrukten keine reale, sondern eine fiktive Existenz zu. Abstrakte, logische oder auch mythische Objekte benötigten ein denkendes Gehirn, um „begrifflich" zu existieren. Ihre speziellen Eigenschaften sind Prädikate, die es ermöglichen, Aussagen mit semantischer oder logischer Bedeutung zu formulieren (111-115).

Prädikate stellen gemäß materialistischer Ontologie die begrifflichen Repräsentationen von realen Eigenschaften dar, ohne dass jedes Prädikat auch wirklich einer realen Eigenschaft entsprechen müsse; schließlich sei es möglich, Dingen Eigenschaften zuzusprechen, die sie gar nicht besäßen; auch gäbe es Prädikate, die keine reale Eigenschaft repräsentierten, etwa disjunktive oder verneinte Prädikate.

---

[444] Vgl. Mittelstraß, Jürgen (Hg): Enzyklopädie. Philosophie und Wissenschaftstheorie. Band 2, Stuttgart 2004, 789.

[445] Vgl. Bunge, Mario / Mahner, Martin: Über die Natur der Dinge. Stuttgart 2004. Die Seitenzahlen sind im Folgenden in Klammern angegeben.

[446] Genannt Lukrez (zwischen 99 und 94 v.u.Z. – um 55 oder 53 v.u.Z.).

Bei substanziellen Eigenschaften sei eine begriffliche Unterscheidung in primäre (entweder intrinsische oder relationale) und sekundäre bzw. phänomenale (stets von einem wahrnehmungsfähigen Organismus abhängige, somit also immer relationale) Eigenschaften möglich, des weiteren in essenzielle und akzidentielle, qualitative und quantitative, manifeste und dispositionelle (entweder kausaler oder stochastischer Natur) Eigenschaften (23-30).

Masse, Energie und Information werden als Eigenschaften von Substanzen aufgefasst, da sie stets eines Trägers bedürfen. Energie stelle dabei die einzige universale physikalische Eigenschaft dar, also jene, die allen Dingen zueignen ist (30-39). Gesetze hingegen seien „als relationale Eigenschaften von (essenziellen) Eigenschaften" indirekte Eigenschaften von Dingen (41), und die Raumzeit ein Beziehungsgeflecht zwischen den einzelnen, sich verändernden materiellen Objekten (67).

Unterschieden wird in Bezug auf substanzielle Eigenschaften zudem zwischen allgemeinen und individuellen Eigenschaften. Gemäß den Ausführungen von M. Bunge und M. Mahner gründet sich die Individualität eines Dings auf seinen individuellen Eigenschaften zu einer bestimmten Zeit. Zwei Dinge mit völlig identischen Eigenschaften könnten keine zwei Dinge mehr sein, so ließe sich selbst bei Elementarteilchen wie den Bosonen nur von einer funktionalen Identität sprechen. Abschließend führen M. Bunge und M. Mahner noch die Unterscheidung von absoluten und relativen Eigenschaften an. Sie bezieht sich auf die Abhängigkeit oder Unabhängigkeit einer Eigenschaft von einem Bezugssystem.

Komplexe Dinge (Systeme) hätten resultante oder emergente Eigenschaften (23-30). Bei dem Begriff der Emergenz handelt es sich um einen (absoluten oder relativen) Prozess, in dessen Verlauf ein System mit emergenten Eigenschaften entsteht[447]. M. Bunge und M. Mahner halten Emergenz für einen ontologischen Begriff und weisen darauf hin, dass eine Definition mit erkenntnistheoretischen Begriffen einen Kategorienfehler darstelle (78-83). Emergente Eigenschaften bezeichnen Systemeigenschaften, die kein Bestandteil des Systems aufweist. Die emergenten Eigenschaften komplexer neuronaler Systeme stellen im modernen systemischen Materialismus mentale Eigenschaften wie Bewusstsein und Denken dar. Als interne Prozesse unterliegen sie Gesetzmäßigkeiten (159).

Selbstbestimmtes Handeln bedeutet, zur Erreichung eines Zieles eine willentliche Handlung ohne inneren oder äußeren Zwang auszuführen. Diese Handlungsfreiheit hänge jedoch von der individuellen Persönlichkeit eines Menschen ab und sei daher gesetzmäßig. So würden Wünsche und andere Beweggründe bestimmte Handlungen fördern oder verhindern. Willensfreiheit wird in einem materialistischen Weltbild hingegen ausgeschlossen. M. Bunge und M. Mahner halten ein von der individuellen Natur autonomes Wollen für absurd. Denn eine solche „Freiheit" des Willens bedürfe immer noch eines Urhebers. Lösungen wie der (in neuerer Zeit quantenmechanische) Zufall oder ein immaterieller Geist würden jedoch dem Prinzip der Willensfreiheit widersprechen (161-164).

Der emergentistische Materialismus sieht auch die Gesellschaft als System. Es bestehe aus vielen sozialen Subsystemen wie Familien, Vereinen, Gemeinschaften, deren Zusammenhalt durch soziale Beziehungen gewährleistet würde, und die aufgrund ihrer Bestandteile, den Menschen als Organismen, materiell seien. Zu ihren emergenten Eigenschaften zählten beispielsweise Produktivität oder Rechtsverfassung. Die systemische Sicht betrifft auch die

---

[447] In diesem Sinne handelt es sich bei Mario Bunge und Martin Mahner genau genommen um intrinsische Emergenz. Erwirbt ein Ding eine emergente Eigenschaft, indem es zum Teil eines Systems wird, betreffe dies relationale (strukturelle) Emergenz. Vgl.: Bunge M./Mahner M. 2004, 79.

sozialen Sachverhalte. Ihre bio-psychologischen, wirtschaftlichen, politischen und kulturellen Eigenschaften bildeten die vier Haupt-Subsysteme einer Gesellschaft. Jedes von ihnen, wie auch ein umweltbedingter Input und Output, könnten soziale Prozesse in Gang setzen. So sei auch Kultur nichts immaterielles, sondern ein materielles System aus Personen und Kunstwerken. Die ideelle „Entwertung" der Kulturgüter trage zu einer Wertsteigerung ihrer Schöpfer und Nutzer bei (164-169).

Werte an sich gibt es im Materialismus nicht. Ihre Existenz hängt von einem bewertenden Organismus ab. Gemäß dem ontologischen Werterealismus sind Werte relationale Eigenschaften und niemals intrinsisch. Dennoch ließe sich auf Basis der menschlichen Grundbedürfnisse und Interessen eine Werttheorie mit moralischen Rechten und Pflichten errichten. Doch da sich Soll-Aussagen nicht aus Ist-Aussagen deduzieren ließen, bedürfe es für sozialverträgliche Lösungen moralischer Probleme „guter Gründe". Diese könnten im Sinne eines (materialistischen) moralischen Realismus durch Hinzuziehen von Theorien aus Wissenschaft, Technologie und naturalistischer Ethik gefunden werden (176-184).

Religiös begründete Ethik stelle keine Alternative dar. Der Glaube an einen göttlichen Urheber aller moralischer Werte und Normen, setze ein moralisches Leben mit einem gottgefälligen Leben gleich. Doch müssten die postulierten moralischen Normen dann einen universalen Geltungsanspruch haben und zwar in dem Sinne, dass jede vernunftbegabte Person ihn nachvollziehen und akzeptieren könne. Indem die Normen auf religiösen Annahmen aufbauten, die sich von Konfession zu Konfession unterschieden, ließe sich dies aber schon innerhalb verschiedener Glaubensgemeinschaften kaum bewerkstelligen (186-188). Zudem weisen M. Bunge und M. Mahner darauf hin, dass zu allen Zeiten religiös geprägte Gesellschaften die grauenhaftesten Verbrechen begangen hätten, und die religiöse Ethik nur allzu oft Widersinniges fordere mit Versprechungen von Belohnungen oder Bestrafungen, die sich jeder Überprüfung entziehen (192-196).

Vom Standpunkt des modernen Materialismus ist die „mythisch-magisch-animistisch-teleologische" Weltsicht mit einer wissenschaftsorientierten Daseinsdeutung vollkommen unvereinbar (231). Zwar stünden religiöse Gemeinschaften als soziale Systeme, die bestimmte Funktionen für ihre Mitglieder und die Gesellschaft an sich erfüllten, mit einem wissenschaftsorientierten Weltbild nicht in Konflikt, solange sie keinen Erkenntnisanspruch erhöben (205f.). Dieser jedoch begründe ihre Glaubensgrundsätze und mit ihnen die Rechtfertigung und Berechtigung von Religion insgesamt (201).

Das naturalistische Weltbild

Der naturalistischen Auffassung von Realität entsprechend folgt der Aufbau selbst der komplexesten Systeme Gesetzen und lässt sich prinzipiell verstehen sowie darstellen. Gemäß dem Wissenschaftstheoretiker Bernulf Kanitscheider[448] bilden, neben der Materie, die der gesamten Realität innewohnende Struktur der Gesetze sowie die – entweder deterministische oder statistische – Kausalität in der Natur die Grundlage einer naturalistischen Sichtweise. Es wird davon ausgegangen, dass sich beides, Struktur und Kausalität, prinzipiell und ohne Berufung auf übernatürliche Wesenheiten, spirituelle Entitäten oder teleologische Wirkkräfte erforschen lässt (68, 70). Schon die antiken Philosophen Leukippos von Milet[449] und Demokrit[450] vertraten eine materialistische Ansicht, indem sie davon ausgingen, dass alle Dinge aus unteilbaren Körpern zusammengesetzt seien (63). In Anlehnung an ihre Atomlehre verfasste der griechische Philosoph Epikuros aus Athen[451] eine eigene Teilchenontologie, und propagierte, die Götter würden sich nicht für die Belange der Menschen oder der Welt interessieren, weswegen es keinen Grund gäbe, sie zu verehren oder zu fürchten[452].

Den Ausführungen von B. Kanitscheider folgend besteht das ontologische Fundament der Natur gemäß naturalistischer Daseinsdeutung aus Teilchen, Feldern und Raumzeit, die nicht nur strukturell miteinander verflochten sind, sondern zudem dynamisch interagieren. Unter Berufung auf die Allgemeine Relativitätstheorie charakterisiert B. Kanitscheider die Raumzeit als substantivisch. Reale Existenz käme ihr auch zu, wenn sie, wie jüngste mathematische Hypothesen andeuten, kein Element der ontologischen Basisebene darstelle, sondern ein emergentes Produkt aus der nächstfolgenden Ebene. Ein möglicher weiterer Grundbaustein sei vor allem die Information – allerdings müsste es zuvor gelingen, im Rahmen einer allgemeinen Theorie die Art und Weise der Wechselwirkung zwischen Materie, Raumzeit und autonomer Information zu klären und darzustellen (67f.).

Die Vielfalt in der Welt ist nach B. Kanitscheider ein Ergebnis der Fähigkeit von Materie zur Selbstorganisation und gründet auf der dynamischen Struktur des Universums. Indem der evolutionäre Naturalismus neben der Evolution von Organismen, die Entwicklungsprozesse jeder Form von Materie umfasse, strebe er eine einheitliche Weltkonzeption an. Das Universum ließe sich in seinem empirisch wie theoretisch fassbaren Bereich erkennen – ohne Rekurs auf einen transzendenten Bereich. Der schwache Naturalismus schließe diesen zwar nicht aus. Er hätte aber keinen Einfluss, denn in der Welt bestehe eine kausale Geschlossenheit aller Prozesse.

B. Kanitscheider weist darauf hin, dass diese Position wie jene der Agnostiker in gewissem Sinne einer Stimmenthaltung gleiche, die darauf gründe, sich nicht festlegen zu wollen, solange ungeklärt sei, ob transzendente Wesen existieren oder nicht (69-71).

Für eine positive Existenzaussage müsse jedoch auch die Weise der Wechselwirkung zwischen dem transzendenten und dem empirischen Bereich geklärt werden. Eine über-

---

[448] Die Beschreibung des Naturalismus folgt im Wesentlichen den Ausführungen von Bernulf Kanitscheider in: Kanitscheider, Bernulf: Die Materie und ihre Schatten. Naturalistische Wissenschaftsphilosophie. Aschaffenburg 2007. Die Seitenzahlen sind im Folgenden in Klammern angegeben.
[449] Leukippos von Milet war der Lehrer von Demokrit und lebte im 5. Jh. v.u.Z.
[450] Demokrit (um 470 – zwischen 380 und 370 v.u.Z.).
[451] Epikuros (341 – 270 v.u.Z.).
[452] Vgl. Mittelstraß, Jürgen (Hg): Enzyklopädie. Philosophie und Wissenschaftstheorie. Band 4, Stuttgart 2004, 563.

natürliche Einflussnahme widerspräche unter anderem den Erhaltungssätzen, die nicht nur eine kausale Geschlossenheit bedingten, sondern ebenso eine epistemische nahelegten. So erkläre der Naturalismus die Welt gemäß dem Immanenz-Prinzip von Straton [453] mit immanenten Mitteln rein aus sich selbst heraus (73). Auch die Entstehung neuartiger Systemeigenschaften bedürfe nicht der Erklärung durch das Einwirken von supernaturalen Wirkkräften. Es sei die Eigenschaft der Emergenz, die bestimmte einfache Systeme dazu brächte, im Zusammenwirken ihrer eigenen Teile etwas Neues hervorzubringen. Zufalls-elemente hätten nur Einfluss auf die Vorhersehbarkeit einer Entwicklung, nicht jedoch auf die Erklärung. Die Übergänge verliefen stets gesetzesartig (89f.).

Im starken Naturalismus wird ein Transzendenzbereich ausgeschlossen. Er stelle eine beliebige Annahme dar und sei daher überflüssig[454]. Nach B. Kanitscheider bietet das Fehlen guter Gründe für eine Überwelt den besten Grund wider ihre Existenz. Denn vorstellen oder denken ließe sich vieles, aber ohne guten Grund sei es verlorene Zeit, sich ernsthaft damit auseinanderzusetzen, weswegen auch bloß logischen Möglichkeiten in empirischen Kon-texten keine ontologische Relevanz zukomme[455]. Dabei stütze sich der starke Naturalismus auf die fehlende Bestätigung einer positiven Existenzaussage. Die argumentative Be-gründungslast läge bei den Verteidigern eines übernatürlichen Seins-Bereiches (71f.).

Keine autonome, aber doch reale Existenz kommt hingegen selbst im starken Naturalis-mus immateriellen Entitäten wie den abstrakten Objekten der Mathematik oder ideellen Ideen zu[456]. Doch nur solange sie über die Aktivität der Neuronen von einem Gehirn in einem lebendigen Organismus gedacht werden, handle es sich, so B. Kanitscheider, um reale Strukturen. Eine Verselbständigung würde zu einem Konflikt mit den natürlichen Erhaltungs-sätzen führen. Demgemäß sei auch die Seele ein Muster der neuronalen Aktivität und folge kausalen Gesetzen. Sie bedinge das Selbstverständnis eines Menschen, sich als ein In-dividuum zu begreifen, ein autonom handelndes Subjekt, und habe sich im Rahmen der stammesgeschichtlichen Entwicklung vermutlich gebildet, weil sie ein größeres Durch-setzungsvermögen bedingte und somit Überlebensvorteile bot (73-75). Spirituelle Objekte wie Engel oder Kobolde würden hingegen weder physikalischen, noch logischen oder mathematischen Gesetzen folgen (61). Indem sie an keine weltlichen Gesetzmäßigkeiten gebunden seien, entzögen sie sich jeder Überprüfbarkeit[457].

Aus diesem Grund gibt es in einem naturalistischen Weltbild weder einen Platz für freischwebende, ontologisch nicht fassbare transzendente Entitäten, noch für animistische Vorstellungen im Sinne einer Übertragung von anthropischen Kategorien[458] auf Naturobjekte oder etwa für die pantheistische Identifikation der Natur mit einem göttlichen Wesen.

Statt aus einem wie auch immer gearteten transzendenten Bereich generiert die naturalis-tische Weltanschauung ihre Orientierungen und Handlungsanweisungen aus dem Diesseits. In

---

[453] Straton von Lampsakos (um 340 – 270/269 v.u.Z) begründete das Immanenzprinzip der Erklärung, demgemäß die Welt und alle ihre Phänomene aus sich selbst heraus erklärbar sein müssen. Vgl.: B. Kanitscheider, 2007, 65.

[454] Vgl. Über das Ökonomie- oder Sparsamkeitsprinzip von Wilhelm von Ockham: Pluralitas non est ponenda sine necessitate (Vielheit ist nicht ohne Notwendigkeit anzunehmen): Mittelstraß, Jürgen (Hg): Enzyklopädie. Philosophie und Wissenschaftstheorie. Band 4, Stuttgart 2004, 1058f., über „Ockhams Rasiermesser" 1063.

[455] Vgl.: Kanitscheider, Bernulf: Entzauberte Welt. Über den Sinn des Lebens in uns selbst. Stuttgart 2008, 123; Auch Bunge, Mario / Mahner, Martin: Über die Natur der Dinge. Stuttgart 2004, 9.

[456] Bunge, Mario / Mahner, Martin: Über die Natur der Dinge. Stuttgart 2004, 11.

[457] Bunge, Mario / Mahner, Martin: Über die Natur der Dinge. Stuttgart 2004, 9.

[458] Bernulf Kanitscheider nennt Zielhaftigkeit, Zweckgerichtetheit und Bedeutungsartigkeit (2008, 212f.)

den Kulturwissenschaften bestehe der naturalistische Ansatz darin, darauf hinzuweisen, dass jede Tätigkeit des Menschen, von Handlungen über kulturelle Verdienste bis hin zur Kommunikation, auf einer materiellen Grundlage mit der Fähigkeit zur Selbstorganisation beruhe (115). Beispielsweise entspringen Wertungen nach B. Kanitscheider emotiven Zentren im Gehirn. Viele Werte seien stammesgeschichtliche Adaptionen, also in einem evolutionären Prozess entstandene, ein optimiertes Überleben ermöglichende Strategien. Wer für eine menschliche Gesellschaft normative Vorschriften ohne Berücksichtigung der biologischen Programmierung aufstelle, riskiere mitunter starke Spannungen zwischen Sollen und Wollen, die in offener Ablehnung oder heimlichen Umgehungen münden – ganz abgesehen davon, dass zu starke Restriktionen weder zu einem glücklichen, erfüllten Dasein, noch zu einem freudvollen Gemeinschaftsleben beitragen. Die faktische und die normative Ebene bedürften einer Überbrückung. Dazu würden sich Grundsätze mit normativem Charakter, aber ohne inhaltliche Forderung eignen (93-96).

Eine naturalistische Ethik orientiert sich in vielerlei Hinsicht am ethischen Hedonismus[459] im Sinne von Epikuros aus Athen und Aristippos von Kyrene[460]. Nach einem gelungenen, freudvollen Leben strebend, hatte Aristippos die physischen Freuden zur höchsten Quelle des Glücks erkoren. Seine Lebensmaxime bestand darin, den höchst möglichen Grad der Sinnenlust zu erreichen. Er scheute ein Befolgen zu starker Prinzipien, stattdessen richtete er seine Strategien an der jeweiligen Situation aus. Erstrebenswert sei jeder für die Sinne angenehme Zustand. Dies bedeute kein unkontrolliertes Luststreben, denn das zügellose Ausleben von Wünschen könnte in unangenehme Situationen münden oder über Abhängigkeiten die autonome Handlungsfähigkeit beschränken. Auch Epikur verstand unter einem erfüllten Leben ein freudvolles; allerdings bedürfe es dazu neben der lustvollen Betätigung auch einer ungestörten Gemütsruhe. Diese erfordere einen bedachten Umgang mit dem eigenen Körper sowie bei der Auswahl von Freuden und Genüssen.

B. Kanitscheider ist überzeugt, dass sich für eine diesseitige Lebensorientierung im Sinne einer naturalistischen Weltsicht der ethische Hedonismus nicht nur zur Kontingenz-bewältigung empfiehlt, sondern auch eine praktikable Lebensphilosophie bietet. Die Vernunft solle dabei die emotionalen Antriebe nicht unterdrücken, sondern dergestalt in sozial-verträgliche Bahnen lenken, dass sie weder ihrem Besitzer, noch seinem Umfeld Schaden zufügen[461].

---

[459] Über den reinen Hedonismus von Aristippos und den erweiterten Hedonismus von Epikur: Vgl.: Kanitscheider, Bernulf: Entzauberte Welt. Stuttgart 2008, 196-201.
[460] Aristippos von Kyrene (435 - 350 v.u.Z)
[461] Vgl.: Kanitscheider, Bernulf: a.a.O. 2008, 196-202.

Erkenntnis und Verantwortung

Ein großes Thema im philosophischen Diskurs bildet derzeit die Frage nach den Relationen zwischen wissenschaftlicher Erkenntnis und gesellschaftlicher Verantwortung. Dass ein Zusammenhang besteht, lässt sich nicht von der Hand weisen, denn je mehr über einen Sachverhalt – sei es ein physischer Gegenstand, eine Erfindung, eine Ideologie, ein ethischer Wert oder irgendein anderes materielles oder ideelles Gut – bekannt ist, desto besser lassen sich seine zukünftige Entwicklung und die mit ihr verbundenen Risiken vorhersagen. Dass weniger Wissen zudem einen guten Nährboden für Inhumanität und Egoismus bietet, scheint offensichtlich.

Augenscheinlich gründet sich jegliches Ethik-Verständnis auf Erkenntnis. Doch nicht jede Anwendung eines Erkenntniszuwachses führt zu einer Humanisierung. So brachte die wissenschaftlich-technologische Entwicklung nicht nur und vor allem nicht überall eine Verbesserung der Lebensqualität. Als Beispiele seien Umweltverschmutzung, Überbevölkerung und ökonomische Ungleichgewichte aufgeführt. In diesem Sinne bemerkt etwa der Mediziner Jochen Freese, was sich durch wissenschaftliche Forschung als machbar erweise, sei nicht immer wünschenswert und ethisch verantwortbar. Es gäbe eine kaum zu leugnende Diskrepanz zwischen wissenschaftlich-technischem und wirklichem Fortschritt[462].

Gerade das extrem mächtige, Komplexität steigernde Wachstum ebenso wie Kreativität und die zunehmende Bedeutung der Individuen zählen somit auch zu den Problemen der gesellschaftlichen und kulturellen Evolution. Einer Evolution, die in den modernen Gesellschaften durch den Wandel von der Industrie- zur Informations-, zur Wissensgesellschaft[463] gekennzeichnet ist[464] und begleitet wird von der Produktion Computer generierter Spiegel- oder Parallelwelten, der sogenannten „Virtual Reality[465]", sowie der Bildung einer virtuellen Gesellschaft – mit all ihren Problemen und Gefahren[466]. Gleichwohl zeigt sich, dass Humanisierungsprozesse in der heutigen Wissensgesellschaft verstärkt fortschreiten.

Nach J. Götschl besteht eine der größten ethischen Herausforderungen darin, die gegenwärtige Werthierarchie Stufe für Stufe umzusetzen. An der untersten Stelle dieser Wertpyramide befindet sich das Prinzip der Schadensvermeidung, etwa indem das soziale Zusammenleben einer Gesellschaft schädigende Phänomene beseitigt werden, wie die Ungleichbehandlung nach Geschlechtern, Herkunft oder Glaubensrichtung. Darauf aufbauend, weil schwieriger umzusetzen, folgt das Prinzip der Autonomie im Sinne einer freien Wahl der individuellen Entwicklung, einer Selbstentfaltung, allerdings begrenzt durch den Rahmen der gesellschaftlichen Möglichkeiten, wie sie sich beispielsweise aus ihren Ordnungssystemen

---

[462] Vgl.: Freede, Jochen: Wirklichkeit und Illusion – Menschliche Weltsicht zwischen kritischer Rationalität und subjektiver Konstruktion. Grin Verlag 2008, 58.

[463] Das „sozio-biokybernetisches Zeitalter" - Vgl.: Vortrag von Johann Götschl „Zur Komplexität und Dynamik von Bildung – Wissenschaft – Wirtschaft; Interdisziplinäre und transdisziplinäre Perspektiven" beim 2. Redtenbacher Symposium am 20. Oktober 2011 in Steyr.

[464] Vgl.: Touraine, Alain: Die postindustrielle Gesellschaft. Frankfurt 1985; Bell, Daniel: Die nachindustrielle Gesellschaft. Frankfurt 1994; Stehr, Nico: Arbeit, Eigentum und Wissen. Zur Theorie von Wissensgesellschaften. Frankfurt 1994.

[465] Geprägt wurde der Begriff 1982 von dem SF-Autor Damien Broderick: The Judas Mandala.

[466] Über die sozialen Konsequenzen der modernen Informations- und Kommunikationstechnologien: Bühl, Achim: Die virtuelle Gesellschaft des 21. Jahrhunderts. 2. Auflage, Wiesbaden 2000; eine Zusammenfassung der Chancen und Gefahren 488-498.

ergeben. Schwer und niemals vollständig zu verwirklichen zeigt sich das Prinzip der nächsten Stufe: die Vorsorge beziehungsweise Prävention. Eine sinnvolle Vorsorge erfordere nicht nur geeignete Maßnahmen, sondern vor allem genaue Prognosen. Denn wie sonst sollen zu einem gegenwärtigen Zeitpunkt brauchbare Prävention und Vorsorge beispielsweise im Sozialwesen entwickelt werden, wenn es keine eindeutigen Vorhersagen über den Zustand unserer Gesellschaft in fünfzig Jahren gibt? Ein gutes Mittel zur Prävention stellt für J. Götschl die Wissensvermittlung dar, weil die aktive Teilnahme von immer mehr Teilnehmern zu einer Wissensvermehrung führe, die nicht nur eine vermehrte Generierung von Innovationen mit sich bringe, sondern zudem soziales Verhalten fördere.

Auf der vierten und höchsten Stufe nach dem Verständnis der modernen Wertehierarchie nennt J. Götschl das Prinzip der Gerechtigkeit, dessen Grundidee in der Gleichheit aller Menschen bestünde und am schwersten umzusetzen sei. Einen Anfang bildeten die Menschenrechte, mit denen die philosophischen Begriffe der Würde und Freiheit in allen ihren Varianten Eingang in das Wertesystem gefunden hätten. Ausschlaggebend ist nach Götschl nicht, was ein Mensch, eine Gemeinschaft oder die Menschheit will, sondern ob gerechtfertigt ist, was er oder sie will. Auch im alltäglichen Leben haben wir die Möglichkeit, die Welt zu erkennen. Allerdings brauchen wir Erklärungen, um zu verstehen, was um uns herum geschieht[467]. Inzwischen haben die meisten Wissenschaftler eine experimentelle Lebenseinstellung. Bewertungen von Theorien und Innovationen „a-priori" gibt es kaum noch. Denn bewerten lässt sich nur, was zuvor erkannt wurde.

Wissens- und Informationssysteme ermöglichen Vorhersagen durch Quantifizierung, durch eine Umwandlung von charakteristischen Merkmalen eines Gegenstandes oder der Beschaffenheit eines Sachverhaltes in verfahrensmäßig messbare Größen und Zahlenwerte. Ein moralischer Schaden oder Nutzen ist jedoch insbesondere bei Innovationen oft schwer kalkulierbar. Zudem darf nicht außer Acht gelassen werden, dass sich ein Missbrauch der Erkenntnis niemals ausschließen lässt.

Die stufenweise Realisierung der Wertpyramide in einer Gesellschaft zählt sicher zur größten gesellschaftlichen Verantwortung. Ohne wissenschaftliche Erkenntnis ließe sie sich nicht durchführen. Doch trotz des offensichtlichen Zusammenhanges bestehen in den Relationen zwischen Erkenntnis und Verantwortung starke Asymmetrien. Beispielsweise orientiert sich die Erkenntnis grundlegend am Verstehen, Erklären und Voraussagen, während die Bezugspunkte der (gesellschaftlichen) Verantwortung das Bewerten, Entscheiden und Handeln darstellen. Auch sucht die wissenschaftliche Erkenntnis stets nach objektiven, universalistischen Problemlösungen, die gesellschaftliche Verantwortung bevorzugt hingegen oft themenbezogene, stark personale Problemlösungen.

Es ist die Diskrepanz zwischen Subjekt und Objekt, zwischen Interpretation und Analyse, zwischen den gesellschaftlichen Wertungssystemen auf der einen Seite und Wissens- sowie Informationssystemen auf der anderen. So spiegelt sich der Unterschied zwischen Erkenntnis und Verantwortung in gewisser Hinsicht ebenso in jenem zwischen den Naturwissenschaften und den Geisteswissenschaften.

---

[467] Vgl.: Götschl, Johann: „Einführung in die Philosophie der Gegenwart: Erkenntnis und Humanität in der wissenschaftlich-technischen Welt. Vorlesung an der Karl-Franzens-Universität SS 2011.

Ausgesuchte Weltdeutungen durch die Physik

Zumeist liegt die Antriebsfeder jeglicher Forschungsarbeit in der menschlichen Wissbegier. Zu ergründen, warum etwas so ist, wie es ist, die Ursachen zu erforschen, weshalb ein bestimmtes Ereignis stets dasselbe Ergebnis produziert, dient der Erweiterung unserer Erkenntnis über die Welt. Die zahlreichen Erfolge der Naturwissenschaft seit der Aufklärung führten schließlich zu der Behauptung, dass es möglich sein müsste, eine exakte Vorhersage der Zukunft zu geben, wenn dem Menschen die Kenntnis jeglicher Naturabläufe sowie sämtliche Informationen aus Gegenwart und Vergangenheit zur Verfügung stünden. Denn, so lautete lange Zeit das Credo der Wissenschaftler, alle Bereiche der Welt folgten genau festgelegten Gesetzen, nach denen aus bestimmten Vorbedingungen vorhersehbare Resultate hervorgehen. Nach der deterministischen Weltanschauung wäre es somit möglich, die Welt per se zu erklären[468].

So zeichnete der Mathematiker Pierre Simon de Laplace das Bild eines Universalgeistes, der bei vollkommener Kenntnis des momentanen Zustandes durch Anwendung mechanistischer Gesetze jegliche Zustände der Welt – vergangene wie zukünftige – berechnen könnte. Dabei schloss er die mentalen Zustände des menschlichen Geistes, also Gefühle und Gedanken ausdrücklich ein, da seiner Meinung nach auch geistige Erscheinungen nichts anderes als bestimmte Ausdrucksformen der Materie sind[469].

Auch der Zoologe Ernst Haeckel hält die mentalen Phänomene für materielle Vorgänge. Sie seien über eine mechanistische Naturerklärung gemäß Darwin, nach der die Evolution auf dem Mechanismus der natürlichen Auslese beruhe, vollständig zu erfassen. Er geht davon aus, dass die Möglichkeit von Erkenntnis nicht auf apriorischen Vorstellungen, sondern einem A posteriori der Stammesgeschichte beruhe[470]. Immanuel Kant hingegen hielt die Wissenschaft für synthetisch-apriori. Er war davon überzeugt, sie könne nicht irren[471].

Für den Mathematiker David Hilbert lautete die Losung der Mathematik und Naturwissenschaft: „Wir müssen wissen, wir werden wissen.[472]" Das „ignoramus et ignorabimus[473]" des Physiologen Emil Heinrich Du Bois-Reymond[474] wies D. Hilbert vehement zurück, da er sicher war, jedes Problem könne durch reines Denken gelöst werden. Er trachtete danach, ein formalisiertes System zu errichten, mit dem sich auf Basis eines standardisierten Verfahrens sämtliche gültige Lehrsätze der Mathematik prinzipiell beweisen ließen[475].

Im 20. Jahrhundert brachten die Erkenntnisse der Quantenphysik die mechanistische Weltsicht zum Wanken. Ein Paradigmenwechsel bahnte sich an und ist bis zum heutigen Tage

---

[468] Vgl.: Berauer, Gunter: Vom Irrtum des Determinismus. Berlin 2012, 175.

[469] Vgl.: Küppers, Bernd-Olaf: Die Berechenbarkeit der Welt. Stuttgart 2012, 30.

[470] Vgl.: Küppers, Bernd-Olaf: Die Berechenbarkeit der Welt. Stuttgart 2012, 31.

[471] Vgl.: Berauer, Gunter: Vom Irrtum des Determinismus. Berlin 2012, 175.

[472] Hilbert, David: Mathematische Probleme. Vortrag auf dem internationalen Mathematiker-Kongress zu Paris am 8.08.1900. Hilbert, David: Naturerkennen und Logik. In: Naturwissenschaften 18, 1930, 959-963 und Inschrift auf dem Grabstein von David Hilbert.

[473] Emil Heinrich Du Bois-Reymond sprach die Worte „ignoramus et ignorabimus" erstmals 1872 im Rahmen seines Vortrages „Über die Grenzen des Naturerkennens" auf einer Versammlung der Gesellschaft Deutscher Naturforscher und Ärzte in Leipzig. In seinem 1880 vor der Königlichen Akademie der Wissenschaften zu Berlin gehaltenen Vortrag bezog er sich auf drei der sieben von ihm vorgestellten Welträtsel: 1. Das Wesen der Materie und Kraft; 2. Der Ursprung der Bewegung; 3. Die Entstehung der Empfindungen.

[474] Vgl.: Du Bois-Reymond, Emil Heinrich: Über die Grenzen des Naturerkennens. Leipzig 1872.

[475] Vgl.: Küppers, Bernd-Olaf: Die Berechenbarkeit der Welt. Stuttgart 2012, 35.

im Gange. Die Schwierigkeiten der neuen Weltsicht liegen vor allem darin begründet, dass sich so vieles im neuen Weltbild der menschlichen Vernunft entzieht; und, dass dem „Schicksal" als beabsichtigtes Zusammentreffen ursprünglich für sich stehender Ereignisse, sei es durch göttliche Kraft oder ein teleologisches Weltprinzip, kein Platz mehr zukommt. Es ist der vollkommen wertfreie und neutrale „Zufall", der eine der Hauptrollen übernommen hat.

Um die Funktion des aus Teilen von klassischer und Quantentheorie zusammengesetzten Atommodells des Physikers Niels Bohr theoretisch zu gewährleisten, integrierte Albert Einstein den Wahrscheinlichkeitsbegriff. Das Bohrsche Atom wurde von der Forschung verworfen, hingegen bildet der Wahrscheinlichkeitsbegriff heute das Fundament der Quantentheorie[476]. Einstein selbst wollte die große Bedeutung des Zufalls in einer physikalischen Theorie allerdings nie akzeptieren. Sein Unbehagen bekräftigte er mit der Aussage: „Gott würfelt nicht!" Niels Bohr konterte darauf, Einstein solle endlich aufhören, Gott Vorschriften zu machen. Auch der Physiker Anton Zeilinger ist überzeugt, dass der Zufall in der Quantenphysik nicht etwa darauf zurückzuführen sei, dass sich die Ursache für das Einzelereignis aufgrund menschlicher Dummheit nicht erkennen ließe, sondern weil es einfach keine Ursache gäbe[477].

Der Physiker John Gribbin bringt die Weltdeutung durch die Quantenmechanik mit folgender Aussage auf den Punkt: „...nichts [ist] real, und wir können nichts über das Verhalten von Dingen aussagen, die wir nicht beobachten.[478]" Im Mikrokosmos der Quanten wird alles durch Wahrscheinlichkeiten bestimmt. Dieser Mikrokosmos der Atomphysiker existiert neben dem vom Menschen kognitiv wahrnehmbaren und erfahrbaren Mesokosmos und den mit menschlichen Maßstäben kaum nachvollziehbaren Größen- und Zeitdimensionen des Makrokosmos der Astrophysiker. So klein sind die mit den menschlichen Sinnen nicht mehr wahrnehmbaren Untersuchungsgegenstände, dass sich ihre Existenz selbst mit Hilfe technischer Instrumente nur vermuten lässt.

Für den Mediziner Jochen Freede stellen deswegen sowohl Makrokosmos, als auch Mikrokosmos keine erfahrbare Wirklichkeit dar, sondern nur Denkmodelle, die dazu dienen, alles jenseits der Dimensionen des menschlichen Wahrnehmungsvermögens zu veranschaulichen[479].

Die Quantenphysik brachte während des vergangenen Jahrhunderts eine neue Sicht auf unser Universum und mit ihr eine Abkehr vom deterministisch gedeuteten Weltbild der klassischen Physik. Ihre Thesen wie das Modell der vielen Welten oder von Geisterteilchen muten nicht weniger fantastisch an als mythische Überlieferungen aus vorwissenschaftlichen Zeiten. Sie unterscheiden sich von diesen jedoch durch mathematische Überprüfbarkeit und Wiederholbarkeit der experimentellen Beobachtung. Gleichwohl lässt sich Erkenntnis stets nur im Lichte einer zuvor formulierten Theorie gewinnen. Die Auswahl der Messmethode und Messinstrumente beeinflusst das Ergebnis einer Forschung ebenso, wie jene der Fragestellung und des Untersuchungsgegenstandes. Hinzu kommen subjektive Faktoren wie der kulturelle Hintergrund und die persönlichen Vorlieben des Wissenschaftlers oder der Arbeitsgruppe. Objektivität im erkenntnistheoretischen Sinn ergibt sich aus Intersubjektivität, indem als objektiv gilt, was von verschiedenen Beobachtern übereinstimmend beobachtet und

---

[476] Vgl.: Gribbin, John: Auf der Suche nach Schrödingers Katze. Quantenphysik und Wirklichkeit. 10. Auflage, München 2012, 74.
[477] Vgl.: Zeilinger, Anton: Einsteins Schleier. Die neue Welt der Quantenphysik. München 2005, 46.
[478] Vgl.: Gribbin, John: Auf der Suche nach Schrödingers Katze. München 2012, 16.
[479] Vgl.: Freede, Jochen: Wirklichkeit und Illusion – Menschliche Weltsicht zwischen kritischer Rationalität und subjektiver Konstruktion. Grin Verlag 2008, 55.

geschlussfolgert wird. „Richtig" im Sinne von gültig sind Thesen, solange sie sich nicht falsifizieren lassen (ihre Falsifizierbarkeit wird vorausgesetzt) und sich im Vergleich mit anderen als brauchbarer erweisen[480].

Inwieweit die quantentheoretischen Thesen im Alltagsleben nachvollziehbar sind, sie Richtlinien für Handlungsnormen und ethische Grundsätze bewirken und rechtfertigen oder Regeln für die Stabilität einer Gesellschaft begründen können, wird im Rahmen der Wissenschaftsphilosophie kontrovers diskutiert.

Die Quantentheorie führte dazu, Wahrscheinlichkeiten, Zufallsgeschehen und Unschärferelationen in den Fokus der Aufmerksamkeit zu rücken. Das charakteristische Merkmal der Quantentheorie besteht laut einer Einführung in die Quantentheorie von John Polkinghorne in der fehlenden Stetigkeit[481]. Während die klassische Physik von einer fortdauernden Spiralbewegung des Elektrons ausging, sollte dieses nun durch Abstrahlung von Energiepaketen, als Photonen bezeichnete Lichtquanten, zusammenhanglose Sprünge von einer Umlaufbahn zu einer anderen machen.

Der voraussichtliche Wechsel eines Atoms von einem höheren in einen niedrigeren Energiezustand kann einzig mit statistischen Verfahren bemessen werden. Offensichtlich scheint es weder einen (vor-)bestimmten Zeitpunkt , noch eine Ursache zu geben. Statistisch nachweisen lässt sich nur, dass früher oder später der Übergang zu einem niedrigeren Energiezustand wahrscheinlich ist[482]. Dennoch entstammt der Quantenphysik – trotz Wahrscheinlichkeit, Unschärferelation, Superpositionsprinzip und den Problemen ihrer Interpretation – wohl die am genauesten überprüfte theoretische und experimentell bestätigte Prognose, die je in der Physik aufgestellt wurde[483].

Doch was bedeutet die Quantenphysik für das moderne Weltbild? Vor allem die Prinzipien der Unschärfe, der Wahrscheinlichkeit und des Zufalls bilden Faktoren, die in Bezug auf ein Sinn und Halt gebendes Weltbild nicht unproblematisch sind. Handelt es sich um eine Entwicklung des Universums von einer prinzipiell festzustellenden Vergangenheit hin in eine unbekannte Zukunft, weil sich gemäß dem Prinzip der Unbestimmtheit Ort und Impuls etwa bei einem Elektron niemals gleichzeitig feststellen lassen? Schlimmer noch, wie es scheint, hat ein Elektron zur selben Zeit gar keinen präzisen Impuls und fest bestimmten Ort.

Diese Vorstellung von einer Komplementarität[484], also zwei sich ausschießenden Beschreibungsweisen oder Versuchsanordnungen, die sich dennoch zum Verständnis eines Phänomens gegenseitig bedingen, wurde, so erläutert John Gribbin, in der Unbestimmtheitsrelation mathematisch formuliert. Dabei zeige sich deutlich der Unterschied zur klassischen Physik[485].

Statt davon auszugehen, dass sich ein System von in Wechselwirkung stehenden Teilchen mit oder ohne Beobachter wie eine triviale Maschine verhält, bestreite die Quantenphysik das unabhängige Bestehen eines Systems. Denn ohne Wechselwirkung des beobachteten Systems

---

[480] Über Weltdeutungen der Quantenphysik. Vgl.: Gribbin, John: Auf der Suche nach Schrödingers Katze. München 2012; Polkinghorne, John: Quantentheorie. Eine Einführung. Stuttgart 2011; Zeilinger, Anton: Einsteins Schleier. Die neue Welt der Quantenphysik. 5. Auflage, München 2005.

[481] Vgl.: Polkinghorne, John: Quantentheorie. Stuttgart 2011, S. 31.

[482] Vgl.: Gribbin, John: Auf der Suche nach Schrödingers Katze. München 2012, 79f.

[483] Vgl.: Zeilinger, Anton: Einsteins Schleier. München 2005, 146

[484] Zur Begriffsbestimmung: Zeilinger: Einsteins Schleier. München 146ff.

[485] Vgl.: Gribbin, John: Auf der Suche nach Schrödingers Katze. München 2012, 174ff. Die Seitenzahlen werden im Folgenden in Klammern wiedergegeben.

mit dem Beobachter gäbe es keine Beobachtung. Zudem ließen sich im Gegensatz zur klassischen Physik weder der Ort eines Teilchens in der Raum-Zeit-Achse, noch sein künftiges Verhalten genau bestimmen.

1927 machte Niels Bohr darauf aufmerksam, dass klassische Theorien der Physik davon ausgingen, Koordinaten in der Raum-Zeit, also Ortsbestimmungen, sowie Kausalität im Sinne eines Wissens um die Bewegungsrichtung seien gleichzeitig bestimmbar. Die Quantenmechanik mit dem Beobachter als interferierendem Teil des beobachteten Systems habe hingegen gezeigt, dass der Preis für Exaktheit der Raum-Zeit-Koordinaten eine Unbestimmtheit des Impulses, somit der Kausalität sei (192).

Für J. Gribbin sind über Experimente Messergebnisse zu erzielen, die sich als Hinweis auf das Vorhandensein einer festgelegten Art von Teilchen interpretieren lassen. Die Interpretation würde jedoch eine rein gedankliche sein und könnte ebenso auf einer Selbsttäuschung beruhen (178). Weil es nicht möglich ist, etwas über die Verhaltensweisen eines nicht beobachteten Teilchens auszusagen, stelle sich die Frage, ob dieses ohne Beobachtung überhaupt existiere. So lautet für J. Gribbin die Schlussfolgerung: „Nichts ist real, ehe wir es nicht betrachten, und es hört auf, real zu sein, sobald wir nicht mehr hinschauen" (190). Selbst bei den Eigenschaften eines Teilchens wie Impuls und Ort handle es sich nur um künstliche Produkte des Beobachters (191).

Dieser Interpretation widersprechen Mario Bunge und Martin Mahner. Sie halten die phänomenalistische These der Kopenhagener Deutung für falsch, denn die Formeln der Quantenmechanik würden sich nicht auf Beobachter und Messgeräte beziehen, sondern einzig auf physikalische Entitäten. Zudem müsste ein folgerichtiges Weiterdenken der Kopenhagener Deutung unweigerlich zu Zweifeln an der Brauchbarkeit einer experimentellen Physik führen, weil im Grunde jedes Messergebnis von der Messmethode abhängig und selten exakt sei[486].

---

[486] Vgl. Bunge, Mario / Mahner, Martin: Über die Natur der Dinge. Stuttgart 2004, 132-144.

Drei Eigenschaften kennzeichnen nach Anton Zeilinger [487] die Quantenphysik: der „objektive Zufall", die „Komplementarität" und die „quantenmechanische Verschränkung" (221). Bisher sei es aber nur mathematisch möglich, die Struktur der Quantenphysik auf eine solide Basis zu stellen. Wegen der hohen Komplexität könnten die aufgestellten Grundannahmen jedoch nicht unmittelbar verstanden werden. Es fehle eine einfache, auf Anhieb nachvollziehbare Grundaussage (211).

Auf der Suche nach dieser Grundidee kommt A. Zeilinger zu dem Begriff der „Information". So könne sich der Mensch über seine Vorstellungen und Erfahrungen zwar eine Wirklichkeit konstruieren, die Existenz einer solchen jedoch niemals beweisen. Wie jedes andere Lebewesen sei er bei den Entscheidungen über seine Verhaltensweisen auf die Verarbeitung von passiv oder aktiv erworbenen Informationen angewiesen (213). In der Welt der Quanten zeige sich nun, dass selbst die Beobachtung von etwas wie einem Teilchen nicht zu der Schlussfolgerung führen dürfe, dass dieses System vor dem Zeitpunkt der Beobachtung bereits in derselben Form vorhanden war. Insofern käme dem Ergebnis der Beobachtung, also der Information die größte Bedeutung zu. In Bezug auf die Naturgesetze sollte es keinen Unterschied geben zwischen Wirklichkeit und Information (216).

Eine unabhängige Wirklichkeit ließe sich nicht beweisen. Einen Hinweis darauf liefere jedoch die Feststellung, dass – zumeist – alle Beobachter einer bestimmten Situation, etwa eines wissenschaftlichen Experimentes in ihren Urteilen übereinstimmen (215). Ein weiterer Hinweis bestünde im Zufall. Seine Objektivität und Unerklärbarkeit deute auf die Existenz von Etwas außerhalb unserer selbst. Dieses Etwas, die Wirklichkeit, müsse jedoch nicht der Ausgangspunkt von Information sein. Eventuell handle es sich bei ihr nur um eine Folgerung aus der Informationsverarbeitung und die Information bilde den „Urstoff des Universums" (217).

A. Zeilinger geht davon aus, dass sich ein klassisches System, wie ein großer Gegenstand, aufgrund der zahlreichen Fragen, die wir über seine Beschaffenheit stellen können, niemals vollends charakterisieren lässt. Somit handle es sich bei ihm um eine Konstruktion unserer Eindrücke (217). Je kleiner dieses System nun sei, desto weniger Information bräuchte es zu seiner Charakterisierung, bis hin zu einem Elementarteilchen, das schließlich nur noch ein Bit an Information trage, also eine Antwort, die entweder „Ja" oder „Nein", „wahr" oder „falsch" laute (218). Jegliche Entscheidung eines Systems, das Information sammelt und sein Verhalten daran anpasst, beruhe auf solchen „Ja-Nein-Antworten" in Form von logischen Aussagen, den Bits (226). Das elementarste System trage nicht mehr als den Wahrheitswert für eine einzige Aussage in sich (219). Alle übrigen Messresultate unterlägen dem Zufall. Eben deshalb ließe sich für das elementarste System immer nur eine Eigenschaft festlegen (222), auch wenn es mehrere Eigenschaften besitze (221). So sei der Zufall eine Folge der begrenzten Information, die ein Quantensystem fähig ist, weiterzugeben (224).

Die Konsequenz der Annahme von Information als Urkonzept des Universums stellt für A. Zeilinger die Quantisierung der Welt dar. Dies gründe auf der Feststellung, dass an die Natur nur Fragen gestellt werden könnten, deren Antworten mathematisch binär darstellbar sind. Eine abgestufte Unterteilung gebe es nicht (225). Aus den verfügbaren Informationen werde schließlich ein Konzept konstruiert, das sich auf Annahmen beziehe, etwa über Eigenschaften,

---

[487] Vgl.: Zeilinger, Anton: Einsteins Schleier. München 2005. Die Seitenzahlen werden im Folgenden in Klammern wiedergegeben.

nicht jedoch auf die direkte Erfahrung. Entsprechend fände sich eine gewisse Beliebigkeit bei der Überleitung von dem, was wir sagen können, zu dem Bild, das wir uns von der Wirklichkeit machen (227).

Nach der „Natur der Dinge", dem „Was" zu fragen, sei nach A. Zeilinger ein sinnloses Unterfangen. Denn wenn es eine solche Natur geben sollte, stünde sie stets jenseits jeder Erfahrung (227). Sein Vorschlag besteht darin, keinen Unterschied zwischen Wirklichkeit und Information zu machen, sondern beides als die „zwei Seiten ein und derselben Medaille" anzusehen (229). Schließlich ließe sich über die Wirklichkeit nur mit Informationen über sie sprechen, und Information mache nur Sinn, wenn sie einen Bezug zu etwas habe (230). Für A. Zeilinger wird die wirkliche Wirklichkeit in der Quantenphysik nie zugänglich sein. Er schließt seine Ausführungen mit der Ergänzung der Aussage von Ludwig Wittgenstein „Die Welt ist alles, was der Fall ist" um: „und auch alles, was der Fall sein kann." (231)

Niels Bohr[488] entwickelte die Vorstellung, dass die vielen Wege der Wahrscheinlichkeiten durch die Quantenwelt zu ebenso vielen „Geisterteilchen" beispielsweise von einem einzigen Elektron führten, die miteinander interferierten. Erst durch die Beobachtung vereinigten sie sich zu einem realen Teilchen (190). N. Bohr zufolge würde jede Möglichkeit, die etwa ein Teilchen auf seinem Weg von A nach B hat, eine eigene Welt darstellen, und die reale Welt wäre eine Mischung aus ihnen allen. Ohne Beobachtung gäbe es demnach nicht nur Geister-teilchen, sondern geisterhafte Welten; unzählige geisterhafte Realitäten, die jenen unzähligen Möglichkeiten entsprächen, die jedem Quantensystem im gesamten Kosmos für einen Sprung zur Wahl stünden, wobei hinzukäme, dass jedes einzelne Teilchen um den Quantenzustand des gesamten Universums Bescheid wüsste. Bis heute werden N. Bohrs Ausführungen unter dem Namen „Kopenhagener Deutung" äußerst kontrovers diskutiert (193).

Für Karl Raimund Popper pendelt sie zwischen einer objektivistischen und einer sub-jektivistischen Interpretation, indem sie den Beobachter in die Physik einbezieht. Tatsächlich sei die Rolle des Beobachters nicht relevant, weil der Störfaktor in den Änderungen der experimentellen Anordnungen liege. Jede Änderung in dieser Anordnung führe dazu, „dass man die Gewichte anders auf die Möglichkeiten verteilt"[489]. Die objektivistische Deutung betrachte Wahrscheinlichkeiten rein statistisch als Hypothesen über Häufigkeiten in einer Ereignisfolge[490]. Nach K.R. Popper sind sie jedoch von der experimentellen Anordnung ab-hängig. Aufgrund dieser Abhängigkeit würde es sich bei der Wahrscheinlichkeit nicht um das Merkmal einer Folge, sondern der experimentellen Anordnung handeln, um die „Propensität", die Neigung der Anordnung, bei mehrmaliger Wiederholung festgelegte und kennzeichnende Häufigkeiten zu bewirken. Infolgedessen sage die Wahrscheinlichkeit nichts über die Folge aus, sondern über die Propensitäten als relationale Merkmale der experimentellen Anordnung. Die Propensitäteninterpretation der Wahrscheinlichkeit objektiviere die Quantenphysik, ohne ihr die Wahrscheinlichkeit und die Unbestimmtheit zu nehmen[491].

---

[488] Vgl.: Gribbin, John: Auf der Suche nach Schrödingers Katze. München 2012, die Seitenzahlen werden im Folgenden in Klammern wiedergegeben.
[489] Vgl.: Miller, David: Karl Popper Lesebuch. 2. Auflage, Nachdruck 2012, Tübingen, 185, 190f.
[490] Vgl.: Ebd. 187f.
[491] Vgl.: Ebd. 188-191.

Viele Welten

Eine weitere quantenphysikalische Daseinsdeutung bietet das „Viele-Welten"-Modell von Hugh Everett, nach dem der quantenmechanische Zustand die vollständige Abbildung der Wirklichkeit darstellt. Gemäß des Superpositionsprinzips ist es möglich, dass Objekte in einer eigentümlichen Überlagerung von unterschiedlichen Möglichkeiten existieren, im Falle von Schrödingers Katze etwa „tot" und „lebendig", im Falle des Doppelspaltexperimentes das Passieren des einen und des anderen Spaltes. Die Überlagerung verschwindet jedoch im Augenblick der Messung. Denn die Beobachtung reduziert den quantenmechanischen Zustand. Dieses Messproblem verschleiert den Blick auf das, was wirklich geschieht, wenn im Experiment von den vielen sich überlagernden Möglichkeiten schließlich nur eine konkrete auftritt. [492]

Das Viele-Welten-Modell des Physikers H. Everett geht nun nicht von geisterhaften Quantenwelten, sondern von einer Vielzahl paralleler, oder richtiger, im rechten Winkel zu unserem Universum stehenden, also senkrechten, seitwärts in den Hyperraum abzweigenden Welten aus[493]. H. Everett konnte nicht nachvollziehen, wieso die Wellenfunktionen durch bloße Beobachtung auf magische Weise zusammenstürzen sollten (250). Seine Interpretation beruht darauf, dass einander überlagernde Wellenfunktionen des gesamten Universums als alternative Realitäten ebenso wahrhaftig existieren, jedoch in ihrem eigenen Teil des Hyperraums und der Hyperzeit (252). So würde sich ein Teilchen auf der Quantenebene nicht zufällig entsprechend der Quantenwahrscheinlichkeit für eine Version entscheiden. Stattdessen spalte es sich selbst und somit das gesamte Universum in zwei Fassungen. Nach der Spaltung sind beide Universen vollständig voneinander geschieden (255).

Die zahlreichen Quantenübergänge im gesamten Universum würden demnach zu ebenso vielen „Zweigen am Quantenbaum" führen, jedoch nicht zu unendlich vielen, da nach der allgemeinen Relativitätstheorie das Universum endlich sei (259). Zudem bedeute die Verwirklichung in irgendeiner Fassung der Realität von allem, was möglich ist, nicht, dass dies auch auf alles Denkbare zuträfe. So wäre es etwa nicht möglich, in eine der anderen Welten zu wechseln, es sei denn über die zeitliche Rückkehr zu dem Zeitpunkt der Separation und erneutem Vorwärtsgehen auf dem alternativen Zweig (262, 264). Nach der Viele-Welten-Theorie gibt es keine festgelegte Zukunft. Die Vergangenheit hingegen ist eindeutig bestimmt, zumindest in Bezug auf die bewusste Wahrnehmung der Welt. Wie viele Realitäten auf dem Weg zum Heute auch entstanden sein mögen, im „Jetzt" des Einzelnen zeigt sich rückblickend nur eine reale Welt (265).

Der Physiker Anton Zeilinger sieht das größte Problem dieser Weltdeutung darin, dass sich die Vervielfältigung des Universums im Vergleich mit anderen quantenphysikalischen Interpretationen als nicht notwendig und somit überflüssig erweise, denn weder stelle sie eine Vereinfachung, noch einen Mehrwert dar. Hinzu käme, dass die Existenz solcher „vielen Welten" niemals bewiesen werden könne[494].

---

[492] Vgl.: Zeilinger, Anton: Einsteins Schleier. München 2005, 149.
[493] Vgl.: Gribbin, John: Auf der Suche nach Schrödingers Katze. München 2012, 262; die Seitenzahlen werden im Folgenden in Klammern wiedergegeben.
[494] Vgl.: Zeilinger, Anton: Einsteins Schleier. München 2005, 152.

Die unendliche Überwelt

Der „absolute Zufall" als ontische Größe stellt für Gunter Berauer[495] den Grund dar, warum sich die physikalische Welt niemals lückenlos erklären lassen wird. Dem Wechselspiel zwischen ontischem Zufall und naturgesetzlichen Notwendigkeiten, zwischen Spontaneität und Rationalität würden wir es verdanken, dass in der Welt alles so ist, wie es ist. G. Berauer bezeichnet es als den Schöpfungsmechanismus, Zufall und Notwendigkeit als Schöpfungsprinzipien (175). Warum es den Zufall gebe und warum wir die Naturgesetze so erkennen, wie wir es tun, sind jedoch Fragen, die zu beantworten uns nicht möglich sei.

Unsere Welt ließe sich ebenso aus einer höherdimensionalen Überwelt darstellen. Die Stringtheorie bemühe dafür elf Dimensionen. Allerdings könnten mathematisch gesehen zahlreiche unterschiedliche Überwelten existieren, die unsere Welt in ihrem jetzigen Zustand beschreiben. Welche davon die richtige sei, wissen wir nicht. Zudem hätten wir keine Möglichkeit, eine in sich abgeschlossene Darstellung der Welt zu formulieren, weil sich eine begrenzte, endlich dimensionale Welt niemals vollständig aus etwas Begrenztem heraus erklären ließe. Dies ließe sich nur mit einer unendlichen Überwelt bewerkstelligen.

G. Berauer schließt mit der Feststellung, dass eine solche zwar nicht beweisbar, aber dennoch durchaus möglich sei. In ihr wären Zufall und Zeit ohne Belang und Fortuna bedeutungslos. Als „transzendenter Himmel" ohne weitere Überwelten würde in ihr alles in „göttlicher Ordnung" begründet sein (176). Weil nun die Individualität eines Objektes gleich der Unabhängigkeit seiner Wellenfunktion transzendente Konstrukte darstellte, verbände dies den Menschen mit der unendlichen Überwelt. Zugleich bedeute die Individualität in Verbindung mit Identität und Autonomie tatsächliche Handlungsfreiheit, eine Freiheit, die nur in einer nichtdeterministischen Welt vorhanden sei (177).

---

[495] Vgl.: Berauer, Gunter: Vom Irrtum des Determinismus. Gereimtes und Ungereimtes aus unserem wissenschaftlichen Weltbild. Berlin 2012, Die Seitenzahlen sind im Folgenden in Klammern angegeben.

Ausgesuchte Weltdeutungen durch die Biologie

Der Physiker und Philosoph Bernd-Olaf Küppers[496] stellt die Frage, bis zu welchem Grad sich „der Ursprung des Lebens, das Wesen von Information und Sprache, das Naturschöne, die Zeitlichkeit des Seins und die Geschichtlichkeit wissenschaftlich erklären und verstehen" lassen (V).

Zur Beantwortung dieser Frage ist es seiner Meinung nach unabdingbar, die exakten Wissenschaften von sämtlichen Arten der Pseudowissenschaft abzugrenzen. Gemäß K. R. Popper sei dies über das Kriterium der „Falsifikation" möglich, da nur jene Theorien wissenschaftliche Anerkennung finden sollten, die zu experimentell überprüfbaren Vorhersagen führen und somit prinzipiell widerlegbar sind (50f.). Allerdings, bemerkt B. O. Küppers, verweise dieses Kriterium Theorien wie die Darwin'sche Evolutionstheorie in den Bereich der Metaphysik, weil der Verlauf der Evolution wesentlich vom Zufall bestimmt und die Komplexität belebter Materie für genaue Berechnungen zu groß sei (51).

Dennoch würden Naturwissenschaftler in Bezug auf den Ursprung des Lebens von Prinzipien der Selektion und Evolution ausgehen, die unter bestimmten physikalischen Voraussetzungen bereits im molekularen Bereich eine Wirkung zeigten und die Entwicklung lebender Strukturen zur Folge hätten. Sie befürworteten weder die Hypothese von einem singulären Zufallsereignis, wie sie der Molekularbiologe Jacques Monod aufstellte, noch jene, die sich auf verborgene Lebensgesetze oder kosmische beziehungsweise göttliche Pläne beziehen (52).

Die Selbstorganisation der Materie stelle sich nur als vollständiges physikalisch-chemisches Bild dar, wenn zwischen unbelebter und belebter Materie ein fließender Übergang herrscht. Dies setze einen unvollständigen Lebensbegriff voraus, also ab wann ein Materiesystem als belebt anzusehen sei (39). Würde eine wesensmäßige Verschiedenheit von belebter und unbelebter Materie angenommen, könne der Ursprung des Lebens physikalisch nicht vollständig bestimmt werden. Bedingt sei dies durch die methodischen Grundlagen der exakten Wissenschaften: Abstraktion, Vereinfachung und Idealisierung (42). Auf einen genau festgelegten Geltungsbereich angewandt, käme es jedoch zu keiner Begrenzung der wissenschaftlichen Erkenntnisse. Entsprechend bestehe das moderne wissenschaftliche Weltbild aus zahlreichen Einzelerkenntnissen (43).

B. O. Küppers weist darauf hin, dass selbstorganisierende Systeme ihre Anfangsbedingungen durch Rückkoppelung modifizieren und diese den Charakter von „Randbedingungen" erhielten (69). In der Physik handle es sich dabei um Zwangsbedingungen, die unzählige naturgesetzlich mögliche Prozesse auf jene beschränken, die sich im System tatsächlich vollziehen. In autokatalytischen Systemen, also selbst verstärkenden Systemen, in denen der Endzustand zum Ausgangspunkt einer neuen Entwicklung wird, errichten sich die Randbedingungen selbst, verbessern sich und haben so die Möglichkeit, auf ein höheres Organisationsniveau zu kommen (240). Diese materielle „Selbstorganisation" könnte der Motor für die Entwicklung komplexer belebter Materie sein.

---

[496] Vgl.: Küppers, Bernd-Olaf: Die Berechenbarkeit der Welt. Stuttgart 2012. Die Seitenzahlen sind im Folgenden in Klammern angegeben.

Von zentraler Bedeutung für die Entstehung eines lebenden Organismus sei zudem der Begriff der Information (68). In den Naturwissenschaften handle es sich bei ihm jedoch nicht um einen reinen Kulturgegenstand, der nur als Mittel zur Beschreibung diene, stattdessen stütze er sich auf die Shannon'sche Information (107-110) und die algorithmische Information[497].

So enthielten die Bausteine eines jeden Erbmoleküls in ihrer speziellen Abfolge die Information für den Aufbau belebter Materie (67). Diese verschlüsselte Information werde bei entsprechenden Randbedingungen materiell umgesetzt. Nach Küppers müsse es sich bei dem Informationsaustausch um eine Art Kommunikation handeln (68). Sinn und Bedeutung würde die genetische Information erst über die Umwelt als semantischen Bezugsrahmen erhalten. Die Entstehung dieses Bezugsrahmens sei jedoch verborgen (101).

B. O. Küppers geht es auch um die Frage, ob sich Geschichtlichkeit wissenschaftlich erklären lässt, ob den historischen Ereignissen eine Gesetzmäßigkeit zugrunde liegt. Er folgert, die Aufdeckung immer weiter zurückreichender Anfangsbedingungen könne dazu beitragen, naturgeschichtliche Vorgänge wie den Ursprung und die Entwicklung des Lebens nomothetisch darzustellen. Indem dies etwa bei der Selbstorganisation und Evolution nur unter Einbeziehen einer Wertfunktion möglich sei, zeige sich die Untrennbarkeit von Wert und Ereignis. Der Natur innewohnende Werte hätten jedoch einen relativen Charakter, da sie an die sich stets wandelnden Bedingungen der „natürlichen Ordnung" gebunden seien (269).

B. O. Küppers geht von algorithmischen Prinzipien aus, denen das Lebendige folgt und dieses für uns sukzessive berechenbar machen[498]. Seine Überzeugung stützt sich auf die Feststellung, dass inzwischen Algorithmen bekannt sind, die sich zur Erzeugung von Strukturen nützen lassen, welche jenen der belebten Natur fast vollständig gleichen (189). Doch schreibt er an anderer Stelle, dass der genetische Aufbau von Organismen keine Regelmäßigkeiten aufweise, die auf einen verborgenen Algorithmus schließen ließen. Größtenteils handle es sich um Zufallssequenzen, wenngleich dies nicht von einer einzelnen Sequenz ausgesagt werden könne (78).

Die Natur betrachtet B. O. Küppers im Sinne der darwinistischen Auffassung einschließlich ihrer modernen Variante, der „synthetischen Evolutionstheorie", als „Räuber-Beute-System", entstanden durch evolutionäre Entwicklungen, die auf Konkurrenz und Verdrängung basierten, deren Resultat aber auch die strukturell oder dynamisch auftretende Ordnung als Darstellungsweise von Harmonie und Schönheit sei (174, 192).

B. O. Küppers weist darauf hin, dass zahlreiche Modelle der Physik zu einem Großteil auf Idealisierungen[499] und auf Abstraktionen beruhen, die in der realen Welt nicht zu finden seien (228). Eben „weil jeder Prozess in dieser Welt seinem Wesen nach ein historischer Prozess ist", hafte jeder Justierung und Registrierung einer Messgröße ein Fehler an (235). Auffällige Abweichungen zeigten sich jedoch nur bei Systemen, die als „deterministisches Chaos" be-

---

[497] Mario Bunge und Martin Mahner halten die Theorie von Shannon für keine Informationstheorie, sondern höchstens für eine Kodierungstheorie. So würde das Informationsmaß in dieser Theorie nicht den Informationsgehalt einer Nachricht messen, sondern die Dichte der Kodierung von Zeichenfolgen. Vgl. Bunge, Mario / Mahner, Martin: Über die Natur der Dinge. Stuttgart 2004, 39, Weiterführendes und Beispiele in Fußnote 2-11.

[498] Küppers, B.O. Stuttgart 2012, 189: „Inzwischen kennen wir zahlreiche Algorithmen, mit denen sich Strukturen erzeugen lassen, die den Strukturen der belebten Natur täuschend ähnlich sind. Dies zeigt, dass wir den algorithmischen Prinzipien des Lebendigen offenbar auf die Spur gekommen sind und das Lebendige für uns zunehmend berechenbar wird."

[499] Als Beispiel für Idealisierungen nennt er umkehrbare Prozesse.

zeichnet werden. In ihnen hätten deterministische Gesetze[500] chaotisches Verhalten zur Folge. Ähnliche Ursachen führten zu verschiedenen Wirkungen (236).

Letztendlich zeigt sich B. O. Küppers überzeugt, dass durch die Beherrschung des strukturwissenschaftlichen Denkens das wichtigste Ziel wissenschaftlichen Forschens und Denkens näher heranrücke: Die Berechenbarkeit der Welt (287).

---

[500] Bei „Gesetzen" handelt es sich in der Wissenschaft laut Küppers um Algorithmen, also Daten, die durch Naturbeobachtung oder Experimente generiert wurden, als Binärfolgen wiederzugegeben sind und Regelmäßigkeit zeigen, die sie komprimierbar machen. Vgl.: Küppers, Bernd-Olaf: Die Berechenbarkeit der Welt. Stuttgart 2012, 78.

Weder zufällig, noch kontinuierlich, aber ebenso wenig determiniert tritt für den Molekular-biologen und Mediziner Joachim Bauer[501] die evolutionäre Entwicklung lebender Systeme auf. Auch sei es nicht notwendig, theologische Erklärungsmodelle zu bemühen (48). Im Zentrum stehe stattdessen die Fähigkeit von Organismen, die Architektur ihres Genoms[502] zu verändern, um auf bedrohliche Umweltfaktoren, sogenannte ökologische Stressoren, zu reagieren (8). Dieser „kreative Prozess der Selbstmodifikation" (28) erfolge nach inneren Regeln, denen drei Prinzipien zugrunde lägen: Kooperativität, Kommunikation und Kreativität (17).

Ohne die Abstammungslehre von Charles Darwin in Frage zu stellen, wendet sich J. Bauer doch vehement gegen drei zentrale, nach seiner Meinung zu Dogmen erhobene Aussagen des modernen Darwinismus: 1. Zeitpunkt und Art von evolutionären Veränderungen in lebenden Systemen unterliegen dem Zufallsprinzip. 2. Die Entwicklung von Arten erfolgt langsam, stetig und linear. 3. Das alleinige Gestaltungsprinzip der Evolution ist die Selektion. Nur effektive und maximale Fortpflanzung bringt einer Art bei der natürlichen Selektion und somit beim Kampf der Arten ums Überleben Vorteile (15, 123f.).

Nicht „egoistische", auf die größtmögliche Verbreitung von Kopien ihrer selbst bedachte Gene[503], sondern kooperierende und kommunizierende Verbindungen von Ribonukleinsäure-(RNS[504]) und Proteinmolekülen mit der Fähigkeit, sich durch Synthese wechselseitig aus ihren Einzelbausteinen herzustellen, bildeten vor etwa 3,5 Milliarden Jahren den Beginn des Lebens[505] (33). Gene seien erst um die 500 Millionen Jahre später in einer zweiten Phase ent-standen. J. Bauer beschreibt sie als eine Art „Sicherungskopien" der RNS-Moleküle (36f.) und Bestandteile der Desoxyribonukleinsäure (DNS[506]). Erste stabile Einzellerlebewesen waren Archäa-Zellen und Bakterien.

DNS-Moleküle konnten jedoch im Rahmen eines horizontalen Gentransfers ihre Zelle verlassen und in das Genom anderer Zellen einwandern (48). Diese fortlaufenden Neu-anordnungen in der Frühphase der Evolution deutet J. Bauer als kreativen Prozess der Evolution auf der Suche nach lebensfähigen Systemen (180). Im Laufe der Zeit hätte sich diese Art des Transfers von genetischem Material deutlich vermindert, nur für die Entwick-lung der Gene des Immunsystems spiele er nach wie vor eine Rolle (48f.).

Den Ausführungen von J. Bauer folgend, ermöglichte die Aneinanderreihung von Genen im Genom die Speicherung von Bauplänen, nicht nur für einzelne Proteine, sondern für ganze Körper. Die Entwicklung solcher „body plans" für mehrzellige Lebewesen datiere auf eine Zeit zu Beginn des Kambriums vor ungefähr 600 bis 530 Millionen Jahren.

Im Verlauf der sogenannten „kambrischen Explosion" (58) seien schließlich innerhalb von 40 bis 50 Millionen Jahren die zwei Grundstrukturen der Körperbaupläne für Lebewesen

---

[501] Vgl.: Bauer, Joachim: Das kooperative Gen. Abschied vom Darwinismus. Hamburg 2008. Die Seitenzahlen sind im Folgenden in Klammern angegeben.

[502] Genom ist nach Joachim Bauer (2008, 7, Fußnote 2) die Bezeichnung für die Gesamtheit der Erbanlagen, zu der nicht nur alle Gene zählen, sondern ebenso jene Bereiche der DNS, die nicht aus Genen bestehen.

[503] Mit Bezug auf Dawkins, Richard: Das egoistische Gen. 2. Auflage, Berlin Heidelberg 2007.

[504] Englisch RNA (ribonucleic acid).

[505] Joachim Bauer orientiert sich in seiner Beschreibung vom Beginn des Lebens an den Arbeiten des Mikro- und Evolutionsbiologen Carl R. Woese (The Genetic Code. New York 1967) sowie an der 1986 daraus abgeleiteten RNA-Welt-Hypothese des Physikers und Biochemikers Walter Gilbert (The RNA World. In: Nature. 319, 02/1986).

[506] Englisch DNA (deoxyribonucleic acid).

einerseits mit radialsymmetrischer sowie andererseits mit rechts-links-symmetrischer Struktur und zusätzlicher Längsachse entstanden (57f.). Organismen mit einem definierten Körperbau stellten das Ergebnis einer zeitlich und räumlich aufeinander folgenden Aktivierung der sogenannten „Homebox-Gene (Hox-Gene)[507] im Genom dar, von denen einige zur Begrenzung des Wachstumsprozesses im Verlauf wieder deaktiviert würden (60f.)[508].

Die Zelle hat jedoch weit mehr Aufgaben, als die Vermehrung der Erbanlagen. Indem die Zelle die Informationen eines Gens ablese, also eine Kopie des betreffenden DNS-Abschnittes aus RNS herstellt, so J. Bauer, könne sie dessen Funktion im Zellkörper anwenden (37). Nur 1,2 Prozent des Genoms beherberge beim Menschen Gene, die potenziell ein Protein herstellen können. Mehr als 40 Prozent bildeten sogenannte „transposable elements" (TEs), die J. Bauer mit „Transpositionselemente" übersetzt (25). Sie stellten kreative Werkzeuge dar, mit denen Genome unter bestimmten Voraussetzungen ihre eigene Architektur verändern können (25-28). Ein weiterer Teil der DNS bestehe aus Genen, die den Bedarf an verschiedenen Arten von RNS decken, darunter Massenger RNA[509], ribosomale RNS, Transfer-RNS und die Mikro-RNS.

Den Ausführungen J. Bauers folgend, werden die meisten Gene in ihrer Aktivität über einen oder mehrere vorgeschaltete Genschalter[510] reguliert, deren Zweck darin besteht, von der Zelle Signale zu empfangen, die entscheiden, ob und wie stark ein Gen abgelesen wird (38f.). Zellen wiederum tauschten über ihre Oberflächenrezeptoren Informationen mit anderen Zellen aus (185). Gene, Zellen und Organismus befänden sich in ständiger Kommunikation (24). J. Bauer geht davon aus, dass somit auch Umweltfaktoren – über Signalbotenstoffe – die Genregulation permanent beeinflussen (181).

Große Bedeutung komme aufgrund ihrer Wächter- und Kontrollfunktion über die Unterdrückung und Freigabe von Aktivitäten der Gene, aber auch der TEs zudem der Mikro-RNS im Zusammenspiel mit speziellen Proteinen zu (40-44). Erst diese sogenannte „RNS-Interferenz" ermögliche es der Zelle, ihre genomische Architektur zu stabilisieren (92f.).

Anhaltende ökologische Stressoren könnten jedoch den Auslöser für die Neubildung von TEs oder die Aktivierung vorhandener TEs zum Zwecke eines Umbaus des Genoms bilden (183). Während das Auftreten von bedrohlichen Umweltfaktoren nach bisherigem Kenntnisstand wohl zufällig erfolgt, unterliege die Tätigkeit der TEs nach Auffassung von J. Bauer biologischen Regeln. Dies zeige sich, indem beispielsweise bevorzugt Gene verdoppelt würden, die zuvor häufig benutzt worden waren und sich somit als nützlich erwiesen hätten (112).

Durch Genduplikationen nach schlagartiger Aktivierung von TEs verursachte Entwicklungsschübe des Genoms seien die primäre Quelle für die Entstehung neuer Arten. Punktmutationen wirkten nur sekundär. Auch unterlägen sie, wie die Veränderungen der Architektur des Genoms, der Kontrolle der Zelle, die bestimmte Gene der DNS aktiv vor Mutationen schützt.

J. Bauer kommt zu dem Schluss, dass biologische Evolution nicht zufällig und kontinuierlich erfolgt, sondern durch eine dem Genom innewohnende Dynamik (184). Lebende

---

[507] Dabei handelt es sich um jene Gene, die Körperpläne kodieren.

[508] Für ihre Entdeckungen im Bereich der genetischen Kontrolle von früher embryonaler Entwicklung erhielten Edward Lewis, Eric Wieschaus, Christiane Nüsslein-Volhard 1995 den Nobelpreis für Medizin. Ihre Vorträge im Rahmen der Preisverleihung finden sich unter: www.nobelprize.com.

[509] Zum Zwecke der Genduplikation kann die Massenger-RNS als RNS-Kopie eines Gens von speziellen TEs auch wieder in DNS umgeschrieben werden (reverse Transkription). Vgl.: Bauer, J.: Das kooperative Gen. 2008, 112.

[510] Englisch Promoter.

Systeme reagierten auf Impulse der Außenwelt mit kreativen Selbstmodifikationen. Selektion zeige sich, indem nur (über-)leben könne, was lebens- und fortpflanzungsfähig sei. Effektive und maximale Reproduktion eines Organismus bedeute aber nicht automatisch einen Überlebensvorteil (155). Zum Untergang von Arten hätten hauptsächlich umweltbedingte Massenauslöschungen geführt, nicht kontinuierliche Selektionsprozesse (184). Darauf, so J. Bauer, ließe neben der Vielfalt an bestehenden organischen Lebensformen, vor allem das Phänomen der sogenannten „Exaptation" schließen. Es betrifft die Entstehung zahlreicher neuer Gene und Genkombinationen im Rahmen genomischer Entwicklungsschübe, die keinen direkten Überlebensvorteil bringen, jedoch möglicherweise einmal nützlich sein könnten (122).

Für J. Bauer muten die Erklärungen von Zufallsprinzip und Selektionsdruck als „Gestalter" der biologischen Evolution in der modernen darwinistischen Theorie wie die Einheitsbegründungen mittelalterlicher Theologen, an nur dass an der Stelle von Gottes Wille nun der Zufall schalte und walte (59). Doch weder der Zufall, noch eine langsam-kontinuierliche Entwicklung, sondern Kooperation führe nach Ansicht von J. Bauer zur Entstehung von neuen Arten oder zur Anpassung eines Organismus an neue Lebensverhältnisse. Als Beispiel nennt er die Endosymbiose[511] von Archäa mit Bakterien in der Frühphase der Evolution, die zur Entstehung von Eukaryontischen Zellen geführt habe, der Grundlage für die Entwicklung des Lebens (53). Lebende Systeme könnten ihre genomische Architektur selbst verändern. Dies geschehe aber nicht willkürlich oder zufällig, sondern nach biologischen Regeln, die sich aus einer wechselseitigen Beeinflussung der einzelnen Komponenten eines organischen Systems ergebe (72).

Auch wehrt sich J. Bauer gegen die Vorstellung, organische Systeme seien von den Genen für die eigene größtmögliche Vervielfältigung gebaute „Überlebensmaschinen"[512], denn tatsächlich handle es sich nicht um autonome Kommandanten, sondern um Akteure, deren Handlungen von der Zelle reguliert würden (38, 146). Gene sind für J. Bauer „kommunikative Moleküle" und das Genom betrachtet er als „ein zur Wahrnehmung von äußeren Signalen befähigtes" (139) „und mit Reaktionsvermögen ausgestattetes ,Organ'" (30).

Nach Ansicht von J. Bauer können nicht nur fundamentalreligiöse Konzepte im Sinne des „Kreationismus" oder „Intelligent Design" mit ihren irrationalen Ansichten und pseudowissenschaftlichen Aussagen über die Entstehung der Welt oder eine geplante Evolution (8, 19) zu einer Denk- und Erkenntnisbremse werden. Auch eine zu einem Dogma erhobene wissenschaftliche Theorie, die auf Widersprüche nicht eingeht, sie als Unsinn oder Sonderfall bezeichnet (123), behindere wissenschaftliche Forschungsarbeit.

Hinzuweisen ist mit Blick auf die von J. Bauer vorgestellte neue Theorie von der Evolution als kreativem Prozess, dass er es für eine der wichtigsten Aufgaben hält, „die Auslöser genomischer Entwicklungsschübe besser zu verstehen" (139). Vielleicht, weil es für den Zeitpunkt des Auftretens eben dieser Auslöser bisher keine andere wissenschaftliche Erklärung gibt als das Zufallsprinzip. Ein Prinzip, dem in den meisten nicht-theologischen Kreisen auch die Entstehung von ersten lebenden Systemen zugeschrieben wird.

---

[511] Vgl.: Margulis, Lynn: Die andere Evolution. Heidelberg Berlin 1999. Die Endosymbiotentheorie geht auf Untersuchungen des Botanikers Andreas Franz Wilhelm Schimper zurück, der 1883 auf die symbiotische Entstehung der Chloroplasten verwies. In: Bury, A. / Just, L. (Hg.): Botanische Zeitung, Nr. 7-10, Leipzig 1983.
[512] Mit Bezug auf Dawkins, Richard: Das egoistische Gen. 2. Auflage, Berlin Heidelberg 2007, 52, 227.

Das evolutive Paradigma

Durch die Menschheitsgeschichte hinweg unterlagen die Weltanschauungen der verschiedenen Gemeinschaften einem kontinuierlichen Wandel, oft ausgelöst durch neue Erkenntnisse, meist in Verbindung mit Erfindungen und Innovationen, weitergegeben erst über die Sprache, dann zusätzlich über die Schrift.

Diese Fähigkeit zur kulturellen Evolution ist es, die den Menschen vor allen anderen Lebewesen auszeichnet, so schnell deren genetische Selektionsprozesse auch sein mögen[513]. Sie lässt den Menschen seine Umwelt immer rascher verändern, verbreiten sich Ideen und Neuerungen heute über digitale Medien doch um ein Vielfaches schneller, als es über die biologische Evolution möglich ist.

In seiner Weltanschauung spiegelt sich dieser Wandel. War sie beispielsweise in den westlichen Industriestaaten vor der Aufklärung durch metaphysische und religiöse Annahmen geprägt, so gründet sie sich mit ihr vermehrt auf den Naturwissenschaften.

Einen großen und entscheidenden Schub auf dem Weg hin zu einem wissenschaftsbasierten Weltbild leistete die Evolutionstheorie von Charles Darwin. Selbst der Wechsel vom geo- zum heliozentrischen Weltbild hatte letztendlich keine solche mentale Revolution hervorgerufen. Denn mehr als alle bisherigen naturwissenschaftlichen Theorien, erforderte die Evolutionstheorie eine Abkehr von traditionellen Denkweisen.

Nicht nur ihre Grundannahmen über die natürliche Selektion und die Veränderung von Genotyp sowie Phänotyp im Laufe vieler Generationen, sondern vor allem die Erkenntnis, dass es eine erblich bedingte genetische Variabilität gibt und Umweltfaktoren als Triebkraft der Selektion wirken, wenden sich gegen den Glauben an einen teleologischen, zweckgerichteten und planenden Schöpfungsakt[514].

Gemäß darwinistischer Theorie hat bei der Vermehrung Erfolg, wer in kurzer Zeit viele überlebensfähige Nachkommen zeugt, deren Gene langfristig einen Wettbewerbsvorteil ermöglichen, etwa durch bessere Angepasstheit an die Umwelt, sei es aufgrund einer optimierten Physiologie oder beispielsweise von effizienterem Verhalten. Ein Wettbewerbsvorteil kann jedoch auch in einer Konkurrenzvermeidung bestehen, wie sie sich bei Kooperationen und Symbiosen selbst mit „artfremden" Wesen zeigt, oder in einer ökologischen Aufgliederung und Spezialisierung[515].

Die Evolutionstheorien der Naturwissenschaftler Charles Darwin und Alfred Russel Wallace beschreiben und erklären die Entstehung und Veränderung der Arten durch Selektions- und Anpassungsprozesse. Beide sehen die biologische Evolution als andauernder Entwicklungsprozess in Verbindung mit einer Zunahme von Komplexität. In modernen darwinistischen Theorien werden zu den wesentlichen Evolutionsfaktoren natürliche und sexuelle Selektion, Mutation, genetische Rekombination sowie Gendrift gerechnet. Im weiteren Sinne zählen beispielsweise Hybridisierung, Isolation und Migration dazu.

---

[513] Vgl.: Bauer, Joachim: Das kooperative Gen. 47-56. Krukonis, Greg / Barr, Tracy: Evolution für Dummies. Weinheim 2013, 287f.
[514] Vgl.: Wuketits, Maria und Franz M.: Humanität zwischen Hoffnung und Illusion. Stuttgart 2001, 21-40.
[515] Vgl.: Vaas, Rüdiger / Blume, Micheal: Gott, Gene und Gehirn. 2. Auflage, Stuttgart 2009, 40f.

Die neue allgemeine Theorie der Evolution geht von einer Mischung vieler, teilweise evolutionärer und zweckmäßig evolutiver Ursachen aus[516]. Sie seien es, die nach dem Physiker und Wissenschaftstheoretiker Johann Götschl evolutionäre und evolutive Trajektorien[517] voranbrächten, und in denen evolutive Lernprozesse als Attraktoren von Soziodynamiken[518] wirken. Das „Evolutive Paradigma" setze voraus und lege dar, dass alle Dinge, Systeme, Lebenswelten, unsere Gesellschaften und unsere wissenschaftlichen Kenntnisse sich im Rahmen evolutionärer und evolutiver Prozesse wandeln. Es sei die allgemeine Theorie der Evolution mit ihren dynamischen und evolutionären Möglichkeiten, die heute mehr denn je die statische Sicht der meisten traditionellen Theorien und die anerkannten Theorien der Gesellschaft erschüttert. Denn die evolutionären Dynamiken der physischen, chemischen, biologischen, gesellschaftlichen und wissenschaftlichen Evolution ließen sich nicht länger nur über statische ökonomische, soziale, politische und wissenschaftliche Konzepte oder rein durch Gleichgewichtszustände erklären[519].

Als Schlüsselkonzepte nennt J. Götschl Komplexität und Innovation. Sie könnten zur Erklärung der evolutionären Dynamik aller Arten von Evolutionsprozessen verwendet werden[520].

Die neue, allgemeine Theorie der Evolution bezieht sich nach J. Götschl nicht auf eine einzige, sondern auf eine Serie von Theorien, deren ständige Veränderungen sich einerseits auf Problem- und Konfliktlösungen sowie deren Realisierungen gründen, andererseits auf Umweltveränderungen und zufälligen Ereignissen[521].

Für die gesellschaftliche Evolution spielen nun insbesondere Konfliktlösungen und ihre Realisierungen eine Rolle. J. Götschl bezeichnet sie als zweckorientierte menschliche Entscheidungsmöglichkeiten zwischen Kulturfakten. Darunter versteht er alle von Menschen während der gesellschaftlichen Evolution erschaffenen Güter: Mentefakte als Werke des Geistes wie Theorien und Konzepte; Soziofakte als Werke der Gesellschaft, darunter Sitten, Werte, Moden, Strategien, Institutionen, Regeln; Artefakte als Werke der Kunst und Technifakte als Werke der Technik. Sie würden im Verlauf der gesellschaftlichen Evolution präferiert, genutzt oder verworfen[522].

Das „evolutive Paradigma" wandle statische in dynamische, evolutive Theorien. So sei unser Wissen zu einem bestimmten Zeitpunkt stets ein relatives, vorläufiges Wissen, das sich jederzeit verändern könne.

Langzeitvoraussagen etwa im Bereich der gesellschaftlichen Evolution seien nicht möglich, weil viele Ziel und Gewichtung unentwegt verändernde Teilursachen sie vorantrieben. Doch je mehr die individuellen Entscheidungen, die gesellschaftlich-technologischen Konfliktlösungen und ihre Realisierungen die Oberhand gewönnen, so J. Götschl, desto mehr

---

[516] Vgl.: Götschl, Johann: Introduction. In Götschl, Johann (Hg.): Evolution and progress in democracies. Towards New Foundations of a Knowledge Society. Dordrecht 2011, 8. Den Begriff „evolutiv" verwendet Götschl mit Bezug auf die spezifischen Wege und Methoden, wie gesellschaftliche Evolution funktioniert, den Begriff „evolutionär" mit Bezug auf die anorganische, organische und genetische Evolution.

[517] Trajektorie im sozialwissenschaftlichen Sinn als gesellschaftlicher, historischer, wirtschaftlicher, ökologischer oder technologischer Entwicklungsverlauf.

[518] Soziodynamik bezeichnet die Fähigkeit sowie die Art einer Gemeinschaft oder Gesellschaft auf innere und äußere Veränderungen zu reagieren.

[519] Vgl.: Götschl, Johann (Hg.): Evolution and progress in democracies. Dordrecht 2011, 7-9.

[520] Vgl.: Ebd. 12.

[521] Vgl.: Ebd. 8.

[522] Vgl.: Ebd. 11.

wären sie imstande, den Kurs der evolutiven Trajektorien positiv zu unserem individuellen und gesellschaftlichen Vorteil zu beeinflussen[523].

Der Chemiker Peter Schuster weist darauf hin, dass insbesondere die Entdeckung neuer wissenschaftlicher Methoden zu unserem heutigen Verständnis von der gesellschaftlichen Evolution als einem intelligenten, kreativen und evolutionären Prozess zur Verbesserung von demokratischen Gesellschaften beigetragen hat. Mit Bezug auf die Frage, ob die Evolution der menschlichen Gesellschaft komplexer sei als jene von anderen evolutionären „Produkten" wie etwa Tiergesellschaften, stellt er fest, dass sich in allen Evolutionen dieselben Schlüsselstrukturen und dieselben wahrscheinlichen, vom Zufall abhängigen Überbauten finden, ihre empirischen Auslegungen jedoch voneinander abweichen. Für einen Anstieg der Komplexität menschlicher Gesellschaften sorge zudem die Koevolution, eine Verbindung von zwei Entwicklungslinien, der genetischen und der internal-gesellschaftlichen Evolution.

Diese Koppelung der biologischen (physiologischen) Evolution des Menschen mit der internalen Evolution seiner hirngebundenen Intelligenz beeinflusse mehr und mehr den Kurs der gesellschaftlichen Evolution[524].

Einen Erfolg kennzeichnet nach dem Evolutionstheoretiker Franz Wuketits die Ausbreitung von Ideen. Unter Ideen seien neben Vorstellungen, auch Texte, Lieder, Tänze und vieles mehr zu verstehen. Als intellektueller Information gäbe es für die Ausbreitung dieser Produkte keine Grenzen, zudem könnte sie Elemente anderer Kulturen aufnehmen oder fremde überlagern. Im Gegensatz zur biologischen Evolution schreite die soziokulturelle wesentlich schneller voran. Sie sei an keine Fortpflanzung gebunden, denn Ideen ließen sich unmittelbar weitergeben. Auch handle es sich um keine lineare Weitergabe wie bei genetischen Informationen[525].

So könne etwa ein Professor von seinen Studenten ebenso etwas lernen, wie sie von ihm. Sofern es sich um eine tradierte Weitergabe handle, sei sie außerdem von keiner physischen Existenz anhängig. Dies ermögliche die Erfindung der Symbolsprache.

F. Wuketits zeigt auf, dass mit dem Buchdruck und schließlich der Datenübertragung durch die Computertechnologie es nicht nur zu einer immensen Erhöhung der Übertragungsgeschwindigkeit gekommen wäre, sondern zusätzlich zur Entstehung eines weltweiten Kommunikationsnetzes. Inwieweit die soziokulturelle Evolution in dieser Hinsicht allerdings eine Gefahr für den Menschen darstelle, ließe sich aufgrund der Unvorhersagbarkeit künftiger Evolution nicht bestimmen[526].

Dass sich die heutige Gesellschaft innovatorisch immer weiter beschleunigt, hat verschiedene Gründe. Neben einer breiteren Wissensbasis und sehr guten Grundversorgung, die Zeit für die Innovationsfindung lässt, tragen auch die zunehmende Spezialisierung und Globalisierung zu einer Erhöhung der Innovationsgeschwindigkeit bei. Es sind die vielfältigen Inputs, die als Grundlage für individuelle und kollektive Kreativität und somit für Innovationen dienen. Durch Verifikation, Beweise und Relevanz lässt sich eine Auswahl treffen, die letztendlich als Output wieder zu einer für den Input geeigneten Information wird.

---

[523] Vgl.: Ebd. 9.
[524] Vgl.: Schuster, Peter: How does Complexity arise in Evolution? In: Götschl, Johann (Hg.): Evolution and progress in democracies. Dordrecht 2011, 21f. stellt eine weltweite Darstellung von positiver Evolution als einen Komplexität- und Innovation-generierenden Prozess gegenüber dem Zufall oder am Rande des Chaos dar.
[525] Wuketits, Franz: Verdammt zur Unmoral? Zur Naturgeschichte von Gut und Böse. München 1993, 50-68.
[526] Vgl.: Vortrag von Prof. Dr. Franz Wuketits am 6. Mai 2009 im Rahmen der Vorlesung von Prof. Johann Götschl: Philosophie im Zeitalter der Globalisierung. Karl-Franzens-Universität Graz.

Kreativität und Innovationen können zudem zu einer humanitären Verbesserung der Gesellschaft beitragen; ein Umstand der vor allem in demokratisch offenen Systemen zu beobachten ist.

Nach Götschl verbesserten die positive Evolution moderner demokratischer Gesellschaften, von sozialen Demokratien, sowie die wissenschaftliche und technologische Evolution in den vergangenen 350 Jahren das Wohl des Einzelnen und der demokratischen Gesellschaften insgesamt. Nicht die Idee von „anything goes" postmoderner Philosophen, sondern evolutives, wissenschaftliches Lernen über Generationen habe den erstaunlichen Fortschritt unserer demokratischen Gesellschaften bewirkt. Es sei das Übernehmen und Anpassen der jeweiligen evolutiven positiven Trajektorien, die zu einer Steigerung des individuellen und gemeinschaftlichen Wohles führten[527].

Doch bergen die zunehmende Spezialisierung und Globalisierung insbesondere in Bezug auf die Kontingenzbewältigung des Einzelnen ihre Gefahren. So weist etwa der Biophysiker und Philosoph Bernd-Olaf Küppers darauf hin, dass sich die exakten Wissenschaften aufgrund der immer weiter vorangehenden Spezialisierungen verstärkt von der Wirklichkeit, wie sie der Einzelne erfährt, zu entfernen scheinen[528]. Jede der Disziplinen stelle eine eigene Zugangsweise zur Wirklichkeit dar[529], weswegen es notwendig sei, die einzelnen wissenschaftlichen Erkenntnisse systematisch zusammenzuführen, um das Ganze objektiv erfassen und die Realität erneut als Einheit erfahren zu können[530]. Nach Küppers könne die Wissenschaftsphilosophie hierbei eine Schlüsselrolle einnehmen, indem sie ihr Potenzial dort entfalte, „wo in den Wissenschaften Begründungszusammenhänge fehlen, wo sich relevante Probleme hartnäckig einer Lösung entziehen, wo Erklärungsdefizite und Erklärungsanomalien auftreten und wo die Relevanz wissenschaftlicher Aussagen zur Disposition steht"[531].

---

[527] Vgl.: Götschl, Johann: Introduction. Dordrecht 2011, 10f.
[528] Vgl.: Küppers, Bernd-Olaf: Die Berechenbarkeit der Welt. Stuttgart 2012, 255.
[529] Vgl.: Ebd. 257.
[530] Vgl.: Ebd. 256.
[531] Vgl.: Ebd. 120.

Zur heuristischen Bedeutung evolutionärer Modellierungen in den Wirtschafts- und Sozialwissenschaften

Hauptzweck der heutigen evolutionären Spieltheorie und der allgemeinen Evolutionstheorie ist es, mathematisch berechenbare optimale gesellschaftliche Lösungen zu finden. Nach Johann Götschl bilden mathematisch logische Lösungen gesellschaftlicher Konflikte jedoch nur den ersten wissenschaftlichen, theoretischen und rationalen Schritt auf dem Weg zu gesellschaftlicher Problemlösung. Notwendig sei die empirische Verwirklichung[532].

Der Wirtschaftswissenschaftler John Charles Harsanyi entwickelte eine spieltheoretische stochastische Methode zur Erklärung der vielschichtigen Soziodynamiken in modernen Gesellschaften wie Interaktionen und Konfliktlösungen. Nach J. Götschl stelle die Hinwendung zu empirischer Anwendbarkeit und Realisierung als Hauptkriterien von wissenschaftlichen Sozialtheorien nicht bloß eine Wiederkehr zum Utilitarismus dar, sondern sei das Ergebnis einer Auseinandersetzung mit evolutionären Dynamiken, Selbstorganisation sowie Unbestimmtheit und Risiko in modernen Gesellschaften. Die neue Methode gründe sich auf dem Konzept einer dynamischen bayesianischen Rationalität unter Unbestimmtheit beispielsweise bei der Bewältigung von sozialen, biologischen und Umwelt-Risiken[533].

Mit Bezug auf den Sozialwissenschaftler Werner Leinfellner bemerkt J. Götschl, dass die Zusammenführung von wissenschaftlichen Theorien mit gesellschaftlich-demokratischen Regeln auf optimale Konfliktlösungen ziele, die das altruistisch Bestmögliche im Sinn hätten, nicht das egoistisch Beste[534]. Nach J. Götschl passen sich Lösungen (Strategien), die sich im Laufe von Wiederholungen bessern, an gesellschaftliche und ökologische Veränderungen sowie an zufällige Ereignisse unter Unbestimmtheit und Risiko an. Er zeigt sich davon überzeugt, dass dies zu einer erneuten Freisetzung des innovativen und kreativen Weges unserer vom Gehirn genetisch gegebenen Fähigkeiten führen werde[535].

Die Hauptthese von Gerhard Rosegger, dargelegt in seinem Beitrag „Aspekte von Unbestimmtheit und Komplexität in Technologien und Technosystemen[536]", besteht darin, dass sich Erfolg und Misserfolg von privaten und staatlichen Strategien im Durchschnitt primär auf technologische Innovationen gründen und nur sekundär auf politische Strategien. Nach empirischen Untersuchungen ließe sich innerhalb dynamischer und sich entwickelnder demokratischer Gesellschaften im Schnitt eine angemessene Verteilung der Verantwortung für den künftigen Kurs der wirtschaftlichen, politischen und sozialen Entwicklung erreichen. „Im Schnitt" bedeute, dass – wie in jedem evolutionären und evolutiven Prozess – der Entwicklungskurs wellengleich in wiederkehrenden Folgen von Änderungen stattfinde, ähnlich den Konjunkturschwankungen in der Wirtschaft. Dies sei so, weil es in Demokratien staatlichen und privaten Einflüssen möglich sei, die Höhen und Tiefen entweder kooperativ zu

---

[532] Vgl.: Götschl, Johann: Introduction. 11f.

[533] Vgl.: Harsanyi John Charles: „Games with incomplete information" in Götschl, Johann (Hg.): Evolution and progress in democracies. Dordrecht 2011.

[534] Vgl.: Götschl, Johann: Zu Werner Leinfellners Weltanschauung: Denkwege zu einer „Allgemeinen stochastischen Theorie der Evolution". In: Windholz, Sascha / Feigl, Walter (Hg): Wissenschaftstheorie, Sprachkritik und Wittgenstein. In memoriam Elisabeth und Werner Leinfellner. Heusenstamm 2011, 13.

[535] Vgl.: Götschl, Johann: Introduction. Dordrecht 2011, 12

[536] Im Original: Aspects of Uncertainty an Complexity in Technologiers and Technosystems. In Götschl, Johann (Hg.): Evolution and progress in democracies. Dordrecht 2011.

regulieren, oder es von Zeit zu Zeit zu einer nach links oder rechts von einer relativen gesellschaftlichen Stabilität der Wirtschaft gerichteten Abweichung komme, je nachdem welcher Einfluss die Oberhand gewönne.

Nach G. Rosegger seien die theoretische und die fundamentalistische Position einerseits, sowie die innovationsfreundliche aktivistische Position andererseits nicht notwendigerweise an linke oder rechte Ideologien gebunden, sondern eher von der statischen gegenüber der dynamischen evolutionären Rolle von Wettkampf versus Zusammenarbeit oder zwischen neoklassischer Statik versus der Schumpeterianischen[537] innovativen Herangehensweise. Aktivisten legten nahe, dass in jedem evolutionären, technokratischen Rahmen technologischer Wandel durch Innovationen vorangetrieben werde, oft bedingt durch Mutationen, anschließende Selektion und bestmögliche Anpassung in eine geeignete Nische. Innovation wiederum fördere die Wirtschaft. Der Vorteil demokratischer Gesellschaften bestünde in der Möglichkeit, die eigene gesellschaftliche Evolution entweder zum Besseren oder zum Schlechteren zu beeinflussen - „zum Besseren" durch wissenschaftliches Lernen über Generationen, „zum Schlechteren" durch Nichtstun, denn Nichtstun begünstige die Tendenz zu zufälligen, unsicheren Ereignissen.

Gemäß der These von G. Rosegger hängt der technologische Wandel teilweise von Unbestimmtheit und von seiner steigenden Komplexität ab. Produktion nach starren Vorgaben und plangerechter Wirtschaft sei nicht so komplex und leicht zu regeln, allerdings geneigt, die gesamte Wirtschaft zu ruinieren, wenn es sich um einen schlechten Plan handle. Die Ursachen lägen in der Unterschätzung von Zukunftsrisiken und künftigen zufälligen Ereignissen. Je komplexer ein dynamisches System sich nun gestalte, desto mehr Zufallsereignisse mit positiven wie negativen Folgen produziere es im Laufe seiner Evolution.

Johann Götschl weist in diesem Zusammenhang darauf hin, dass Demokratien zu den komplexesten Systemen der Welt gehören, weswegen Innovationen innerhalb ihrer evolutionären Prozesse leichter und öfter auftreten als in anderen gesellschaftlichen Systemen. Denn Innovationen sind nach G. Rosegger empirische Umsetzungen von Erfindungen. Diese Umsetzungen bedürfen einer großen Anzahl von miteinander kooperierender oder im Wettkampf stehender Handlungsträger, ein Umstand, der in offenen demokratischen Gesellschaften weit häufiger anzutreffen ist, als in anderen Gesellschaftsformen. G. Rosegger betont, dass die Bereitschaft zur Modifizierung der eigenen gesellschaftlichen Evolution durch Versuche und empirische Verwirklichungen in der Auswahl der sozial oder evolutionär besseren Lösungen bestehe. Verbesserung bedeute, ein maßvolles Gleichgewicht herzustellen zwischen privaten, oft egoistischen Ansprüchen und sozialen kooperativen Pflichten sowie der Verteilung des Nationaleinkommens, zwischen individueller Freiheit und sozialen Auflagen[538].

---

[537] Röpke, Jochen / Stiller, Olaf (Hg.)/ Schumpeter, Joseph (Autor): Theorie der wirtschaftlichen Entwicklung. Berlin 2006, Nachdruck der 1. Auflage von 1912, 141ff., 156. Der Ökonom Joseph Schumpeter bezeichnet Innovation und Imitation als Motor des Wettbewerbes. So führt er Pionierleistungen nicht in erster Linie auf den wirtschaftlichen Nutzen zurück, sondern auf psychologische Motive, insbesondere den Drang zum schöpferischen Gestalten.
[538] Vgl.: Götschl, Johann: Introduction. Dordrecht 2011, 19f.

Ontologie der Gesellschaft

Der Sprachphilosoph John Rogers Searle[539] geht in seiner Schrift „Social Ontology and the Philosophy of Science" [540] davon aus, dass Systeme von den ursächlichen und wechselseitigen Beziehungen ihrer Teile bestimmt werden. Einige davon wären organische Systeme, von denen wiederum einige Bewusstsein besäßen. Mit dem Bewusstsein kämen Intentionalität und Evolution. Gemäß Johann Götschl[541] gründet J. R. Searle die Sozial-ontologie auf den gesellschaftlichen Funktionen aller empirischen wechselseitigen Beziehungen in unseren heutigen demokratischen Gesellschaften. Die ontologische Intentionalität sei für J. R. Searle der Vorläufer der linguistischen Intentionalität, eine Grundcharakteristik der Gehirne innerhalb von Gesellschaften, die zusammenfügt und kombiniert. Dabei müsse Intentionalität nicht notwendigerweise von Bewusstsein begleitet werden. Sie beziehe sich auf die mannigfaltigen, gesellschaftlich spezifischen wechselseitigen Beziehungen und Funktionen zwischen Objekten, Taten, Handlungen, Bewertungen sowie den individuellen Gehirnen.

J. Götschl zeigt auf, dass Sozialphilosophie für J. R. Searle bedeutet, sich mit den ontologischen Grundlagen der Gesellschaft zu befassen und das traditionelle westliche Dogma eines Dualismus zwischen Geist und Materie, zwischen Körper und Seele, zwischen der kollektiven Auffassung von einem Stück Papier als Geld und dessen mannigfaltiger kollektiver Bedeutung für uns als Teile der Gesellschaft – etwa die Verbindung von Geld mit den Finanzmärkten, mit Schulden oder jemandes Reichtum – radikal zu verwerfen. Viele reale Fakten unserer Gesellschaft hätten eine vom Beobachter abhängige oder zum Beobachter relative Bedeutung. Insbesondere Sozialwissenschaften wie Ökonomie, Soziologie und Politikwissenschaften beschäftigten sich mit beobachterrelativen Objekten oder Bedeutungen.

Nach J. Götschl setzt J. R. Searle bei seiner Ontologie der Gesellschaft eine demokratische Gesellschaft voraus und bei der Erneuerung der traditionellen Ontologie die Unterstützung durch drei Maßnahmen: Erstens weise unsere Gesellschaft Wörtern eine normative kollektive Funktion zu, die nicht unabhängig von den Zuweisungen des Einzelnen existiere. Alle Funktionen seien zwar beobachtbar, aber relativ. Zweitens zähle nicht nur, was der Einzelne glaubt, sondern auch, was alle anderen glauben. Es sei sinnlos, zu versuchen, diese „Wir-Intentionalität" auf eine „Ich-Form" zu reduzieren. Die Intentionalität könne in modernen Gesellschaften nicht auf das Individuum reduziert werden.

J. R. Searle schlage eine kollektive Intentionalität vor und gehe davon aus, dass wir beide Formen von Intentionalität in unserem Gehirn haben könnten. Intentionalität gehöre zur Ontologie der Gesellschaft. Die subjektive „Ich-Intentionalität" und kollektive „Wir-Intentionalität" seien ontologische Funktionen. Drittens handle es sich bei den meisten gesellschaftlichen Fakten ontologisch gesehen um „institutionelle Fakten", die empirische menschliche Institutionen in der Gesellschaft voraussetzen und regelgebunden sind.

Nach Götschl sei es für J. R. Searle Teil der Ontologie der Gesellschaften, dass wir im Zuge unserer Evolution phylogenetisch und auch gegenwärtig ontogenetisch eine soziale und institutionelle Realität durch intentionale Zuweisungen erschaffen.

[539] Searle, John R.: The construction of Social Reality. New York 1995.
[540] Veröffentlicht in: Götschl, Johann (Hg.): Evolution and progress in democracies. Dordrecht 2011.
[541] Vgl.: Götschl, Johann: Introduction. In: Götschl, Johann (Hg.) Dordrecht 2011, 14f.

Gemäß J. R. Searles Ontologie der Gesellschaft erzeugen die unterschiedlichen Verwendungen eines Begriffs linguistisch ausgedrückt seine gesellschaftliche, komplexe und verschränkte Bedeutung. J. Götschl bemerkt, dass diese Form der Bedeutung sehr fragil sei und nur eine relative Beständigkeit habe, insbesondere wenn sich Zuweisungen kollektiv ändern. J. R. Searle verweise jedoch auf einen linguistisch-semantischen Weg heraus aus jeder Selbstreferenz. So fungiere ein Begriff wie Geld nur als Platzhalter für gesellschaftliche Bezeichnungen, die durch das Ausführen eines Sprechaktes gerechtfertigt seien, der kollektiv verwendet werde. Offensichtlich würde im gesellschaftlichen und kollektiven Sprachgebrauch die Bedeutung nicht länger selbstreferentiell oder selbstidentifizierend sein. J. R. Searle betone, dass die soziale Ontologie in der gesellschaftlichen Funktion unserer Sprache wurzle – eine Wittgensteinsche Version von Sprachspielen. Die Ausdrucksformen und der Gebrauch einer institutionellen Bedeutung sowie ihre vielen gesellschaftlichen Bedeutungen würden unser gesellschaftliches Leben wesentlich regulieren.

J. Götschl fasst zusammen, dass J. R. Searle seine Grundlage einer Sozialphilosophie mit einer neuen Art von Sozialontologie abschließt. Diese basiere auf der Erschaffung einer institutionellen Realität nur durch Handeln und Erkennen des ontologischen Zustandes der übergreifenden Funktionen in unserer gesellschaftlichen Realität[542].

---

[542] Vgl.: Götschl, Johann: Introduction. Dordrecht 2011, 15.

Ökonomische „gebundene Rationalität"

In der Wirtschaftstheorie wurde lange Zeit davon ausgegangen, dass sich das ökonomische Verhalten des einzelnen Menschen für die eigene Nutzen- und Gewinnmaximierung an einer vollkommen rationalen Handlungsweise orientieren sollte[543]. Gemäß dem Ideal der vollständigen Rationalität würde ein solches Individuum jedoch neben allen notwendigen Informationen, auch die Kenntnis jeglicher Konsequenzen sowie grenzenloses Wissen und ebensolche rechnerischen Datenspeicher benötigen; vom Zeitaufwand ganz zu schweigen[544]. Tatsächlich sind Wissen, Zeit und kognitive Fähigkeiten begrenzt; zudem ändert sich die (Um-)Welt ständig.

Realistischer gestaltet sich das während der vergangenen Jahrzehnte im Zentrum der Forschungen einiger Wissenschaftler stehende Konzept der *bounded rationality*[545]. Es bezieht nicht nur die eingeschränkten geistigen Fähigkeiten der Menschen ein, ihr begrenztes Wissen sowie ihrer Unfähigkeit Informationen vollständig zu verarbeiten, sondern ebenso psychologische und soziale Faktoren sowie den Wunsch nach befriedigenden, aber auch einfachen Problemlösungen.

Der Wirtschaftswissenschaftler Bertrand Munier kritisiert in seinem Beitrag[546] „Market Uncertainty and the Process od Belief Formation", dass Theorien über subjektive oder persönliche Meinungsbildung bis heute ausschließlich auf einer internalen, psychologischen Methode begründet sind. Nach Johann Götschl[547] beschreiben die introspektiven oder internalen, regelhaften Axiome von Savage die „im-Geiste-Bildung" von internalen Urteilen und Meinungshaltungen bei der Lösung von gesellschaftlichen Konflikten durch Individuen. Der Nachteil der internalen Meinung bestehe darin, dass sie den Einfluss anderer Individuen, äußerer Quellen und vielem mehr meist ausschließe, beispielsweise die Ansichten des Marktes.

Das externe Modell von B. Munier ergänzt das internale, psychologische Grundmodell um seine Erklärung, wie Ansichten sich in einer Bevölkerung und im Markt ausbreiten. Unsere kognitiven Fähigkeiten seien empirisch gebunden oder begrenzt, wenn wir praxisnahe Konflikte im Markt lösen müssen. Niemand solle von einem Individuum mehr fordern, als er oder sie von einem kognitiven Standpunkt aus und mit Verweis auf den Markt erreichen kann. Einseitige internale Grundlagen einer Meinungsbildung seien von geringem Nutzen in der Wirtschaftswelt, wenn nicht erklärt werden könne, wie verbreitete Ansichten andere beeinflussen. So müsse die internale Grundlage immer von einem Blick auf das begleitet sein, was extern geschieht, etwa durch erfolgreiche Marktregeln und Sitten.

Das Modell von B. Munier bietet ein dynamisches Konzept ökonomischer, gebundener Rationalität. Es zeichnet sich durch sein globales, marktpsychologisches Konzept aus und durch die Ansicht, dass nur wiederholte Verbesserungen und Korrekturen durch die Marktteilnehmer ihre Meinungen und Konfliktlösungen letztendlich gestalten.

Meinungsbildung erscheint somit als ein Prozess der Erwägung zwischen der innerlichen Meinung der Individuen und der auf dem externen Markt vorherrschenden Meinung. Die „induktive" Rationalität der Meinungsbildung ist stark verflochten mit der Art, wie Indi-

---

[543] Vgl.: Matthias, Martin: Bounded rationality – begrenzte Rationalität. GRIN-Verlag 2009, 1.
[544] Vgl.: Ebd. 2.
[545] Vgl.: Simon, Herbert A.: Homo rationales – Die Vernunft im menschlichen Leben. Campus Verlag 1993, 29.
[546] Veröffentlicht in: Götschl, Johann (Hg.): Evolution and progress in democracies. Dordrecht 2011.
[547] Die Beschreibung des Modells von Munier folgt der Zusammenfassung von Götschl, Johann: Introduction. Dordrecht 2011, 18f.

viduen lernen und ihre Meinungen von Zeit zu Zeit ändern. Eben deswegen kann die rationale Behandlung einer Meinung klar unterschieden werden von ihrem individuellen internalen Bildungsprozess, etwa wenn jemand versucht eine Entscheidung zu fällen oder einen Konflikt auf dem Markt zu lösen,.

Obwohl Individuen wegen ihrer gebundenen Rationalität limitierte Fähigkeiten haben, sind sie nichtsdestotrotz fähig, zahlreiche wahrscheinliche und unwahrscheinliche Meinungen zu entwerfen. Unsere Entscheidungen und Meinungsbildungen gehören zu einem sozialen Netz aus Konfliktlösungen und Realisierungen. Sie sind abhängig von den aktuellen, wechselseitigen Beziehungen aller Individuen auf dem Markt. Diese Beziehungen sind von B. Munier in unterschiedlichen Ausführungen beschrieben. Johann Götschl weist darauf hin, dass sein Konzept eine statistische, kognitive Rationalität im Gegensatz zur traditionellen Auffassung von Rationalität bedingt.

Exemplarische Weltdeutungen aus den Strukturwissenschaften

Gemäß dem Philosophischen Wörterbuch von Martin Gessmann ist unter dem Strukturalismus eine Theorie der Sozial- und Geisteswissenschaften zu verstehen, „die als Grundlage kultureller Welt- und Selbstdeutungen invariante Strukturen von Zeichensystemen annimmt"[548]. Nach Bernd-Olaf Küppers geht die Strukturwissenschaft den übergeordneten Strukturen der Wirklichkeit nach, ohne Bezug auf ihre Herkunft oder Wesensart. Es handle sich um die Suche nach den Gesetzmäßigkeiten abstrakter Strukturen[549]. Als angewandte Strukturwissenschaft betrachtet B. O. Küppers die Wissenstechnologie. Diese könne durch fachübergreifende Zusammenführung bestehender Konzepte Innovationspotentiale der Wissenschaften vorantreiben und so spezielles Problemlösungswissen generieren[550].

Zu den Strukturwissenschaften zählen Disziplinen wie Spiel- und Systemtheorie, Kybernetik, Informations- und Chaostheorie, aber auch solche wie Synergetik, Netzwerktheorie, Komplexitätstheorie, Theorie der Selbstorganisation und Entscheidungstheorie. In sämtlichen Bereichen der Wirklichkeit ist es möglich, die Strukturwissenschaften für die Analyse von komplexen Strukturen und Wirkzusammenhängen anzuwenden. So steht etwa das Aufzeigen von deterministischen Prozessen trotz unvorhersehbarer Ergebnisse im Zentrum der Untersuchungen von Chaostheorie und der Theorie der Selbstorganisation. Letztere hält sich selbst organisierende Systeme für operational geschlossen bei materiellem und energetischem Austausch mit der Umwelt, denn ihre formgebenden, gestaltenden und beschränkenden Einflüsse würden den eigenen Elementen des Systems entspringen[551].

Für den Soziologen Niklas Luhmann[552] bestehen soziale Systeme nicht aus Menschen oder Handlungen, sondern aus Kommunikation[553]. Sie erschaffe und erhalte das „Soziale" als Einheit[554]. Im Zuge der sozio-kulturellen Evolution sei es sukzessiv nach segmentärer (archaische Gesellschaften) und stratifikatorischer (mittelalterliche Ständegesellschaften) zu einer funktionalen (moderne Gesellschaften) Ausdifferenzierung in soziale Teilsysteme[555] gekommen, deren Selbstorganisation – die referenzielle Selbsterschaffung und -erhaltung – zu einer kontinuierlichen Erneuerung aus eigenen Elementen führe. Diese operative Schließung erfordere eine Unterscheidung von System und Umwelt, von Innen und Außen. Doch bestehe der Sinn einer Systembildung nicht darin, sich vollständig von der Außenwelt abzugrenzen, sondern über eine Stabilisierung der Differenz von Innen- und Außenwelt eine „strukturierte Offenheit für andere Möglichkeiten" zur Verfügung zu stellen.

N. Luhmann bezeichnet soziale und psychische Systeme als Sinnsysteme. Die Anschlussfähigkeit ihrer operativen Elemente erfolge über den Sinn als Repräsentant der Welt. Er sei es auch, der die Grenzen zur Außenwelt ziehe, um aus der Vielfalt des Möglichen (Variation) über eine entsprechende Auswahl (Selektion) das Gewählte als künftig zu Erwartendes in die

---

[548] Vgl.: Gessmann, Martin (Hg): Philosophisches Wörterbuch. 23. Auflage, Stuttgart 2009, 693.

[549] Vgl.: Küppers, Bernd-Olaf: Die Berechenbarkeit der Welt. Stuttgart 2012, 271.

[550] Vgl.: Ebd., 281.

[551] Vgl.: Johann Götschl: Introduction. In: Götschl, Johann (Hg.) Dordrecht 2011, 7-39.

[552] Vgl.: Niklas Luhmann: Systemtheorie der Gesellschaft. In: Endreß, Martin: Soziologische Theorien kompakt. 2. aktualisierte Auflage, München 2013, 155 – 172.

[553] Vgl.: Endreß, Martin a.a.O., 158, 171.

[554] Vgl.: Endreß: a.a.O., 160.

[555] Etwa Wirtschaft, Recht, Wissenschaft, Politik, Erziehung, die sich jedoch aufgrund struktureller Koppelungen nicht voneinander desintegrieren können.

vorhandenen Elemente zu integrieren (Stabilisation). Soziale Evolution vollziehe sich, wenn ein „strukturdeterminiert operierendes System" unerwartete Kommunikation aufgrund eines Sinnbezuges auswähle, sich daraufhin jedoch nur über eine Strukturänderung restabilisieren könne[556].

Für Bernd-Olaf Küppers [557] stehen im Mittelpunkt strukturwissenschaftlicher Untersuchungen abstrakte Strukturen im Sinne von Objekten der Erkenntnis. Einer der grundlegenden Begriffe in der Naturwissenschaft stellt für ihn die Form dar. Formlose Materie sei nicht vorstellbar. Abstrakta als Form ohne Materie ließen sich hingegen denken. Es zeige sich, dass jeder Gegenstand einer begrifflichen Formung unterliegt, die von der Art der wissenschaftlichen Untersuchung abhängig ist. Je nach Forschungskontext variiere der Formgehalt eines Gegenstandes. Entsprechend anders gestalte sich dann auch seine Strukturinformation (131).

Information ist nach B. O. Küppers ein „Strukturbegriff" und kein materieller Gegenstand der Natur (130). Sie funktioniere über gemeinsame Verständigungsstrukturen zwischen einem Empfänger und einem Sender (101), ein Vorgang, der als Kommunikation bezeichnet werde (142). Sprache setze nicht nur denselben Bestand an Zeichen voraus, sondern ebenso eine Strukturierung der Zeichenfolgen nach denselben Regeln und Prinzipien. So gleiche das Gerüst der Sprache einer syntaktischen Struktur (137).

Das Ziel jeder Kommunikation sei eine Verständigung, die auf einer einheitlichen Bewertung beruhe und eventuell zu gemeinsamem Handeln führe (142). Verständigung im Sinne von wechselseitiger Anpassung und Harmonisierung von Prozessfolgen über chemische, akustische, optische Signale fänden sich bereits bei den einfachsten Organismen (144).

Erst die Bewertung mache Information sinnvoll, doch sei der Wert jeder Information stets vom Zustand des Bewertenden, also des Empfängers abhängig, von seinen Vorkenntnissen, seinen Erwartungen, seiner individuellen Haltung (148). Ohne vielschichtige Hintergrundkenntnisse lasse sich Information nicht verstehen (154). Auch Gene als Träger der Erbinformation bedienten sich einer Sprache, indem sie Funktionseinheiten aus Schlüsselwörtern bilden (155). Wie die menschliche Sprache zeichne sich die Molekularsprache durch Aperiodizität, hierarchische Organisation und Kontextabhängigkeit aus (156). Dies würde Sprache als allgemeines Naturphänomen klassifizieren (159).

---

[556] Vgl.: Endreß, Martin: Soziologische Theorien kompakt. München 2013, 158-163.
[557] Vgl.: Küppers, Bernd-Olaf: Die Berechenbarkeit der Welt. Stuttgart 2012. Die Seitenzahlen sind im Folgenden in Klammern angegeben.

Die Beschaffenheit der Welt aus Sicht des Konstruktivismus

Jeder Mensch hat seine eigene Erlebniswelt. Nach den Vertretern des Konstruktivismus ist die Wirklichkeit konstruiert und die Suche nach absoluter Wahrheit ein Mythos. Es zeigt sich jedoch, dass es auch mit einer erfundenen Wirklichkeit möglich ist, dem wissenschaftlichen Anspruch gerecht zu werden.

Nach Ernst von Glaserfeld[558] geht der Konstruktivismus davon aus, dass sich nicht feststellen lässt, ob die Erlebenswelt des Einzelnen mit einer von seinen persönlichen Erfahrungen unabhängigen Welt übereinstimmt (10). Die Wahrnehmung eines Gegenstandes erfolge stets über die Sinnesorgane und ließe sich nicht mit dem als „wahr" bezeichneten Gegenstand vergleichen. So würde auch die Wissenschaft trotz ihrer Erfolge zu keiner Annäherung an ein „wahres" Weltbild führen, sondern nur das Wissen um Funktionen, also das „Wissen wie" vermehren (13). Eine Korrespondenz zwischen den wahrgenommenen Phänomenen und der ontischen Wirklichkeit könne rational niemals festgestellt werden (17).

An die Stelle der Übereinstimmung setzt der radikale Konstruktivismus die Viabilität (18). Unter den zahlreichen vom Gegenstand ausgehenden Signalen wähle die Aufmerksamkeit nur jene aus, die für das Handeln in der Erlebniswelt viabel, also brauchbar seien (22). Im Gegensatz zum Solipsismus leugne der Konstruktivist die Existenz einer ontischen Wirklichkeit nicht. Allerdings sei es unmöglich, zu ermessen, inwieweit das Subjekt das Erfahrene und Wahrgenommene im Prozess des Erlebens verändere, verfälsche oder sogar erzeuge (38).

Objektive Erkenntnis gewinne das Subjekt durch den Vergleich der eigenen Erfahrungen mit jenen anderer Subjekte sowohl im Bereich der Alltagswelt, als auch der Erkenntnistheorie (33). Wissen sei keine Reflexion der ontischen Wirklichkeit, sondern ein möglicher Weg unter vielen, das Leben zu meistern (32).

Auch Heinz von Förster[559] verwirft den Solipsismus. Die Vorstellung von der Wirklichkeit als Produkt nur eines Subjektes impliziere, dass dieses Subjekt nicht über sich selbst sprechen könne (42). Zudem ließe sich die solipsistische Hypothese, selbst die einzige Realität zu sein, nicht verallgemeinern und verstoße deswegen gegen das Relativitätspostulat (84). H. von Förster geht von einem Omnipsismus aus. So würde die Wirklichkeit durch das Zusammenspiel von vielen sich die Welt vorstellenden Subjekten erzeugt: „Wir alle existieren durch uns alle" (43).

Die Frage nach einer Übereinstimmung zwischen Wirklichkeit und Vorstellung hält H. von Förster für falsch, weil sie voraussetze, dass es eine Erlebniswelt auf der einen Seite gebe und das Sein an und für sich auf der anderen (54). Das alleinige Erfassen beobachteter Sachverhalte führe nicht zu Wissen und Verstehen. Notwendig sei eine „strukturierende Aktivität des Subjektes".

Entsprechend müsse eine mit den Befunden der Psychogenese kongruierende Erkenntnislehre auf einem Konstruktivismus beruhen, der neue Operationen und Strukturen immer wieder neu auswerte, statt sich auf Empirik oder Präformation zu stützen (69).

---

[558] Von Glasersfeld, Ernst: Konstruktion der Wirklichkeit und des Begriffs der Objektivität. In: Einführung in den Konstruktivismus. 13. Auflage, München 2012, 9-40. Die Seitenzahlen sind im Folgenden in Klammern angegeben.
[559] Von Förster, Heinz: Entdecken und Erfinden. Wie lässt sich Verstehen verstehen? In: Einführung in den Konstruktivismus. München 2012, 41-88. Die Seitenzahlen sind im Folgenden in Klammern angegeben.

H. von Förster veranschaulicht dies durch Bezug auf den Formalismus (59). Ausgehend von den Begriffen TM, also der trivialen Maschine, und NTM, der nicht-trivialen Maschine bezeichnet er die Welt als nicht trivial im Sinne von analytisch unbestimmbar, abhängig von der Vergangenheit und unvorhersehbar. Um Erkenntnisse zu gewinnen, bedürfe es einer Epistemologie der Nicht-Trivialität (66).

Der Einfluss des eigenen Verhaltens eines Organismus auf Veränderungen in seinem Verhalten sei in jedem Fall zu berücksichtigen. Perzeption erfordere stets eine Aktion, die zur Voraussetzung für neue Aktion werde. Angewendet auf eine Maschine bedeute dies, dass sie ihr eigenes Ausgangssymbol zu ihrem nächsten Eingangssymbol mache (70). Zudem unterliege das Beobachtete vom Zeitpunkt des Beobachtens an einer Deutung. Die zugeschriebenen Eigenschaften entsprängen dem Beobachter und seiner Interpretation des Beobachteten (85).

Objekte der Erkenntnis stellten gemäß dem methodischen Konstruktivismus nach dem Wissenschaftstheoretiker Peter Janich[560] sowohl in der Erfahrungswelt, als auch in der Wissenschaft Konstruktionen dar, weil sie erst die Verwendung in Handlung und Rede zu Gegenständen der Erkenntnis mache.

Den Vertretern des Konstruktivismus geht es in ihren Programmen nicht um ontologische Fragen, sondern um erkenntnistheoretische. Sie versuchen zu beantworten, wie Erkenntnis entsteht. Entschieden wenden sie sich gegen die Auffassung, dass es eine objektive Wahrheit gibt, die durch wissenschaftliche Forschung nach und nach aufgedeckt werden könne. Wissen entspringt nach Ansicht der Konstruktivisten nicht der Abbildung einer angenommenen objektiven Realität, sondern ist ein Produkt aus der Rezeption von Sinnesdaten und subjektiver Erfahrung. Wahrnehmen und Erkennen sind demnach konstruktive Aktivitäten, die Realität – um mit Paul Watzlawick[561] zu sprechen – „erfundene Wirklichkeiten".

---

[560] Küppers, Berndt-Olaf: Die Berechenbarkeit der Welt. Stuttgart 2012, 114.
[561] Watzlawick, Paul: Die erfundene Wirklichkeit: Wie wissen wir, was wir zu wissen glauben? 6. Auflage, München 2006.

Teleologischer Naturalismus

Die Entstehung von Leben, wie wir es kennen, aufgrund einer Reihe von physikalischen Zufällen in Verbindung mit dem Mechanismus natürlicher Auslese hält Thomas Nagel[562] für nicht nachvollziehbar (15). Dezidiert wendet er sich gegen einen reduktiven Materialismus und gibt als Anlass „das Scheitern des psychophysischen Reduktionismus" an (13). Seiner Meinung nach kann und wird die physikalische Wissenschaft nicht alles erklären, zumindest nicht in ihrer derzeitigen Form (38). Die Schwierigkeit begänne schon mit dem Versuch, über die Evolutionsbiologie die Entstehung des Bewusstseins darzustellen. Für sich genommen sei das Geistige physikalisch nicht reduzierbar (28), nichtsdestotrotz ließe sich seine Realität nicht leugnen. Die Disposition für die Entstehung von lebenden Organismen und das Auftreten von Bewusstsein habe dem Universum somit innezuwohnen (52). Eine tragfähige Theorie müsse eine ahistorisch konstitutive sowie eine historische Darstellung beinhalten. Beide hätten entweder einen reduktiven oder einen emergenztheoretischen Erklärungsansatz anzuwenden (82f.). Letzteres könne bei einem ahistorisch konstitutiven Ansatz zu einem Panpsychismus führen (87).

In Bezug auf die historische Darstellung des Ursprunges von Leben gebe es die Möglichkeit, sich auf eine kausale Begründung zu berufen mit Bezugnahme auf eine, bestimmten Gesetzen folgende „causa efficiens". Oder es werde eine teleologische Begründung gewählt, die zusätzlich Grundsätze der Selbstorganisation und der Entfaltung von Komplexität einbeziehe. Eine weitere Begründungsform stelle die intentionalistische dar, die jegliche Realisierung von Dispositionen auf das Schaffen eines Wesens zurückführe (89). Vermehrt schreibt Th. Nagel vom Bestreben des Kosmos, sich seiner selbst bewusst zu werden, einer nicht nur zu erwartenden, sondern ebenso notwendigen Folge seiner inneren Ordnung (53). Dabei orientiert er sich an der Idee von einer teleologischen Entwicklung. Die Evolutionstheorie würde den Rahmen für die physikalische Erklärung bieten (68f.). In dieser zum wissenschaftlichen Naturalismus alternativen Konzeption sieht Nagel jedoch nur eine Spekulation. Sicher ist er sich hingegen, dass es sich bei mentalen Fähigkeiten weder um einen „nachträglichen Einfall oder Zufall oder eine Zusatzausstattung" handle, sondern um einen „grundlegenden Aspekt der Natur" (30).

---

[562] Nagel, Thomas: Geist und Kosmos. Warum die materialistische neodarwinistische Konzeption der Natur so gut wie sicher falsch ist. Berlin 2013. Die Seitenzahlen sind im Folgenden in Klammern angegeben.

IV. Teil

Transformation von Mythen
in der postmodernen Kultur

1. Kontinuität und Diskontinuität

Mit dem Beginn der europäischen Neuzeit haben sich die Grundannahmen und Regelsysteme vom mythischen hin zum wissenschaftsbasierten Weltbild sukzessive verändert. Noch befindet sich dieser Prozess im Gange. Mythische Anschauungen existieren weiterhin – offensichtlich oder verdeckt – in den Vorstellungen der westlich geprägten, sich an den Erkenntnissen der Wissenschaften orientierenden Gesellschaften, und es stellt sich die Frage, ob sie jemals in allen Bereichen wissenschaftsbasierten Sichtweisen weichen werden.

Der offensichtlichste Unterschied zwischen beiden Weltanschauungen besteht in ihren jeweiligen Grundannahmen. Beispielsweise verzichtet das wissenschaftsbasierte Weltbild auf göttliche Mächte und metaphysische Prinzipien, weist eine größtenteils empirische Verankerung auf und stützt sich auf experimentell bestätigtes Wissen. Die mythische Weltdeutung schließt hingegen eine zusätzliche unsichtbare Wirklichkeit ein, bewohnt von Geistwesen und Göttern/Göttinnen bzw. Dämonen/Dämoninnen mit der Fähigkeit, Einfluss auf die Welt der Menschen zu nehmen.

Dem Zufall kommt in beiden Weltdeutungen eine konträre Bedeutung zu. Übereinstimmung zeigt sich nur darin, dass er sich einer direkten Einflussnahme durch den Menschen entzieht. Doch während die moderne Wissenschaft ihn mit stochastischen Berechnungen zu einer kalkulierbaren Größe zu machen sucht, werden seine Willkür und Unberechenbarkeit im mythischen Weltbild einer bewussten Macht zugeschrieben, der „Schicksalsmacht", die irgendeinem den Menschen verborgenen Ziel oder göttlichem Willen folgt. Im Sinne von Glück und Unglück (Schicksal) spielt er eine zentrale Rolle. Niemand hat Einfluss auf das Schicksal und nichts kann seine Erfüllung verhindern.

So will beispielsweise der altirische Held CuChulainn sein ihm auferlegtes Verbot, Hundefleisch zu essen, nicht übertreten. Er hat aber auch das Gebot, an keinem Herd vorbeizuziehen, wenn er eine Einladung erhält. Es ist sein Schicksal, von drei Zauberinnen an einen Herd gebeten zu werden, auf dem ein Eintopf mit Hundefleisch köchelt. In der Folge muss er somit unfreiwillig eines seiner beiden Tabus brechen und sich selbst dem Untergang weihen[563]. Auch andere mythische Helden aus der inselkeltischen Mythologie rennen sehenden Auges in ihr Unglück, wissend, dass es nicht darauf ankommt, ob die verhängnisvolle Tat ungewollt oder vorsätzlich geschah.

Gemäß mythischer Vorstellung steuert das Schicksal so gut wie alle Ereignisse und Entwicklungen – in der Welt der Menschen ebenso wie in der Welt der Götter. Im wissenschaftsbasierten Weltbild wird deren Eintreffen, sofern sich dieses nicht durch eine wissenschaftliche Theorie erklären lässt, dem Zufall zugeschrieben. Vereinfacht ausgedrückt basieren Zufälle auf mehreren unterschiedlichen Ereignissen, aus deren unvorhergesehenem Zusammentreffen ohne Ziel und Zweck ein Ergebnis folgt; ein Ergebnis, auf dessen Eintreffen der Mensch keinen Einfluss hat.

---

[563] Vgl.: Das große Fällen von Mag Muirtheimne. In Rudolf Thurneyssen: Die irische Helden- und Königsage. Nachdruck Hildesheim – New York 1980, 551. Der Philologe Jan Pieter Marie Laurens de Vries sieht in dem Tod des Helden aufgrund einer durch äußere Umstände herbeigeführten notwendigen Verletzung des persönlichen Tabus ein beliebtes „tragisches Motiv" in der inselkeltischen Helden- und Königsage. De Vries, Jan: Keltische Religion. Stuttgart 1961, 239.

Mario Bunge und Martin Mahner unterscheiden drei Zufallsbegriffe. Zum einen die Vorstellung vom „Zufall als Manifestation von Schicksal oder von göttlichem Willen", für die es in einem wissenschaftsorientierten Weltbild keine Grundlage gebe. Zudem handle es sich nur um einen scheinbaren Zufall, folge doch alles dem Plan einer übernatürlichen Wesenheit. Zweitens könne der Zufall die „Unkenntnis natürlicher bzw. gesetzmäßiger Notwendigkeit" bezeichnen. Als „Koinzidenz" beschreibe er das Aufeinandertreffen von für sich bestehenden kausalen Linien. Je kleiner die betrachtete Ebene, desto größer erscheine der Zufall. Doch handle es sich um einen relativen Zufall, denn durch eine Ausweitung des betrachteten Systems bestehe die Möglichkeit, eine gemeinsame Ursache zu entdecken. Drittens fände sich der aus der Quantenphysik stammende Zufallsbegriff vom „Zufall als natürliche und elementare Disposition".

Indem die moderne Wissenschaft nicht nur von Zufallsereignissen ausgeht, sondern auch von Dingen mit Zufallsneigungen (Propensitäten), halten M. Bunge und M. Mahner den Zufall für objektiv und eine ontologische Kategorie. Er sei keine erkenntnistheoretische Kategorie, also eine Bezeichnung für Nichtwissen, ebenso wenig wie Wahrscheinlichkeit den Grad der Unsicherheit in Bezug auf Fakten darstelle. Da manche zufälligen Sachverhalte davon abhängen, dass andere Sachverhalte eintreten, gäbe es die Unterscheidung von vollständigen und partiellen Zufallsprozessen. Probabilismus könne somit als eine besondere Form des Determinismus angesehen werden[564].

Gemäß Bernulf Kanitscheider zeigen sich innerhalb des modernen evolutionären Naturalismus drei Formen von Zufallsereignissen: erstens, das unvorhergesehene Aufeinandertreffen von Weltlinien; zweitens, der quantenmechanische Zufall auf der Mikroebene; und drittens, der Zeitpunkt der Instabilität beim deterministischen Chaos auf der Makroebene. Die erste Form beeindrucke Menschen am meisten, obgleich sie am leichtesten zu erklären sei. Doch wenn die Anfangsbedingungen der einzelnen für sich nachvollziehbaren Entwicklungslinien im Dunkeln lägen, bilde die Annahme eines ziel- und zwecklosen Zusammentreffens von zwei oder mehr kausalen Ketten für viele keine befriedigende Erklärung. Stattdessen werde ein solches Aufeinandertreffen oft als beabsichtigter Vorgang gedeutet. Dies zeige sich beispielsweise in Mythen über personifizierte Mächte des Schicksals.

Für weitaus interessanter hält B. Kanitscheider das stochastische Verhalten atomarer Teilchen, gelte der quantenmechanische Zufall schließlich als nicht reduzierbares Moment in einer für indeterministisch gehaltenen Mikrowelt. Die Unberechenbarkeit von dynamischen Systemen ergebe sich hingegen aus einem raschen Auseinanderlaufen von Entwicklungslinien aufgrund minimaler Unterschiede in den Anfangsbedingungen[565].

Es ist nicht von der Hand zu weisen, dass bis zum heutigen Tage viele Menschen auf der Suche nach einer auch emotional befriedigenden Erklärung in den Einflussbereich mythischer Betrachtungsweisen geraten, insbesondere wenn es sich um negative Ereignisse wie den plötzlichen Tod eines geliebten Mitmenschen, einen Ernteausfall oder den Ausbruch einer schweren Krankheit handelt. Mythologien als heuristische Erklärungsversuche spenden beispielsweise Trost, indem sie auf einen übergeordneten Sinn hinweisen, oft indem das Zufallsereignis personifiziert als Vollstrecker einer ausgleichenden Gerechtigkeit dargestellt wird: CuChulainn muss jung sterben, weil er mit so vielen Talenten und Fähigkeiten gesegnet ist. Der Ernteausfall geht auf die Vernachlässigung des Ahnenkultes zurück. Bei der schweren

---

[564] Vgl. Bunge, Mario / Mahner, Martin: Über die Natur der Dinge. Stuttgart 2004, 99-101.
[565] Vgl.: Kanitscheider, Bernulf: Die Materie und ihre Schatten. Naturalistische Wissenschaftsphilosophie. Aschaffenburg 2007, 83f.

Krankheit eines Familienmitgliedes handelt es sich um die Wiedergutmachung eines bereits von dessen Vorfahren begangenen Unrechts.

Diese Formen der Erklärung waren über lange Zeit geeignet, das Bedürfnis der Menschen nach einer sinnvoll geordneten Welt zu stillen. Oft ist es eben einfacher oder angenehmer, sich auf ein vorherbestimmtes Schicksal zu berufen, als auf den wertfreien Zufall; oder Trost in der Vorstellung von einem gerechten Jenseits zu finden, als ohnmächtig ein unerträgliches Dasein zu fristen.

Ein weiterer Grund, warum sich der Mensch nur schwer von mythischen Vorstellungen lösen kann, stellt wohl auch die dichterische Erzählform dar. Sie verschaffte dem Mythos über Jahrtausende seine Anerkennung als Welt-Erklärungsmodell. Und tatsächlich scheinen mythische Vorstellungen selbst in der heutigen Zeit geeignet zu sein, die Moralvorstellungen und Verhaltensregeln von Gesellschaften in Form religiöser und politischer Ideologien, aber auch von Verschwörungstheorien und pseudowissenschaftlichen Lehren zu begründen und zu legitimieren.

Neben bildhaften Beschreibungen, leicht nachzuvollziehenden Erklärungen und verständlichen Analogien bieten sie auf den ersten Blick scheinbar rationale Lösungen für komplexe Probleme. Es sind meist Lösungen mit Handlungsanweisungen, die nicht nur von der Last der Verantwortung befreien, sondern außerdem mit dem Vorteil versehen sind, sich nun keine eigenen Gedanken mehr machen zu müssen.

Oder ist es, um mit Kurt Hübner zu sprechen, die unbestimmte Sehnsucht des Menschen nach Weltbeseelung, nach Ganzheitlichkeit eines seit dem Einzug der Naturwissenschaften in unzählige Teilfunktionen zerfallenden Daseins, die den Menschen daran hindert, sich von mythischen Weltanschauungen abzuwenden[566]? Vielleicht ist es auch das Bedürfnis nach ausgleichender Gerechtigkeit, nach Harmonie und Ordnung in einer vom Zufall ebenso wie von nicht zu beeinflussenden Anfangs- und Randbedingungen bestimmten Welt, das mythische Erzählungen über den strahlenden Helden und gefährliche Ungeheuer, über den Kampf zwischen Gut und Böse, über die wahren Werte von Freundschaft, Edelmut und Liebe unsterblich macht. Der Soziologe Max Weber sprach von einer unaufhaltsamen „Entzauberung der Welt[567]" durch die Wissenschaften. Doch ist so etwas überhaupt möglich angesichts des kreativen und emotionalen Potentials, das jeder Mensch von Geburt an in sich trägt? Der Mythos ist tot und der Mythos lebt, gleich der Katze in Schrödingers Gedankenexperiment.

Sicher tragen das Bedürfnis nach einem geordneten, mit einem Sinn behafteten Leben, der Wunsch, Teil von etwas Außergewöhnlichem zu sein, und die Hoffnung auf einen übermenschlichen Retter dazu bei, Erscheinungen wie Harry-Potter-Euphorie, Flucht in Fantasiewelten à la John Ronald Reuel Tolkiens Roman „The Lord of the Rings " (Der Herr der Ringe) oder der Spielfilmreihe „Star Wars" (Krieg der Sterne) von Georg Lucas, aber auch das Folgen irrationaler politischer und religiöser Ideologien oder den Glauben an Verschwörungstheorien und pseudowissenschaftliche Lehren möglich zu machen. So bemerkte der Sozialphilosoph Ernst Topitsch mit Bezug auf die Bedeutung der Wert- und Normgehalte von Bezeichnungen für die Orientierung in der Wirklichkeit: Gerade im Alltagsleben suche der Mensch keine wertfreien Informationen, sondern eine „Welt mit eingebauter Gebrauchsanweisung"[568].

---

[566] Vgl.: Hübner, Kurt: Wahrheit des Mythos. München 1986, 49.
[567] Vgl.: Max Weber: Wissenschaft als Beruf. In: Winckelmann, Johannes (Hg.): Max Weber: Gesammelte Aufsätze zur Wissenschaftslehre. Tübingen 1922.
[568] Vgl.: Topitsch, Ernst: Erkenntnis und Illusion. Tübingen 1988, 54; Lenk, Hans (Hg.): Zur Kritik der wissenschaftlichen Rationalität. Freiburg und München 1988, 58.

Die Vermittlung von leicht verständlichen „Gebrauchsanweisungen" zur Bewältigung sowohl der individuellen, als auch der kollektiven Erlebenswelt stellt eine der Hauptfunktionen von Mythen dar. Sie vollzieht sich meist über eine dichterische Erzählform, die ein Ansprechen der Gefühlswelt ermöglicht, um Einfluss auf die Emotionen und letztendlich auf die Verhaltensweisen und Handlungen der Rezipienten eines Mythos zu nehmen. Dem wissenschaftsbasierten Weltbild scheint diese narrative Erzählstruktur größtenteils zu fehlen. Selbst zentrale Begriffe der Kulturwissenschaften unterliegen dem Transfer in die Sprache der objektivierenden Wissenschaft, oft in Verbindung mit einem Wegfall der emotionalen Getragenheit. Sukzessiv werde die Gefühlswelt rational durchdrungen, so der Physiker und Philosoph Johann Götschl. Für ein dynamisches Gleichgewicht sei es jedoch wichtig, im Gegenzug das Rationale qualitätsvoll emotional zu durchdringen[569].

Auch für den Wissenschaftstheoretiker Bernulf Kanitscheider spricht im Grunde genommen nichts gegen emotive Konnotationen von faktischen Termen, solange eindeutig ist, dass es sich um begleitende Gefühlsassoziationen und nicht um die kognitive Bedeutung des Terms handelt[570].

Mario Bunge und Martin Mahner gehen davon aus, dass eine moderne, wissenschaftsorientierte Weltsicht verschiedener philosophischer Komponenten bedürfe, darunter Semantik, Erkenntnistheorie und Ethik. Diese müssten ein konsistentes System von komplementären, einander kontrollierenden Elementen bilden. Der von ihnen vertretene wissenschaftliche Materialismus sollte dabei den ontologischen Teil darstellen[571].

Für keine gute Idee hält es B. Kanitscheider, die Rolle der Kulturwissenschaften auf die Bereitstellung eines Unterhaltungsangebotes zu beschränken, um die von den neutralen, objektivierenden Realwissenschaften hinterlassenen lebensweltlichen Verluste und Orientierungslücken zu kompensieren[572]. Stattdessen sei es Aufgabe der Philosophie, der Gesellschaft über eine Zusammenführung der unterschiedlichen Ergebnisse der zahlreichen Einzelwissenschaften ein Bild über die Welt zu vermitteln, wie es sich aus geltenden wissenschaftlichen Theorien ergibt. Zudem könne die Wissenschaft aus der Metaphysik Anregungen erhalten, ließen sich doch aus reiner Logik und aus auf Experimenten beruhenden Daten alleine keine Theorien generieren[573]. Eine naturalistische Weltverfassung voraussetzend sollten geisteswissenschaftliche Untersuchungen einer systematischen Zielsetzung folgen; darüber hinaus müsse bei der Suche nach ernsthaften Antworten auf Fragen, beispielsweise der Lebensgestaltung oder der erfolgreichen Bewältigung des Daseins, die praktische Verwendung im Vordergrund stehen[574].

Für ein ausgewogenes, glückliches und erfülltes Leben bedarf es nicht nur einer Befriedigung der kognitiven, sondern ebenso jener der emotionalen Bedürfnisse. Doch in so gut wie jedem Menschenleben gibt es Situationen, in denen sich wissenschaftliche Erklärungen dermaßen negativ auf das Wohlbefinden auswirken können, dass zur Wiederherstellung eines Gleichgewichtes bewusst Zuflucht in einer mythischen Weltanschauung gesucht wird, sei es über virtuelle Spielwelten, Fantasieromane oder auch religiöse Heilsversprechen. Ob es sich

---

[569] Johann Götschl: Erkenntnis und Verantwortung in der wissenschaftlich-technischen Kultur. SE für Masterarbeit und Dissertation an der Karl-Franzens-Universität Graz SS 2015.
[570] Vgl.: Kanitscheider, Bernulf: Die Materie und ihre Schatten. Aschaffenburg 2007, 83.
[571] Vgl. Bunge, Mario / Mahner, Martin: Über die Natur der Dinge. Stuttgart 2004, 235.
[572] Vgl. Kanitscheider, Bernulf: Entzauberte Welt. Stuttgart 2008, 137-140.
[573] Vgl.: Kanitscheider, Bernulf: Die Materie und ihre Schatten. Aschaffenburg 2007, 118.
[574] Vgl. Kanitscheider, Bernulf: Entzauberte Welt. 2008, 137-140.

dann um irrationales Verhalten handelt, sei dahingestellt. Denn wie jeder Organismus bevorzugen die meisten Menschen auf der Suche nach der Lösung eines Problems, das sie an der Bewältigung ihrer Erlebenswelt hindert, die für sie einfachste und – wenngleich oft nur kurzfristig – vielversprechendste. Von Bedeutung ist dabei, den Bezug zur Wirklichkeit zu wahren, und stets unterscheiden zu können zwischen fiktiv und real, mythisch und wissenschaftlich.

Welchen Beitrag kann nun die praktische Philosophie auf der Suche nach einem dynamischen Gleichgewicht leisten? Wenn es einem Großteil der Menschen nicht möglich zu sein scheint, auf mythische Sichtweisen zu verzichten, ist es sinnvoll, nach Lösungen suchen, wie sich diese Form der Daseinsdeutung im Zeitalter der Wissensgesellschaft sozialverträglich integrieren ließe.

Mythen als Spiegel des Weltbildes einer Gesellschaft unterlagen stets Transformations- und Konversionsprozessen. Gleich einer Matrix bilden sie und ihre Protagonisten die Möglichkeit, sich über Hinzufügungen, Adaptationen oder Interpretationen mit den unterschiedlichsten Inhalten füllen zu lassen. Ob dieser Offenheit für Assoziationen wurden sie insbesondere von politischen und religiösen Institutionen vielfach für die verschiedensten Zwecke instrumentalisiert – und werden es bis zum heutigen Tage. Handelt es sich um Werte, Normen und Bedürfnisse einer Gesellschaft, sind die mit einer Instrumentalisierung verbundenen Gefahren kaum zu unterschätzen, wendet sich die sinnbildhafte Darstellungsweise eines Mythos doch vor allem an die Emotionen ihrer Rezipienten. Bezüge zu mythischen Vorstellungen zeigen sich in heutiger Zeit nicht nur in religiösen oder politischen Ideologien, sondern ebenso in literarischen Werken oder jenen der elektronischen Medien, seien es Spielfilme oder Werbebotschaften. Vor allem letzteres dürfte das Interesse der Wirtschaft an einer Wiederbelebung oder Umformung von mythischen Gestalten erklären, sei es in Bezug auf Sport, auf Mode oder Luxusgüter.

Offensichtlich tragen mythische Anschauungen zur Verklärung der Lebenswelt bei. Ihre sinnbildhafte Weltdeutung unter Bezugnahme auf Wunschvorstellungen und emotionale Beweggründe bei Berücksichtigung realer Gegebenheiten birgt jedoch stets die Gefahr einer Beeinflussung der Wertvorstellungen und Verhaltensweisen von Einzelpersonen bis hin zu ganzen Gesellschaften. Um eine erfolgreiche Instrumentalisierung mythischer Erzählungen und Figuren zu verhindern, bedarf es in erster Linie einer auf wissenschaftlichen Erkenntnissen beruhenden Bildung aller. Da sich dies vielerorts jedoch (noch?) nicht bewerkstelligen lässt, stellt sich die Frage, ob es möglich ist, mythische Deutungen der menschlichen Erlebenswelt zum Nutzen der Allgemeinheit zu transformieren und in das moderne wissenschaftsbasierte Weltbild zu übertragen. Sinnvoll erscheint dies allerdings nur, wenn Darstellungsweise und Inhalt der Kernaussage nach der Umformung eine Bereicherung für das bestehende System der Menschenrechte und Menschenpflichten darstellen.

Welche Kriterien dabei zu erfüllen sind, könnte den Untersuchungsgegenstand eines Forschungsprojektes der Philosophischen Ethik bilden. Denn gemäß den Ausführungen des Philosophen Otfried Höffe zählt zu den wichtigsten Aufgaben der Philosophischen Ethik, die Bedeutung eines pragmatischen, noch mehr moralischen Fortschrittes zu vermitteln sowie eine sorgfältige Diagnose aktueller Probleme vorzunehmen, um Kriterien für moralisch vertretbare Lösungen auszuarbeiten[575].

In jedem Fall bedürfen Mythen für eine sozialverträgliche und mit einer wissenschaftsbasierten Weltsicht harmonierende Transformation einer Umformung ihrer Deutungen der Lebenswelt im Sinne der kritischen Philosophie und mit rationaler Mythenkritik – wenn möglich unter Beibehaltung ihrer dichterischen Erzählform, aber ohne Rechtfertigung durch transzendente Wesenheiten oder Bezugnahme auf normative Glaubensaussagen.

Im Mittelpunkt der folgenden Untersuchung steht die Transformation von Mythen in postmodernen Gesellschaften. Am Beispiel von „Migration" und „Heroisierungen" werden zum einen ausgewählte philosophische Konzeptionen und Hypothesen zum Umgang mit Migration und Asyl sowie zu Heldenvorstellungen in wissenschaftsorientierten Gesellschaften vorgestellt, zum anderen über die Wiedergabe und Deutung[576] ausgesuchter insel-keltischer Überlieferungen exemplarisch Einblicke in mythische Anschauungen zu Einwanderung und Heldentum gegeben.

---

[575] Vgl.: Höffe, Otfried: Die Macht der Moral im 21. Jahrhundert. Annäherungen an eine zeitgemäße Ethik. München 2014.
[576] Für die Deutung der mythischen Erzählungen stehen verschiedene Ansätze mit unterschiedlichen Bezugspunkten zur Verfügung. Siehe I. Teil, Kapitel 3. Da für die Herausarbeitung von Verhaltensnormierungen und Handlungsvorgaben vielfach die Anwendung mehrerer Deutungsansätze herangezogen wurde, werden diese nicht explizit dargestellt.

2. Der Umgang mit „Migration" im mythischen und im wissenschaftsbasierten Weltbild

Im Mittelpunkt der folgenden Untersuchung steht das nicht erst seit Beginn des 21. Jahrhunderts insbesondere in den liberalen Demokratien des Westens politisch stark aufgeladene Thema „Migration[577]". Tatsächlich findet es sich in mythischen Erzählungen aus allen Teilen der Welt, denn oft entstanden Mythen als Folge von Migrationen, um Vorrechte und Herrschaftsansprüche spezifischer Gesellschaften oder ganzer Völker zu legitimieren oder um bestimmte religiöse und politische Ideologien durchzusetzen. Dass Wanderungen ein großes Potenzial für Unfrieden bis hin zu Völker mordenden Kriegen in sich bergen, insbesondere, wenn es sich um ganze Völkerschaften handelt, die aus meist existenziellen Gründen ihre Wohnsitze verlassen, um in einem fremden Land einen Neuanfang zu wagen, ist oft genug belegt. In den mythischen Überlieferungen zeigen sich jedoch auch Anzeichen für friedliche Einwanderungen von meist kleineren Gruppen; und Funde in archäologischen Ausgrabungsstätten geben Hinweise auf eine gewaltfreie Integration der Neuankömmlinge in die einheimische Bevölkerung. Die kulturellen Unterschiede stellten letztlich keine Bedrohung, sondern in vielen Fällen sogar eine Befruchtung dar.

In Zeiten globaler Massenmigrationen, ausgelöst unter anderem durch Kriege, Umweltzerstörung und Naturkatastrophen zählt das Thema „Einwanderung" heute mehr denn je zu den eindringlichsten und brisantesten des politischen Alltags. Migrantinnen und Migranten werden in der heutigen Zeit selbst in liberalen westlichen Demokratien nicht von vornherein mit der einheimischen Bevölkerung auf dieselbe Stufe gestellt. Moderne demokratische Staaten berufen sich bei dieser unterschiedlichen Behandlung rechtlich auf die fehlende Staatsbürgerschaft. Ethisch lässt sie sich jedoch nicht so einfach begründen. Insbesondere, wenn trotz erfolgreicher Einwanderung keine Einbürgerung in Sicht ist.

So ist dem Sozial- und Moralphilosoph Michael Walzer zuzustimmen, wenn er bemerkt, dass „die Verweigerung von Zugehörigkeit und Mitgliedschaft (...) immer das erste Glied in einer langen Kette von Missbräuchlichkeiten" darstellt[578]. M. Walzer bezieht sich dabei auf die Einbürgerungspolitik moderner liberaler Demokratien. Er legt dar, dass jeder Person, die aufgrund von Arbeitsplatz und Wohnort der Autorität eines Staates unterworfen ist, bei dem, was die Obrigkeit beschließt, ein Mitspracherecht zugestanden werden müsste. Wer also die Berechtigung zur Einwanderung erhält, ob neuer Zuwanderer, aufgenommener Flüchtling oder „Gastarbeiter[579]", sollte, so M. Walzer, auch die Vergünstigungen der Staatsbürgerschaft angeboten bekommen – eventuell nach Ablauf einer gewissen Zeit und Erwerb bestimmter Qualifikationen[580]. Inakzeptabel nennt der Sozialwissenschaftler David William Miller die

---

[577] Migration als Begriff der Soziologie im Sinne von Ein- und Auswanderungen.

[578] Vgl.: Walzer, Michael: Mitgliedschaft und Zugehörigkeit. In: Cassee, Andreas / Goppel Anna (Hg): Migration und Ethik. 2. Auflage, Münster 2014, 144.

[579] Als „Gast" tituliert, um kenntlich zu machen, dass es sich um keinen Einwanderer handelt, der eine neue Staatsbürgerschaft anstrebt und so Teil der einheimischen Arbeiterschaft mit den entsprechenden Konditionen wird. Vgl.: Walzer, Michael: Migration und Ethik. 2014, 137.

[580] Vgl.: Walzer, Michael in: Migration und Ethik. 2014, 141ff.

dauerhafte Entstehung einer Klasse von Nicht-Bürgern, denn die Basis für die Politik demokratischer Staaten bilde die Gleichheit unter ihren Mitgliedern[581].

Nach geltendem Völkerrecht steht es jedem souveränen Nationalstaat zu, über seine Einwanderungs- und Einbürgerungspolitik selbst zu bestimmen. Und bis zum heutigen Tage gibt es keinen Hinweis darauf, dass auch nur eine einzige der modernen Demokratien bereit ist, unabhängig vom Herkunftsland eine freie Einwanderung zu gewähren, geschweige denn jedem, der es wünscht, automatisch die Staatsbürgerschaft zu übertragen. Inwieweit sich diese Praxis auch moralisch rechtfertigen lässt, ist eine Frage, die mehr denn je zu äußerst kontroversen Diskussionen[582] führt. Insbesondere wenn es um das Thema „globale Mobilität" geht, stellt sich auch im Rahmen von Gerechtigkeitstheorien die Frage, inwieweit wohlhabende Staaten nicht eine Verpflichtung haben, ihre Grenzen für Menschen aus weniger wohlhabenden Staaten zu öffnen. Und je nach Gerechtigkeitstheorie kommt es zu unterschiedlichen Ergebnissen.

Der Politikwissenschaftler Joseph H. Carens[583] bezeichnet in seinem Artikel „Fremde und Bürger: Weshalb Grenzen offen sein sollten" die Staatsbürgerschaft in liberalen Demokratien des Westens als „moderne(s) Äquivalent feudaler Privilegien"[584]. Sie sei ebenso vererbbar, trage zu weitaus besseren Lebenschancen bei und ließe sich nur schwer rechtfertigen. Als Stütze für dieses Argument dienen ihm die theoretischen Ansätze von Robert Nozick, John Rawls und des Utilitarismus. Allen dreien gemeinsam sei die Annahme, dass Individuen nicht nur den gleichen moralischen Wert besitzen, sondern zudem Vorrang gegenüber der Gemeinschaft.

Mit Bezugnahme auf Robert Nozick[585] weist J. H. Carens darauf hin, dass die Einreise und Handlungen von friedlichen, keine Gesetze übertretenden oder die Rechte anderer Individuen verletzenden Fremden einen Staat, dessen einzige Aufgabe in der Rechtsdurchsetzung auf seinem Territorium bestehen sollte, nicht zu kümmern hätten. Die Bürger würden gleich Konsumenten den „unparteiischen, effizienten Schutz für ihre vorbestehenden natürlichen Rechte" erwerben. Als Individuen dürften sie andere von ihrem Privatbesitz ausschließen, aber nicht als Mitglieder eines Staates, weil dessen Territorium kein Eigentum seiner Bürger darstelle[586].

Mit dem „Schleier des Nichtwissens", einer bedeutenden Komponente in John Rawls' Theorie der Gerechtigkeit[587], würde für die sich in einem „Urzustand" befindenden Menschen, nach J. H. Carens Auffassung, das Recht auf Migration, also das Recht zur Ein- und Auswanderung, zu den Grundfreiheiten zählen, und keine Beschränkungen zulassen. Denn der Schleier verhindere jegliche Kenntnis über die zukünftige Lebenssituation – vom Geburtsort über die ethnische Zugehörigkeit und das Geschlecht bis hin zum individuellen

[581] Vgl.: Miller, David W.: Einwanderung: Das Argument für Beschränkungen. In: Cassee, Andreas und Goppel Anna (Hg): Migration und Ethik. Münster 2014, 64.
[582] Vgl.: Cassee, Andreas / Goppel Anna (Hg): Migration und Ethik. Münster 2014, 9-19.
[583] Vgl.: Carens, Joseph H.: Fremde und Bürger: Weshalb Grenzen offen sein sollten. In: Cassee, Andreas und Goppel, Anna (Hg): Migration und Ethik. Münster 2014, 23-46.
[584] Vgl.: Carens, Joseph H. in: Migration und Ethik. 2014, 24.
[585] Vgl.: Nozick, Robert: Anarchy, State, and Utopia. New York 1974.
[586] Vgl.: Carens, Joseph H. in: Migration und Ethik. 2014, 25-27.
[587] Rawls, John: Eine Theorie der Gerechtigkeit. Frankfurt am Main 1979. Der „Schleier des Nichtwissens" bezieht sich dabei auf den Zustand von Menschen, die eine Entscheidung über ihre künftige Gesellschaftsordnung treffen sollen, ohne Kenntnis der eigenen Stellung darin. In einem solchen „Urzustand" seien alle Menschen gleich.

Charakter mit all seinen Eigenschaften. Und wer wolle schon riskieren, in eine Situation hineingeboren zu werden, die keine lebenswerten Perspektiven bietet[588]? Drei Argumentationslinien lässt J. H. Carens mit Bezug auf J. Rawls' Gerechtigkeitstheorie nicht als Grund für Einwanderungsbeschränkungen gelten: Erstens, ein Geburtsrecht auf die Staatsbürgerschaft, weil Geburtsort und Abstammung „moralisch willkürlich" seien. Zweitens, Einflüsse auf die Kultur des Einwanderungslandes. Drittens, eine verminderte ökonomische Wohlfahrt der bestehenden Bürger[589].

Auf die Theorie der Gerechtigkeit von J. Rawls bezieht sich auch Michael Walzer, wenn er darlegt, dass Fremde unter bestimmten Umständen ein Anrecht auf Unterstützung haben können. Im Gegensatz zu J. Rawls, der das Prinzip der gegenseitigen Hilfe als Verpflichtung zur wechselseitigen Hilfeleistung gegenüber allen Menschen gleich welcher Kultur, Glaubensrichtung oder Nation darstellt, sieht Walzer darin keine allgemein gültige Richtlinie[590], wenngleich er darlegt, dass es für politische Gemeinschaften aufgrund des weitaus größeren Betätigungsfeldes für Hilfsaktionen zumindest zwingender gilt als für Einzelpersonen[591]. Es sei die Moral, die gebiete, in Not geratenen Menschen aktive Hilfe anzubieten, sofern die Risiken und Kosten dafür relativ gering ausfallen[592]. Ein Recht auf Asyl oder Einwanderung leitet M. Walzer aus dem Prinzip der gegenseitigen Hilfeleistung nicht ab.

Mit Blick auf den Utilitarismus stellt J. H. Carens fest, dass im Zentrum der Einwanderungspolitik die Maximierung der wirtschaftlichen Erträge insgesamt stehen müsse, also nicht nur die Gewinne und Verluste der bestehenden Bürger und Bürgerinnen, sondern ebenso jene der Zuwanderungswilligen. Freie Mobilität von Kapital und Arbeit stelle hierbei den bedeutendsten Faktor für eine Maximierung dar. Vor allem jedoch würde der erhoffte wirtschaftliche Nutzen von Millionen armer Menschen gegen eine utilitaristische Rechtfertigung von Einwanderungsbeschränkungen sprechen[593].

Das Recht eines Staates, Menschen an der Einreise zu hindern, besteht für J. H. Carens nur für jene, die eine Bedrohung für die gerechte öffentliche Ordnung darstellen. Ist die Zahl der Einwanderungswilligen zu groß, müsste eine liberale Demokratie jene Einwanderungswilligen bevorzugen, die ihrer grundlegenden Freiheiten beraubt wurden, sowie – wenn es um eine wirtschaftliche Verbesserung geht – jene, deren Ausreise aufgrund ihrer geringeren Qualifikation kaum oder keine negativen Folgen für die Zurückgelassenen hat[594]. J. H. Carens schließt seinen Artikel mit der Feststellung: ein Bekenntnis zu offenen Grenzen sei „eine Bestätigung des liberalen Charakters der Gemeinschaft und ihrer Festlegung auf Gerechtigkeitsprinzipien[595]".

Sind also liberale demokratische Staaten im Hinblick auf ihre eigenen Grundsätze verpflichtet, jedem Einwanderungswilligen die Tore zu öffnen, solange die öffentliche Ordnung und die grundlegenden liberal-demokratischen Werte nicht bedroht sind – selbst wenn dies für die bestehenden Bürger zu Unannehmlichkeiten führen könnte?

---

[588] Vgl.: Carens, Joseph H. in: Migration und Ethik. 2014, 20ff.
[589] Vgl.: Carens, Joseph H. in: Migration und Ethik. 2014, 35.
[590] Vgl.: Walzer, M. in: Migration und Ethik. 2014, 111.
[591] Vgl.: Walzer, M. in: Migration und Ethik. 2014, 124.
[592] Vgl.: Walzer, M. in: Migration und Ethik. 2014, 109.
[593] Vgl.: Carens, Joseph H. in: Migration und Ethik. 2014, 37f.
[594] Vgl.: Carens, Joseph H. in: Migration und Ethik. 2014, 33f.
[595] Vgl.: Carens, Joseph H. in: Migration und Ethik. 2014, 45.

Gegen ein Menschenrecht auf Migration spricht sich der Sozialwissenschaftler David Miller in seinem Beitrag[596] „Einwanderung: Das Argument für Beschränkungen" aus. Für D. Miller zählt die Bewegungsfreiheit zwar eindeutig zu den Grundrechten eines jeden Menschen. Doch selbst in liberalen Gesellschaften gäbe es Beschränkungen, etwa durch Verkehrsregeln, den Schutz der Privatsphäre, das eingeschränkte Zutrittsrecht bei öffentlichen Anlagen und vieles mehr. Gewährt werde im Allgemeinen eine „ausreichende" Bewegungsfreiheit, um bei der individuellen Lebensgestaltung genügend Möglichkeiten zu erhalten[597]. So sei das Austrittsrecht nach D. Miller ein grundlegendes Menschenrecht. Es enthalte aber kein uneingeschränktes Recht, sich in einer Gesellschaft nach Wahl niederzulassen, sondern bedürfe einzig der Möglichkeit, dass zumindest ein anderer angemessener Staat eine Einreise genehmige[598]. Potenzielle Einwanderer hätten nur einen Anspruch auf Einlass, der bei Abweisung allerdings einer Rechtfertigung bedürfe.

Für Einwanderungsbeschränkungen spreche beispielsweise der Wunsch, eine spezielle öffentliche Kultur bzw. kulturelle Tradition als Teil der politischen Identität zu bewahren. Hierzu zählt D. Miller die Sprache, das kulturelle Erbe oder das materielle Erscheinungsbild eines Staates[599]. Auch die Feststellung, Gerechtigkeit verlange weltweit die Bereitstellung von Chancengleichheit in Bezug auf das Lebensziel jedes Einzelnen, sieht D. Miller skeptisch. Gerecht könnte es ebenso sein, dazu beizutragen, die grundlegenden Rechte[600] aller Menschen zu sichern – vorzugsweise in ihren jeweiligen Herkunftsländern. Dies sei vertretbar mit einer Ungleichheit der Chancen auf Verwirklichung des Lebenszieles, wie sie sich auf globaler Ebene begründet etwa durch die unterschiedlichen Wertvorstellungen bezüglich der Güter[601] in den einzelnen Staaten zeigt. Für eine distributive Gerechtigkeit[602] spreche nach D. Miller zudem, dass die zu verteilenden Güter in hohem Maße von der Geschichte einer Gemeinschaft abhängen, etwa ihren Entscheidungen für ein bestimmtes Wirtschaftssystem[603].

Auch M. Walzer zeigt sich überzeugt, dass die Einwanderungsfrage selbst bei einer weltweiten, gesetzlich geregelten und gesicherten Anwendung der distributiven Gerechtigkeit weiter bestünde, solange innerhalb der Weltgesellschaft die Vielfalt im Sinne des Pluralismus gewahrt bliebe. Dies ergebe sich aus der unterschiedlichen Historie und den verschiedenen politischen und wirtschaftlichen Systemen der einzelnen Gemeinschaften, aber ebenso aus den abweichenden klimatischen Verhältnissen der Siedlungsgebiete[604].

In Anbetracht der zum Teil gegensätzlichen Positionen bezüglich des Rechtes von Staaten auf Einwanderungsbeschränkungen und territorialen Ausschluss, über die Verfügung ihrer territorialen und politischen Grenzen, stellt sich nun die Frage, ob mythische Anschauungen einen Beitrag zur philosophischen Diskussion leisten könnten. In den inselkeltischen Er-

---

[596] Vgl.: Miller, David: Einwanderung: Das Argument für Beschränkungen. In: Cassee, Andreas / Goppel, Anna (Hg): Migration und Ethik. 2. Auflage, Münster 2014, 47-65.

[597] Vgl.: Miller, David in: Migration und Ethik. 2014, 50.

[598] Vgl.: Miller, David in: Migration und Ethik. 2014, 52.

[599] Vgl.: Miller, David in: Migration und Ethik. 2014, 56ff.

[600] Darunter versteht David Miller „ein bestimmtes Minimum an Sicherheit, Freiheit, Ressourcen und dergleichen". Vgl.: Migration und Ethik. 2014, 54.

[601] David Miller zählt dazu Ressourcen, Chancen und Wohlfahrt.

[602] Zu Verteilungsgerechtigkeit siehe auch ritsert-online.de/download/gerecht.pdf, 2ff. Der Soziologe Jürgen Ritsert unterscheidet die kommunikative oder ausgleichende Gerechtigkeit mit exakter Gleichverteilung nach dem Prinzip der arithmetischen Gleichheit von der distributiven oder geometrischen Gerechtigkeit mit einer Verteilung von Gütern, Rechten und Pflichten je nach Verdienst im Sinne von – nicht nur beruflicher – Leistung.

[603] Vgl.: Miller, David in: Migration und Ethik. 2014, 54.

[604] Vgl.: Walzer, Michael in: Migration und Ethik. 2014, 127.

zählungen finden sich zahlreiche Beschreibungen von Kämpfen zwischen Neuankömmlingen und autochthoner Bevölkerung. Doch gibt es auch Beispiele für Kooperationen und die Gewährung von jahrelanger Gastfreundschaft. Die Schilderungen von Ein- und Auswanderungen nehmen unter anderem Bezug auf die Bereiche „Selbstbestimmung", „Wahrung der kulturellen Eigenart[605]" und „verminderte ökonomische Aussicht[606]" sowie auf jene nach wie vor in aktuellen Debatten über Einwanderungsbeschränkungen vorgebrachten Annahmen, dass Immigrantinnen und Immigranten den ansässigen Bewohnern und Bewohnerinnen die Arbeit stehlen[607] würden oder eine Gefahr für die kulturellen Traditionen darstellten[608].

Die Vorstellung, dass Immigranten den Ansässigen die Arbeit wegnehmen oder das Sozialsystem überbeanspruchen, beruht wohl auf Urängsten um den Verlust von existenzieller Sicherheit. Sie wird auch in den inselkeltischen Überlieferungen, beispielsweise im Mabinogi von Manawydan[609], einem mythischen Text aus Wales erzählerisch aufgearbeitet. Die Überlieferung berichtet von zwei fürstlichen Paaren, die nach einer Verfluchung ihres Reiches von Dyfed nach England „auswandern", um dort ihren Lebensunterhalt als Handwerker zu verdienen. In der ersten Stadt sind sie so erfolgreich bei der Herstellung von Sattelknöpfen (und wohl auch den zugehörigen Sätteln), dass die ansässigen Sattler um ihren Verdienst fürchten – und zwar so sehr, dass sie beschließen, die „Einwanderer" zu beseitigen. Dasselbe Schicksal erleiden sie bei der Herstellung von Schilden in der zweiten Stadt und als Schuhmacher in der dritten. Gelöst wird der Konflikt, indem die beiden Paare nach Dyfed zurückkehren. Eine Alternative wäre der Kampf gewesen, doch die eventuellen negativen Folgen – Verlust des guten Rufes und Gefängnis – wurden als zu hoch bewertet.

Neben der Angst vor wirtschaftlichen Einbußen stellt in den Diskussionen über Einwanderungsbeschränkungen die „Angst vor Überfremdung" ein immer wiederkehrendes Thema dar. Zwar nicht die Überfremdung, aber die Angst vor dem Fremden ist kein neues Phänomen. In den inselkeltischen Überlieferungen zeigt sie sich beispielsweise in der Dämonisierung der Urbewohner. So werden die Fomore als unheimliche, riesenhafte Wesen mit destruktiven Fähigkeiten dargestellt. Oder es kommt zu einer moralischen Verfemung von Bevölkerungsgruppen mit anderen, „fremden" Vorstellungen. Königin Medb, Herrscherin über das Fünftel Connaught, wird in der inselkeltischen Ulster-Sage etwa als besonders unzüchtig beschrieben. Allerdings scheint es sich um eine zwiespältige Beziehung zu jeglicher Art von Unbekanntem zu handeln, denn aus der Verbindung mit dem „Andersartigen" kann durchaus etwas sehr Positives entstehen, wie zum Beispiel die Geburt des strahlenden Helden Lug, der aus einer Liebesbeziehung zwischen einer Fomore und einem Angehörigen der Tuatha De hervorging.

Die Angst vor dem Fremden bildet auch die Grundlage für die von den Befürwortern geschlossener Grenzen als Argument formulierte Angst, dass sich die bestehende öffentliche

---

[605] Vgl.: Walzer, Michael: „Ohne die Wahrung der Eigenart einer kulturellen Gemeinschaft gäbe es keine spezifischen Gemeinschaften und somit keine stabilen Vereinigungen von Menschen, die einander in einer speziellen Weise verbunden und verpflichtet sind und die eine spezielle Vorstellung von ihrem gemeinsamen Leben haben." In: Migration und Ethik. 2014, 13.

[606] Ladwig, Bernd: Offene Grenzen als Gebot der Gerechtigkeit? In: Migration und Ethik. 2014, 6.

[607] Vgl.: Urs Marti über die Diskussionen in Bezug auf Zuwanderungsbeschränkungen in der Schweiz Anfang 2014 in: Migration und Ethik. 2014, 98f.

[608] Vgl.: David Miller über politische Identität durch gemeinsame öffentliche Kultur in: Migration und Ethik. 2014, 56ff.

[609] Quellenangabe und Übersetzungen siehe II. Teil, 2. Kapitel: Überlieferungen aus Wales.

Kultur mit ihrer Sprache, ihren Traditionen und ihrem materiellen Erscheinungsbild bei zu vielen Immigranten nicht mehr bewahren ließe. Zu viele Einwanderer würden eine kulturelle Veränderung des Aufnahmelandes bewirken. „Der Zwang zur Assimilation" ist hingegen, wie Martino Mona bemerkt, nicht mit den liberalen Prinzipien vereinbar, weil diese Gleichberechtigung und Toleranz in Bezug auf Religion, Kultur und Lebensweise fordern[610].

Ein Umstand, den beispielsweise die Organisation „Patriotische Europäer gegen die Islamisierung des Abendlandes" (Pegida) kaum wahrzunehmen scheint. So befürwortet sie in ihrem Positionspapier[611] von 2014 etwa die „Aufnahme von Kriegsflüchtlingen und politisch oder religiös Verfolgten" und lehnt „Radikalismus, egal ob religiös oder politisch motiviert" sowie „Hassprediger, egal welcher Religion zugehörig" ab. Im gleichen Zug plädieren sie jedoch beispielsweise für eine „dezentrale Unterbringung für Kriegsflüchtlinge und Verfolgte" anstelle menschenunwürdiger Heime und „die Erhaltung und den Schutz unserer christlich-jüdisch geprägten Abendlandkultur".

Der Rechtsextremismus-Forscher Johannes Kiess ist überzeugt, dass sich die Organisatoren und die meisten der Teilnehmer nicht als Extremisten bezeichnen würden, hält ihre Ansichten aber nichtsdestotrotz für rechtsextrem im Sinne von anti-demokratisch und bestimmten Minderheiten gegenüber abwertend, indem sie diese stigmatisierten und Vorurteile schürten. So wehren sie sich etwa gegen die Aufnahme von Wirtschaftsflüchtlingen, weil Menschen in wirtschaftlicher Not eine Bedrohung für den persönlichen Lebensstandard und das heimische Sozialsystem darstellten[612].

Für den Geschichtswissenschaftler Andreas Wirsching sind es vor allem die seit den Achtzigerjahren des vergangenen Jahrhunderts zunehmenden Identitätsunsicherheiten, die Extremismus begünstigen und somit eine Bedrohung für demokratische Gesellschaften nach westlicher Prägung darstellen[613]. Der Journalist und Verleger Jakob Augstein macht hingegen die sich durch den Sieg des Finanzkapitalismus ausbreitende soziale Kälte für die Entstehung einer Bewegung wie Pegida verantwortlich. Er sieht in der wachsenden Ausländerfeindlichkeit und dem Anti-Islamismus das Anzeichen für die Suche nach einem Sündenbock, ausgelöst durch ein immer ungerechter werdendes Wirtschaftssystem[614]. Auch der Psychiater Hans-Joachim Maaz geht davon aus, dass den meisten Anhängern von Pegida das Thema „Islamisierung" nur als Ersatz für weitaus realere Bedrohungen wie „Finanzkrise, Umweltprobleme und soziale Konflikte" dient. Seiner Meinung nach wäre deshalb eine differenzierte Analyse der Beweggründe gefragt, um die tatsächlichen Motive und Ängste aufzudecken[615].

Die Offenlegung von Beweggründen für ein spezielles Verhalten oder eine mentale Einstellung zählt zu den Funktionen mythischer Erzählungen. An die Stelle der wissenschaftlichen Analyse tritt dabei eine sinnbildhafte Schilderung des Problems und seiner Lösung.

---

[610] Vgl.: Martino Mona: Die liberale Gesellschaft und ihre Fremden. In: Seel, Gerhard (Hg.): Minderheiten, Migranten und die Staatengemeinschaft. Wer hat welche Rechte?, Bern 2006, 196.

[611] Originalpapier unter: pegida.de (ges. 21.01.2015).

[612] Vgl.: mdr-Interview mit Johannes Kiess vom 1. Dezember 2014 unter: mdr.de/nachrichten/pegida-interview-extremismusforscher100.html (ges. 15.01.2015)

[613] Vgl.: Wirsching, Andreas: Der latente Bürgerkrieg. In: Süddeutsche Zeitung Nr. 182 vom 08.08.2016.

[614] Vgl.: Augstein, Jakob: Im Zweifel links: Null Toleranz für Pegida. Spiegel Online vom 18. Dezember 2014 unter: spiegel.de/politik/deutschland/jakob-augstein-ueber-pegida-eine-folge-von-angst-und-armut-a-1009297.html (ges. 17.09.2016).

[615] Vgl.: Deutschlandfunk-Interview vom 6. Januar 2015: Joachim Maaz im Gespräch mit Christine Heuer: Pegida in Dresden. „Auf keinen Fall verteufeln". Unter: deutschlandfunk.de/pegida-in-dresden-auf-keinen-fall-verteufeln.694.de.html?dram:article_id=307919 (ges. 17.09.2016).

Indem sie auch die emotionale Verfasstheit der einzelnen Parteien einschließt, ermöglicht sie den Rezipienten über die Identifikation mit einem oder mehreren der Akteure ein Nacherleben der Gesamtsituation. Zudem eignet sich die narrative Struktur für die Vermittlung von Wertvorstellungen, die für die Akzeptanz von Handlungsvorgaben vermutlich die wichtigste Voraussetzung bilden.

Einwanderung als Landnahme in mythischer Zeit

Lebor Gabála Érenn[616], das Buch der Landnahme Irlands, berichtet von sechs Einwanderungen, die sich nacheinander in Irland zugetragen haben sollen: von Cessair, Parthōlon und Nemed, jeweils mit Gefolge, sowie den Fir Bolg, Tūatha Dē Danann und Söhnen des Mil samt Gefolgschaft. Zudem scheint außerdem eine autochthone Bevölkerung vorhanden zu sein, die Fomore. Sie trug wohl bereits in vorchristlicher Zeit dämonische Züge. Drei, nach einer anderen Version vier der Einwanderungen führten zu blutigen Auseinandersetzungen mit der bestehenden Bevölkerung.

Im Folgenden geht es um die Untersuchung der Landnahme Irlands[617] durch die Tuatha De Danann[618], eines Volkes, das von den Kompilatoren des Lebor Gabála Érenn nicht nur als hochbegabt und kenntnisreich, sondern ebenso mit magischen Gegenständen und Fähigkeiten ausgestattet beschrieben wird. Über ihre Herkunft lässt sich nichts aussagen, doch ist zu lesen, dass sie vor ihrer Ankunft in Irland vier Städte im Norden der Welt aufgesucht hatten, um Meister der magischen Künste zu werden. Regiert wurden sie von einem der Ihren und es gibt keine Hinweise auf kriegerische Auseinandersetzungen mit den Bewohnern der Städte. Auch ihre erste Begegnung mit den ansässigen Bewohnern Irlands, den Fir Bolg, war keine kriegerische. Stattdessen stellten sie diese vor die Wahl: Kampf oder Unterwerfung. Es hat den Anschein, als rechtfertigten die Tuatha De ihren Herrschaftsanspruch über ihren Wissensvorsprung.

Inwieweit die Überlassung der Königswürde den Fir Bolg eine Knechtschaft aufgezwungen oder welche Formen des Lebensstiles eine Unterwerfung mit sich gebracht hätte, wird nicht weiter ausgeführt. Nachdem sich bei den Tuatha De jedoch sowohl vollständig ausgebildete Herrschaftsstrukturen, als auch Gesellschaftsklassen finden, scheint es naheliegend, dass den Fir Bolg zumindest ein Mitspracherecht verwehrt geblieben wäre. Wenn aber das eigene Land in Besitz genommen wird, welcher Status kommt dann dem Besiegten zu? Lebt er fortan in einer unterteilten Gesellschaft als Unfreier, einem Fremden gleich, über dessen Wohl und Wehe die exklusive Gemeinschaft der Eroberer herrscht?

Die Fir Bolg entschieden sich für die Selbstbestimmung und wählten den Kampf. Nach beidseitigen großen Verlusten endete die erste Schlacht von Mag Tuired mit ihrer Niederlage. Die Überlebenden flohen und siedelten sich auf den umgebenden Inseln an – bis auf eine Ausnahme: Königin Tailltiu, Frau von Eochu, dem letzten König der Fir Bolg. Tailltiu schlief mit einem Angehörigen der Tuatha De und rodete den Wald, so dass ein großes Feld mit Kleeblumen entstand. Und sie wurde die Ziehmutter von Lug, einem späteren König der Tuatha De, der aus einem Liebesabenteuer zwischen der Tochter von Balor, einem Fürst der Fomore, und dem Neffen von Nuadu, König der Tuatha De, hervorging.

Von Bedeutung ist, dass Tailltiu die Rolle einer Art Landesgöttin einzunehmen scheint, deren Wohlwollen und Zustimmung zur Legitimation der Königsherrschaft und somit zur Inbesitznahme des Landes unabdingbar waren. Das würde umso mehr Sinn machen, wenn die

---

[616] Quelle: Macalister, Stewart R.A.: Lebor Gabála Érenn, The book of the taking of Ireland, Part I - V. Dublin 1938-1941, 1956. Eine gute Zusammenfassung einschließlich Interpretation bietet auch Helmut Birkhan (Kelten. 3. Auflage Wien 1999, 496-508).

[617] Vgl.: Macalister, Stewart R.A.: Lebor Gabála Érenn. Part IV. Dublin 1941.

[618] Im Folgenden abgekürzt mit Tuatha De.

Fir Bolg, wie schon S. Macalister vermutet, mit den Fomore gleichzusetzen wären[619]. Denn zum einen werden die Fomore als mit den Kenntnissen der Fruchtbarkeit des Landes vertraut beschrieben[620] – und Tailltiu macht das Land durch die Rodung fruchtbar; zum anderen wäre es eine plausible Erklärung für ihre Rolle als Ziehmutter des Halb-Fomore Lug.

Der geschilderte Sieg der Tuatha De über die Fir Bolg führte zu keiner Aufnahme der Überlebenden in das Sozialgefüge der Tuatha De, nicht als Teil einer neu gestalteten Gesellschaftsklasse und schon gar nicht in Form einer sozialen Integration. Stattdessen mussten diese sich als „Flüchtlinge" neue Siedlungsplätze suchen[621].

Nach einer anderen Version schlossen die Fir Bolg und Tuatha De nach verlustreichen Kämpfen einen Friedens- und Freundschaftsvertrag, der den Fir Bolg die Provinz Connaught zuerkannte[622]. Inwieweit Königin Medbh von Connaught, eine der Hauptfiguren in der mythischen Erzählung über die Tain Bo Cuailgne aus dem Sagenkreis von *Ulster*, dann als Nachfahrin der Fir Bolg bzw. bei einer Gleichsetzung der Fir Bolg mit den Fomore als eine Vertreterin der autochthonen Bevölkerung zu gelten hat, ist aus keiner der überlieferten Fassungen ersichtlich. Zumal sie und ihr Mann Ailill gemäß einer weiteren Fassung bereits in Connaught herrschten, als die vertriebenen Fir Bolg dort eintrafen, und diese unter ihren Schutz stellten[623].

Der Kampf gegen die Fir Bolg blieb nicht die einzige kriegerische Auseinandersetzung zwischen den Tuatha De und einer bereits ansässigen Bevölkerung. Die Fomore bewohnten Reiche am Rande der Insel und wurden als „aus dem Meer kommend" vorgestellt[624]. Sie hatten schon die dauerhafte Ansiedlung der Nemesier verhindert, sich aber erstaunlicherweise nicht gegen die Fir Bolg gestellt. Den ersten Kontakt zu ihnen, mussten die Tuatha De sehr früh gehabt haben, denn Bres war der Sohn von Elatha, einem König der Fomore, und Eri, einer Angehörigen der Tuatha De. Er wurde von den Frauen der Tuatha De aufgezogen, und als König Nuadu in der ersten Schlacht von Mag Tuired seine Hand verlor, waren sie es, die sich für seine Wahl einsetzten. Sie zeigten sich überzeugt, die Herrschaft an Bres zu übergeben, würde das Bündnis mit den Fomore festigen[625].

Sollte dies der Versuch gewesen sein, eine friedliche und gemeinsame Zukunft von Fomore und Tuatha De auf der Insel zu sichern? Ein Versuch, der letztendlich zum Scheitern verurteilt war. Bres entpuppte sich sehr schnell als geiziger und ungerechter Herrscher, der nicht nur zu hohe Abgaben forderte, sondern auch die Angehörigen der höchsten Gesellschaftsklasse zu niederen Frondiensten nötigte. Zudem ließ er es zu, dass die drei Könige der Fomore ganz Irland Tributzahlungen auferlegten.

So ist es nicht verwunderlich, dass die Herrschaft wieder an Nuadu zurückgegeben wurde, nachdem die Heiler der Tuatha De ihm eine funktionsfähige Silberhand angefügt hatten. Die Absetzung von Bres führte allerdings zur zweiten Schlacht von Mag Tuired. Der gekränkte Bres suchte seinen Vater Elatha auf, berichtete von seiner ungerechten Herrschaft und bat

---

[619] Vgl.: Macalister, Stewart R.A.: Lebor Gabála Érenn. Part IV. Dublin 1941, 4.

[620] Vgl.: Harleian MS 5280, British Library, London; The Second Battle of Moytura. übersetzt von Whitley Stokes unter: ucc.ie/celt/online/G300011/; page 105, 107.

[621] Vgl.: Macalister, Stewart R.A.: Lebor Gabála Érenn. Part IV. Dublin 1941,111.

[622] Vgl.: MS H 2, 17 Library of Trinity College, Dublin; Übersetzung Fraser James: The Battle of Moytura: The first Battle of Mag Tuired. 2011.

[623] Vgl.: Macalister, Stewart R.A.: Lebor Gabála Érenn. Part IV. Dublin 1941, 173 und 175.

[624] Vgl.: Birkhan, Helmut: Kelten. Wien 1999, 456 Fußnote 3 über die Fomore.

[625] Vgl.: Harleian MS 5280, British Library, London; The Second Battle of Moytura. übersetzt von Whitley Stokes unter: ucc.ie/celt/online/G300011/; page 61.

trotz der Rüge seines Vaters um Kämpfer für die Rückeroberung des Landes. Elatha schickte ihn zu Balor, dem König der Inseln, und zu Indech, dem König der Fomore, die sogleich Truppen aufstellten.

Wieder konnten die Tuatha De ihre Königsherrschaft nur durch eine kriegerische Auseinandersetzung sichern. Trotz der Gewaltbereitschaft scheint es allerdings, als wären sie Konflikte ohne Kriegsabsicht angegangen, und sie zeigten sich offen für alternative Lösungen, solange diese die Ordnung der eigenen Gesellschaft nicht bedrohten. So durften die Fir Bolg gemäß einer der überlieferten Versionen nach der verlorenen ersten Schlacht von Mag Tuired ein eigenes Reich in Irland gründen und über ihre Angelegenheiten weiterhin selbst bestimmten. Die besiegten Fomore ließen die Tuatha De in ihre Wohngebiete am Rande der Insel und im Meer zurückkehren. Eine Assimilation im Sinne der Verschmelzung von zwei unterschiedlichen Kulturen fand weder mit den Fir Bolg, noch den Fomore statt, wenngleich es vereinzelt zu Liebesbeziehungen kam und Hinweise auf die Übernahme kultureller Techniken zu finden sind. Dasselbe Schicksal sollte beinahe dreihundert Jahre später die Tuatha De ereilen. Sie unterlagen der nächsten und letzten Siedlungswelle.

Die Milesier oder Söhne des Mil waren gekommen, um Ith, einen ihrer Vorfahren zu rächen. Dieser hatte die grüne Insel von Spanien aus erspäht und wollte sie mit einer kleinen Gefolgschaft auskundschaften. Die Tuatha De nahmen ihn anfänglich gastfreundlich auf, doch als sie durch Lesen seiner Gedanken erkannten, dass er vorhatte, seinem Volk vom Reichtum des Landes zu berichten, töteten sie ihn aus Angst vor einer Invasion. Doch konnten sie die Einwanderung der Milesier letztendlich nicht verhindern und mussten sich in Wohnsitze unter den Hügeln, in den Tiefen der Seen und auf Nebel verhangenen Inseln zurückziehen. In den späteren mythischen Helden- und Königsagen finden sie sich göttlichen Wesen[626] gleich als Elfen oder Aes Sidhe, Volk der Hügel.

Es gibt verschiedene Interpretationen des Mythenstoffes über die Kämpfe. So vermutet der Archäologe R.A. Stewart Macalister[627], dass es sich bei dem Volk von Partholon ebenso wie bei den Fir Bolg um die Urbevölkerung, also die Fomore gehandelt habe, die mythisch als Götter der Dunkelheit gegen das Volk von Nemed sowie die Tuatha De Danann als Götter des Lichts und goidelische Vorfahren kämpften. Der Keltologe Helmut Birkhan[628] verweist mit Bezug auf indogermanische Traditionen ebenfalls auf Kämpfe zwischen Göttern des Lichtes und der Fruchtbarkeit gegen Götter der Finsternis und Zerstörung, während der Kelten-forscher John Arnott MacCulloch[629] bei den Schlachten von historischen Kämpfen zwischen neu ankommenden Stämmen und der Urbevölkerung in Irland ausgeht, die auf eine mythische Ebene übertragen wurden. Seiner Meinung nach könnte aber ebenso der Kampf einheimischer gegen neue Götter dargestellt worden sein, der letztendlich zu Verbindungen in Form von

---

[626]Vgl.: Helmut Birkhan (Kelten. 1999, 508) verbindet die Verehrung der Tuatha De Danann mit dem Ahnenkult und geht davon aus, dass die einst vergöttlichten Ahnen nach der Christianisierung zu Elfen degradiert worden waren.

[627] Vgl.: Macalister, Stewart R.A.: Lebor Gabála Érenn. Part IV. Dublin 1941, 4.

[628] Vgl.: Birkhan, Helmut 1997, 457: „Wenn die *Fomore* das Chaos vertreten und die *Tuatha De Danann* die Götter, finden sich Parallelen im Kampf der Götter und Giganten in der griechischen, aber auch in der indischen und altpersischen Tradition. Vielleicht handelt es sich bei den *Fomore* jedoch nur um böse Dämonen, dann ist dieser Kampf mit dem weltweit verbreiteten Konflikt zwischen gut und böse, hell und dunkel, Leben und Tod gleichzusetzen".

[629] Vgl.: John Arnott MacCulloch (1921, 25) sieht in den *Tuatha De Danann* Götter, die gegen die *Fir Bolg*, eine nicht-keltische Gruppe, kämpfen. Dies entspringt seiner Meinung nach wahrscheinlich der Tradition von Kriegen zwischen den ankommenden Kelten und der Urbevölkerung.

Heirat und gemeinsamen Kindern führte, wodurch neue Mythen entstanden. Möglich wäre auch, dass es sich um die Beschreibung eines alten Naturkultes handelt. Die Götter seien ambivalent, sterblich und unsterblich. Sie erneuerten sich wie die Natur selbst, in der auf die fruchtbare Zeit des Sommers die unfruchtbare Zeit des Winters folge, um dann wieder dem Sommer zu weichen. Entsprechend könnte die beschriebene Knechtschaft der Götter auf einen Naturkult hinweisen, bei dem die Götter des Lichtes und der Fruchtbarkeit im Winter vorübergehend verschwänden und den Göttern der Dunkelheit als Sklaven dienen müssten[630].

Für die Tiefenpsychologin Ingeborg Clarus stellt das Kernproblem der Inselkelten die Auseinandersetzung zwischen weiblicher und männlicher Weltordnung dar[631]. Die mythischen Erzählungen von den Einwanderungen wären dann ein Versuch, die Traditionen der patriarchalen Einwanderer mit jenen der matriarchalen Urbevölkerung zu verbinden. Oder sie stellen die systematische Transformation einer ursprünglich matriarchalen Mythologie in das patriarchale Weltbild der Einwanderer bzw. Eroberer dar. Ein Thema, das im Zentrum der Forschungen von insbesondere der Philosophin Heide Göttner-Abendroth steht[632]. Nicht zu unterschätzen ist zudem die Rolle der christlichen Kompilatoren, deren Hinzufügungen und Interpretationen im Rahmen der Zusammenstellung des Lebor Gabála Érenn mit großer Wahrscheinlichkeit zu einer weiteren Verzerrung der zugrunde liegenden Mythen führten. Interdisziplinäre Untersuchungen könnten hier sicher interessante Erkenntnisse zu Tage fördern.

---

[630] Vgl. MacCulloch, 1964, 28.
[631] Vgl.: Clarus, Ingeborg: Keltische Mythen. Der Mensch und seine Anderswelt. Olten, 1991, 118.
[632] Vgl.: Göttner-Abendroth, Heide: Die Göttin und ihr Heros. Erweiterte Neuausgabe, Stuttgart 2011; Das Matriarchat I. Geschichte seiner Erforschung. Dritte Auflage, Stuttgart 1995.

Politisches Asyl

Auch in der heutigen Zeit kommt es zu gewaltsamen Landnahmen. Prominente Beispiele sind die Ereignisse in der Ukraine mit der international nicht anerkannten Annexion der Krim durch die russische Föderation Ende Februar 2014 oder die Ausrufung eines Kalifats als Staatsbildungsprojekt im Nordwesten des Irak und Osten Syriens durch die dschihadistisch-wahabitische Organisation Islamischer Staat. Zudem gelten nicht nur die Verhältnisse in Nigeria, Ruanda und vielen anderen afrikanischen Staaten aufgrund rivalisierender militanter Bewegungen und ethnischer Auseinandersetzungen als instabil. Ebenso schwindet aufgrund der schwelenden Konflikte der sichere Lebensraum im Nahen Osten. Die offensichtlichsten Auswirkungen repressiver Herrschaft und instabiler Verhältnisse bildet die zunehmende Zahl von Flüchtlingen.

Migranten verlassen ihren Wohnort meist freiwillig, um eine Möglichkeit zu finden, ihren Lebensplan zu verbessern. Flüchtlinge werden durch äußere Umstände zur Flucht gezwungen. Die Ämter von United Nations High Commissioner for Refugees (UNHCR) berichten in ihren „Global Trends, Forced Displacement in 2015", dass sich im Jahre 2015 geschätzte 65,3 Millionen Menschen in „flüchtlingsähnlichen Situationen [633] befanden: 21,3 Millionen Flüchtlinge, 40,8 Millionen Binnenvertriebene und 3,2 Millionen Asylbewerber. Mehr als die Hälfte der unter UNHCR's Mandat stehenden Flüchtlinge (16,1 Millionen) kommt aus nur drei Staaten: Arabische Republik Syrien (4,9 Millionen), Afghanistan (2,7 Millionen) und Somalia (1,1 Millionen)[634].

Gemäß Genfer Flüchtlingskonvention zählt zur Flüchtlingseigenschaft, dass eine Person „aus der begründeten Furcht vor Verfolgung wegen ihrer Rasse, Religion, Nationalität, Zugehörigkeit zu einer bestimmten sozialen Gruppe oder wegen ihrer politischen Überzeugung sich außerhalb des Landes befindet, dessen Staatsangehörigkeit sie besitzt, und den Schutz dieses Landes nicht in Anspruch nehmen kann oder wegen dieser Befürchtungen nicht in Anspruch nehmen will; oder die sich als staatenlose infolge solcher Ereignisse außerhalb des Landes befindet, in welchem sie ihren gewöhnlichen Aufenthalt hatte, und nicht dorthin zurückkehren kann oder wegen der erwähnten Befürchtungen nicht dorthin zurückkehren will"[635].

Flüchtlinge haben einen besonderen Status. Sie werden in weltweit 147 Staaten durch die Genfer Flüchtlingskonvention[636] geschützt. Die Konvention regelt, wer als Flüchtling zu gelten hat, den rechtlichen Schutz, die von den Unterzeichnerstaaten zu leistenden sozialen Rechte und Hilfeleistungen sowie die Pflichten des Asylanten gegenüber dem Gastland. Selbst Befürworter von Einwanderungsbeschränkungen erkennen im Allgemeinen den Anspruch von politischen Flüchtlingen auf Asyl an. Kontrovers diskutiert wird hingegen beispielsweise, wer als Flüchtling zu gelten hat oder welche Art von Hilfeleistung den größten Nutzen für alle Beteiligten brächte.

---

[633] Darunter auch Rückkehrer und Staatenlose.

[634] Quelle: unhcr.org/statistics.

[635] Vgl.: Abkommen über die Rechtsstellung der Flüchtlinge vom 28. Juli 1951, Protokoll über die Rechtsstellung der Flüchtlinge vom 31. Januar 1967. Kapitel I – Allgemeine Bestimmungen, Artikel 1. A. 2. Quelle: Genfer_Flüchtlingskonvention_und_New_Yorker_Protokoll.pdf, 3. Unter unhcr.de.

[636] „Abkommen über die Rechtsstellung der Flüchtlinge" vom 28. Juli 1951, zeitlich und geografisch erweitert durch das Protokoll von 1967. Quelle: unhcr.de/mandat/genfer-fluechtlingskonvention.html.

So sind etwa für David Miller Staaten zwar verpflichtet, Flüchtlingen zumindest vorübergehend Zuflucht zu gewähren, also so lange bis sie in ihren Herkunftsländern keine ihr Leben oder ihre Würde bedrohende Gefahr mehr zu fürchten haben. Er weist jedoch darauf hin, dass es mit Blick auf die wachsende Zahl von Flüchtlingen sinnvoller sein könnte, sich vor Ort für einen Schutz der grundlegenden Rechte von betroffenen Menschen einzusetzen, beispielsweise durch die Errichtung von Sicherheitszonen und eine Verbesserung der Lebensbedingungen, etwa über nachhaltige Hilfeleistungen oder militärische Interventionen, sofern eine grundlegende Menschenrechtsverletzung des betreffenden Regimes vorliegt. Sonst bestehe das Risiko, die vorübergehende zu einer dauerhaften Lösung zu machen, einem für Flüchtlinge untragbaren Zustand, weil ihnen, wie D. Miller betont, mehr zukommen müsse als nur der Schutz ihrer fundamentalen Rechte. Entsprechend sprich sich D. Miller für eine vorübergehende Zuflucht statt einer dauerhaften Einwanderung aus[637].

Der Philosoph Stephan Schlothfeld sieht die Pflicht zur Hilfeleistung nicht nur bei Flüchtlingen gegeben, die einer extremen Schädigung oder Bedrohung ausgesetzt sind. Eine normative Unterscheidung von „Verfolgten und um ihr Leben kämpfenden" ist für ihn nicht tragbar[638]. So ließe sich über die Gründe für die Weigerung, in der Flucht und der Suche nach einem Asyl einerseits und der Migration bedingt durch eine lebensbedrohliche wirtschaftliche Notlage andererseits eine moralische Entsprechung zu sehen, nur spekulieren[639].

In den inselkeltischen Erzählungen wird „Asyl" problemlos gewährt, wenn die Ansuchenden einen gewissen Nutzen für die ansässige Gemeinschaft haben. So nimmt Königin Medbh von Connaught die Bürgen von Derdriu und Noisi samt ihrer „Dreitausendschaft" nach dem Eidbruch des Königs Connchobar von Ulster gerne auf, weil diese ihre Streitmacht verstärken[640]. Und der König von Schottland gewährt Noisi und seinem Gefolge Zuflucht, um die Fähigkeiten seiner Soldtruppe zu steigern[641]. In beiden Fällen wurde die Aufnahme jedoch als vorübergehend betrachtet und zwar sowohl von jenen, die Zuflucht suchten, als auch von jenen, die eine Aufnahme gewährten. Zudem war die Berechtigung zu einem Aufenthalt mit keinen Rechten verbunden und konnte jederzeit zurückgenommen werden.

---

[637] Vgl.: Miller, David in: Migration und Ethik. Münster 2014, 61.
[638] Vgl.: Schlothfeldt, Stephan: Dürfen Notleidende an den Grenzen abgewiesen werden? In: Cassee, Andreas und Goppel Anna (Hg): Migration und Ethik. Münster 2014, 201.
[639] Vgl.: Schlothfeldt, Stephan: Dürfen Notleidende an den Grenzen abgewiesen werden? In: Cassee, Andreas und Goppel Anna (Hg): Migration und Ethik. Münster 2014, 204.
[640] Vgl.: Rudolf Thurneysen: Die irische Helden- und Königsage bis zum siebzehnten Jahrhundert. Hildesheim – New York 1980, 326.
[641] Vgl.: Rudolf Thurneysen: Die irische Helden- und Königsage. Hildesheim – New York 1980, 325.

Arbeits-, Umwelt- und Wirtschaftsmigration

Insgesamt betrug die Zahl der internationalen Migranten laut United Nations im Jahre 2015 weltweit 243,7 Millionen[642]. Männliche und weibliche Arbeitsmigranten bilden dabei den höchsten Anteil. In manchen Ländern wie Kuwait und den Arabischen Emiraten übersteigt er die Zahl der Wohnbevölkerung um ein Vielfaches. Auch verdienen Millionen junger Menschen unter teilweise inhumanen Bedingungen beispielsweise auf Plantagen afrikanischer Küstenstaaten mehr oder weniger freiwillig ihren Lebensunterhalt. Zahlreiche Arbeitsmigranten finden sich zudem weltweit legal oder illegal in der Textil-, Elektronik- und Baubranche, in der Erdölindustrie und beim Abbau von Bodenschätzen.

Es ist die Aussicht auf eine Verbesserung des Lebensplanes und auf eine in ökonomischer Hinsicht vorteilhaftere Zukunft, die Menschen dazu bewegt, ihr Herkunftsland zu verlassen. Die Bezeichnung „Flüchtling" ist in diesem Fall nicht ganz zutreffend, denn in den meisten Fällen sind Arbeits-, Umwelt- und Wirtschaftsmigranten[643] keiner direkten Gefahr für Leib und Seele ausgesetzt. Zu den Migrationsgründen zählen insbesondere Armut und Arbeitslosigkeit, oft ausgelöst durch ungerechte internationale Wirtschaftsregeln, die vor allem wohlhabenden Demokratien Vorteile verschaffen, sowie die nicht zu unterschätzenden Auswirkungen auf die Umwelt aufgrund von Umweltverschmutzung und Klimaerwärmung, denen Menschen in wirtschaftlich unterentwickelten Ländern oft hilflos gegenüberstehen.

In der Europäischen Union stammen Arbeitsmigranten vornehmlich aus den neuen Beitrittsländern. Ihr Interesse liegt nicht in erster Linie darin, einzuwandern und die Staatsbürgerschaft zu erwerben, sondern ist ökonomisch begründet. Doch auf eine freie Arbeitsplatzwahl in den Mitgliedsstaaten müssen diese nach dem Beitritt ihres Heimatlandes bis zu sieben Jahre lang warten. Eine Klausel, die auf Bestreben der deutschen Bundesregierung eingefügt wurde, um einen Ansturm von Billigarbeitern zu verhindern. Umgehen lässt sie sich jedoch über den Werkvertrag, indem die gewünschten Dienstleistungen von in den neuen Mitgliedstaaten ansässigen Betrieben angeboten werden. Oft handelt es sich um in osteuropäischen Ländern gegründete Briefkasten- und Subunternehmen, die Arbeiter dazu verpflichten, nach beispielsweise rumänischen Arbeitsbedingungen für wenig Lohn unter teilweise menschenunwürdigen Verhältnissen in deutschen Schlachthöfen im Akkord zu arbeiten, wie ein Artikel von Anne Kunze, erschienen im Dezember 2014 in „Die Zeit", bedrückend schildert[644].

Einen weitaus geringeren Anteil haben die stets willkommenen, oft durch Anwerbung zur Einwanderung bewogenen qualifizierten Fachkräfte. Handelt es sich bei den Herkunftsstaaten um ärmere Länder, kann ihre Auswanderung, insbesondere wenn es sich um kostenintensiv ausgebildete Personen wie etwa medizinisches Personal handelt, zu dem Entzug einer wertvollen Ressource[645], einem „Brain-Drain[646]" führen, und die dortige Situation weiter ver-

---

[642] Zahl gerundet. Quelle: United nations International migration wallchart 2015 unter: un.org/en/development/desa/population/migration/publications/wallchart/ (ges. 09.06.2016).
[643] Zu denen im Übrigen auch Menschen auf der Flucht vor Strafverfolgung gezählt werden.
[644] Vgl.: Anne Kunze: Die Schlachtordnung. In: Die Zeit, Jahrgang 2014, Ausgabe 51.
[645] Dazu auch David Miller in: Migration und Ethik. 2014, 63.
[646] „Gehirn-Abfluss" im Sinne von Talentschwund. Quelle: de.wikipedia.org/wiki/Braindrain.

schlechtern[647] – nicht nur durch den Verlust einer qualifizierten Fachkraft, sondern zusätzlich, weil diese aufgrund ihrer Bildung zu einer Verbesserung der Zustände im Herkunftsland beitragen könnte.

Zu den häufigsten Argumenten der Befürworter von Einwanderungsbeschränkungen zählen: Durch Immigranten sinkt die Anzahl der Stellenangebote für die Bürger des Aufnahmelandes; das Wohlfahrtssystem wird überlastet; die Kriminalität nimmt durch verstärkte Einwanderungen insbesondere bei schlechter Integration zu. Alle diese Argumente können in den westlich geprägten Demokratien durch einen Blick auf aktuelle Statistiken relativiert, wenn nicht sogar ad absurdum geführt werden. Ein Beispiel bietet das Philosophische Themendossier „Ein Recht auf Einwanderung?" des Vereins philosophie.ch[648] über die Migrationsethikdebatte in der Schweiz. Doch gibt es weiterführende Probleme, die sich durch offene Grenzen ergeben können, und sie bedürfen einer argumentativen Lösung. Dazu zählt die Gefahr, dass weniger gut ausgebildeten Bürgern durch Einwanderer Nachteile auf dem Arbeitsmarkt drohen, oder dass in einem Land mit hoher Bevölkerungszahl keine Anreize mehr für Wachstumsbeschränkungen gegeben sind, weil sich der Überschuss, wie David Miller[649] bemerkt, ja problemlos in andere Länder „exportieren" ließe.

Migrationsbewegungen von einzelnen Personen zum Zwecke des Lebensunterhaltes werden in den inselkeltischen Erzählungen zumindest für Barden und spezielle Handwerker relativ oft überliefert. Doch handelt es sich dann meist um Berichte über besonders angesehene Personen. Ihre Anwesenheit war nicht einfach geduldet, sondern erwünscht. Das Mabinogi von Manawydan, Sohn des Llyr, stellt insofern eine Ausnahme dar. Eine Interpretation gestaltet sich schwierig, denn wie schon Anton Grabner-Haider bemerkt, bedürfe es dazu einer Vergegenwärtigung der Lebenswelt, die zur Zeit der Entstehung des Mythos herrschte[650]. Auch John Hick weist darauf hin, dass zwischen wörtlicher und mythologischer Wahrheit zu unterschieden sei, weil die mythologische eine Reaktion hervorrufen wolle, die von bestimmten Voraussetzungen, beispielsweise einer gemeinsamen Kulturstufe und Daseinsdeutung der Rezipienten, abhänge[651]. So könnte statt der „Angst vor wirtschaftlichen Einbußen" aufgrund von Konkurrenz, ebenso die Legitimierung von unterschiedlichen Lebensweisen höher bewerteter Gesellschaftsklassen gemeint gewesen sein. Manawydan und seine Frau Rhiannon, Pryderi und seine Frau Cigfa entstammen der Herrscherklasse, für die es sich nicht zu ziemen scheint, bestimmte handwerkliche Tätigkeiten auszuführen. Darauf weist etwa die Bemerkung von Cigfa über das Schusterhandwerk, dass es in Hinblick auf seine Sauberkeit einem fähigen und hochgestellten Mann nicht anstehe[652].

Vollkommen anders gestaltet sich die Situation für vertriebene Völkerschaften. Beispielsweise versuchten die Fir Bolg erst, sich auf unwirtlichen Inseln anzusiedeln, und mussten dann einen Aufenthalt in fruchtbareren Ländern gegen Tributzahlungen ertragen, ohne

---

[647] Vgl.: Ladwig, Bernd: Offene Grenzen als Gebot der Gerechtigkeit? In: Cassee, Andreas und Goppel Anna (Hg): Migration und Ethik. 2. Münster 2014, 69; David Miller (Migration und Ethik 2014, 55): „Eine Angleichung der Chancen für die wenigen kann zu einer Verschlechterung der Chancen für viele führen" als Argument für Einwanderungsbeschränkungen, aber auch als Aufforderung an reiche Länder, ernsthaft zu verbesserten Lebensbedingungen in den Herkunftsländern beizutragen.

[648] Anja Leser: Philosophisches Themendossier. „Ein Recht auf Einwanderung"; unter: http://philosophie.ch/assets/files/TD/TD6_opt.pdf.

[649] Vgl.: David Miller in: Migration und Ethik. Münster 2014, 59.

[650] Vgl.: A. Grabner-Haider: Strukturen des Mythos. Frankfurt 1989, 440.

[651] Vgl.: Hick, John: Religion. Die menschlichen Antworten auf die Frage nach Leben und Tod. München 1996, 372.

[652] Vgl.: Maier, Bernhard: Das Sagenbuch der walisischen Kelten. München 2004, 64.

Anspruch auf ein eigenes Land. Doch waren die Abgaben so hoch, dass sie erneut die Flucht ergriffen. Erst Königin Medbh und König Ailill von Connaught boten ihnen neben Schutz auch Land[653]. Welche Verpflichtungen den Fir Bolg nach ihrer Niederlassung auferlegt wurden, oder ob dies überhaupt der Fall war, ist nicht überliefert. In der Folge tauchen sie meist als Teil der Bewohner Connaughts auf. Inwieweit sie diesen gleichgestellt waren, bleibt ungewiss, aber es scheint, als habe eine vollständige Integration stattgefunden.

---

[653] Vgl.: Macalister, Stewart R.A.: Lebor Gabála Érenn. Part IV. Dublin 1941, 173 und 175.

Dekonstruktion und Transformation

Wie sich anhand des exemplarischen Einblicks in die Überlieferungen der Inselkelten gezeigt hat, bieten die mythischen Erzählungen eine vielfache Behandlung des Themenkomplexes „Migration". Sie berichten sowohl von friedlichen Niederlassungen, als auch von kriegerischen Inbesitznahmen, von Kooperation und Vertreibung, von Gastfreundschaft und Feindseligkeit. Die Schilderungen enthalten Informationen über:

a. Ursachen und Motive, die Personengruppen oder ein ganzes Volk zur vorübergehenden oder endgültigen Aufgabe ihres Wohnsitzes veranlassen;

b. Ängste und Vorurteile der Bevölkerung in potenziellen Aufnahmeländern gegenüber Flüchtlingen und Einwanderern;

c. Einschätzung der Situation und Beschluss einer Maßnahme;

d. Folgen der Umsetzung.

Viele der in den inselkeltischen Überlieferungen angeführten Beweggründe und Maßnahmen finden – transformiert in die Lebenswelt des beginnenden 21. Jahrhunderts – ihre Entsprechung im öffentlichen Diskurs der westlichen Demokratien über den Umgang mit Flüchtlingen. Zwar mündeten die mythischen Anschauungen der Inselkelten in keinen philosophischen Konzeptionen oder Theorien wie etwa der Aufstellung von Gerechtigkeitsprinzipien und Flüchtlingskonventionen. Über die Beschreibung des gesamten Handlungsablaufes bis hin zu den Konsequenzen boten die Überlieferungen jedoch durchaus die Grundlage für Verhaltensregeln und Handlungsanweisungen. Ähnlich mit einem Gedankenexperiment schildern sie Entstehung, Entwicklung und Lösung eines Problems.

Bezugnehmend auf das Thema „Migration" soll die folgende exemplarische Untersuchung ausgewählter inselkeltischer Überlieferungen verdeutlichen, dass viele der in den mythischen Erzählungen angeführten Beweggründe und Maßnahmen dem einen oder anderen Argument im aktuellen öffentlichen Diskurs westlich-demokratischer Gesellschaften zumindest inhaltlich nicht unähnlich zu sein scheinen.

a. Ursachen und Motive

Viele Überlieferungen der Inselkelten geben Hinweise darauf, wodurch Wanderungsbewegungen von Personengruppen oder ganzen Völkern ausgelöst wurden. Beispielsweise berichtet das Lebor Gabála Érenn über das Volk der Fir Bolg, es wäre aufgrund zu hoher Abgaben aus Griechenland geflohen, über den Goidelen (Gälen) Ith ist hingegen zu erfahren, dass er vom Festland kommend die Insel mit seinen Kriegern erkunden und wohl auch ihre Eignung als Siedlungsraum für sein Volk feststellen wollte[654]; im Ulsterzyklus sowie im Sagenkreis um Finn wird als Fluchtmotiv unter anderem die Verfolgung durch den König angegeben; während etwa im Mabinogi von Manawyddan vab Llŷr die Unwirtlichkeit des Landes das Motiv für eine (vorübergehende) Auswanderung bildet.

Wie in der heutigen Zeit gründete der Entschluss, den bisherigen Wohnsitz zu verlassen, auf dem Wunsch, die eigene Lebenssituation zu verbessern. Armut, Unterdrückung und Verfolgung gehörten und gehören zu den Hauptursachen für Migrationen. Um eine vernünftige

---

[654] Quelle: Macalister, Stewart R.A.: Lebor Gabála Érenn. Part IV, Dublin 1941, und Part V, 1956.

und nachhaltige Migrationsarbeit zu leisten, bedarf es einer realistischen Sichtweise der Gesamtsituation. Erst durch eine wirklichkeitsgetreue Einschätzung der Konfliktfelder, lassen sich brauchbare Lösungen finden. Auch zu Beginn des 21. Jahrhunderts zählen die Existenz gefährdende Lebensumstände und mangelnde Zukunftsperspektiven zu den häufigsten Gründen, den bisherigen Wohnsitz aufzugeben. Zu den Ursachen zählen:

1. Krieg: Neben politisch und religiös motivierten Machtansprüchen spielen auch wirtschaftliche Interessen eine nicht zu unterschätzende Rolle. Vor allem Korruption und menschenverachtende Arbeits- sowie Lebensbedingungen bilden als Basis sozialer Unzufriedenheit oft die Grundlage einer zunehmenden Gewaltbereitschaft. Die Vertreter fanatischer Ideologien können sich diese schwelenden Konfliktherde zunutze machen, um Teile der Bevölkerung für einen Aufstand zu mobilisieren. Meist geschieht dies über die Präsentation eines Sündenbockes. Vielfach handelt es sich um eine Kombination aus einer bestimmten Gesellschaftsklasse, Glaubensgemeinschaft oder ganzen Ethnie und spezieller Daseinsdeutung oder Wertorientierung. Selten führt ein einziger Aufstand zum Ziel; zumal sich andauernde kriegerische Auseinandersetzungen insbesondere für den Waffenhandel als lukrativ erweisen.

2. Armut: Abgesehen - von mitunter durch den Klimawandel direkt oder indirekt bedingten – Natur- und Umweltkatastrophen tragen in Schwellenländern und wirtschaftlich kaum entwickelten Staaten die Ausbeutung von Ressourcen und Arbeitskräften („Neokolonialismus[655]") dazu bei, eine nachhaltige Erhöhung des allgemeinen Lebensstandards zu verhindern. Zudem werden viele dieser Länder unter dem Deckmantel der „Hilfeleistung" ausgelaugt; die Nöte ihrer Bewohner rücksichtslos ausgenutzt. Denn in den meisten Fällen sucht die Wirtschafts- und Tourismusbranche nur den Profit, statt Hilfe zu leisten. Ähnliches gilt für nicht nachhaltige Plantagenwirtschaft. Ist die letzte Ressource verbraucht, die Umwelt verschmutzt oder der Boden ausgelaugt, ziehen die sogenannten „Investoren" weiter.

b. Ängste und Vorurteile

Ausschlaggebend für die Gewährung von Zuflucht bzw. die Zuteilung eines Siedlungsraumes ist in den inselkeltischen Überlieferungen fast immer der wirtschaftliche oder militärische Nutzen. Weitaus zahlreicher gestalten sich die Gründe für eine Ablehnung, und die meisten von ihnen basieren auf Vorurteilen.

Vorurteile gründen auf sozialen, emotionalen und kognitiven Ursachen. Durch ihre Kategorisierungen tragen sie zur Reduktion der Informationsflut bei und helfen über eine schnellere Einschätzung des Umfeldes Energie für andere Denkvorgänge einzusparen. Bei einem moralischen Vorurteil handelt es sich um eine von vornherein feststehende, nicht durch Erfahrung erworbene, sondern unkritisch übernommene Einstellung gegenüber einer Person, Gemeinschaften oder Sachverhalten. Für den Einzelnen bedeutet dies emotionale Entlastung; in Bezug auf negative Vorurteile aber auch Erhöhung des Selbstwertgefühls auf Kosten anderer und eine Rechtfertigung für diskriminierende Ansichten und Handlungen.

---

[655] Unter Neokolonialismus wird die indirekte Beherrschung der Länder der Dritten Welt über Spielregeln des kapitalistischen Weltmarktes verstanden. Zu den Mechanismen zählen militärische, politische, kulturelle, technologische, finanzielle und wirtschaftliche Abhängigkeiten. Geprägt wurde der Begriff von dem ghanaischen Philosophen und Politiker Kwame Nkrumah. Quelle: Wirtschaftslexikon.gabler.de/Archiv/123600/neokolonialismus-v5.html

Als ein Problem der Urteilskraft wurde das Vorurteil in der Aufklärung gesehen. Es bezeichnete ein nicht ausreichend begründetes, übereilt getroffenes und möglicherweise sachlich falsches Urteil. Im Rahmen soziologischer und psychologischer Forschungen des 20. Jahrhunderts handelt es sich bei einem Vorurteil um stereotype Wahrnehmungsmuster, Ansichten und Verhaltensweisen[656]. Vertreter der Existenzphilosophie und Phänomenologie suchten den Begriff des Vorurteils zu rehabilitieren. Aufgrund der Erkenntnis, dass jede Wahrheit nur eine vorläufige sein kann und ihr Wirkungsbereich grundsätzlich begrenzt ist, gilt das Vorurteil als zulässiges Vorverständnis. Durch weiterführende Diskussionen verändere es seine Form und bilde in neuer Gestalt den Ausgangspunkt erneuter Klärungsversuche[657].

Eine genauere Betrachtung zeigt: Viele der in den Überlieferungen beschriebenen moralischen Vorurteile finden – mehr oder weniger transformiert in die heutige Lebenswelt – Entsprechungen in der Argumentation für Einwanderungsbeschränkungen zu Beginn des 21. Jahrhunderts. Sie kritisch zu hinterfragen und die Gründe für ihre Existenz in immer neuem Gewand festzustellen, ist die Hauptaufgabe der interdisziplinären Vorurteilsforschung. Doch bereits in den inselkeltischen Erzählungen finden sich Hinweise, dass Vorurteile keine festgeschriebenen Dogmen darstellten, sondern infrage gestellt und sogar verworfen werden durften. In vielen Fällen beruhen sie auf existentiellen Ängsten, die in unsicheren Zeiten mit instabilen Herrschaftsverhältnissen und jederzeit drohenden Überfällen oder kriegerischen Auseinandersetzungen durchaus ihre Berechtigung hatten. Erst im Zuge einer Verallgemeinerung der Objekte dieser Ängste traten an die Stelle der aus Erfahrung gewonnenen Erkenntnisse Vorurteile im Sinne von Vorverurteilungen.

Die Situation der Mitglieder wohlhabender westlicher Demokratien im 21. Jahrhundert lässt sich in keiner Weise mit jener alteuropäischer Stammesgesellschaften vergleichen. Dennoch ähneln sich ihre Vorurteile. Die Vermutung scheint berechtigt, dass viele der im Rahmen der öffentlichen Auseinandersetzung mit dem Thema „Migration" vorgebrachten Vorurteile auf denselben Ängsten gründen, die schon in den mythischen Erzählungen zu pauschalisierten Urteilen über den Charakter oder die Intentionen von unbekannten Personen oder Gruppen führten. Vorurteile erleichtern den Umgang mit Ängsten. Indem sie vorgeben, auf einer allgemein gültigen Wahrheit zu beruhen, ersparen sie dem Einzelnen eine kritische Auseinandersetzung und begünstigen so eine (vor-) schnelle Entscheidungsfindung. Doch können Vorurteile überwunden werden, etwa durch die eingehende Beschäftigung mit der Faktenlage. Zwei Beispiele sollen dies verdeutlichen:

1. Die Angst vor dem Fremden

Mit der Globalisierung geht in vielen europäischen Staaten ein Wandel zur multikulturellen Einwanderungsgesellschaft einher, der vielfach tief greifende Ängste hervorruft, insbesondere vor einem Verlust der kulturellen Identität und der sozialen Stellung. Populistische Bewegungen versuchen sich diese Ängste zunutze zu machen, indem sie ihnen einen einzigen Nenner zuweisen: das Fremde. Es ist der Feind, den es zu bekämpfen gilt.

Ein Anstieg von Kriminalität zählt im Rahmen der zunehmenden Flüchtlingszahlen in Europa zu den größten Befürchtungen. Begründet wird er unter anderem mit dem fehlenden

---

[656] Vgl.: Mittelstraß, Jürgen (Hg.): Enzyklopädie. Philosophie und Wissenschaftstheorie. Band 4, Sonderausgabe, Stuttgart 2004; Vorurteil, 572.
[657] Gessmann, Martin (Hg.): Philosophisches Wörterbuch. 23. Auflage, Stuttgart 2009; Vorurteil, 749.

Rechtsverständnis und unterschiedlichen Wertvorstellungen der „Zuwanderer[658]". Bestärkung erhält dieses Vorurteil vor allem durch in den sozialen Netzwerken kursierende Gerüchte. Diese Zuschreibung von negativen Eigenschaften und Intentionen basiert zu einem nicht unwesentlichen Teil auf der Angst vor dem Fremden. Dabei wird „fremd" mit bedrohlich für Körper und/oder Geist gleichgesetzt. Letzteres meist aufgrund religiöser Glaubenssysteme. Ob seiner scheinbaren Unberechenbarkeit stellte das Fremde bereits in frühen mythischen Erzählungen immer auch eine mögliche Bedrohung für die Stabilität der Gesellschaft, für die Aufrechterhaltung der bestehenden sozialen Ordnung sowie für das kollektive und persönliche Eigentum dar. Erst in der Auseinandersetzung mit dem Fremden zeigte sich sein wahrer Charakter. Beispielsweise führte eine solche Auseinandersetzung der Túatha dé Danann mit dem Volk der Fomore zu der Feststellung, dass die Befürchtungen gerechtfertigt waren. In der Folge kam es zur zweiten Schlacht von Mag Tuired[659]. Die eigehende Beschäftigung mit dem Unbekannten kann jedoch ebenso darin resultieren, die Angst als unbegründet zu verwerfen und eine Kooperation oder Integration anzustreben – mit durchaus positiven Auswirkungen auf die Lebenssituation von allen Beteiligten. In den inselkeltischen Überlieferungen zeigt sich dies etwa in der Rolle des Fremden als Vermittler von Kulturtechniken.

Dem Fremden per se negative Eigenschaften und Intentionen zuzuschreiben, stellt somit ein Vorurteil dar, das in westlichen, von der Aufklärung geprägten Demokratien keine Rechtfertigung für den Ausschluss von Flüchtlingen bilden dürfte. Dennoch kursiert zum Beispiel in Deutschland die Behauptung, aufgrund der übermäßigen Zuwanderung sei es zu einem Anstieg der Kriminalität gekommen. Das dritte Lagebild des Bundeskriminalamts zur Kriminalität für das Jahr 2015 stützt diese Ansicht nicht. Gemäß seinen Kernaussagen weicht die Entwicklung der durch Zuwanderer begangenen Straftaten nach wie vor deutlich von jener der Zuwanderungszahlen ab: „Die weit überwiegende Mehrheit der Asylsuchenden begeht keine Straftaten"[660].

Interessant ist in diesem Zusammenhang, dass sich die Anzahl der Straftaten ohne ausländische Verstöße (beispielsweise unerlaubte Einreise oder unerlaubter Aufenthalt) gemessen an der Bevölkerung im Jahr 2015 (81.197.537) mit insgesamt 5.927.908 Fällen (und 114.238 tatverdächtigen Zuwanderern) im Vergleich zum Jahr 2005 (82.501.000) mit insgesamt 6.287.780 Fällen (k. A. zu tatverdächtigen Zuwanderern) um 0,3 Prozent verringert hat[661]. Im Gegensatz dazu haben sich 2015 die Straftaten gegen Asylbewerberunterkünfte mit 1027 Fällen im Vergleich zu 2014 auf das Vierfache erhöht[662].

Die Angst vor dem Fremden im Sinne einer Angst vor übermäßigen, als schädlich bewerteten Fremdeinflüssen („Überfremdung") auf die eigene Lebenswelt bietet die Grundlage für die Behauptung rechtskonservativer Populisten in Europa, zu viele (vor allem nichtchristliche) Zuwanderer könnten aufgrund ihrer Weigerung, sich anzupassen, eine Veränderung der bestehenden, nationalen (und christlichen) Kultur bewirken. Durch Familien-

---

[658] Personen mit Aufenthaltsstatus „Asylbewerber", „Duldung", „Kontingentenflüchtling/
Bürgerkriegsflüchtling" und „unerlaubt". Quelle: Polizeiliche Kriminalstatistik (PKS) 2015; Bundesministerium des Innern (BMI) der Bundesrepublik Deutschland.
[659] Vgl.: Whitley Stokes: The Second Battle of Moytura. Revue Celtique 12 (1891) 52–130, 306–308.
[660] Vgl.: Kriminalität im Kontext von Zuwanderung. Allgemeinkriminalität und Politisch motivierte Kriminalität. Kernaussagen (Stand 08.02.2016 – Betrachtungszeitraum: 01.01.2015 – 31.12.2015); Quelle: Bundesministerium für Inneres.
[661] Quelle.: PKS-2015; Bundesministerium für Inneres.
[662] Vgl.: Kriminalität im Kontext von Zuwanderung. 2015. BMI.

nachzug und Kinderreichtum würde ihre Zahl ständig ansteigen. In Folge drohten Zwangs-bekehrungen, der Verlust von Traditionen und letztendlich der eigenen Identität. Bestärkt werden die Vorurteile gegenüber Menschen mit einem anderen kulturellen Hintergrund durch einseitige oder fiktive Berichte in rechtskonservativen sozialen Netzwerken beispielsweise über geschändete Altäre in christlichen Kirchen, über den unhygienischen Zustand der Wohnbereiche von Zuwanderern und über Gewaltorgien, die sich stets gegen die ein-heimische Bevölkerung richten. In den inselkeltischen Überlieferungen deuten auf diese Form der Xenophobie am ehesten die negativen Beschreibungen der Wertvorstellungen und Kultur von besiegten oder feindlich gesinnten Völkern oder des wenig tugendhaften Verhaltens ihrer Herrscherinnen und Herrscher.

2. Die Angst vor dem Verlust des Eigentums.

In den mythischen Überlieferungen der Inselkelten gründet die Angst vor dem Verlust des persönlichen oder kollektiven Eigentums auf der ständigen Gefahr, Ziel eines Angriffs feindlicher Krieger oder auch neidvoller Nachbarn zu sein. Der Verlust des Eigentums konnte aber ebenso – unverschuldet – eine Folge von Machtbestrebungen, Habsucht oder reiner Willkür der jeweiligen Herrscherin bzw. des Herrschers darstellen. Heute sichert die Rechtsstaatlichkeit westlicher Demokratien unter anderem die Gewährung von Grund- und Menschenrechten, zu denen der Schutz des Einzelnen vor Übergriffen Dritter zählt. Dennoch führte die Angst vor dem Verlust des Eigentums in Deutschland Ende 2015 zu zahlreichen Debatten und Kommentaren in allen verfügbaren Medien.

Den Auslöser bildete der dringende Bedarf an leerstehenden Immobilien zur Unter-bringung von Flüchtlingen. Befürchtet wurde eine unfreiwillige Enteignung. Gemäß Artikel 14 (1) des deutschen Grundgesetzes werden Eigentum und Erbrecht gewährleistet. Allerdings ist laut Artikel 14 (3) eine Enteignung von Eigentum zum Wohle der Allgemeinheit, laut Artikel 15 eine Überführung von Grund und Boden, Naturschätzen und Produktionsmitteln zum Zwecke der Vergesellschaftung in Gemeineigentum oder in andere Formen der Gemeinwirtschaft gegen eine angemessene Entschädigung zulässig. Dies muss durch oder aufgrund eines Gesetzes erfolgen[663].

Vorbeugende Maßnahmen der Polizei zur Abwehr einer gegenwärtigen Gefahr regeln in Deutschland die jeweiligen Landesgesetze, beispielsweise in Berlin das Allgemeine Sicherheits- und Ordnungsgesetz (ASOG), nach dem Ordnungsbehörden und Polizei berechtigt sind, zur Abwehr einer gegenwärtigen Gefahr eine Sache sicherzustellen[664]. In Hamburg trat am 3. Oktober 2015 das neu geschaffene Gesetz zur „Sicherstellung privater Grundstücke und Gebäude und Teilen davon zur Flüchtlingsunterbringung" in Kraft. Bis März 2017 befristet ermöglicht es, wenn alle vorhandenen Erstaufnahme- oder Folge-einrichtungen belegt sind, Flüchtlinge in ungenutzten Immobilien unterzubringen. Einige Städte in anderen Bundesländern haben von solchen Maßnahmen schon Monate vorher Gebrauch gemacht[665]. Beschlagnahmungen leerstehender Immobilien stellen jedoch die Ausnahme dar. Meist bieten die Besitzer ihre ungenutzten Einrichtungen freiwillig an, denn in

---

[663] Vgl.: Grundrechte. Quelle: Bundestag.de. Ad Artikel 14 (1): Inhalt und Schranken werden durch Gesetze bestimmt.
[664] Vgl.: Noé, Isabell: Privatwohnungen für Flüchtlinge. Droht Vermietern die Enteignung? In: n-tv.de vom 10. Juni 2016; Gesetze.berlin.de.
[665] Vgl.: Hahn, Thomas: Notfalls durch Enteignung. In: sz.de vom 2. Oktober 2015.

jedem Fall muss der Staat für die Nutzung die ortsübliche Miete bezahlen und nach der Rückgabe die Kosten für alle anfallenden Reparaturen übernehmen.

Weitere Beispiele für in den inselkeltischen Überlieferungen geschilderte Vorurteile und Ängste, die in der einen oder anderen Form im Rahmen der Diskussion um die Aufnahme von Flüchtlingen anzutreffen sind, stellen wirtschaftliche Einbußen durch Konkurrenz, der Verlust der Autonomie sowie vor allem die Bedrohung der sozialen Ordnung dar.

Als Beispiele für eine typologische Unterscheidung von Vorurteilen führt der Jurist und Politikwissenschaftler Anton Pelinka Vorurteile an, die Gewalt und Ausschließung hervorbringen, und Vorurteile, die auf Kontrolle und Ausbeutung abzielen[666]. Letztere dürften der Grund gewesen sein, warum die der Druidenkunst mächtigen Túatha dé Danann keine Zweifel an ihrem Herrschaftsanspruch über das Volk der Fir Bolg hatten. Erstere führten zu gewaltsamen Vertreibungen, Ermordungen oder kriegerischen Auseinandersetzungen, die eine Unterwerfung und Knechtschaft des besiegten Volkes zur Folge hatte[667]. A. Pelinka geht davon aus, dass Vorurteile – positive wie negative – als allgemeines Phänomen stets Teil der Gesellschaft sein werden, auch wenn die Möglichkeit bestünde, sie zu beeinflussen oder sogar umzukehren. Um Vorurteile mit dem Konzept der Menschenrechte zu versöhnen, sie umzuwandeln und abzubauen, sei Erziehung das vielversprechendste Instrument. In westlichen Gesellschaften würden Vorurteile vielfach zwar kaum noch offen ausgesprochen, doch warnt A. Pelinka vor ihrer zunehmenden Komplexität, vor den zahlreichen Grautönen, die an die Stelle von Schwarz und Weiß getreten seien[668].

Für einen Abbau von Vorurteilen empfiehlt die Soziologin Gisela Bleibtreu-Ehrenberg unter anderem eine qualifizierte, sachliche Aufklärung, die Vermittlung übereinstimmender Ziele zwischen in-group und out-group (die Anderen) sowie die Etablierung einer positiven Darstellung und Selbsteinschätzung der out-group[669].

Vorurteilsfrei zu leben, scheint nicht möglich zu sein. Doch dürfte ein erster, entscheidender Schritt auf dem Weg zu einer offenen und toleranten Weltsicht darin bestehen, sich die eigenen Vorurteile bewusst zu machen und Korrekturen zuzulassen, indem negative Assoziationen durch positive ersetzt werden.

c. Lösungsansätze und Maßnahmen

Für den Umgang mit Einwanderern und Flüchtlingen finden sich in den inselkeltischen Überlieferungen unterschiedliche Lösungsansätze. Davon ausgehend, dass mythische Erzählungen in den meisten Fällen eine symbolische Reflexion sozialer Tatsachen darstellen, ist es sinnvoll, anzunehmen, dass die anschauliche und nachvollziehbare Schilderung der mit der Ankunft einzelner Gruppen oder ganzer Stammesgesellschaften verbundenen Hintergründe, Probleme, Maßnahmen und Konsequenzen der Rechtfertigung bestimmter Handlungsanweisungen und Verhaltensvorgaben ebenso diente, wie ihrer Durchsetzung und Verinnerlichung. Dabei kommen dem Mythos seine narrative Erzählstruktur und bildhaften Darstellungen zugute, die nicht nur eine Bezugnahme auf die emotionalen Befindlichkeiten

---

[666] Pelinka, Anton (Hg.): Vorurteile. Ursprünge, Formen, Bedeutung. Berlin 2012, XII-XIV.
[667] Quelle: Macalister, Stewart R.A.: Lebor Gabála Érenn. Part I-V. Dublin 1938-1941, 1956.
[668] Pelinka, Anton (Hg.): Vorurteile. 2012, XVIII.
[669] Vgl.: Bleibtreu-Ehrenberg, Gisela: Angst und Vorurteil - AIDS-Ängste als Gegenstand der Vorurteilsforschung, Hamburg 1989.

der Rezipienten ermöglichen, sondern diese bis zu einem gewissen Grad sogar verstärken oder abschwächen können.

Die Lösungsansätze im Umgang mit Schutz oder Siedlungsland suchenden Gemeinschaften unterscheiden sich von Überlieferung zu Überlieferung. Mögliche Ursachen gibt es viele, etwa Veränderungen in der Sozialstruktur oder den Machtverhältnissen, Einflüsse durch andere Stammesgesellschaften, aber auch Neuinterpretationen der mythischen Texte durch Mythenerzähler oder die interpretativen Übersetzungen der christlichen Kompilatoren. Die Vielfalt der Lösungsansätze könnte jedoch ebenso auf eine sich durch unterschiedliche Sichtweisen auf ein und dasselbe Thema ergebende Pluralisierung von mythischen Erzählungen deuten.

Es ist schwierig, in den inselkeltischen Überlieferungen Gründe für ein nachsichtiges Verhalten im Umgang mit fremden Einzelpersonen oder Gemeinschaften herauszulesen. Vorboten für allgemeingültige Menschenrechte und Menschenpflichten oder Gerechtigkeitsprinzipien zeigen sich nicht. Unerwünschte oder als potentiell gefährlich eingestufte Personen und Personengruppen wurden meist vertrieben oder getötet. Formell um Asyl ansuchende Flüchtlinge erhielten hingegen oft die Möglichkeit, sich niederzulassen – sofern und solange sie für die ansässigen Gemeinschaften einen Gewinn darstellten, etwa aufgrund ihrer Kampfkünste zur Verstärkung der Streitkräfte. Allerdings musste das Aufeinandertreffen von Siedlungsraum suchenden Invasoren und einheimischer Bevölkerung nicht unbedingt gewaltsam enden. So finden sich neben der Beschreibung von Schlachten und Landverweisungen, Unterdrückung und Versklavung, Mordversuchen und Ermordungen auch friedliche Lösungsansätze:

1. Zuteilung eines Siedlungsraumes mit anschließender Kooperation;
2. Soziale Integration mit Entstehung einer neuen, synkretistischen Kultur;
3. Assimilation durch Übernahme von Lebensgewohnheiten und Daseinsdeutung;
4. Vorübergehende Gewährung von Asyl;
5. Freiwillige Rückkehr in das Heimatland zur aktiven Beseitigung der Missstände oder nachdem die Gefahr gebannt scheint.

Gerade die ersten beiden Ansätze konnten über wechselseitige Beeinflussungen sowie aufgrund der Zusammenführung von Kenntnissen und Fertigkeiten zu einer kulturellen Bereicherung führen. Gastfreundschaft und die Gewährung von Asyl, Verhandlungen und die Suche nach kampflosen Problemlösungen deuten darauf hin, dass positive wie negative Vorurteile gegenüber unbekannten Gruppen erst nach Beobachtung und vereinzelten oder mehrfachen Begegnungen im Rahmen einer (offensichtlichen oder vermeintlichen) Bestätigung Wirkung zeigten. Einwanderer und vor allem Flüchtlinge schienen nicht von vornherein negativ bewertet worden zu sein. Zudem diente das Ausschöpfen von Möglichkeiten zur Kriegsvermeidung trotz kriegstechnischer Überlegenheit wohl auch dazu, das eigene Volk zu schützen, waren bei kriegerischen Auseinandersetzungen doch immer Verluste auf beiden Seiten zu beklagen.

Von Interesse sind im Rahmen der Untersuchung inselkeltischer Überlieferungen vor allem jene Lösungsvorschläge, die eine friedliche Aufnahme „fremder" Personengruppen oder Gesellschaften anstreben. Dabei zeigt sich, dass eine gelingende, die Stabilität der inneren Ordnung nicht gefährdende Aufnahme – sei sie nun befristet oder dauerhaft – von verschiedenen Faktoren abhängt. Zu beachten sind, grob vereinfacht, drei Dimensionen:

1. die räumliche,
2. die wirtschaftliche,
3. die kulturelle.

Die erste Dimension betrifft den zur Verfügung stehenden Siedlungsraum; die zweite die vorhandenen Ressourcen und den ökonomischen Nutzen, wenn beispielsweise ein Bedarf an Arbeitskräften besteht; die dritte die soziale Ordnung, darunter fallen etwa Wertvorstellungen und Daseinsdeutungen. Alle drei Dimensionen weisen darauf hin, dass die Aufnahmefähigkeit jeder Gesellschaft, auf die heutigen Verhältnisse übertragen jeder Staatengemeinschaft begrenzt ist. Doch wo sind diese Grenzen anzusetzen? Im Sinne des kritischen Rationalismus nach K. R. Popper[670] gilt es, das rechte Maß zu finden, um unter Einbeziehung aller drei Dimensionen einen Konsens zwischen Befürwortern und Gegnern von Einwanderungsbeschränkungen zu erwirken, sowie Ängste zu überwinden und Vorurteile abzubauen. Erst in der Auseinandersetzung mit allen Positionen, erst im wiederkehrenden Diskurs möglicher Lösungswege können brauchbare Konzepte entwickelt werden, die für die gesamte Gesellschaft tragbar sind.

Voraussetzung ist und bleibt die Unantastbarkeit der Grundwerte offener, demokratischer Gesellschaftssysteme[671], deren wichtigstes Charakteristikum die institutionelle Absicherung des größtmöglichen Freiheitsgrades des Einzelnen in Verbindung mit religiöser Neutralität darstellt. Dabei kommt auch der Anerkennung von Menschenwürde und Toleranzprinzip zur Sicherstellung der Glaubens-, Meinungs- und Gewissensfreiheit große Bedeutung zu. Im Zentrum sollte daher die Stärkung internationaler demokratischer Institutionen, des internationalen Völkerrechts, der internationalen Gerichtshöfe stehen. Feindbilder müssen abgebaut und soziale Gerechtigkeit in den Mittelpunkt gestellt werden.

Neben der Aufnahme von Flüchtlingen ist es sinnvoll, nach Wegen zu suchen, die Lebensbedingungen in den Herkunftsländern zu verbessern. Lösungswege böte unter anderem eine Unterstützung:

* im Agrarbereich, etwa durch den Bau von Brunnen oder Wasseraufbereitungsanlagen, das Bereitstellen von Vieh sowie zur vegetativen und generischen Vermehrung geeignetem Saatgut, …;

* im Bildungsbereich durch die Ausbildung von einheimischem Lehrpersonal und Fachkräften, die Errichtung von Schulen und Ausbildungsstätten, …;

* im industriellen Bereich durch die Übermittlung von Know-How zur Verarbeitung vorhandener Ressourcen, die Versorgung mit Maschinen, …;

* und nicht zuletzt die Durchsetzung verbindlicher internationaler Richtlinien für einen fairen Handel sowie die Unterstützung von seriösen „nachhaltigen" Projekten in Ländern, die der Armut aufgrund natur- oder menschenverursachter Katastrophen, zu denen auch der Krieg zu rechnen ist, kaum entrinnen können.

Für das bestehende globale „Migrations-" Problem rationale, den Prinzipien aufgeklärter humanistisch-liberal orientierter Demokratien entsprechende Lösungswege zu finden, gestaltet sich schwer in einer Zeit, in der das höchste Ziel einer „freien" Marktwirtschaft – die

---

[670] Vgl.: Popper, Karl R.: Alles Leben ist Problemlösen: Über Erkenntnis, Geschichte und Politik. Ungekürzte Ausgabe von 1996; 14. Auflage, München 2010.
[671] Im Sinne von K. R. Popper, Vgl.: Kiesewetter, Hubert (Hg.): Gesammelte Werke Band 5: Karl Popper. Die offene Gesellschaft und ihre Feinde. Band I. Der Zauber Platons; Band 6: Karl Popper: Die offene Gesellschaft und ihre Feinde. Band II. Falsche Propheten: Hegel, Marx und die Folgen. 8. Auflage, Tübingen 2003.

Gewinnmaximierung – nur allzu oft zu einer Ausbeutung von Arbeitskraft und Umwelt führt; in der Waffenhandel zu den lukrativsten Geschäften gehört; in der sich Führerschaft auf Militärmacht begründet; in der einzelne Unternehmen, Gesellschaften oder Staaten sich zunehmend abgrenzen und ihre wirtschaftlichen Interessen verstärkt über das Wohl der „Anderen" stellen.

Doch ist der These von K. R. Popper beizupflichten, dass „die Welt der westlichen Demokratien, zwar nicht die beste aller denkbaren oder logisch möglichen politischen Welten ist, aber doch die beste aller politischen Welten, von deren historischer Existenz wir Kenntnis haben"[672]. Inwieweit sie angesichts von Überbevölkerung, zunehmender Ressourcenknappheit und Umweltzerstörung alle Erdenbürger einschließen könnte, wird kontrovers diskutiert.

Von Bedeutung ist es, die Suche nach vernünftigen Lösungsansätzen immer wieder auf das Neue zu beginnen und sich nicht zu scheuen, neue Wege zu versuchen, solange sie mit einem Kritischen Rationalismus vereinbar sind. Die Betrachtung und Analyse historischer Quellen, zu denen auch mythische Überlieferungen zählen, ermöglicht keine Vorhersage künftiger Ereignisse. Sie kann aber über kritische Interpretationen neue Blickwinkel erschließen und dazu beitragen, vernünftige Lösungsansätze für gegenwärtige Probleme zu finden.

---

[672] Vgl.: Popper, Karl Raimund: Alles Leben ist Problemlösen. München/Berlin 2015, 169.

3. Heroisierungen einst und jetzt

„Andersartig" und somit in gewisser Weise fremd zu sein, stellt nicht nur ein Merkmal von Einwanderern und Flüchtlingen aus einer anderen Kultur dar. Einst wurde es vor allem den großen Heldengestalten mythischer Erzählungen zugeschrieben, beispielsweise den Helden im Ulster-Zyklus oder ausgewählten Gruppen wie der Fíanna im Sagenkreis um Finn. Es handelt sich hierbei jedoch um eine Auszeichnung; um Kriegerinnen und Krieger, Königinnen und Könige, die besondere Eigenschaften, herausragende Fähigkeiten und ein außergewöhnliches Aussehen aus der Menge hervorhoben. Von den meisten Menschen, selbst den Angehörigen des eigenen Volkes, gefürchtet, erhielten sie dennoch die höchste Wertschätzung und Ehrerbietung – solange sie den Schutz des Landes und die Sicherheit seiner Bewohner gewährleisteten. Allerdings umfassen die Funktionen von solchen und anderen Heldinnen und Helden weitaus mehr als nur die Sicherstellung von Autonomie und sozialer Ordnung.

Die Konstruktion heroischer Gestalten zählt vermutlich zu den beständigsten Relikten mythischer Weltanschauung. Ob als Kriegs- und Nationalhelden, Friedensaktivisten, Umweltschützer, Lebensretter oder Whistleblower – Heroisierungen scheinen auch in den fortschrittlichsten Gesellschaften ihren festen Platz zu haben, wenngleich die Erscheinungsformen und Funktionen des Heroischen im Laufe der Jahrtausende zahlreichen Transformationen unterworfen waren und sich in westlich geprägten Gesellschaften weitgehend von einem Bezug zum Religiösen befreit haben.

Die Vielzahl wissenschaftlicher Fachliteratur sowie die zahlreichen Veröffentlichungen wissenschaftlicher Studien und Untersuchungsergebnisse zur Heldenthematik beispielsweise in Ausstellungskatalogen oder Vortragssammlungen, aber auch das immer wieder aufs Neue erwachende öffentliche Interesse an charismatischen Heldengestalten etwa in Wirtschaft, Politik oder Sport machen deutlich, welch große Bedeutung diesem Bereich nach wie vor zukommt. 2012 wurde von der Albert-Ludwigs-Universität Freiburg der Sonderforschungsbereich „Helden-Heroisierungen-Heroismen. Transformationen und Konjunkturen von der Antike bis zur Moderne" (SFB 948) eingerichtet[673]. Ziel des auf einen Zeitraum von zwölf Jahren angelegten Projektes ist die fächerübergreifende Erforschung des Heroischen. In einer kulturübergreifenden komparativ-diachronen und -synchronen Langzeitperspektive werden von Vertreterinnen und Vertretern aus den Bild-, Geschichts-, Literatur- und Musikwissenschaften sowie der Soziologie dessen Transformationen und Konjunkturen, Erscheinungsformen und Funktionen analysiert. Im Zentrum steht vor allem das Sichtbarmachen von Heroisierungen und Heroismen, durch die soziale Ordnungen stabilisiert, aber ebenso in Frage gestellt werden.

Einen Einblick in die Forschungsarbeit des SFB 948 bietet der Ende Juli 2015 erschienene kritische Bericht[674] über „das Heroische in der neueren kulturhistorischen Forschung". Als ein

---

[673] sfb948.uni-freiburg.de.

[674] Von den Hoff, Ralf / Asch, R.G. / Aurnhammer, A. / Bahr, C. / Bröckling, U. / Butter, M. / Friedrich, A. / Gelz, A. / Korte, B. / Leonhard, J. / Lethbridge, S. / Mommertz, M. / Neutatz, D. / Schlechtriemen, T. / Schreier, G. / Seedorf, T.: Das Heroische in der neueren kulturhistorischen Forschung: Ein kritischer Bericht. In: H-Soz-Kult vom 28.07.2015, <hsozkult.geschichte.hu-berlin.de/forum/2015-07-001>. Der Bericht umfasst eine kritische Bestandsaufnahme der Forschungsergebnisse, beschränkt auf die europäische Perspektive und deutsche Forschung, und schließt mit einer ausführlichen Literaturliste ausgewählter Publikationen der vergangenen zehn Jahre.

Phänomen der Selbst- und Fremdzuschreibung stellt das Heroische darin ein kulturelles Gebilde dar. Heroisierung bezeichnet einen mit Affekten versehenen und als Richtschnur dienenden, kommunikativen Vorgang, in dessen Verlauf unterschiedliche Akteure einer Figur heroische Qualitäten zuschreiben und diese zum „gestalthaften Fokus[675]" der Gemeinschaft wird.

Einen immer wieder neu stattfindenden soziokulturellen Grenzziehungsprozess zwischen dem profanen (Alltag) und dem sakralen (Außerordentlichen) Bereich, in dem der Held an der Grenze zur gesellschaftlichen Normalität als Schwellenfigur fungiert, stellt die Heroisierung für den Soziologen Bernhard Giesen dar[676]. „Ohne Grenzüberschreitung keine Grenze, ohne Ausnahme keine Regel, ohne Exklusion keine Gemeinschaft." So würden auch soziale Regeln und Gesetze erst eingeführt, nachdem ihre Verletzung stattgefunden hatte oder die Möglichkeit dazu erkannt worden war. Entsprechend ist B. Giesen überzeugt, dass „Ambivalenzen, Paradoxien, Störungen, Zwischenlagen und Ausnahmen" unverzichtbare Bestandteile der sozialen Ordnung sind[677].

Heroismus wiederum bezieht sich auf die Orientierung an Heldengestalten durch Imitieren und Verinnerlichen heroischer Handlungs- und Verhaltensweisen zur individuellen und gemeinschaftlichen Selbstvergewisserung[678].

Der Germanist Jan Philipp Reemtsma sieht im Heroismus eine Selbsttäuschung, die dazu diene, einen Narzissmus auszuleben, der durch soziale Anpassung klein gehalten werde. Durch die Identifikation mit fiktiven oder realen Heldengestalten entstehe eine Teilhabe an einer dem eigenen Leben fehlenden Großartigkeit. Ohne diesen Narzissmus gebe es keine Heldenverehrung, sondern nur die Anerkennung der Resultate, weil sie es sind, die dem Allgemeinen nützen. Nach J. P. Reemtsma gründe die Bewunderung für den Helden nicht auf seinen Handlungen, die sozialen Tugenden entsprechen, sondern darauf, dass er seinen „a-sozialen" Narzissmus über das normale Maß hinaus auslebe[679].

Grundlegend galt in Europa bis ins 20. Jahrhundert: Es bedarf der – eventuell auch nur zugeschriebenen – Bereitschaft sich selbst, oder zumindest die eigene Sicherheit für das Wohl eines Einzelnen, meist jedoch einer Gruppe oder der ganzen Gesellschaft zu opfern, um die Bezeichnung „Held" oder „Heldin" zu verdienen. Zudem zeichnen sich heroische Gestalten durch Übermenschlichkeit und die „Lizenz zum Töten" aus.

Für den Sozialphilosophen Christian Schneider wird die Übertretung des Tötungsverbotes von einem Helden geradezu gefordert. Doch könne das Überschreiten menschlicher Maßstäbe, die Über-Menschlichkeit, den Helden auch in die „Ambivalenzfalle der Selbst-Transzendenz" und somit zur Überschreitung der Menschlichkeit in Form von Un-Menschlichkeit führen[680]. Wohl gerade wegen dieser oft mit Brutalität verbundenen Abweichungen

[675] Plessner, Helmuth: Macht und menschliche Natur. Frankfurt a. M. 1981, 48.

[676] Vgl.: Von den Hoff, Ralf u.a.: Das Heroische in der neueren kulturhistorischen Forschung. 2015, 11.

[677] Vgl.: Giesen, Bernhard: Zwischenlagen: Das Außerordentliche als Grund der sozialen Wirklichkeit. Weilerswist 2010.

[678] Zu den Begriffsbestimmungen von Heroisierung und Heroismus: Vgl.: Von den Hoff, Ralf u.a.: Das Heroische in der neueren kulturhistorischen Forschung. 2015, 4.

[679] Vgl.: Reemtsma, Jan Philipp: Der Held, das Ich und das Wir. In: Hamburger Institut für Sozialforschung (Hg.): Mittelweg 36, Heft 4/2009, 41-64. Hier 57.

[680] Vgl.: Schneider, Christian: Wozu Helden. In: LWL-Industriemuseum (Hg.): Die Helden-Maschine. Zur Aktualität und Tradition von Heldenbildern. Essen 2010, 19-27, hier 23.

von der sozialen Norm werden moralphilosophische Wiederbelebungs-versuche heroischer Narrative in den Kulturwissenschaften kontrovers diskutiert[681].

Ob es sich nun um mythische, historische oder fiktive Helden handelt – ihre Wiederbelebung erfordert eine Anpassung ihrer Heldentaten und Lebensgeschichte an die Erkenntnislage und die sozialen Wertvorstellungen der rezipierenden Gesellschaft. Dies zeigt, welch große Bedeutung der Kontextgebundenheit von Zuschreibungen[682] zukommt. Helden werden von einer Gesellschaft durch einen Akt der Zuschreibung konstruiert. Was der einen Gesellschaft als Heldentat erscheinen mag, könnte in einer anderen als Verbrechen angesehen werden[683]. So sind etwa rücksichtsloses Blutvergießen, Vergewaltigungen oder Plünderungen im Weltbild humanistisch geprägter offener Demokratien mit einer Vorstellung von heroischem Verhalten nicht zu vereinen. Ihre Rechtfertigung erhalten Heroisierungen mit Bezug auf das bestehende Wertesystem. Insofern ist es nachvollziehbar, dass der Kampf gegen Ungerechtigkeit, die Rettung Notleidender oder Hilfeleistung bei einem Unglück in westlich geprägten Demokratien nach wie vor als „heldenhafte" Handlungen gelten.

Für die Anerkennung des Heldenstatus muss eine Verehrergemeinschaft vorhanden sein, die nur haben kann, über wessen Heldentat oder -taten öffentlich berichtet wird. Einst geschah dies über mythische Erzählungen. So findet sich auch in den inselkeltischen Überlieferungen eine Vielzahl von heroischen Figuren. Ihre unterschiedlichen Konzeptionen weisen auf abweichende soziale, kulturelle und politische Prägungen hin, entstanden beispielsweise in Krisenzeiten als Reaktion auf Bedrohungen der inneren Ordnung einer Gesellschaft oder im Falle einer Verschiebung von Machtverhältnissen zur Durchsetzung neuer, mit den herkömmlichen divergierenden Wertvorstellungen. Dies schließt nicht aus, dass Heldensagen vergangene, reale Ereignisse wiedergeben, allerdings vereinfacht, komprimiert sowie als beispielhafte, auf eine mythische Ebene gehobene Taten charismatischer Personen[684].

Die große Verbreitung und die Jahrhunderte andauernden Rezitationen einiger Helden-Zyklen lassen darauf schließen, dass ihre Botschaften langfristig Orientierung bieten konnten und dadurch wohl wesentlich zur Stabilität von Gesellschaften beitrugen. Heutzutage verlaufen Heroisierung und Deheroisierung in viel kürzeren Abständen. Außerdem ist Heldentum nicht mehr notwendigerweise mit der Bereitschaft verbunden, sich selbst oder zumindest die eigene Sicherheit aufs Spiel zu setzen – wenngleich im Fall von Heldinnen und Helden der Populärkultur auch Schönheitswahn und Leistungsdruck ihren mitunter tödlichen Tribut fordern können.

Der Archäologe Ralf von den Hoff vermutet, dass diese auffällige Schnelllebigkeit dem Bedürfnis entspringt, auf eine aktuelle Frage kurzfristig eine Antwort zu erhalten[685]. Eine nachhaltige Vorbildfunktion dürfte damit jedoch kaum verbunden sein, denn Helden bzw. Heldinnen, die als Antwort auf eine momentane Situation ad hoc konstruiert werden, verlieren

---

[681] Vgl.: Bröckling, Ulrich / Schlechtriemen, Tobias: 3.1. Moralische Reaktivierungen und (post)heroische Umkodierungen. In: Von den Hoff, Ralf u.a.: Das Heroische in der neueren kulturhistorischen Forschung. 2015, 14-16.
[682] Vgl.: Von den Hoff, Ralf u.a.: Das Heroische in der neueren kulturhistorischen Forschung. 2015, 11f; Giesen, Bernhard: Triumph and Trauma. Boulder-London 2004.
[683] Vgl.: Schneider, Christian: Wozu Helden. In: LWL-Industriemuseum (Hg.): Die Helden-Maschine. 2010, 19-27.
[684] Im Sinne von Helmut Birkhan, der in der Heldensage eine „mythisierte Reduktion der Historie auf die exemplarische Handlung großer Personen" sieht. Vgl.: Birkhan, Helmut: Kelten. 3. Auflage, Wien 1999, 950.
[685] Vgl.: Daniel Höly im Interview mit Ralf von den Hoff: Über Helden, Hausfrauen und die Rolle der Medien. 14. September 2014 unter: juiced.de/21615/ueber-helden-hausfrauen-und-die-rolle-der-medien.

ihre Anhängerschaft oft in demselben Augenblick, in dem ein neues, die Gemüter erregendes Ereignis eintritt.

Die mit solchen ad hoc Heroisierungen verbundene Pluralisierung heroischer Figuren in Form von Idolen oder Stars steht einer Etablierung von einzelnen Heldengestalten als dauerhafte Vor- und Leitbilder entgegen. Vielmehr scheint sie ein Produkt des gewandelten Bedürfnisses nach situationsbedingter Orientierung und Sicherheit zu sein. Heldentum hat heute mehr Gesichter denn je.

Heldenvorstellungen in humanistisch geprägten, offenen Demokratien

Im Europa des 19. und bis Mitte des 20. Jahrhundert, insbesondere im national-sozialistischen Deutschland sowie während der beiden Weltkriege, brachte die mit der Verherrlichung des Krieges verbundene Instrumentalisierung des Heldenbegriffes unzähligen Soldaten den „Heldentod". Ob mit Überzeugung oder ohne, freiwillig oder aus Zwang – vielen, die für Volk und Vaterland in den Krieg zogen und dabei ihr Leben ließen, wurde posthum der Heldenstatus verliehen; und je mehr „Feinde" sie zuvor getötet hatten, desto größer die Ehre. Doch diente die Heroisierung weniger der Ehrung des Gefallenen, sondern schlicht der Propaganda – zur Stärkung von Kampfbereitschaft und Standhaftigkeit der Soldaten auf dem Feld, aber auch zur Rekrutierung, zunehmend immer jünger werdender, Streitkräfte. Zu den glorifizierten Eigenschaften solcher Helden gehörten neben Opfermut und Kampfgeist insbesondere blinder Gehorsam und Loyalität.

Auf den zweiten Weltkrieg folgten Ernüchterung und Scham. Christian Schneider weist darauf hin, dass es aus dieser Traditionslinie so gut wie keine „unschuldigen Helden" mehr gäbe. Jeder sei der Teilhabe an grauenhaften Verbrechen verdächtig[686]. So kam es zu einer Tabuisierung des Heldenbegriffes. Erst durch seine Umkodierung in der zweiten Hälfte des 20. Jahrhunderts konnte eine erneute Konjunktur Anfang des 21. Jahrhunderts folgen – allerdings mit veränderten Zuschreibungen. Wenngleich hinzuzufügen ist, dass dies nicht auf Produktionen in den Genres von beispielsweise Spielfilm, Hörspiel, Belletristik oder Computerspiel zutrifft, in denen die Darstellung des Helden oder der Heldin nach wie vor gewalt- oder kriegsverherrlichende Züge beinhalten kann.

Ob sich daraus eine mögliche Gefährdung der inneren Ordnung und Sicherheit einer Gesellschaft ableiten lässt, ist umstritten. Bei Jugendlichen etwa, deren Selbstfindungs-prozesse noch nicht abgeschlossen sind, kann die Identifikation mit einer realen oder fiktiven Heldengestalt zu einem tragenden Element bei der Identitätsbildung werden[687]. Inwieweit dies im Zeitalter immer wirklichkeitsnäherer exzessiver Gewaltdarstellungen in Literatur und Film, sowie in so genannten „Ego-Shooter"-Computerspielen[688] auch eine Verinnerlichung sozial unverträglicher Vorstellungen von heldenhaftem Verhalten zur Folge hat, wird kontrovers diskutiert. Es ist zumindest nicht auszuschließen, dass zwischen der Gewalt- und Tötungsbereitschaft von Amok laufenden jungen Menschen und dem Konsum von gewalt-verherrlichenden Darstellungen ein Zusammenhang existiert.

Für den Politikwissenschaftler Herfried Münkler leben offene, demokratische Gesell-schaften seit 1945 in einem postheroischen Zeitalter. Dabei bezieht er sich im Großen und Ganzen auf die Verehrung von Kriegshelden. Unter einer „postheroischen Gesellschaft" versteht H. Münkler weder eine pazifistische Gesellschaft, da sie den praktischen Nutzen von Gewalt sehr wohl hoch schätzen könnte, noch handle es um eine unheroische Gesellschaft bar jeglicher Erinnerung an einstigen Heroismus. Doch habe sie sich bewusst von Heldentum und

---

[686] Vgl.: Schneider, Christian: Wozu Helden. In: Die Helden-Maschine. Essen 2010, 19-27, hier 25.
[687] Ausführliches über das Bedürfnis nach und den Umgang mit Heldenbildern bei Kindern und Jugendlichen bei Ingrid Paus-Hasebring: Die neuen Helden der Kinder und Jugendlichen – ein Blick in die Rezeptionsforschung. In: Die Helden-Maschine. Essen 2010, 60-68.
[688] Im englischen Raum „first-person shooter"- ein Computerspiel, in dem der Spieler die Perspektive seines mit Schusswaffen bewehrten Avatars (virtuellen Stellvertreters) einnimmt und diverse menschliche oder zumindest menschenähnliche Gegner tötet.

nationaler Opferbereitschaft abgewendet. Die Vorstellung vom Kriegshelden, der ein Opfer für etwas bringt, wandelte sich in jene vom toten Soldaten, der ein Opfer von etwas wurde. Dem Opfern des eigenen Lebens fehle inzwischen die religiöse oder ideologische Rechtfertigung. Auch stelle die Anwendung von Gewalt keine ehrenhafte Handlung mehr dar. Diese Abkehr von heroischen Mentalitäten werde als ein Prozess des Lernens und des Fortschritts gedeutet[689]. Weiterhin würden hingegen alltagskulturelle Heldennarrative wie der Popheroismus bestehen[690].

Tatsächlich wird der Begriff „Held" oder „Heldin" zunehmend inflationär verwendet. Nicht nur im Sport, mit dessen Helden sich Andrea Schmitz 2010 im Rahmen ihrer Masterarbeit beschäftigte[691]. Dies muss nicht unbedingt eine negative Entwicklung sein, denn zumindest humanistisch geprägte, egalitär-demokratische Gesellschaften benötigen im Grunde keine Verehrung herausragender Heldengestalten zum Zwecke der langfristigen Orientierung. So scheint die Feststellung von Ralf von den Hoff, in der heutigen Zeit würden nicht wie in der Antike heroische Gestalten, sondern abstrakte Prinzipien langfristig Orientierung bieten, auf den ersten Blick richtig zu sein[692].

Bei näherer Betrachtung zeigt sich jedoch, dass diese Prinzipien als Grundlage für zahlreiche Regeln und Richtlinien dienen, die nach wie vor vielfach über Heldenfiguren vermittelt werden. Allerdings sind im Zeitalter der digitalen Medien den Prozessen der Heroisierung und Deheroisierung keine Grenzen gesetzt – weder zeitlich noch quantitativ (von der Qualität ganz zu schweigen). Von Bedeutung ist nur die Botschaft, ihre Träger sind austauschbar. Hinzu kommt die weltweit steigende Nutzung von Internet und elektronischen Medien. Durch die mit der Medienvielfalt einhergehende Informationsflut wird die Aufmerksamkeit vieler der Anwender in immer kürzeren Abständen von einer akuten Begebenheit zur nächsten gelenkt. Jede gebiert dabei ihre eigene weibliche oder männliche Heldenfigur, sei es auf politischer Ebene die Friedensaktivistin oder der Whistleblower, auf ökonomischer Ebene der Self-made-Millionär oder die charismatische Managerin, auf kommerzieller Ebene der Fußballer, der im entscheidenden Moment das Tor schießt, oder die Pop-Diva, die sich durch immer auffälligeres Styling von der Masse abzuheben sucht.

Im Allgemeinen bedarf es einer außergewöhnlichen Leistung, um sich wenigstens kurzfristig als „Held/Heldin" feiern zu lassen, sei es im Alltag oder in der Freizeit, durch persönliches Engagement oder innovative Lösungen. In vielen Fällen liegt dieser jedoch, wie den heroischen Taten antiker Helden, ein Opfer, oder die Bereitschaft dazu, zugrunde. Um wenigstens einmal im Leben das Interesse der Öffentlichkeit auf sich zu ziehen, finden sich von der Überwindung persönlicher Hemmschwellen über den Verzicht auf Privatsphäre bis hin zu steter Selbstdisziplinierung mit Gefährdung der Gesundheit zahlreiche Formen von „Opfergaben". In liberalen, egalitären und wohlhabenden Gesellschaften dienen diese jedoch

---

[689] Vgl.: Münkler, Herfried: Heroische und postheroische Gesellschaften. In: Bohrer, Karl Heinz / Scheel, Kurt (Hg.): Kein Wille zur Macht. Dekadenz. Sonderheft Merkur Deutsche Zeitschrift für europäisches Denken. Heft 700, August 2007, 61. Jahrgang, 742-752; ders.: Der asymmetrische Krieg. Das Dilemma der postheroischen Gesellschaft. Quelle: spiegel.de/spiegel/print/d-61629800.html vom 18.10.2008 (ges. 06.07.2016); ders.: Der Wandel des Krieges. Von der Symmetrie zur Asymmetrie. Weilerswist 2006, 313-319.

[690] Vgl.: Von den Hoff, Ralf u.a.: Das Heroische in der neueren kulturhistorischen Forschung. 2015, 19.

[691] Schmitz, Andrea: Helden des Sports: Analysemodell und praktische Anwendung. Quelle: mythos-magazin.de (ges. 14.07.2016). Andrea Schmitz untersucht, nach welchen Kriterien die Zuschreibung des Heldenstatus im Sport stattfindet und welchen Prozess ein Sportler durchlaufen muss, um zu einem Helden zu werden.

[692] Marion Klötzer im Interview mit Ralf von den Hoff: „Helden-Heroisierungen-Heroismen". UNIversalis-Zeitung. Für Universität und Hochschulen in Freiburg, Sommersemester 2013, 16. Ausgabe / 9. Jahrgang, 1f.

(zumindest) anfangs nicht dem Wohl der Allgemeinheit, sondern der Selbstverwirklichung; der obersten Stufe der als dynamisches Modell zu verstehenden Bedürfnispyramide[693] des Psychologen Abraham Maslow[694].

Nicht kriegerische Tugenden und Pflichterfüllung kennzeichnen das heutige Heldenbild, betont der Psychologe Philip Zimbardo[695], sondern Gehorsamsverweigerung, aktiver und passiver Widerstand sowie Unangepasstheit. Heldentum wende sich gegen negative soziale Kräfte. Erfolgen müsse es stets: 1. freiwillig; 2. angesichts einer drohenden Gefahr oder eines möglichen Opfers; 3. zum Wohle eines oder mehrerer Menschen oder der gesamten Gesellschaft; sowie 4. ohne Aussicht auf einen sekundären Gewinn. Zudem erfordere es Risikobereitschaft, entschlossenes Handeln und die Option, die heroische Tat im betreffenden Moment auch ausschließen zu können[696]. Eine ebenfalls positive Vorbildfunktion spricht die Philosophin Susan Neiman[697] Heldenfiguren zu. Ihre Geschichten bildeten die Basis für moralische Urteilskraft[698].

Andererseits sind die traditionellen, durch mythische Vorstellungen oft martialisch geprägten Heroen und Heroinen nicht vollkommen von der Bildfläche verschwunden. In westlichen Gesellschaften finden sie sich als fiktive Gestalten etwa in Spielfilmen und Computerspielen. James Bond, Indiana Jones, Lara Croft, aber auch Superhelden und transhumane Wesen genießen in ihren Fangemeinden beinahe kultische Verehrung. Auch das Bild vom strahlenden Helden hat bis in die heutige Zeit nichts von seinem Glanz verloren. Ob Spielfilm, Werbung oder Politik, die Sehnsucht nach einem charismatischen Helden, der die Last der Verantwortung mit einem gewinnenden Lächeln auf seine Schultern und mühelos die trickreichsten Hürden nimmt, lässt nicht nur Frauenherzen schneller schlagen.

Selbst der tragische Held lebt weiter, entweder als tugendhafter Mensch, den die Umstände zu einer Entscheidung zwingen, die ihn, gleich welche Wahl er trifft, zwar zum situationsbedingten Retter machen, aber gleichzeitig zur Aufgabe mindestens eines seiner Prinzipien und, nach dem Verlust seiner Ehre, oft auch zum Tod führen wird; oder als vermeintlich lebensuntüchtiger Verlierer, dem es im Angesicht einer drohenden Katastrophe letztendlich als einzigem gelingt die Rettung herbeizuführen, kurz bevor er sein Leben lassen muss.

Der Philosoph Josef Früchtl[699] bezieht die Heroisierung von Subjekten auf drei sich überlagernde Schichten, deren philosophische Denkfiguren sich in medialer Umsetzung als Filmhelden wiederfänden: 1: die „begründend-gründende" Schicht des Ich als dem lonesome cowboy des Wildwestfilmes im Sinne von Hegels Heldendarstellung, dessen schwierige Lage im Rahmen der kritischen Theorie unter anderem von den Sozialphilosophen Max Horkheimer, Jürgen Habermas und Theodor W. Adorno diskutiert wurde; 2. die „agonale" Schicht des Ich als Verbrecher im Kriminalfilm, in unterschiedlicher Perspektive beschrieben von

---

[693] In aufsteigender Folge: Physiologische, Sicherheits-, Soziale und Individualbedürfnisse sowie Selbstverwirklichung.

[694] Vgl.: Maslow, Abraham: A Theory of Human Motivation. In: Psychological Review, Vol. 50, No. 4, 1943, 370-396; ders.: Motivation und Persönlichkeit. 14. Auflage, Reinbek 1981; A. Maslow setzt nicht voraus, dass alle vorhergehenden Bedürfnisse vollständig erfüllt sein müssen.

[695] Zimbardo, Philip: Der Luzifer-Effekt. Die Macht der Umstände und die Psychologie des Bösen. Heidelberg 2008.

[696] Vgl.: Von den Hoff, Ralf u.a.: Das Heroische in der neueren kulturhistorischen Forschung. Juli 2015, 17.

[697] Vgl.: Neiman, Susan: Moralische Klarheit. Leitfaden für erwachsene Idealisten. 1. Auflage, Hamburg 2013; 112, 411-154.

[698] Vgl.: Von den Hoff, Ralf u.a.: Das Heroische in der neueren kulturhistorischen Forschung. 2015, 14.

[699] Früchtl, Josef: Das unverschämte Ich. Eine Heldengeschichte der Moderne. Frankfurt am Main 2004.

Richard Rorty und Charles Taylor; 3. die „hybrid-schöpferische" Schicht des Ich als Cyborg im Science-Fiction-Film, mit der sich beispielsweise die Philosophen Friedrich Nietzsche, Michel Foucault und Gilles Deleuze befassten[700].

Bezugnehmend auf die Vorstellung vom Helden als mit übermenschlichen Fähigkeiten versehen darf ein Verweis auf den Transhumanismus nicht fehlen. „Aufklärung und Kritik", eine Zeitschrift für freies Denken und humanistische Philosophie herausgegeben von der Gesellschaft für kritische Philosophie widmete diesem Thema 2015 eine Schwerpunktausgabe[701], in der unter anderem verschiedene Aspekte des Transhumanismus vorgestellt und sein Verhältnis zu aktuellen ethischen, kulturellen oder philosophischen Ansichten näher durchleuchtet werden. Ein Großteil der Transhumanisten vertritt nach dem Philosophen Stefan Lorenz Sorgner eine diesseitige, materialistische, naturalistische oder relationale Weltsicht. Im Zentrum steht die Optimierung des Menschen mithilfe von Bio- und Computertechnologien bis hin zu einem Cyborg, der als kybernetischer Organismus einen Angehörigen sowohl der organischen, als auch der digitalen Welt darstellt – und insofern ebenso eine Zwischenstufe auf dem Weg zum vollständig digitalisierten Post-Humanen der Zukunft sein könnte[702].

Transhumanisten sind überzeugt von der Optimierung des Menschen durch wissenschaftlich-technische Mittel und beteiligen sich aktiv an einer Akzeleration dieser Entwicklung[703]. Zu den angestrebten Verbesserungsprozessen zählen die genetischen (durch Selektion oder Modifikation); die morphologischen (durch plastische Chirurgie); die pharmakologischen (beispielsweise durch Psychopharmaka und Anabolika); die technologischen (durch Implantate oder den Austausch organischer Bestandteile). Die angestrebten Ideale reichen von einer ansprechenden Physionomie und hohen intellektuellen Fähigkeiten über Lebensverlängerung bei dauerhafter Gesundheit bis hin zu einer die Lebenslust fördernden Steuerung der Emotionen. Sie alle verweisen auf einen kohlenstoffbasierten Transhumanismus, demzufolge der posthumane Mensch weiterhin eine biologische Entität darstellt, ob er nun einer neuen Spezies angehört oder nach wie vor der menschlichen Art zuzurechnen ist.

Anders verhält es sich beim siliziumbasierten Transhumanismus. Durch einen speziellen Gehirn-Scan soll über einen Download die gesamte „Persönlichkeit" eines Menschen als Software-Modell verfügbar sein. Sie könnte fürderhin alleine im Cyberspace bestehen; in einen anderen Organismus integriert werden; zum Entstehen einer Superintelligenz beitragen; oder auch – vervielfacht – alles zusammen. Inwieweit die angestrebte Trennung der Persönlichkeit vom Körper einen Substanzdualismus, eine leibfeindliche, logozentrische Daseinsdeutung beinhaltet, ist umstritten[704]. Einer naturalistischen Auffassung entsprechend müsste der neue Träger einer solchen Persönlichkeit im Grunde dieselben Voraussetzungen, also dieselbe „Hardware" mit all ihren chemischen und physikalischen Eigenschaften besitzen, um seine Funktionalität zu gewährleisten[705].

---

[700] Vgl.: Von den Hoff, Ralf u.a.: Das Heroische in der neueren kulturhistorischen Forschung... 2015, 13.

[701] Sorgner, Stefan Lorenz (Hg.): Aufklärung und Kritik. Schwerpunkt Transhumanismus. 22. Jahrgang, 3/2015. Im Folgenden: Transhumanismus 2015.

[702] Vgl. Transhumanismus 2015, 5f.

[703] Vgl. Aurenque, Diana: Das Posthumane und Nietzsches Übermensch: Eine Blasphemie gegen Gott. In: Transhumanismus 2015, 88.

[704] Zum Dualismusvorwurf Vgl.: Transhumanismus 2015, 8.

[705] Vgl. Bunge, Mario / Mahner, Martin: Über die Natur der Dinge. Stuttgart 2004, 157-161

Vielfach wurde versucht, den Transhumanismus durch einen Bezug auf Friedrich Wilhelm Nietzsche[706] philosophisch zu legitimieren; Nietzsche als dessen Ahnherr darzustellen. Der Philosoph Michael Steinmann sieht seinen Einfluss jedoch nur in Bezug auf eine neue Wesensbestimmung des Menschen gegeben. Es ist die Hoffnung auf eine rechte Auslegung des Menschen als einem Wesen der Möglichkeit; und einem Träger von „Kraft" und „Mächtigkeit". Denn abgesehen von lebenslanger Vitalität und genetisch optimierten Körpern stellt sich für M. Steinmann die Frage, was der „Mensch der Zukunft" denn genau sein soll[707]. Die Philosophin Diana Aurenque sucht nach Übereinstimmungen zwischen der Beschreibung des Übermenschen bei Nietzsche[708] und der Beschreibung des Posthumanen bei dem Philosophen Nick Bostrom, dessen Arbeiten zu den Chancen und Risiken bei einer Nutzbarmachung von künstlicher Superintelligenz[709] weltweit Anerkennung finden. Gemäß D. Aurenque nennt N. Bostrom als erstrebenswerte Ziele insbesondere drei Eigenschaften: Gesunde Lebensspanne; Kognition in Form intellektueller Fähigkeiten wie Erinnerungskraft, schnelle Auffassungsgabe, aber auch sensiblerer Fähigkeiten wie Musikalität; Emotion, um das Leben zu genießen und durch Steuerung der Gefühle angemessen zu reagieren.

Die hervorstechendste Verbindung sieht D. Aurenque im blasphemischen Charakter beider Ansätze, der Rufschädigung in Bezug auf Gott oder weibliche wie männliche Gottheiten. Ihren Ausführungen entsprechend besitzt Nietzsches Übermensch die „grosse Gesundheit", die Leiden, Schmerzen, Sterben einschließt, denn sie dienen ihm als Quelle von Kraft und als Machtinstrument über seinen Willen. Er strebt weder besondere Erinnerungskraft an, weil nicht alle Erinnerungen wertvoll, einige sogar hinderlich sind, noch übermäßig rationales Denken. Stattdessen schätzt er die „grosse Vernunft", die D. Aurenque als eine Klugheit bezeichnet, die mit Körper und Gefühl verbunden ist. Emotional will auch der Übermensch ein erfülltes Leben führen, in dem Liebe, Hoffnung oder Freundschaft eine bedeutende Rolle spielen. Doch sieht er sich mehr als Gott, den Neugier und beständige Veränderung antreiben, wie Dionysos. D. Aurenque schlussfolgert, dass der Übermensch sein Leben mit allen Höhen und Tiefen annimmt und als Schaffender überall einen Sinn zu sehen oder zu stiften vermag[710].

Nietzsches Darstellung des Übermenschen verweist auf die Möglichkeit eines Hinausgehens über den bisherigen Menschen[711]. Nach D. Aurenque kann sich dies sowohl auf den Menschen als biologische Art, als auch auf seinen kulturellen und historischen Kontext beziehen[712]. Eine körperliche und geistige Optimierung im Sinne des Transhumanismus war damit jedoch kaum angedacht. Ebenso wenig wie die Erschaffung eines „Helden der Zukunft".

Auch im Transhumanismus dient die Verbesserung der körperlichen wie geistigen Fähigkeiten des Menschen oder das „Uploading" seiner Persönlichkeit in Form eines Transfers auf einen Computer nicht der Erschaffung einzelner Heldenfiguren. Wenngleich beispielsweise

---

[706] Der klassische Philosoph Friedrich Wilhelm Nietzsche lebte vom 15. Oktober 1844 bis zum 25. August 1900.

[707] Vgl. Steinmann, Michael: Die Auslegbarkeit des Menschen. Nietzsche und die Frage nach der Herkunft des Transhumanismus. In: Transhumanismus 2015, 76-87.

[708] Vgl.: Nietzsche, Friedrich: Die fröhliche Wissenschaft. La gaya scienza. 4. Auflage, Berlin 2016; ders.: Zur Genealogie der Moral. Eine Streitschrift. 4. Auflage, Berlin 2016.

[709] Bostrom, Nick: Superintelligenz – Szenarien einer kommenden Revolution. Berlin 2014.

[710] Vgl. Aurenque, Diana: Das Posthumane und Nietzsches Übermensch: Eine Blasphemie gegen Gott. In: Transhumanismus 2015, 88-97.

[711] Wie es schon Martin Heidegger deutete. Vgl.: Heidegger, Martin: Gesamtausgabe. I. Abteilung: Veröffentlichte Schriften 1910-1976. Band 6.2. Nietzsche II. Frankfurt 1997.

[712] Vgl. Transhumanismus 2015, 89.

spezielle Eugenikprogramme, Präimplantationsdiagnostik, staatlich geförderte Versuche mit leistungssteigernden Substanzen oder gentechnische Eingriffe in die Keimbahn des Menschen durchaus darauf abzielen können, Gestalten mit Heroisierungspotenzial zu erschaffen. Würde aber die gesamte Menschheit sich im Sinne des Transhumanismus weiterentwickeln, verändern oder durch eine künstliche Intelligenz ersetzt, wäre der Heldenbegriff dann obsolet?

Anfang des 21. Jahrhunderts zeichnen einen Helden oder eine Heldin nicht „übermenschliche" Fähigkeiten aus, sondern außergewöhnliche Taten. Dazu zählt der aktive oder passive Widerstand gegen ungerechte politische oder wirtschaftliche Systeme ebenso wie der Mut, im Angesicht drohender Verfolgung Informationen über dunkle Machenschaften von Unternehmen und Regierungen an die Öffentlichkeit zu bringen. Dazu zählt auch, sich beispielsweise für die Belange anderer einzusetzen, im Rahmen von Rettungsmaßnahmen sein Leben zu riskieren oder öffentlich Toleranz, Aufgeschlossenheit und eine Willkommenskultur zu befürworten, selbst wenn es mehr Feind als Ehr bringen mag. Es steht zu hoffen, dass solche mitunter lebensbedrohlichen Taten in künftigen Gesellschaften nicht mehr notwendig sein werden. Solange jedoch ein mehr oder minder großer Teil der Menschheit der Führung durch Vorbilder und Leitfiguren bedarf, dürften Heroisierungen mit all ihrem positiven wie negativen Potenzial kaum zu verhindern sein.

So sieht der Rechtswissenschaftler Stefan Ulrich beispielsweise in Wladimir Wladimirowitsch Putin, dem demokratisch gewählten Präsidenten der russischen Föderation, ein Vorbild für all jene, die sich in Zeiten von Globalisierung und zunehmender Komplexität nach starker Führung und einer homogenen Gesellschaft sehnen[713]. Die ihm nicht nur von einem großen Teil der russischen Bevölkerung entgegengebrachte Verehrung erinnert an jene, die einst heroischen Gestalten vorbehalten war.

S. Ulrich schreibt sie, wie jene für andere autoritär agierende, demokratisch gewählte Politiker, darunter der ungarische Ministerpräsident Viktor Mihály Orbán und der türkische Präsident Recep Tayyip Erdoğan, indes weniger deren Persönlichkeit zu, sondern einem über sie vermittelten Narrativ. Darunter versteht er eine große Erzählung, die inmitten einer immer komplexer werdenden Welt Sinn und Identität zu stiften vermag, sowie dem Einzelnen das Gefühl gibt, Teil von etwas Großem zu sein – als Ausgleich für all die Unsicherheiten, Ängste und Enttäuschungen, deren Ursachen beispielsweise in der ungleichen Verteilung von Wohlstand durch den ungezügelten Kapitalismus gesehen werden.

Doch wie lange kann ein solchermaßen heroisierter Führer sich dieses Narrativs bedienen und seinen dadurch legitimierten Herrschaftsanspruch aufrechterhalten? Inwieweit sind Bürger bereit zugunsten einer Befriedigung ihres Sicherheitsbedürfnisses Einschränkungen ihrer Freiheitsrechte in Kauf zu nehmen?

Bislang bieten westlich geprägte Demokratien mit Rechtsstaatlichkeit sowie in der Verfassung verankerten Grund- und Menschenrechten die beste Staatsform, um nicht nur die Sicherheit, sondern auch die Freiheitsrechte ihrer Bürger zu gewährleisten.

---

[713] Ulrich, Stefan: Die Magie der starken Führer. In: Süddeutsche Zeitung Nr. 181 vom 06./07.08.2016.

Antike und inselkeltische Heldenkonzeptionen

Vermutlich bildet die Interpretation des Helden als Heros der schöpferischen Göttin Natur die älteste Heldenvorstellung. Durch seine Nachahmung der Jahreszeiten mit ihrem Gedeihen im Frühjahr, der Fülle im Sommer, dem Absterben im Herbst und der Wiederbelebung im Winter in Form von Geburt und Initiation, „Heiliger Hochzeit" sowie Tod und Wieder-erweckung durch die Göttin gewährleistet der Heros als Repräsentant des sterblichen Menschen die stete Kommunikation mit ihr und somit der Menschen mit der Natur. Es ist der nach der Philosophin Heide Göttner-Abendroth matriarchale Urmythos von der dreifaltigen und dreigestaltigen Großen Göttin, die dem sterblichen Heros das Leben schenkt, sich nach seiner Initiation mit ihm vereint und seinen Tod in eine Wiedergeburt transformiert[714].

Im Laufe der Zeit und dem mit ihr einhergehenden Wandel der Gesellschaftsformen scheint sich der Zuständigkeitsbereich des Heros erweitert zu haben. Seine immer viel-fältigeren Tätigkeitsbereiche erhöhten wohl den Bedarf an heroischen Gestalten, denn in den mythischen Erzählungen tauchen neben der Vorstellung vom Helden als Heros der Göttin weitere Konzeptionen auf. Neue Helden wurden geschaffen, deren Funktionen, Fähigkeiten und Eigenschaften im Rahmen sich verändernder Lebenswelten und Wertvorstellungen einer steten Transformation unterworfen waren – ein Prozess, der sich bis heute fortsetzt. Hinzu traten schon früh weibliche Heldenfiguren. Ihre Erforschung als auf den Kontext bezogen gegensätzliche, berichtigende, ergänzende oder auch exkludierende Konstrukte habe nach Ansicht der Historikerin Monika Mommertz jedoch eben erst begonnen und bedürfe einer systematischen Konzeption von geschlechtsspezifischen Helden und Heldinnen[715].

Nicht unberücksichtigt sollten dabei die den Geschlechtern zugeschriebenen Werte bleiben. Denn eine Heldin, die zwar äußerlich als Frau dargestellt wird, deren Einstellung und heroische Handlungen jedoch auf ausschließlich männlichen Werten basieren, könnte eventuell nur dazu dienen, die Dominanz männlicher Prinzipien zu festigen, wie Ralf von den Hoff vermutet. Seiner Meinung nach, sei es daher wichtig, bei jeder heroischen Figur zu hinterfragen, welche Rolle weiblich und männlich konnotierte Werte spielen[716]. Gerade in Bezug auf Darstellungen von Kriegerinnen und Kampffrauen dürften diese Forderung berücksichtigende Untersuchungen interessante Ergebnisse zutage fördern.

Berichte über die sagenhaften Taten männlicher und vereinzelt weiblicher Heldenfiguren finden sich in so gut wie allen bekannten Mythologien der antiken Kulturen wie etwa jene der Sumerer und Babylonier, der Ägypter, Inder, Perser, Griechen und Römer, der Kelten und Germanen. Zu den bekanntesten der überlieferten Heldensagen zählen insbesondere das aus

---

[714] Vgl.: Göttner-Abendroth, Heide: Die Göttin und ihr Heros. Die matriarchalen Religionen in Mythen, Märchen und Dichtung. Erweiterte Neuausgabe, Stuttgart 2011, 44-46. Das erstmalige Auftreten eines männlichen Partners der Göttin ordnet die Philosophin und Matriarchatsforscherin Heide Göttner-Abendroth der Jungsteinzeit zu. Dieser „erdgebundene Fruchtbarkeitsheros" sei entweder in Gestalt eines männlichen Tieres aufgetreten, etwa einer Schlange, eines Widders oder Stieres, oder eines „himmlischen Atmosphäreheros", beispielsweise Sonne oder Blitz. Nach einer Vergöttlichung des sterbenden und wiederauferstehenden Heros in der Kupferzeit und Bronzezeit (spätes Matriarchat) habe er sich im Zuge der zunehmenden Patriarchalisierung des Gesellschaftssystems in der Eisenzeit zum unsterblichen Vatergott und schließlich über den allmächtigen, dann absoluten Vatergott zu abstrakten philosophischen Prinzipien aufgeschwungen, 171.
[715] Mommertz, Monika: Gender. In: Von den Hoff, Ralf u.a.: Das Heroische in der neueren kulturhistorischen Forschung. 2015, 86.
[716] Marion Klötzer im Interview mit Ralf von den Hoff: „Helden-Heroisierungen-Heroismen". UNIversalis-Zeitung. Für Universität und Hochschulen in Freiburg, Sommersemester 2013, 16. Ausgabe / 9. Jahrgang, 1f.

dem babylonischen Raum stammende Gilgamesch-Epos, die zur hinduistischen Überlieferung gehörenden epischen Werke „Mahabharata" und „Ramayana", das persische Nationalepos „Schāhnāme" (Buch der Könige) sowie die erzählenden Dichtungen Homers, aber auch die beiden als Snorra-Edda und Lieder Edda bekannten in altisländischer Sprache verfassten nordischen Heldendichtungen sowie die Sammlung der inselkeltischen Königsage.

„Lange verstorben, im Krieg oder Kampf leistungsfähig und eine Figur, die man auch religiös verehrte", so beschreibt der Archäologe Ralf von den Hoff den ursprünglichen Heldenbegriff der griechischen Antike[717]. Im alten Griechenland bezogen sich Helden- vorstellungen nicht nur auf berühmte mythische Gestalten. Ebenso konnte es sich um einen Sterblichen handeln, dessen Wirkung auf die Welt der Lebenden erst nach seinem Tod zur Geltung kam.

Der Archäologe Jorge J. Bravo zeigt auf, dass sich seit dem späten 8. Jahrhundert v.u.Z. an den Gräbern von einigen Verstorbenen Belege für eine kultische Verehrung finden. Ein Kult für angesehene Figuren der Epen Homers ließe sich ab dem 7. Jahrhundert v.u.Z. nachweisen. Zudem sei ab dem 5. Jahrhundert v.u.Z. ein Kult fassbar, der später als „Heroenkult" bezeichnet würde. Jorge J. Bravo weist auf die Gefahr vorschneller Gleich- setzungen hin, da die Zusammenhänge zwischen diesen Kulten bisher nicht überzeugend erklärt werden konnten[718]. Spätestens mit Alexander dem Großen wurden Heroenkulte wohl auch für Lebende eingerichtet. Zudem finden sich zunehmend auch bei der Beschreibung herausragender Persönlichkeiten, etwa von Dichtern oder Athleten, heroische Eigenschaften, allerdings ohne religiösen Kontext.

Nach Ansicht des Philologen Fabian Horn bezog sich der Begriff „Heros" in den homerischen Epen des späten 8. Jahrhunderts v.u.Z. auf eine als Vorbild dienende, an Leistung und Status ausgerichtete Kriegergemeinschaft einer vergangenen Zeit[719]. Auch für den Historiker Christopher Jones stellt „Heros" in der homerischen Poetik die erhöhende Anrede für eine Personengruppe dar. Die Rolle des Helden habe sich erst im frühen 5. Jahrhundert v.u.Z., getragen von der Chorlyrik des griechischen Dichters Pindar[720], mit der Vorstellung von Tugendhaftigkeit verbunden[721]. Doch stets umgab den Heros eine Aura von Außerordentlichkeit und oft kennzeichnete ihn ein zeitweise transgressives Verhalten.

In den inselkeltischen Überlieferungen begegnet uns eine Vielzahl von Heldenfiguren. Detaillierte Schilderungen ihrer Ausbildung und Fähigkeiten umrahmen die Beschreibungen ihrer Taten und deren Folgen. In der *Ulster*-Sage handelt es sich um die besten Krieger im Gefolge von König *Conchobar* und von Königin *Medbh*. Unter ihnen sind viele durch einen gemeinsamen Ziehvater oder die Ausbildung bei derselben Lehrmeisterin verbunden. Im *Finn*-Zyklus betrifft es die Mitglieder der *Fíanna*, größer und stärker als jeder normale Mann, und in der *Arthur*-Sage die tugendhaften Ritter der Tafelrunde. Alle diese Krieger zeichnen sich durch außerordentliche körperliche und geistige Eigenschaften aus, erhielten eine

[717] Vgl.: Daniel Höly im Interview mit Ralf von den Hoff: Über Helden, Hausfrauen und die Rolle der Medien. 14. September 2014 unter: juiced.de/21615/ueber-helden-hausfrauen-und-die-rolle-der-medien.
[718] Bravo, Jorge J.: Recovering the Past: The Origins of Heroes and Hero Cult. In: Albersmeier, Sabine (Hg.): Heroes. Mortals and Myths in Ancient Greece. Baltimore 2009, 11-29.
[719] Horn, Fabian: Held und Heldentum bei Homer. Das homerische Heldenkonzept und seine poetische Verwendung. Tübingen 2014.
[720] Pindaros aus Kynoskephalai bei Theben (522 oder 518 bis nach 446 v.u.Z.).
[721] Jones, Christopher: New Heroes in Antiquity. From Achilles to Antinoos. Cambridge 2010, 52.

umfassende Erziehung und besitzen bzw. erwerben bestimmte individuelle, meistens magische, in jedem Fall aber über das normale Maß hinausgehende Fähigkeiten[722].

Die Ehre stellte den höchsten Wert, die Fairness eines der wichtigsten Charaktermerkmale dar. Außerdem verdiente die Bezeichnung als Held nur, wer ein großzügiger Gastgeber war, furchtlos kämpfte sowie einen scharfen Verstand und hohe Bildung besaß. So müssen die mythischen Heldenkrieger beispielsweise die Stammesüberlieferungen kennen, ein Instrument spielen können sowie sich an bestimmte Verhaltensregeln und Ehrenkodizes halten.

Zwei der Heldenfiguren kam im vorchristlichen Irland größte Bedeutung zu: CuChulainn und Finn mac Cumhaill. Zahlreiche Übereinstimmungen gibt es in dem zugrunde liegende Schema ihres Werdeganges, darunter: beide können sich auf eine Abstammung des göttlichen Volkes der Túatha dé Danann berufen; beide vollbringen bereits in ihrer Kindheit große Taten und erhalten einen neuen Namen; werden von Kampffrauen in die Kriegs- und Liebeskunst eingewiesen; schützen das Land und seine Bewohner; haben Zugang zur „Anderen Welt", in der sie nicht nur gegen magische Wesen kämpfen, sondern auch Liebesbeziehungen mit ihren Bewohnerinnen eingehen; und beide sterben letztendlich durch die Hände der Rache nehmenden Nachfahren ihrer Feinde.

Doch trotz dieser unübersehbaren Parallelen finden sich auch grundlegende Unterschiede. Die Leitmotive, Charakterdarstellungen und Handlungsweisen zeugen von andersartigen Heldenvorstellungen. Sie lassen wie die beschriebene Lebenswelt – von den Werkzeugen und Techniken, über die Gesellschaftsstruktur bis hin zu den Verhaltensnormen – darauf schließen, dass es sich um zwei divergierende Heldenkonzeptionen handelt. So sieht Marie Louise Sjoestedt in CuChulainn den „Held des Stammes" , und in Finn und der Fíanna die „Helden außerhalb des Stammes"[723]. CuChulainn ist ein angesehenes Mitglied des Hofes von König Conchobar. Er hat nur eine Ehefrau, Emer, und die Werbung um sie bildet den Rahmen für viele seiner Heldentaten. Zwar könnte es sich bei der Brautwerbung um eine nachträgliche, eventuell in christlicher Zeit entstandene Einfügung handeln. Die von Emer gestellten Bedingungen für eine Zustimmung, darunter langer Schlafentzug und Hundert an schmalen Flussübergängen zu töten, erfüllt CuChulainn jedoch (auch) während der *Táin Bó Cuailgne*. Eventuell stellt diese „Abenteuerfahrt[724]" eine Abfolge von Initiationen dar, in deren Verlauf er vom unbeherrschten Jüngling zum pflichtbewussten Mann und vorbildhaften Helden heranreift – trotz seiner gelegentlich auftretenden „Wutverzerrung[725]", die ihn alle Unterscheidungen zwischen Freund und Feind, Gut und Böse vergessen lässt, ähnlich dem Zorn des Achilles, der diesen zu unmenschlichen Taten verleitet[726].

---

[722] Vgl.: Birkhan, Helmut: Kelten. Wien 1999, 972.

[723] Vgl.: Sjoestedt, Marie Louise: Gods and heroes of the Celts. London 1949. The Hero of the Tribe, 57-80; The Heroes outside the Tribe, 81-91.

[724] Die Abenteuerfahrt der inselkeltischen Helden stimmt nur bedingt mit der archetypischen Grundstruktur des Monomythos bei Joseph Campbell überein. Campbell gliedert die Abenteuerfahrt des Helden gemäß der Abfolge von Übergangsriten grob in „Trennung-Initiation-Rückkehr". Seine weiteren Unterteilungen und Ausführungen finden jedoch nur bedingt Entsprechungen in den Biographien inselkeltischer Helden. Vgl.: Campbell, Joseph: Der Heros in tausend Gestalten. 3. Auflage, Berlin 2011, bes. 42 und 264f.

[725] Über die „Wutverzerrung" CuChulainns Vgl.: Thurneysen 1921, mehrfach bes. 130, 180f., 526.

[726] Vgl.: Reemtsma, Jan Philipp: Der Held, das Ich und das Wir. In: Hamburger Institut für Sozialforschung (Hg.): Mittelweg 36, 4/2009. J. P. Reemtsma bezeichnet Achill als „narzisstisch übersteuerten Helden der Gewalt", 14.

Auf Parallelen zwischen Achill und CuChulainn wird vielfach hingewiesen. Als „irischer Achilles[727]" besitzt auch er unsterbliche Pferde und wählt vor die Entscheidung gestellt ein kurzes, ruhmvolles Leben.

Finn hingegen lebt mit seiner Kriegerschar abseits der Königshöfe und Dörfer. Seine Aufgabe besteht darin, Irland vor Eindringlingen zu schützen, seien sie nun menschliche Eroberer oder feindlich gesinnte Wesen der anderen Welt. Auch hat er im Laufe seines Lebens mehrere Geliebte und Ehefrauen. Kein früher Tod ereilt ihn. Stattdessen vollbringt er bis ins Alter ruhmreiche Taten, wenngleich sein Charakter gegen das Lebensende verstärkt negativ gezeichnet wird. Finn ist keinem König unterstellt. Selbst ein Kriegerkönig der Fíanna, sucht er sogar die Konfrontation mit den irischen Königen. Auch dies unterscheidet ihn von Cuchulainn, den Helmut Birkhan als Königsheld bezeichnet, während Finn den Heldkönig verkörpere[728].

Offensichtlich deuten die Heldenmythen von CuChulainn und Finn auf verschiedene Heldenkonzeptionen. Möglich wäre eine Spiegelung unterschiedlicher Kulturstufen oder Gesellschaftsordnungen, entstanden vielleicht aufgrund sozialer, politischer, wirtschaftlicher oder religiöser Umwälzungen, wobei oft ein Ereignis genügen kann, um Veränderungen in allen Bereichen hervorzurufen. Ebenso könnten die Heldensagen zur selben Zeit, aber in voneinander unabhängigen Gemeinschaften entstanden sein, die auf jeweils andere Traditionen sowie Überlieferungen zurückgreifen, und entsprechend unterschiedliche Heldenvorstellungen umsetzten. Dass im vorchristlichen Irland zumindest zeitweise wahrscheinlich zwei verschiedene Formen der Daseinsdeutung parallel existierten, darauf weist beispielsweise im Sagenkreis um Ulster die Beschreibung des Reiches Connaught von Königin Medbh und König Ailill im Vergleich mit jener des Reiches Ulster von König Conchobar hin. Unter anderem Ingeborg Clarus[729] und Heide Göttner-Abendroth[730] sehen darin die auf eine mythische Ebene übertragene Auseinandersetzung zwischen weiblicher und männlicher Weltordnung.

Trotz ihrer herausragenden intellektuellen Fähigkeiten dürfte sich die Vorbildfunktion der inselkeltischen Helden auf ihre Rolle als ideale Krieger konzentriert haben, die körperliche Kraft und Geschicklichkeit zu höchster Kampfkunst vereinten, während ihr Streben stets dem Wohlergehen und Schutz des Landes und seiner Bewohner diente. Gemeinsam sind den inselkeltischen Heldendarstellungen neben der Gewalt- und Tötungsbereitschaft folgende Merkmale:

1. Tapferkeit,
2. Opferbereitschaft,
3. Fairness,
4. Hilfsbereitschaft,
5. Gastfreundschaft,
6. der Erhalt der Ehre.

Auch der Gefolgschaftstreue kommt große Bedeutung zu. Trotzdem gibt es Berichte von heldenhaften Kriegern, die sich zur Wahrung ihrer Ehre gegen sie entscheiden. So ziehen

---

[727] Nutt, Alfred: Cuchulainn, the irish Achilles. London 1900.
[728] Vgl.: Birkhan, Helmut 1999, 1046.
[729] Vgl.: Clarus, Ingeborg: Keltische Mythen. Der Mensch und seine Anderswelt. Olten, 1991.
[730] Vgl.: Göttner-Abendroth, Heide: Die Göttin und ihr Heros. Erweiterte Neuausgabe, Stuttgart 2011; Das Matriarchat I. Geschichte seiner Erforschung. Dritte Auflage, Stuttgart 1995.

Noisiu[731] und Diarmait[732] die Flucht mit bereits ihren Königen versprochenen Frauen vor, weil diese drohten, sonst Schande über sie zu bringen. Für die Brüder von Noisiu wiegen hingegen die Bande der Blutsverwandtschaft schwerer als die Pflicht zur Gefolgschaftstreue.

In vielen Fällen perfektionieren die Helden zudem ihre Ausbildung bei einer Lehrmeisterin. Beispielsweise geht CúChulainn zu der Kriegerin Scáthach und erwirbt im Rahmen einer Lehre, die an eine Initiation erinnert, nicht nur seine herausragenden, magischen Kampftechniken, sondern auch sexuelle Erfahrung. Finn wird von Los Lugann (oder Bodhmall), der Schwester seines Vaters großgezogen. Sie ist es, die ihn seine kriegerischen Fertigkeiten lehrt. In der kymrischen Sage von Peredur vab Evrawc vervollkommnen hingegen drei Hexen die Kriegskunst des Helden[733]. Doch treten Frauen nicht nur als Lehrmeisterinnen auf. Inselkeltische Überlieferungen berichten auch von tapferen Kriegerinnen[734]. Andere weibliche Protagonisten weisen hingegen Merkmale auf, die den Heldenvorstellungen humanistisch geprägter, egalitär-demokratischer Gesellschaften weitaus näher stehen als die martialischen Qualitäten der Kriegshelden.

Zwar dürfte davon auszugehen sein, dass die Beschreibungen der Lebensgeschichten solcher Frauen zu ihrer Entstehungszeit weder als Vor-, noch als Leitbild fungieren sollten, sondern als abschreckende Beispiele dienten, um die geltenden Moralvorstellungen und Geschlechterkonzepte einer von Männern erschaffenen Weltordnung zu stützen. Gleichwohl scheinen sie aber für andere Interpretationen offen zu sein.

---

[731] Vgl.: Longas mac n-Uislenn (Die Verbannung der Söhne Uisliu´s) aus dem Sagenkreis von Ulster.

[732] Vgl.: Tóraigheacht Dhiarmada agus Ghráinne (Die Verfolgung von Diarmait und Gráinne) aus dem Finn-Zyklus.

[733] Vgl.: Birkhan, Helmut: Kelten. 1997, 658f., 1044

[734] Unter anderen Nesa, Créidne und Aife. Vgl. Thurneysen, 1921, 275: *Nesa* stellte sich bewaffnet an die Spitze einer 27 köpfigen Bande, um den Tod ihres Ziehvaters zu rächen; Sjoestedt, Marie Louise: Gods and heroes of the Celts. London 1949, 89: Die Tochter des irischen Königs Créidne führte eine Armee bestehend aus drei Kompanien mit je neun Männern an; Vgl. Thurneysen, Rudolf: Die irische Helden- und Königsage. 1980, 391: CuChulainn kämpft gegen die „gewaltige Kriegerin" Aife. Aber auch Königin Medb von Connaught wird als geübte Waffenkämpferin beschrieben, bspw.: Thurneysen 1921, 213.

Vom abschreckenden Beispiel zum heroischen Vorbild

Als exemplarischer Untersuchungsgegenstand für die Interpretation einer mythischen Erzählung im Sinne einer postmodernen, kritisch-rationalen Weltsicht mit Bezug auf aktuelle Vorstellungen vom Heroischen dient die inselkeltische Überlieferung vom Lebensweg der „Toberin" Derdriu[735].

Die Erzählung berichtet von einem Gelage der Ulter im Hause des Geschichtenerzählers von König Conchobar und seiner hochschwangeren Frau. Nachdem alle sich zur Ruhe begeben hatten, schrie das Ungeborene so laut auf, dass allen Kriegern Angst und Bange wurde. Der Druide weissagte, dass dieses Kind zu einem herrlichen Weib Frau mit makelloser Schönheit heranreifen werde, begehrt von Hochkönigen. Doch brächte sie großes Unheil über Ulster. Ihretwegen fielen große Helden und sie selbst schreite zur schlimmen Tat, dem hohen König von Ulster zürnend. Während die Ulter das Kind nun töten wollten, fordert Conchobar, es zu ihm zu bringen, damit er es nach seinem Willen erziehen und zur Frau nehmen könne.

Derdriu jedoch, erzogen in einem abseits gelegenen Hof von ihren Zieheltern und einem Spruchweib, dem niemand eine Bitte abschlug aus Angst vor ihren Rügeliedern, wollte nicht Conchobars Frau werden. Sie hatte ihre eigenen Vorstellungen von einem Mann und das Spruchweib wusste, wo er zu finden war. Unter Androhung von Schande und Spott brachte sie ihren Auserwählten Noisi, einen Sohn des Usnech, dazu, mit ihr zu fliehen. Seine Brüder samt großem Gefolge begleiteten das Paar.

Viele Fürsten und Könige in Irland boten ihnen Zuflucht, doch nie für lange Zeit. Durch List und Hinterhalt ließ Conchobar sie bis hinüber nach Schottland vertreiben. Dort boten sie dem König ihre Kriegsdienste an. Doch sobald der schottische König von Derdrius Schönheit hörte, begann er sie zu umwerben. Sie widerstand und berichtete Noisi alles, was sie erfuhr. Als der König ihn und seine Brüder schließlich beseitigen wollte, überredete Derdriu die Ihren, sich auf einer Insel niederzulassen.

Inzwischen baten die Ulter ihren König um Nachsicht für die Söhne Usnechs, damit sie und ihr Gefolge in ihr Land zurückkehren könnten. Conchobar schickte Bürgen auf die Insel für ein sicheres Geleit. Unterwegs erhielten die Bürgen auf Conchobars Veranlassung die Einladung zu einem Gelage, die sie nicht ablehnen durften[736]. Die Söhne hingegen wollten keine Speise anrühren, bevor sie nicht von Conchobars Speise gegessen hatten. Sie zogen weiter und wurden mitsamt ihrem Gefolge bis auf Derdriu alle ermordet. Als die Bürgen davon erfuhren, entbrannte ein Rachefeldzug, der zahlreiche Leben forderte. Letztendlich wanderten die Bürgen mit ihrer Gefolgschaft nach Connaught aus zu Königin Medb und König Ailill. Sie wussten, dass dieses Herrscherpaar sie gut aufnehmen würde. Derdriu wurde zu Conchobar gebracht.

Ein Jahr lang lachte sie nicht, erfreute sich weder an Speis und Trank, noch an der edlen Halle, schönem Schmuck oder der Musik. Sie litt an der Schuld, ihrem Geliebten den Tod

---

[735] Longas mac n-Uislenn: „Die Verbannung der Söhne Uisliu's (Uisnech's)" in drei unabhängigen Handschriften erhalten: Buch von Leinster (LL), dessen älteren Teile (darunter die Sage um Derdriu) Abt von Tir Da-Glea vor 1160 verfasste; Das gelbe Buch von Lecan (GBL), entstanden Ende 14 Jh.; eine Handschrift aus dem British Museum, Egerton. Übersetzung in R. Thurneysen: Die keltische Helden- und Königsage, Tübingen 1979, 324-334.
[736] Aufgrund eines kollektiven Ges, eines Gebotes, das vermutlich auf spezielle Verhaltensvorschriften zurückzuführen ist.

gebracht zu haben, und sie verlor sich in Erinnerungen an die gemeinsame Zeit, seine Stimme, sein Lachen, seine Gestalt und das Kosen in der Dämmerung. Als Conchobar sie fragte, was sie am meisten hasse. „Dich", erwiderte sie, „und Eogan Durthachts Sohn[737]". Daraufhin gab Conchobar Derdriu dem Mörder von Noisi. Doch schon am nächsten Tage auf dem Weg zum Festplatz, als der Wagen an einem großen Felsblock vorbeifuhr, schlug sie ihren Kopf gegen den Stein und starb[738]. Beachtenswert ist, dass Derdriu nicht nur die pflichtvergessenen Bürgen oder Conchobar für den Tod ihres Geliebten verantwortlich macht. Sie erkennt auch ihre Mitschuld:

> *„Noisi ward das Grab gegraben.*
> *Elend hat man ihn beschützt!*
> *Weh mir! Ich bin's, die den Gifttrank*
> *eingeschenkt, an dem er starb.[739]"*

Für den Literaturwissenschaftler Eckhard Schinkel stellt der tragische Held Ödipus des Dichters Sophokles[740] ein erstes Beispiel für einen zivilen Helden dar, weil er seine Tat reflektiert[741]; der Philosoph Christoph Jamme sieht in dem „Antiheld" Prinz Hamlet von William Shakespeare[742] den von Ängsten und Zweifeln geplagten Zauderer, der sich, wie, weder der Macht, noch der Forderung nach Blutrache unterwirft, sondern sein Handeln, den Sinn und die Legitimität von Rache hinterfragt[743]. Auch Derdriu reflektierte ihre Taten. Nicht in der Tiefe und dem Umfang wie Ödipus oder Hamlet, aber sie starb in dem Bewusstsein, dass ihre Handlungen andere ins Verderben geführt hatten.

Die Entscheidung von König Conchobar, sich eine Frau von Geburt an für das eigene Lager zu sichern, ist ein in der keltischen Mythologie neues Motiv. Von seinen Gefolgsleuten wird sie nicht beanstandet. Dies muss jedoch nicht unbedingt auf eine Zustimmung zurückzuführen sein. Ebenso könnte es sich um stillschweigenden Gehorsam handeln. Eventuell zielte die Erzählung von Derdriu darauf ab, ein Verschieben der Machtverteilung zugunsten einer patriarchalen Herrschaftsform zu etablieren und die Einschränkung der Entscheidungsfreiheit von Frauen zu legitimieren. Dass dieser Prozess noch nicht abgeschlossen war, darauf weist beispielsweise die Bedeutung des Spruchweibes hin, die Relevanz der Ratschläge von Derdriu oder die gegenseitige Wertschätzung von Derdriu und Noisi. Vermutlich herrschten zuvor egalitärere Verhältnisse unter den Geschlechtern.

Derdriu wusste, dass Conchobar sie für sich bestimmt hatte. Ob sie Kenntnis von der Prophezeiung hatte, geht aus den Überlieferungen nicht hervor. Dafür spricht die Rolle des Spruchweibes Leborcham, das vieles zu ihrer Erziehung beitrug. Ist ihr Verhalten nun verwerflich, weil sie wissentlich so vielen Menschen Tod und Leid brachte?

---

[737] Anm.: Eogan ist der Mörder ihres Mannes.

[738] Nach einer vermutlich aus dem 14. Jahrhundert stammenden Fassung lief sie nach dem Tod ihres Mannes zu CuChulainn und erzählte ihm von dem Verrat. Nachdem er sie unter seinen Schutz gestellt hatte, kehrte er mit ihr dorthin zurück, wo die Söhne Uisnechs lagen. Sie löste ihr Haar, trank vom Blut ihres Mannes, küsste ihn und sang zwei Klagelieder. Dann sprang sie ins Grab an seinen Hals und starb.

[739] Quelle: Brendel, Renate (Hg.): Keltische Sagen. Aus dem Gälischen übertragen von Rudolf Thurneysen. Frankfurt 1991, 29.

[740] Der griechische Dichter Sophokles lebte von 497/496 bis 406/405 v.u.Z.

[741] Schinkel, Eckhard: Die Helden-Maschine. Zur Aktualität und Tradition von Heldenbildern – Stichworte zu einem schillernden Begriff. In: Die Helden-Maschine. Essen 2010, 12.

[742] Der englische Dramatiker und Lyriker William Shakespeare lebte von 1564 bis 1616.

[743] Jamme, Christoph: Vom Schwächling zum Antihelden. Zur Abwesenheit des Heldenkonzepts in der Moderne am Beispiel von W. Shakespeare und S. Beckett. In: Die Helden-Maschine. Essen 2010, 174.

In aufgeklärten demokratischen Wissensgesellschaften stellt bereits die Absicht Conchobars, ein Mädchen im Verborgenen nach eigenen Vorstellungen erziehen zu lassen, ihm die freie Partnerwahl zu nehmen und es für das eigene Lager zu bestimmen, einen Verstoß gegen die Menschenrechte und eine strafbare Handlung dar. Ob sich ihre Durchführung verhindern lässt, ist angesichts des Falles Natascha Kampusch[744] zwar fraglich. Gesellschaftliche Akzeptanz dürfte jedoch ausgeschlossen sein. Conchobar musste sein Verhalten weder vor der Gesellschaft, noch einer höheren Instanz gegenüber rechtfertigen. Alternativ hätte er das Neugeborene auch dem Wunsch seiner Gefolgsleute entsprechend töten lassen können. Die Weissagung zu ignorieren, stellte keine Option dar.

Inwieweit aber trägt nun Derdriu die Verantwortung für den Verlauf des Geschehens? Hätte sie auf ihre freie Partnerwahl verzichtet und sich Conchobars Willen gefügt, wäre es dann nicht zu einer Entzweiung der Ulter, den vielen Kämpfen und unzähligen Toten gekommen? Das widerspräche der mythischen Begriffsbestimmung vom sich stets erfüllenden Schicksal. Es lag zu keiner Zeit in ihrer Macht, das vorhergesagte Geschehen zu verhindern. Die Ursachen mögen veränderbar sein, das Ergebnis bliebe hingegen dasselbe. Hätte sie Conchobar geheiratet, wäre es aus anderen Gründen zu einem Zerwürfnis zwischen den Helden von Ulter gekommen. Bezug nehmend auf die Prophezeiung konnte somit auch Conchobar das Unheil nicht abwenden. Davon abgesehen, dass er bei einem mildere Vorgehen gegen die Abtrünnigen mit einem Verlust seiner Ehre rechnen musste.

Eine solche Lesart würde sich jedoch weder dazu eigenen, Verhaltensvorgaben, noch eine Handlungsorientierung zu vermitteln. Erst eine emotionale Bindung an die Schlüsselfigur ermöglicht dies. Fungiert diese, wie im Falle von Derdriu, als Sündenbock, kann ihr Verhalten die Legitimation für die Einführung neuer sozialer Regeln darstellen. Derdriu widersetzte sich dem Willen ihres Königs. Sie missachtete seine Anordnung und wählte ihren Partner frei. Ihr Vergehen hatte jedoch nicht nur verhängnisvolle Folgen für sie selbst. Es brachte Unheil über ganz Ulster. Mit ihrer Tat stellte sie ihre persönlichen Neigungen über die Interessen der Gemeinschaft. Infolgedessen dient es dem Wohle der Gesellschaft, Frauen das Selbstbestimmungsrecht auf freie Partnerwahl zu entziehen.

Im Sinne einer humanistisch, egalitär-demokratisch geprägten Weltsicht ließe sich diese mythische Erzählung jedoch auch anders interpretieren. Ein Blick auf die Liste der Friedensnobelpreisträgerinnen zeigt, dass neben dem Einsatz für den Frieden, auch der gewaltfreie Kampf für Rechte, Sicherheit und Bildung von Frauen im Zentrum ihres Engagements steht. Doch bis zum heutigen Tage sind weltweit viele Staaten noch weit entfernt von einer gleichwertigen Behandlung der Geschlechter. Die angestrebte Gleich-stellung von Mann und Frau, die neben Gleichbehandlung und Gleichberechtigung die Beseitigung von Diskriminierung und einen Abbau von geschlechtsspezifischen Stereotypen vorsieht, konnte bislang selbst in den fortschrittlichsten westlichen Gesellschaften nicht vollständig umgesetzt werden.

Wie viele der heutigen Frauenrechtlerinnen und feministischen Organisationen setzt sich Derdriu für das Recht auf Selbstbestimmung der Lebensgestaltung und vor allem über ihren Körper ein; allerdings geht es ihr nicht um die Installierung eines solchen Rechtes, sondern um seinen Erhalt. Dass Frauen ihren Partner nicht frei wählen dürfen, führt in den

---

[744] Natascha Kampusch wurde 1998 im Alter von zehn Jahren von einem arbeitslosen Nachrichtentechniker entführt und acht Jahre lang in seinem Haus gefangen gehalten hatte, um –wie Wiener Psychologen vermuten – eine Frau nach seinen Idealen zu formen.

inselkeltischen Heldensagen oft zur Rebellion der Frau[745]. Bestand sie auf ihrem Recht zur freien Partnerwahl, hatte dies häufig verheerende Folgen – für sie selbst und für andere. Eine Ausnahme bildet die Schimmelreiterin Rhiannon. Die walisische Überlieferung vom Mabinogi „Pwyll, Fürst von Dyved" berichtet, wie sie mit List verhinderte, einen Mann heiraten zu müssen, den sie nicht liebte. Ihren Zukünftigen hatte sie nicht nur selbst ausgewählt, sondern sogar aktiv um ihn geworben. Als sie ihn schließlich ehelichte, geschah dies auch mit Zustimmung ihres Vaters. Nach anfänglichen Schwierigkeiten verbrachten Rhiannon und ihr Auserwählter eine lange, glückliche Zeit, bis sein natürlicher Tod ihn der diesseitigen Welt entrückte.

Heutige Vertreterinnen einer feministischen Ethik[746] fordern neben sexueller Selbstbestimmung beispielsweise auch Sexualerziehung statt Unwissenheit über Sexualität. Sexuelle Beziehungen vor der Ehe sind in den inselkeltischen Erzählungen häufig belegt und scheinen nicht gegen die bestehenden Verhaltensregeln zu verstoßen. Wie genau der an einigen Stellen belegte Begriff „Keuschheit" zu deuten ist, bleibt umstritten. Vermutlich war er im Sinne von Ehelosigkeit zu verstehen. Es gibt keine Anzeichen dafür, dass die Frauen unwissend in die Ehe gehen. Sie werden als sexuell ebenso aktiv beschrieben wie Männer. Paradebeispiele sind Königin Mebd und die verschiedenen Personifikationen der weiblich gedachten Herrschaft über das Land (Macha), aber auch die Kriegsgöttinnen (vor allem Morrighan).

Auch während der Ehe stellten erotische Abenteuer keine große Angelegenheit dar[747]. So heißt es von König Aillil, er sei ohne Eifersucht gewesen, als er seine Frau Medb mit ihrem Liebhaber überraschte[748]. Nur wenn aus einer Affäre eine ernsthafte Beziehung zu werden droht, finden sich Berichte über verletzte Gefühle und eventuelle Gegenmaßnahmen[749]. Belegt ist zudem die Scheidung und Wiederverheiratung, etwa bei der Königstochter Éle und ihrer Schwester Medb, die in erster Ehe mit König Conchobar verheiratet war. Nachdem sie ihn verlassen hatte, erhielt sie von ihrem Vater ein eigenes Herrschaftsgebiet und heiratete König Aillil[750].

Insbesondere Königin Medbs Einstellung zu sexuellen Handlungen wird als sehr offen beschrieben: Abgesehen von ihren Liebschaften, bot sie ihre Schenkel auch besonderen Heerführern an, um einen Gefallen zu erwirken – ein Angebot, das für die meisten Helden viel Gewicht hatte. Ihrer Tochter Finnabair zuerkannte sie ein solches Selbstbestimmungs-

---

[745] So etwa bei Gráinne. Vgl.: Aithed Gráinne re Diarmait (Die Flucht von Gráinne und Diarmait)
[746] Vgl.: Harrison, Beverly: Die neue Ethik der Frauen – kraftvolle Beziehungen statt bloßen Gehorsams. Stuttgart 1991.
[747] Vgl.: Thurneysen: Die keltische Helden- und Königsage, Tübingen 1979, 81.
[748] Vgl.: ders.: 338
[749] So holte beispielsweise der Meeresgott Manannan seine Frau, als sie sich von CuChulainn, trennte, weil dessen Frau Emer ihr nach dem Leben trachtete. Emer und CuChulainn nehmen einen Vergessenheitstrunk; und Manannán schüttelt zwischen Fann und CuChulainn seinen Mantel, um sie auf ewig voneinander zu trennen. Vgl.: Thurneysen 1921, 424f.
[750] Vgl. Thurneysen 1921, 531f. Nach einer anderen Fassung vergewaltigte Conchobar sie während des großen Festgelages von Temair, zu dem sich alle Fünftel Irlands versammelten. Es kam zu kriegerischen Auseinandersetzungen, doch Conchobar siegte. Medb floh mit Eochaid Dala und anderen nach Connaught. Sie heiratete Eochaid unter der Bedingung, er sei ohne Eifersucht, Furcht und Geiz sei. Daraufhin wurde er König von Cnnaught. Einige Zeit später übernahm sie die Erziehung von Aillil, der zu einem gewaltigen Krieger heranreifte, in den sie sich verliebte. Eochaid wurde doch eifersüchtig und als es zum Zweikampf kam, half sie Ailill ihn zu besiegen. Anschließend heiratete Ailill. Vgl.: Thurneysen 1921, 533.

recht über den eigenen Körper insofern, als diese die Erlaubnis erhielt, mit jenen Männern das Lager zu teilen, in die sie sich verliebt hatte[751].

Westliche liberale Demokratien zeichnen sich unter anderem durch die Gewährleistung von Entscheidungsfreiheit und Toleranz sowie des größtmöglichen individuellen Entfaltungsraumes aus. Ohne die Einmischung religiös-fundamentalistischer Ideologien in die Erziehung von Kindern und Jugendlichen könnten die Forderungen nach sexueller Selbstbestimmung, aufgeklärter Sexualerziehung und freier Lebensgestaltung längst erfüllt sein. Die Wertvorstellungen, Handlungsvorgaben und Verhaltensregeln mythischer Gesellschaften der Inselkelten sind sicher in vielerlei Hinsicht weit entfernt von den Idealen aufgeklärter, demokratischer Gesellschaften.

Am Beispiel der Erzählung von der Verbannung der Söhne Uislechs zeigt sich aber auch, dass ein gewisses Maß an individueller Entscheidungsfreiheit und Selbstbestimmung wenigstens bis zur Entstehungszeit der Sage Männern und Frauen gleichermaßen zugekommen sein musste. Wird die mythische Überlieferung nun im Sinne ethisch-demokratischer Vorstellungen neuinterpretiert und Derdrius Verhalten nicht als Unheil bringend, sondern als vorbildhafte Tat gesehen, dann ließe sie sich in die Reihe all jener (post)moderner „Heldinnen" einreihen, die sich durch Entschlossenheit, Standhaftigkeit und Unbestechlichkeit sowie durch Mut und Tatkraft auszeichnen. So könnte Derdriu im Licht heutiger Diskussionen zur Geschlechtergerechtigkeit aufgrund ihrer Forderungen und Taten als heldenhafte Streiterin für weibliche Selbstbestimmung dargestellt werden, statt wie einst im Licht einer patriarchalen Weltdeutung als abschreckendes Beispiel, dessen einzige Funktion darin bestand, die geltenden Moralvorstellungen und Geschlechterkonzepte einer an männlichen Werten orientierten Weltordnung zu stützen.

Es ist davon auszugehen, dass die meisten, wenn nicht alle inselkeltischer Überlieferungen von Männern aufgezeichnet wurden. Inwiefern ihr Ursprung auf weibliche Geschichtenerzähler oder „Mythmaker" zurückzuführen ist, lässt sich nicht nachvollziehen. Durch das mit dem Eintreffen der Indogermanen zunehmend patriarchal geprägte Gesellschaftssystem dürften jedoch zum Zeitpunkt ihrer Aufzeichnung alle eine Interpretation aus männlicher Sicht aufweisen. Auch in der heutigen Zeit tragen Menschen in Machtpositionen zur Durchsetzung von Leitbildern bei. Unter ihnen findet sich nach wie vor eine relativ gesehen geringe Anzahl von Frauen.

Die Frage, ob Frauen zu schwach, zu passiv oder zu unwillig sind, Führungspositionen zu übernehmen, ist müßig. Zum einen führt die Erziehung in einem patriarchalen System selten zu der nötigen Motivation, sich für eine Karriere in Politik, Wirtschaft oder Wissenschaft zu entscheiden – geschuldet mitunter einem oftmals nur in bestimmte Richtungen geförderten Selbstbewusstsein. Zum anderen fehlt es vielerorts an der nötigen Unterstützung und dem Zugang zu den bestehenden männlichen Netzwerken. Auch relativieren sich Interessen an Machtpositionen oft, sobald sich die erste Mutterschaft anbahnt. Die Verantwortung für ein Neugeborenes zu übernehmen, erfordert im Normalfall mehr körperliche und geistige Kraft, als es für jene vorstellbar scheint, die es nicht selbst erleben. Es ist „unbeschreiblich", um auf die Feststellung von Thomas Nagel hinzuweisen, nach der niemand irgendetwas über fremdes Selbsterleben wisse, weil sich die Erlebnis- und Gefühlsperspektive eines Anderen, dieses

---

[751] Vgl. Thurneysen 1921; Tain bo Cuailnge, 118-219.

„Wie-es-sich-anfühlt" wissenschaftlich nicht beschreiben ließe[752]. Zudem sind mit Geburt und eventueller Stillzeit die verantwortungsvolle Pflege und Begleitung eines Kindes noch lange nicht erschöpft. Nicht zuletzt bereitet die Trennung von einer geliebten Person, insbesondere, wenn sich diese noch in der Entwicklung befindet, Schmerzen – mentale bis hin zu körperlichen. Nicht jeder ist bereit, sie auf sich zu nehmen.

Diese Feststellung ist weder eine Rechtfertigung für die Jahrtausende lange Unterdrückung von Frauen und Beschränkung ihrer Selbstbestimmungsrechte sowie Spielräume zur Selbstverwirklichung. Noch ist es eine Entschuldigung für das mangelnde Interesse an Führungs- oder Machtpositionen vieler Frauen. Es zeigt aber, dass die in den meisten Teilen dieser Welt vorherrschende, auf einem von männlichen Sichtweisen geformten Weltbild beruhende Rollenverteilung zwischen den Geschlechtern kaum zu Geschlechtergerechtigkeit und einer gemeinsamen Teilhabe an für die Gesellschaft relevanten Entscheidungen führen kann.

Der Philosoph John Stuart Mill setzte sich bereits in den Sechzigerjahren des 19. Jahrhunderts für eine egalitäre Gesellschaftsstruktur ein, weil er davon überzeugt war, dies würde zum allgemeinen Nutzen beitragen – und nicht zuletzt, weil er in den damaligen Gesetzesregelungen ein Unrecht sah[753]. Auch vertrat er die Meinung, dass jedem Individuum die Herrschaft über sich selbst, den eigenen Körper und Geist zukomme[754].

Inzwischen sind die Rechte auf eine gleichberechtigte Behandlung von Frauen und Männern in den nationalen Verfassungen zahlreicher Staaten verbrieft. Dass Themen wie Gendergap (auf das Geschlecht bezogene Lücke in den Bereichen Bildung, Gesundheit, Wirtschaft und Politik), sexuelle Belästigung oder Ungleichheit bei der beruflichen Förderung weiterhin in der öffentlichen Diskussion stehen, zeigt jedoch wie schwierig sich die Umsetzung einer Gleichstellung der Geschlechter selbst in aufgeklärten, liberalen Demokratien westlicher Prägung gestaltet.

Erst wenn traditionelle Muster durchbrochen werden, es über die Sozialisation zu keiner Behinderung der Selbstentfaltung kommt und im Verlauf beide Geschlechter die uneingeschränkte Möglichkeit haben, ihre Rolle selbst zu bestimmen – ohne sich vor sich selbst, vor der Familie, vor Freunden oder anderen aufgrund irgendwelcher ideologischer Vorgaben rechtfertigen zu müssen –, sind die Voraussetzungen für eine selbstbestimmte Lebensplanung gegeben. Zusammen mit vernünftigen Angeboten für Kinderbetreuung, Haushaltshilfe und Teilzeitarbeit oder Homeoffice würde dies vermutlich auch zu einem höheren Frauenanteil in den höchsten Führungsebenen von Wirtschaft und Politik führen.

---

[752] Vgl.: Nagel, Thomas: What is it like to be a Bat? In: The Philosophical Review. Vol. 83, No. 4, 1974, 435-450.
[753] Vgl.: Mill, John Stuart: The subjection of women. London 1869.
[754] Vgl.: Mill, John Stuart: On Liberty. London 1869, Introductory Absatz 9. „In the part which merely concerns himself [Anm.: any member of a civilized community], his independence is, of right, absolute. Over himself, over his own body and mind, the individual is sovereign." Die im Anschluss genannten Ausnahmen, etwa minderjährige Kinder, beziehen sich in keiner Weise auf das weibliche Geschlecht. Quelle: bartleby.com/130/1.html.

Heldenhafter Widerstand

Der Politikwissenschaftler Herfried Münkler verweist darauf, dass für offene, post-heroische Gesellschaften eine nationale Opferbereitschaft wenig sinnvoll erscheint, während viele nichtwestliche, kinderreiche durch nationalistische oder religiös fundamentalistische Ideologien geprägte Gesellschaften ein großes Heroisierungspotenzial besitzen, deren Vorteil in Kriegszeiten darin besteht, todesbereite „Helden" in schutzlose Menschenmengen zu schicken [755]. Im Angesicht der zunehmenden Anzahl von Selbstmordattentaten und Terrorakten auch auf europäischem Boden eine plausible Feststellung. Doch sollte sie in der öffentlichen Diskussion liberaler, egalitär ausgerichteter demokratischer Gesellschaften nicht dazu führen, beispielsweise die zunehmende Gleichstellung und -behandlung der Geschlechter mit einer „Verweichlichung" der Männer, dem Fehlen von Kampfbereitschaft, Opfermut und Beschützerinstinkten gleichzusetzen; und darin eine Bedrohung für die nationale Sicherheit und innere Ordnung zu sehen. Denn wenn dies mit immer lauter werdenden Aufrufen verbunden wird, zu einem traditionelleren geschlechterspezifischen Rollenbild zurückzukehren, ist es hoch an der Zeit solche Forderungen einer kritischen Betrachtung zu unterziehen; und mit rationalen Argumenten auf die Gefahren hinzuweisen.

Für den Schutz des Landes und seiner Bewohner steht den europäischen Staaten das modernste technische Wehrmaterial zur Verfügung. Fernlenkbare Raketen, biologische, chemische und Kernwaffen eignen sich beispielsweise für Ziele außerhalb des Landes; Kampfdrohnen, Panzer und Mensch-Maschine-Schnittstellen in Handfeuerwaffensystemen zur Optimierung der Entscheidungsfindung verbessern unter anderem den Nahkampf. Für Amokläufer, frei agierende Einzelgruppen, Selbstmordattentäter oder Trittbrettfahrer fehlt jedoch eine adäquate Mustererkennung, um präventive Maßnahmen zu setzen. Denn meist offenbaren sich die geplanten Absichten erst im Moment ihrer Verwirklichung. Welchen Nutzen hätte nun eine Rückkehr zu traditionellen Geschlechterrollen, zu geschlechts-spezifischen Erziehungsmodellen mit einer Förderung einst angesehener männlicher Qualitäten, zu einem Wiedererstarken der männlichen Dominanz?

Die Rückkehr zu einer Förderung einst dem idealen Krieger zugeschriebenen heroischen „Tugenden" wie Tapferkeit, Kampfbereitschaft und Opfermut wird im Angesicht von Nuklearwaffen und Drohnen weder Kriege beenden, noch Selbstmordattentate und Amok-läufe verhindern [756]. Sie stellt jedoch mit großer Wahrscheinlichkeit eine Gefahr für die mühsam errungenen ethischen Fortschritte demokratischer Gesellschaften dar.

Demokratische Gesellschaftssysteme westlicher Prägung zeichnen sich vor allem durch ihr Bestreben aus, die größtmögliche Freiheit des Einzelnen abzusichern. Dazu zählt bei-spielsweise die Gewährleistung von Meinungs-, Gewissens- und Glaubensfreiheit, aber auch das Recht auf individuelle Selbstverwirklichung, sexuelle Selbstbestimmung sowie die Durchsetzung der Gleichberechtigung von Männern und Frauen. Festgeschrieben in den jeweiligen Bundesgesetzgebungen handelt es sich doch nach wie vor um einen Prozess des

---

[755] Vgl.: Von den Hoff, Ralf u.a.: Das Heroische in der neueren kulturhistorischen Forschung. 2015, 19.
[756] So weist auch Herfried Münkler darauf hin, wie wenig einsichtig im Nuklearzeitalter mit seinen Langstreckenraketen und ferngelenkten Kampfdrohnen der Heldentod eines einzelnen Soldaten sei. Vgl.: Von den Hoff, Ralf u.a.: Das Heroische in der neueren kulturhistorischen Forschung. 2015, 19.

Werdens, wie etwa die Anfang Juli 2016 vom Deutschen Bundestag beschlossene Reform des Sexualstrafrechts zeigt.

Die Absicherung der größtmöglichen Freiheit des Einzelnen, seiner Möglichkeit zu Selbstentfaltung und Selbstverwirklichung liegt nicht in der Hand einiger heldenhafter Figuren. In einer aufgeklärten, liberalen und humanistisch orientierten Demokratie fällt diese Aufgabe verschiedenen Institutionen zu, deren Mitglieder eine demokratisch gewählten konstitutionellen Regierung – im Sinne K. R. Poppers[757] – auswählt. Es liegt in der Ver-antwortung dieser Institutionen, rationale Lösungsansätze, etwa für eine Verhinderung von Attentaten, auszuarbeiten, diese kritisch zu prüfen, eine Auswahl zu treffen und in Form geeigneter Maßnahmen umzusetzen. Doch besteht auch eine Mitverantwortung der Gesellschaft. Freundliches Interesse an und ein respektvoller Umgang mit dem persönlichen Umfeld sowie die Vermeidung von Ausgrenzung können viel dazu beitragen, demokratische Werte – Rechte und Pflichten – zu vermitteln. Herfried Münkler rät zu „heroischer Gelassen-heit". Niemand sollte eine Einschränkung seiner Freiheitsrechte zulassen. Stattdessen gelte es zu „zeigen, dass wir aufgrund von Terroranschlägen unsere tägliche Lebensweise und unsere Werte nicht verändern werden"[758].

---

[757] Vgl.: Popper, Karl Raimund: Alles Leben ist Problemlösen. München/Berlin 2015, 10.
[758] Quelle: Lange, Kai: „Wir brauchen heroische Gelassenheit". Ein Interview mit Herfried Münkler vom 8. September 2006 unter: manager-magazin.de/unternehmen/artikel/a-435859.html (ges. 15.08.2016)

4. Resümee

Die zu überprüfende These lautet: Gerade in der heutigen Zeit ist eine kritisch-rationale Auseinandersetzung mit den Mythen vergangener Kulturen sinnvoll, um brauchbare Lösungsansätze für den Umgang mit mythischen Weltanschauungen in grundsätzlich wissenschaftsorientierten Gesellschaften zu generieren.

Neurobiologische, wissenschaftsphilosophische und sozialwissenschaftliche Untersuchungen stützen die in der These vorausgesetzte Annahme, dass ein Großteil der Menschen in überschaubarer Zukunft kaum, vielleicht sogar niemals, fähig ist, sich vollständig von einer mythischen Weltanschauung zu lösen. So deuten die Ergebnisse verschiedener Studien darauf hin, dass nicht nur wissenschaftliche Theorien, sondern auch mythische Vorstellungen eine Möglichkeit zur rationalen Erschließung und Bewältigung der Erlebenswelt darstellen.

Zwar zeigt sich in wissenschaftsorientierten demokratischen Gesellschaftssystemen eine zunehmende Verringerung des Spielraumes für mythische Daseinsdeutungen. Einige der Grundannahmen und Vorstellungen scheinen jedoch latent vorhanden zu sein und können, wie ein Blick auf die sozialen und politischen Verhältnisse zu Beginn des 21. Jahrhunderts offenbart, bei einem Teil der Bevölkerung in Krisenzeiten von religiösen und politischen Institutionen oder populistischen Bewegungen schnell wiederbelebt werden. Auch wenden sich auf der Suche nach praktischer Lebenshilfe selbst in den westlichen Demokratien nach wie vor viele Menschen „pseudowissenschaftlichen[759]" Ratgebern zu, die je nach Begriffsbestimmung religiöse Würdenträger einschließen. Zudem finden sich Bezüge zu mythischen Vorstellungen in heutiger Zeit nicht nur in religiösen oder politischen Ideologien, sondern ebenso in literarischen Werken oder jenen der elektronischen Medien, seien es Spielfilme oder Werbebotschaften, deren idealisierten Protagonisten oft eine Bewunderung zukommt, die an kultische Verehrung grenzt. Wie es scheint, ist dem Menschen von Geburt an ein mythisches Weltbild selbstverständlich. Erst im Laufe seiner Entwicklung wendet er sich einem naturalistischen und wissenschaftsbasierten Weltbild zu. Wie weit und „vollständig" dies geschieht, hängt von verschiedenen Umständen ab, vor allem von seinem sozialen Umfeld und seiner Bereitschaft bzw. seinen Möglichkeiten zur Bildung einer kritisch-rationalen Geisteshaltung.

Dies führt zu der Schlussfolgerung: In allen Staaten und in den meisten Gesellschaften der Welt bestehen mythische Anschauungen bis zu einem gewissen Grad parallel zu einer wissenschaftsorientierten Weltsicht.

Die Gefahr liegt in ihrer Instrumentalisierung. Handelt es sich um Wertvorstellungen und Handlungsvorgaben ist sie kaum zu unterschätzen. Mythische Erzählungen ermöglichen Identifikation: Zum einen durch die sinnbildhafte Schilderung der Gesamtsituation; zum anderen durch die Offenlegung der emotionalen Beweggründe der Protagonisten. Für die Akzeptanz von Handlungsvorgaben und Wertvorstellungen bildet dies eine wichtige Voraussetzung. Um eine erfolgreiche Instrumentalisierung von Mythen und ihren Hauptfiguren zum Zwecke einer Beeinflussung und Manipulation der Allgemeinheit zu verhindern, bedarf es einer umfassenden neutralen Informationsvermittlung und Aufklärung aller sowie einer

---

[759] Pseudowissenschaft im Sinne des Mathematikers John L. Casti (Verlust der Wahrheit. Streitfragen der Naturwissenschaften. München 1990).

öffentlichen „kritischen Diskussion[760]". Vielerorts ist eine solche Forderung kaum umzusetzen. Selbst in den offenen, westlichen Demokratien neigen zahlreiche Massenmedien dazu, ihre Berichterstattungen zu einseitig zu gestalten und behindern dadurch eine freie, rationale Meinungsbildung. Doch oft beruhen Meinungen auch auf traditionellen, meist unhinterfragten Vorstellungen, deren Ursprung in den latent vorhandenen mythischen Grundannahmen zu finden ist.

Für das Verständnis der Problematik im philosophischen Diskurs bezüglich der Relation von mythischer und wissenschaftsbasierter Weltanschauung wurden ausgewählte zentrale Charakteristika der mythischen und der wissenschaftsbasierten Weltdeutung vorgestellt, ihre Hypothesen und Konzeptionen miteinander in Beziehung gesetzt sowie ihre Wechselwirkungen und Unterschiede aufgezeigt.

Eines der hervorstechendsten Merkmale mythischer Anschauungen ist die Annahme, dass in der Lebenswelt des Menschen nicht nur materielle Objekte real existieren, sondern auch transzendente, spirituelle oder magische Kräfte und Wesen. Oft werden die regelmäßigen Abläufe in der Natur, die Phänomene und Erscheinungen, aber auch unvorhergesehene Ereignisse oder Entwicklungen auf ein (vorzugsweise einem Sinn und Zweck dienend gedachtes) Eingreifen solch übernatürlicher Mächte zurückgeführt. Die Vorstellung, dass sie Einfluss auf die menschliche Lebenswelt nehmen, schließt meist den Glauben ein, mit ihnen direkt, oder wenigstens indirekt, in Verbindung treten, sie wohlgesinnt stimmen, eventuell sogar ihre Energie nutzen zu können.

Über lange Zeit war diese Form der Daseinsdeutung geeignet, das Bedürfnis der Menschen nach einer sinnvoll geordneten Welt zu stillen. Doch mit der zunehmenden Bedeutung von Naturwissenschaft und technischem Fortschritt gerieten mythische Lebensdeutungen sukzessiv in Bedrängnis. Zahlreiche ihrer Annahmen und Erklärungen wurden durch mit den Ergebnissen wissenschaftlicher Forschung verträgliche Anschauungen ersetzt. Die mythische Erzählung wich der wissenschaftlichen Theorie.

Mythen haben jedoch vielfältige Funktionen. Die symbolhafte Sprache der Mythen erleichtert die Verarbeitung sowohl positiver, als auch negativer Gefühle. Zudem lassen sich mit ihr über leicht nachvollziehbare Gleichnisse oder Allegorien sowie über eine Identifikation mit den Akteuren selbst für komplexe Probleme einfache Lösungen finden. Nicht zuletzt ermöglicht sie emotionale Entlastung bei der ohnehin nicht leichten Bewältigung des alltäglichen Lebens. Gerade der subjektiven Gefühlswelt des Menschen werden wissenschaftlich-deskriptive Beschreibungen mit ihren objektivierten Begriffen kaum gerecht. Größtenteils fehlt ihnen die narrative Erzählstruktur, die ein Ansprechen der Gefühlswelt ermöglicht und dadurch die Akzeptanz der vermittelten Inhalte erleichtert.

Auch stillen sie nicht die Sehnsucht vieler Menschen nach Weltbeseelung und Ganzheitlichkeit ihres durch die immer komplexer werdende Lebenswelt in unzählige Teilfunktionen zerfallenden Daseins[761]. Eine Pluralisierung der Lebenswelt lässt sich in beinahe allen gesellschaftlichen Bereichen feststellen: Lebenspartnerschaften, Haushaltsformen,

---

[760] Im Sinne von K. R. Popper. Vgl.: Popper, Karl Raimund: Alles Leben ist Problemlösen. München / Berlin 2015, 160.
[761] Vgl.: Hübner, Kurt: Wahrheit des Mythos. München 1986, 49.

sozialen Milieus, Lebensstilen und vielem mehr.[762] In der Wissenschaft ist ein Theorienpluralismus gefordert und in der offenen Gesellschaft ein Pluralismus in den politischen Weltanschauungen[763].

Auf der Suche nach Ordnung und Orientierung, nach einem alles umfassenden Sinn und Ziel bietet ein mythisches Weltbild oft eine willkommene Zuflucht. Werden mythische Sichtweisen als universal-menschliche Wahrnehmungskategorie [764] oder als „ein Mittel systematischer Erklärung und Ordnung[765]" begriffen, können sie eine Alternative zu wissenschaftlichen Theorien darstellen, um zu erklären, was die verstandesmäßige Erkenntnis nicht zu fassen vermag[766]; bzw. zu rechtfertigen (etwa Verhaltensweisen oder Einstellungen), was einer rationalen Kritik entzogen werden soll. So stellt sich die Frage nach möglichen Lösungsansätzen für den Umgang mit mythischen Daseinsdeutungen der sozialen Lebenswelt in grundsätzlich wissenschaftsorientierten Gesellschaften. Eine sinnvolle Möglichkeit bildet die Transformation ausgewählter Inhalte mythischer Erzählungen im Sinne einer rationalen Mythenkritik in das wissenschaftsbasierte Weltbild. Dass dies bis zu einem gewissen Grad möglich ist, zeigt sich beispielsweise in den wissenschaftlichen Analysen und Interpretationen[767] des Ödipus-Mythos[768].

Für eine mit einer wissenschaftsbasierten Weltsicht verträgliche Transformation bedürfen die mythischen Deutungen der sozialen Lebenswelt einer Umformung unter Anwendung einer rationalen Mythenkritik und im Sinne der kritischen Philosophie. Als Beispiel für eine Transformation von Mythen in postmodernen Kulturen dienten in dieser Untersuchung die Themenkomplexe „Migration" und „Heldentum". Dabei wurden ausgewählte philosophische Konzeptionen und Hypothesen zum Umgang mit Migration und Asyl sowie zu Heldenvorstellungen in wissenschaftsorientierten Gesellschaften vorgestellt, zum anderen über ausgesuchte inselkeltische Überlieferungen ein exemplarischer Einblick in die mythische Behandlung von Einwanderung und Heldentum gegeben. Es zeigt sich, dass in den mythischen Erzählungen beide Konfliktfelder Beachtung finden. Über anschauliche Beschreibungen der Hintergründe, Lösungsansätze und Maßnahmen sowie der Konsequenzen sollten die Überlieferungen den Inselkelten vermutlich in ähnlichen Situationen als Orientierung dienen.

---

[762] Vgl.: Norbert F. Schneider: Pluralisierung der Lebensformen: Mehr Vielfalt und kleinere Haushalte. Sowie Hans-Peter Müller: Pluralisierung sozialer Milieus und Lebensstile. Beides Beiträge vom 31.5.2012; Quelle: bpb.de.

[763] Der Theorienpluralismus zählt zu den wichtigsten Voraussetzungen für das Funktionieren der von K. R. Popper entwickelten allgemeinen Forschungsmethode des „trial and error", also von Versuch und Irrtum bzw. Vermutungen und Widerlegungen. Er gewährleiste nach K. R. Popper die wirksamste Kritik an Vorschlägen zu Problemlösungen, indem sich letztendlich der beste Vorschlag behaupten und als geeignet erweisen könne. Bezogen auf das Konzept der offenen Gesellschaft fände sich der Pluralismus in den politischen Weltanschauungen, denn beständiger Fortschritt erfordere den Diskurs konkurrierender politischer Parteien mit unterschiedlichen Standpunkten. Vgl.: Eberhard, Ursula (Hg.): Sophias Gärten. Eine Geschichte der Philosophie. Graz Wien Köln 2001, 219.

[764] Vgl.: Barner, Wilfried/Detken Anke/Wesche Jörg (Hg.): Texte zur modernen Mythentheorie. Stuttgart 2003, 263ff. Wolfgang Pannenbergs Vortrag auf dem VI. Europäischen Theologenkongress 1988: Die weltgründende Funktion des Mythos und der christliche Offenbarungsglaube.

[765] Hübner, Kurt: Die Wahrheit des Mythos. 257.

[766] Vgl.: Jamme, Christoph: Gott an hat ein Gewand. Grenzen und Perspektiven philosophischer Mythostheorien der Gegenwart. Frankfurt 1999, 19.

[767] Etwa der Ödipus-Komplex bei Sigmund Freud oder Ödipus als „ziviler Held" bei Christian Schneider. Vgl.: Die Helden-Maschine. Essen 2010, 19-27.

[768] Variationen des Ödipus-Mythos finden bei einigen antiken griechischen Dichtern Erwähnung, darunter Homer, Hesiod und Pindar. Die berühmteste Fassung stammt von Sophokles: „König Ödipus" (ca. 429-425 v.u.Z.).

Wenngleich sich aus der Vergangenheit nicht auf die Zukunft schließen lässt und weder die Grundannahmen, noch die Regelsysteme mythischer Weltbilder in eine wissenschafts-orientierte Daseinsdeutung übertragen werden können, sofern sie auf religiösen Glaubens-vorstellungen gründen; so kann eine themenbezogene Mythenanalyse dennoch bei der Bewertung bestehender sozialer Probleme helfen und zur Generierung von Lösungsansätzen beitragen. Zudem leistet sie im Sinne der kritischen Philosophie einen Beitrag zu einem besseren Verständnis von mythischen Anschauungen nicht nur im Weltbild vergangener und fremder, sondern ebenso in jenem bestehender Gesellschaften.

Für eine systematische Transformation von mythischen Deutungen der sozialen Lebens-welt in das bestehende wissenschaftsbasierte Weltbild bedarf es jedoch nicht nur einer angemessenen wissenschaftlichen Verfahrensweise, sondern auch eines Kataloges mit ethisch-demokratischen Kriterien. Ohne interdisziplinäre Forschungen wird dies kaum zu bewerkstelligen sein. Denn nur im Zusammenspiel von Kultur- und Naturwissenschaften lassen sich umfassende Erkenntnisse über Voraussetzungen und Funktionen, Ursachen und Wirkungen mythischer Weltbilder gewinnen, um Wege für eine sozialverträgliche und mit einer wissenschaftsbasierten Weltsicht harmonierende Transformation oder Integration mythischer Anschauungen zu finden.

Letztendlich geht es somit auch um den interdisziplinären Zugang zu einer Welt-anschauung, die sich über all die Jahrtausende behaupten konnte, und – in Fragmenten – selbst im wissenschaftsbasierten Weltbild der wohlhabenden Industriestaaten ihre eigene Daseinsform gefunden zu haben scheint. Der Versuch mythische Anschauungen und Deutungen im Sinne der kritischen Philosophie und mit rationaler Mythenkritik wissen-schaftlich zu betrachten, dient dem Ziel, einen Beitrag zur Generierung von vernünftigen Lösungsansätzen für den Umgang mit auf einer mythischen Weltsicht gründenden Interpreta-tionen der Lebenswelt zu leisten, um die mit ideologischen Dogmatisierungen und Instru-mentalisierungen verbundenen Gefahren zu verringern.

Eine Analyse mythischer Erzählungen ermöglicht keine Vorhersage künftiger Ereignisse. Sie kann aber über kritische Interpretationen neue Blickwinkel erschließen und dazu beitragen, vernünftige Lösungsansätze zu finden, beispielsweise für einen Umgang mit mythischen Anschauungen in grundsätzlich wissenschaftsorientierten Gesellschaften; für menschliche Lebensprobleme wie dem Bedürfnis nach Orientierung oder der Bildung moralischer Werte; für gegenwärtige soziale Konflikte im Rahmen von Globalisierung sowie von politischen und ökonomischen Machtansprüchen. Indem mythische Weltdeutungen beständig in moderne Lebenswelten hereinreichen, scheint ihre kritisch-rationale Analyse sinnvoll und notwendig zu sein.

Mythische Daseinsdeutungen und Wertbegründungen sind im "kulturellen Gedächtnis[769]" jeder Gesellschaft gespeichert; sie vollständig zu überwinden, ist kaum möglich.

Bezug nehmend auf gegenwärtige Problemlagen, etwa des Krieges, der Migration oder der Heroisierung von Menschen, lässt sich auf direkte Weise wohl nichts oder nur wenig von

---

[769] Der Kulturwissenschaftler Jan Assmann beschreibt den Begriff des „kulturellen Gedächtnisses" „als Sammelbegriff für alles Wissen, das im spezifischen Interaktionsrahmen einer Gesellschaft Handeln und Erleben steuert und von Generation zu Generation zur wiederholten Einübung und Einweisung ansteht." Quelle: Assmann, Jan/Hölscher, Toni: Kultur und Gedächtnis. Frankfurt 1988, 9. Über die Entstehung und Funktionen des „kulturellen Gedächtnisses sowie die Rolle seiner Träger Vgl.: Assmann, Aleida: Erinnerungsräume: Formen und Wandlungen des kulturellen Gedächtnisses. 5. Auflage, München 2011; Assmann, Jan: Religion und kulturelles Gedächtnis. 3. Auflage, München 2008.

vergangenen Kulturen lernen. Dennoch kann es von Vorteil sein, festzustellen, auf welche Art Gesellschaften in früheren Zeiten mit Konfliktsituationen umgegangen sind. Über eine Dekonstruktion und Transformation ihrer Mythen ist es möglich, die darin ausgedrückten Problemsituationen in heutige Lebenswelten zu übersetzen. Wie es scheint, sind die Konfliktfelder im Laufe der Zeit weitgehend dieselben geblieben. Wesentlich verändert haben sich in modernen Gesellschaften indes die Lösungsmöglichkeiten.

Die kritische Mythenforschung kann somit dazu anregen, auf kreative Weise nach partiellen Lösungen für dynamisch fortschreitende Problemfelder zu suchen. An einer solchen Suche beteiligen sich heute schwache und starke Naturalisten ebenso, wie theoretische und praktische Materialisten oder religiöse Zeitgenossen. Vieler der in den Mythen artikulierten Problemfelder sind auch in der heutigen Zeit aktuell. Verändert haben sich nur die äußeren Umstände.

Zusammenfassung

Insbesondere in wissenschaftsorientierten Gesellschaftssystemen scheint es, als würde sich der Spielraum für mythische Daseinsdeutungen unaufhaltsam verringern. Eine kritische Betrachtung der sozialen und politischen Verhältnisse zu Beginn des 21. Jahrhunderts zeigt jedoch: In Krisenzeiten können nicht nur religiöse und politische Institutionen, sondern auch populistische Bewegungen mythische Weltanschauungen bei mehr oder minder großen Teilen der Bevölkerung schnell wiederbeleben.

Davon ausgehend, dass einige der Grundannahmen und Vorstellungen mythischer Weltbilder im kulturellen Gedächtnis jeder Gesellschaft latent vorhanden sind, scheint es sinnvoll zu sein, nach brauchbaren Lösungsansätzen für den Umgang mit mythischen Daseinsdeutungen zu suchen. Die Untersuchung von mythischen Weltdeutungen im Kontext moderner Mythenforschung und wissenschaftsbasierter Weltbilder setzt sich am Beispiel ausgewählter inselkeltischer Überlieferungen kritisch-rational mit den Mythen vergangener Kulturen auseinander. Für das Verständnis der Problematik im philosophischen Diskurs bezüglich der Relation von mythischer und wissenschaftsbasierter Weltanschauung werden ausgesuchte zentrale Charakteristika der mythischen und der wissenschaftsbasierten Weltdeutung vorgestellt, ihre Hypothesen und Konzeptionen miteinander in Beziehung gesetzt sowie ihre Wechselwirkungen und Unterschiede aufgezeigt.

Eine auf die Themenkomplexe „Migration" und „Heldentum" bezogene Analyse ausgewählter inselkeltischer Überlieferungen soll bei der Bewertung bestehender sozialer Probleme helfen, sowie über eine mit einer wissenschaftsbasierten Weltsicht verträglichen Transformation zur Generierung von Lösungsansätzen beitragen, beispielsweise für einen Umgang mit mythischen Anschauungen in grundsätzlich wissenschaftsorientierten Gesellschaften; für menschliche Lebensprobleme wie dem Bedürfnis nach Orientierung oder der Bildung moralischer Werte; für gegenwärtige soziale Konflikte im Rahmen von politischen und ökonomischen Machtansprüchen.

So unterschiedlich die Lebenssituationen von vergangenen Kulturen und modernen Gesellschaften auch sein mögen; die Konfliktfelder scheinen weitgehend dieselben geblieben zu sein. Indem die in den Mythen vergangener Kulturen ausgedrückten Problemsituationen in heutige Lebenswelten übersetzt werden, kann die kritische Mythenforschung über eine Dekonstruktion und Transformation dazu anregen, auf kreative Weise nach partiellen Lösungen für dynamisch fortschreitende Problemfelder zu suchen.

Quellenverzeichnis

Ackrill, John L.: Aristoteles. Berlin 1985

Albersmeier, Sabine (Hg.): Heroes. Mortals and Myths in Ancient Greece. Baltimore 2009

Amann, Erwin; Helbach, Christoph: Spieltheorie für Dummies. Weinheim 2012

Anonymous and Lady Charlotte Guest: The Mabinogion. Teddington 2006

Asmussen, Jes Peter: Handbuch Religionsgeschichte. Band 1. Kopenhagen 1971

Assmann Aleida: Erinnerungsräume: Formen und Wandlungen des kulturellen Gedächtnisses. 5. Auflage, München 2011

Assmann, Jan: Religion und kulturelles Gedächtnis. 3. Auflage, München 2008

Assmann, Jan / Hölscher, Toni: Kultur und Gedächtnis. Frankfurt am Main 1988

Barbour, Ian G.: Naturwissenschaft trifft Religion. Gegner, Fremde, Partner? Göttingen 2010

Barner, Wilfried/Detken Anke/Wesche Jörg (Hg.): Texte zur modernen Mythentheorie. Stuttgart 2003

Bauer, Joachim: Das kooperative Gen. Abschied vom Darwinismus. Hamburg 2008

Bell, Daniel: Die nachindustrielle Gesellschaft. Frankfurt am Main 1994

Berauer, Gunter: Vom Irrtum des Determinismus. Gereimtes und Ungereimtes aus unserem wissenschaftlichen Weltbild. Berlin 2012

Berndt, Susanna: Kunst und Mythos. Hamburg 2014

Barner, Wilfried / Detken, Anke / Wesche, Jörg (Hg.): Texte zur modernen Mythentheorie. Stuttgart 2003

Birkhan, Helmut: Kelten, Wien 1997; 3. Auflage, Wien 1999

Birkhan, Helmut: Bausteine zum Studium der Keltologie 2005

Bischofberger, Otto: Das neue Heidentum. Rückkehr zu den alten Göttern. Fribourg 1996

Bleibtreu-Ehrenberg, Gisela: Angst und Vorurteil - AIDS-Ängste als Gegenstand der Vorurteilsforschung, Hamburg 1989

Bostrom, Nick: Superintelligenz – Szenarien einer kommenden Revolution. Berlin 2014

Boyer, Pascal: Und Mensch schuf Gott. Stuttgart 2004

Brendel, Renate (Hg.): Keltische Sagen. Aus dem Gälischen übertragen von Rudolf Thurneysen. Frankfurt am Main 1991

Brockhaus' Kleines Konversations-Lexikon. Band 2. 5. Auflage, Leipzig 1911

Broderick, Damien: The Judas Mandala. 1982

Buber, Martin (Hg.): Die vier Zweige des Mabinogi. Frankfurt am Main 1966

Bühl, Achim: Die virtuelle Gesellschaft des 21. Jahrhunderts. 2. Auflage, Wiesbaden 2000

Bunge, Mario / Mahner, Martin: Über die Natur der Dinge. Stuttgart 2004

Campbell, Joseph: Die Masken Gottes. Bd. 1-4, München 1996

Campbell, Joseph: The power of myth. New York 1991

Campbell, Joseph: Der Heros in tausend Gestalten. 3. Auflage, Berlin 2011

Campbell, Joseph: Leabhar Na Feinne. Heroic Gaelic Ballads. Vol. I. Gaelic Texts, London 1872

Carnap, Rudolf: Der logische Aufbau der Welt. Hamburg 1999

Cassee, Andreas / Goppel, Anna (Hg.): Migration und Ethik. 2. Auflage, Münster 2014

Cassirer, Ernst: Vom Mythus des Staates. Neuausgabe, Hamburg 2002

Cassirer, Ernst: Philosophie der symbolischen Formen I. Frankfurt 1923

Cassirer, Ernst: Was ist der Mensch? München 1960

Casti, John L.: Verlust der Wahrheit. Streitfragen der Naturwissenschaften. München 1990

Chalmers, Alan F.: Wege der Wissenschaft. Einführung in die Wissenschaftstheorie. 6. Auflage, Berlin-Heidelberg 2007

Clarus, Ingeborg: Keltische Mythen. Der Mensch und seine Anderswelt. Olten 1991

Darwin, Charles: Entstehung der Arten im Thier und Pflanzen-Reich. Stuttgart 1860

Dawkins, Richard: Das egoistische Gen. 2. Auflage, Hamburg 2014

Derrida, Jacques: Die Schrift und die Differenz. Frankfurt am Main 1994

De Vries, Jan: Keltische Religion. Stuttgart 1961

Du Bois-Reymond, Emil Heinrich: Über die Grenzen des Naturerkennens. Leipzig 1872

Dumezil, George: Les dieux des Indo-Européens. Paris 1952

Dumezil, George: L´idéologie tripartite des Indo-Européens. Bruxelles 1958

Dumezil, George: Mythe et épopée III. Paris 1973

Duffy, Seán: Medieval Ireland: An Encyclopedia, New York 2005

Duval, Paul-Marie: Les Celts. Paris 1967

Eberhard, Ursula (Hg.): Sophias Gärten. Eine Geschichte der Philosophie. Graz Wien Köln 2001

Eliade Mircea: Mythos und Wirklichkeit. Frankfurt am Main 1988

Eliade, M.: Das Heilige und das Profane. Vom Wesen des Religiösen. Hamburg 1957

Erben: Episteme, Mythos und humane Zukunft. 1986

Faivre, Antoine: Esoterik im Überblick. Freiburg 2001

Feyerabend, Paul: Naturphilosophie, Frankfurt am Main 2009

Figl, Johann (Hg.): Handbuch Religionswissenschaft, Innsbruck 2003

Firth, Raymond: The modern Construction of Myth. Bloomington 2001

Foerster, Heinz von: Wahrheit ist die Erfindung eines Lügners, Heidelberg 2013

Foerster, Heinz von: Sicht und Einsicht. Online-Ausgabe. Heidelberg 2006

Forschner, Maximilian: Mensch und Gesellschaft, Darmstadt 1989

Frazer, James Georg: Der goldene Zweig. Band I und II. Frankfurt am Main 1977

Frazer, James: The Battle of Moytura: The first Battle of Mag Tuired. Theophania Publishing 2011 - Übersetzung MS H 2, 17 Library of Trinity College, Dublin.

Freede, Jochen: Wirklichkeit und Illusion – Menschliche Weltsicht zwischen kritischer Rationalität und subjektiver Konstruktion. Grin Verlag 2008

Freud, Sigmund: Totem und Tabu. 2. Auflage, Leipzig, Wien, Zürich 1920

Fries-Knoblach, Janine: Die Kelten, Stuttgart 2002

Früchtl, Josef: Das unverschämte Ich. Eine Heldengeschichte der Moderne. Frankfurt am Main 2004

Gadamer, Hans-Georg: Wahrheit und Methode. Frankfurt 1961

Gadamer, Hans-Georg: Plato. Texte zur Ideenlehre. Frankfurt1986

Gadamer, Hans-Georg: Wege zu Plato (Reclams Universal-Bibliothek). Stuttgart 2001

Gessmann, Martin (Hg.): Philosophisches Wörterbuch. 23. Auflage, Stuttgart 2009

Giesen, Bernhard: Triumph and Trauma. Boulder-London 2004

Giesen, Bernhard: Zwischenlagen: Das Außerordentliche als Grund der sozialen Wirklichkeit. Weilerswist 2010

Gollner, Hans: Wohnt Gott im gehirn? Warum die Neurowissenschaften die Religion nicht erklären. Kevelaer 2015

Götschl, Johann (Hg.): Evolution and progress in democracies. Towards New Foundations of a Knowledge Society. Dordrecht 2011

Göttner-Abendroth, Heide: Das Matriarchat I. Geschichte seiner Erforschung. 3. Auflage, Stuttgart 1995

Göttner-Abendroth, Heide: Die Göttin und ihr Heros. Die matriarchalen Religionen in Mythen, Märchen und Dichtung. Erweiterte Neuausgabe, Stuttgart 2011

Grabner-Haider, Anton: Strukturen des Mythos. Frankfurt am Main 1989

Grabner-Haider, Anton / Prenner, Karl (Hg.): Religionen und Kulturen der Erde. Darmstadt 2005

Grabner-Haider, Anton (Hg.): Ethos der Weltkulturen. Religion und Ethik. Göttingen 2006

Grabner-Haider, Anton: Die wichtigsten Philosophen. Wiesbaden 2006

Grabner-Haider, Anton / Wuketits, Franz M.: Atheismus oder Kulturchristentum? Zwischen Dialog und Kooperation. Neu-Isenburg 2014

Grabner-Haider, Anton: Strukturen des Mythos. Frankfurt am Main 1989

Green, Miranda J.: Die Druiden, Welt der keltischen Magie. Augsburg 2000

Gribbin, John: Auf der Suche nach Schrödingers Katze. Quantenphysik und Wirklichkeit. 10. Auflage. München 2012

Grimal, Pierre: Mythen der Völker III, Hamburg 1967

Grosses Handlexikon in Farbe, Bertelsmann Lexikon-Verlag, Gütersloh 1979

Gumin, Heinz / Meier, Heinrich (Hg.): Einführung in den Konstruktivismus. Beiträge von Heinz von Foerster, ernst von Glaserfeld, Peter M. Hejl, Siegfried J. Schmidt und Paul Watzlawick. 13. Auflage, München 2012

Habermas, Jürgen: Erkenntnis und Interesse. Frankfurt 1967

Habermas, Jürgen: Zwischen Naturalismus und Religion. Frankfurt 2005

Harrison, Beverly: Die neue Ethik der Frauen – kraftvolle Beziehungen statt bloßen Gehorsams. Stuttgart 1991

Heidegger, Martin: Gesamtausgabe. I. Abteilung: Veröffentlichte Schriften 1910-1976. Band 6.2. Nietzsche II. Frankfurt am Main 1997

Heiler, Friedrich: Erscheinungsformen und Wesen der Religion. Stuttgart 1979

Herm, Gerhard: Das Volk, das aus dem Dunkel kam. Augsburg, 1996

Herrmann, Joachim (Hg.): Griechische und lateinische Quellen zur Frühgeschichte Europas I. Berlin 1988

Hick, John: Religion. Die menschlichen Antworten auf die Frage nach Leben und Tod. München 1996

Hick, John: Gott und seine vielen Namen. Frankfurt a.M. 2002

Hödl, Hans Gerald: *Mythos* in: Johann Figl: Handbuch Religionswissenschaft. Innsbruck 2003

Hofeneder, Andreas: Die Religion der Kelten in den antiken literarischen Zeugnissen. Band I und II - Wien 2008

Höffe, Otfried: Die Macht der Moral im 21. Jahrhundert. Annäherungen an eine zeitgemäße Ethik. München 2014

Horn, Fabian: Held und Heldentum bei Homer. Das homerische Heldenkonzept und seine poetische Verwendung. Tübingen 2014

Hüther, Gerald. Die Macht der inneren Bilder, Göttingen 2009

Hübner, Kurt: Die Wahrheit des Mythos. Eine kleine Einführung. München 1986

Hume, David: Eine Untersuchung über den menschlichen Verstand. Stuttgart 1986.

Jamme, Christoph: Gott hat an ein Gewand. Grenzen und Perspektiven philosophischer Mythostheorien der Gegenwart. Frankfurt a.M. 1999

Jenkins, Dafydd: Hywel Dda. The Law. Law Texts of Medieval Wales. Llandysul, Dyfed 1986

Jones, Christopher: New Heroes in Antiquity. From Achilles to Antinoos. Cambridge 2010

Jung, Carl Gustav: Über die Archetypen des kollektiven Unbewussten, Zürich 1934

Jung, Carl Gustav: Psychologie und Religion. Zürich 1937

Jung, Carl Gustav: Die Dynamik des Unbewussten. Zürich 1967

Jung, C.G.: Wandlungen und Symbole der Libido. Beiträge zur Entwicklungsgeschichte. 2. Auflage, Leipzig und Wien 1925.

Kanitscheider, Bernulf: Die Materie und ihre Schatten. Naturalistische Wissenschaftsphilosophie. Aschaffenburg 2007

Kanitscheider, Bernulf: Entzauberte Welt. Über den Sinn des Lebens in uns selbst. Eine Streitschrift. Stuttgart 2008

Kanitscheider, Bernulf: Im Innern der Natur. Philosophie und moderne Physik. Darmstadt 1996

Kiesewetter, Hubert (Hg.): Gesammelte Werke 5: Karl Popper. Die offene Gesellschaft und ihre Feinde. Band I. Der Zauber Platons; Gesammelte Werke 6: Karl Popper. Die offene Gesellschaft und ihre Feinde. Band II. Falsche Propheten: Hegel, Marx und die Folgen. 8. Auflage, Tübingen 2003.

Kippenberg, H. / Luchesi, B. (Hg.): Magie. Kontroverse über das Verstehen fremden Denkens. Frankfurt 1978

Kottak, Conrad Phillip: Anthropology: The Exploration of Human Diversity. New York 1974

Krukonis, Greg / Barr, Tracy: Evolution für Dummies. Weinheim 2013

Kuhn, Thomas Samuel: Die Struktur wissenschaftlicher Revolutionen. Frankfurt a.M. 1967

Küppers, Bernd-Olaf: Die Berechenbarkeit der Welt. Stuttgart 2012

Lambrechts, Pierre: L´exaltation de la tete dans la pensee et dans l`art des Celtes, Brügge 1954

Lengyel, Lancelot: Das geheime Wissen der Kelten. Freiburg 1994

Lenk, Hans (Hg.): Zur Kritik der wissenschaftlichen Rationalität. Freiburg und München 1988

Lennox, John: Hat die Wissenschaft Gott begraben? Eine kritische Abalyse moderner Denkvoraussetzungen. Witten 2009

Lévi-Strauss, Claude: Mythologica I, das Rohe und das Gekochte. Frankfurt 1971

Lorenz, Konrad: Die Rückseite des Spiegels. Zur Naturgeschichte menschlichen Erkennens. München 1973

LWL-Industriemuseum (Hg.): Die Helden-Maschine. Zur Aktualität und Tradition von Heldenbildern. Essen 2010

Macalister, Stewart R.A.: Lebor Gabála Érenn, The book of the taking of Ireland, Part I - V. Dublin 1938-1941, 1956

MacCulloch, John Arnott: Celtic Mythology. 1921; 1964; London 1992

Magaña, Edmundo / Mason, Peter: Myth and the imaginary in the New World. Amsterdam 1986.

Maier, Bernhard: Die Religion der Kelten, Darmstadt 2001

Maier, Bernhard: Das Sagenbuch der Walisischen Kelten. 2. Auflage, München 2004

Maier, Bernhard: Die Druiden, München 2009

Malinowski, Bronislaw: Magie, Wissenschaft und Religion und andere Schriften. Frankfurt a.M. 1982

Margulis, Lynn: Die andere Evolution. Heidelberg Berlin 1999

Markale, Jean: Die Druiden. Gesellschaft und Götter der Kelten. Augsburg 1996

Marx, Helma (Hg.): Das Buch der Mythen, München 1999

Matthias, Martin: Bounded rationality – begrenzte Rationalität. GRIN-Verlag 2009

Mill, John Stuart: The subjection of women. London 1869

Mill, John Stuart: On Liberty. London 1869

Miller, David: Karl Popper Lesebuch. 2. Auflage, Tübingen 2012

Miller, Ronald S.: Handbuch der Neuen Spiritualität. Bern 1994

Mittelstraß, Jürgen (Hg.): Enzyklopädie. Philosophie und Wissenschaftstheorie. Band 1-4, Sonderausgabe, Stuttgart 2004

MacLauchlan, Thomas: Dean of Lismore's Book. A Selection of ancient Gaelic Poetry. From a Manuskript Collection made by Sir James M'Gregor, Dean of Lismore, in the Beginning of the Sixteenth Century. Edinburgh 1862

Maslow, Abraham: Motivation und Persönlichkeit. 14. Auflage, Reinbek 1981

Monaghan, Patricia: The Encyclopedia of Celtic Mythology and Folklore. New York 2004

Morris, Jan: Wer regiert die Welt? Warum Zivilisationen herrschen oder beherrscht werden. New York 2010

Moaghan, Patricia: The Encyclopedia of Celtic Mythology and Folklore. New York 2004

Mumford, Lewis: Mythos der Maschine – Kultur, Technik und Macht. Frankfurt a.M. 1977

Münkler, Herfried: Der Wandel des Krieges. Von der Symmetrie zur Asymmetrie. Weilerswist 2006

Münkler, Herfried: Die Evolution der Gewalt im 20. Und 21. Jahrhundert. Berlin 2015

Münkler, Herfried und Marina: Die neuen Deutschen: Ein Land vor seiner Zukunft. Berlin 2016

Murphy, Gerard: The Ossianic Lore and Romantic tales od Medieval Ireland. Dublin 1961

Nagel, Thomas: Geist und Kosmos, Berlin 2014

Neck, Reinhard / Salamun, Kurt (Hg.): Karl R. Popper – Plädoyer für kritisch-rationale Wissenschaft. Frankfurt am Main 2004

Neiman, Susan: Moralische Klarheit. Leitfaden für erwachsene Idealisten. 1. Auflage, Hamburg 2013

Nietzsche, Friedrich: Die fröhliche Wissenschaft. La gaya scienza. 4. Auflage, Berlin 2016;

Nietzsche, Friedrich: Zur Genealogie der Moral. Eine Streitschrift. 4. Auflage, Berlin 2016

Nozick, Robert: Anarchy, State, and Utopia. New York 1974

Nutt, Alfred: Cuchulainn, the irish Achilles. London 1900

Ohlig, Karl-Heinz: Religion in der Geschichte der Menschheit, 2. Auflage Darmstadt 2006

Pagel, Gerda: Jacques Lacan zur Einführung. 5. ergänzte Auflage, Hamburg 2997

Panikkar, Raimon: Der Dreiklang der Wirklichkeit. Die kosmotheandrische Offenbarung. Salzburg 1995

Pauli, Ludwig: Keltischer Volksglaube, München 1975

Pelinka, Anton (Hg.): Vorurteile. Ursprünge, Formen, Bedeutung. Berlin 2012

Philosophische Bibliothek, Band 577: Wiener-Kreis – Texte zur wissenschaftlichen Weltauffassung von Rudolf Carnap, Otto Neurath, Moritz Schlick, Philipp Frank, Hans Hahn, Karl Menger, Edgar Zilsel und Gustav Bergmann. Hamburg 2006

Plessner, Helmuth: Macht und menschliche Natur. Frankfurt a. M. 1981

Polkinghorne, John: Quantentheorie. Eine Einführung. Stuttgart 2011

Popper, Karl Raimund: Alles Leben ist Problemlösen. Über Erkenntnis, Geschichte und Politik. 17. Auflage, München/Berlin 2015

Poser, Hans: Wissenschaftstheorie. Stuttgart, 2. Auflage 2012

Prechtl, Peter / Burkard, Franz-Peter (Hg.): Metzler-Lexikon Philosophie, Begriffe und Definitionen. 3. Auflage, Stuttgart, 2008

Princton University Press (Hg.): In Quest oft he Hero. New Jersey 1990

Propp, Vladimir: Die Morphologie des Märchens. Suhrkamp 1975

Rank, Otto: Das Trauma der Geburt und seine Bedeutung für die Psychoanalyse. Leipzig, Wien, Zürich 1924

Rawls, John: Eine Theorie der Gerechtigkeit. Frankfurt am Main 1979

Rehmann, Josef: Einführung in die Sozialphilosophie. Darmstadt 1979

Reiter, Barbara: Ethik des Zufalls. München 2012

Rickert, Heinrich: Sehen und Erkennen. Leipzig 1934

Rickert, Heinrich: Kulturwissenschaft und Naturwissenschaft, Berlin 1926

Röd, Wolfgang: Der Weg der Philosophie, Band I und II., München 2. Auflage 2009

Röpke Jochen / Stiller, Olaf (Hg.); Joseph Schumpeter (Autor): Theorie der wirtschaftlichen Entwicklung. Berlin 2006, Nachdruck der 1. Auflage von 1912

Roth, Gerhard / Strüber, Nicole: Wie das Gehirn die Seele macht. Stuttgart 2014

Ryan, John / Mac Neill, Eoin (Hg.): Féil-sgríbninn Eóin Mhic Néill. Essays and Studies presented to Professor Eoin MacNeill, Dublin 1940

Schwemmer, Oswald (Hg): Über Natur: Philosophische Beiträge zum Naturverständnis. 2. Auflage, Frankfurt 1991

Searle, John R.: The construction of Social Reality. New York 1995

Seel, Gerhard (Hg.): Minderheiten, Migranten und die Staatengemeinschaft. Wer hat welche Rechte? Bern 2006

Segal, Robert A.: Mythos. Stuttgart 2007

Sharma, Arvind (Hg.): God, Truth and Reality. Essays in Honour of John Hick. Eugene, Oregon 2011

Simon, Herbert A.: Homo rationales – Die Vernunft im menschlichen Leben. Frankfurt a.M. 1993

Simon, Herbert A. / Egidi, Massimo / Viale, Ricardo / Marris, Robin: Economics, Bounded Rationality and the Cognitive Revolution. Edward Elgar Publishing 2008

Sjoestedt, Marie Louise: Gods and heroes of the Celts. London 1949

Snow, C.P.: Die zwei Kulturen. Stuttgart 1967

Spencer, Herbert: The study of sociology. London 1873

Stehr, Nico: Arbeit, Eigentum und Wissen. Zur Theorie von Wissensgesellschaften. Frankfurt a.M. 1994

Taube, Mortimer: Der Mythos der Denkmaschine. Hamburg 1966

Thompson, Stith: Motif-Idex of Folk Literature I-IV. 1955-1960

Thurneysen, Rudolf: Die irische Helden- und Königsage bis zum siebzehnten Jahrhundert. Unveränderter Nachdruck, Hildesheim – New York 1980

Topitsch, Ernst: Vom Ursprung und Ende der Metaphysik. München 1972

Topitsch, Ernst: Gottwerdung und Revolution. Pullach bei München 1973

Topitsch, Ernst: Erkenntnis und Illusion, Tübingen 1988

Topitsch, Ernst: Die Voraussetzungen der Transzendentalphilosophie. 2. Auflage, Tübingen 1992

Touraine, Alain: Die postindustrielle Gesellschaft. Frankfurt a.M. 1985

Vaas, Rüdiger / Blume, Michael: Gott, Gene und Gehirn. Warum Glaube nützt. Eine Evolution der Religiosität. Stuttgart 2009

Vivelo, Frank Robert: Handbuch der Kulturanthropologie. Stuttgart 1981

Vollmer, Gerhard: Evolutionäre Erkenntnistheorie. Stuttgart 1975

Watzlawick, Paul: Die erfundene Wirklichkeit: Wie wissen wir, was wir zu wissen glauben? 6. Auflage, München 2006

Weber, Max: Gesammelte Aufsätze zur Religionssoziologie. Die Wirtschaftsethik der Weltreligionen. Band 1, Tübingen 1988.

Max, Marianne (Hg.): Max Weber: Jugendbriefe. Tübingen 1936

Winckelmann, Johannes (Hg): Max Weber – Soziologie, weltgeschichtliche Analysen, Politik. Stuttgart 1956

Winckelmann, Johannes (Hg.): Max Weber: Gesammelte Aufsätze zur Wissenschaftslehre. Tübingen 1922

Windholz, Sascha / Feigl, Walter (Hg): Wissenschaftstheorie, Sprachkritik und Wittgenstein. In memoriam Elisabeth u. Werner Leinfellner. Heusenstamm 2011

Wittgenstein, Ludwig: Philosophische Untersuchungen. Berlin 2011

Woese, Carl R.: The Genetic Code. New York 1967

Wuketits, Maria und Franz: Humanität zwischen Hoffnung und Illusion. Stuttgart 2001

Wuketits, Franz: Verdammt zur Unmoral? Zur Naturgeschichte von Gut und Böse. München 1993

Zeilinger, Anton: Einsteins Schleier. Die neue Welt der Quantenphysik. 5. Auflage. München 2005

Zimbardo, Philip: Der Luzifer-Effekt. Die Macht der Umstände und die Psychologie des Bösen. Heidelberg 2008

Zimmer, Stefan: Die Kelten. Mythos und Wirklichkeit. 2. Auflage, Stuttgart 2009

Zeitschriften und Ausstellungskataloge

Aarne, Antti Amatus: Verzeichnis der Märchentypen. Finnische Literaturgesellschaft 1910

Bohrer, Karl Heinz / Scheel, Kurt (Hg.): Kein Wille zur Macht. Dekadenz. Sonderheft Merkur Deutsche Zeitschrift für europäisches Denken. Heft 700, August 2007, 61. Jahrgang

De Bury, A. / Just, L. (Hg.): Botanische Zeitung, Nr.7-10, Leipzig 1983

Das keltische Jahrtausend, Ausstellungskatalog, 3. Auflage, München 1993

Des Moines: Homestead. Iowa vom 13. Februar 1902

Die Kelten in Mitteleuropa, Ausstellungskatalog Salzburg, 2. Auflage, 1980

Gaidoz, Henri (Hg.): Revue Celtique 5. Paris 1881-1883

Hahn, Thomas: Notfalls durch Enteignung. In: sz.de vom 2. Oktober 2015

Hamburger Institut für Sozialforschung (Hg.): Mittelweg 36, Heft 4/2009

Jochum, Georg: Kybernetisierung von Arbeit – zur Neuformierung der Arbeitssteuerung. In: Arbeits- und Industriesoziologische Studien. Jahrgang 6, Heft 1, April 2013

Maddox, John (Hg.): Nature. 319, 02/1986

Marie Henri d'Arbois de Jubaunville (Hg.): Revue Celtique 12. Paris 1891

Maslow, Abraham: A Theory of Human Motivation. In: Psychological Review, Vol. 50, No. 4, 1943

Spemann, Hans (Hg.) Die Naturwissenschaften 18, Berlin 1930

Sorgner, Stefan Lorenz (Hg.): Aufklärung und Kritik. Schwerpunkt Transhumanismus. 22. Jahrgang, 3/2015. Im Folgenden: Transhumanismus 2015

Sage School of Philosophy, Cornell University (Hg.): The Philosophical Review. Vol. 83, No. 4, 1974

Ulrich, Stefan: Die Magie der starken Führer. In: Süddeutsche Zeitung Nr. 181 vom 06./07.08.2016

UNIversalis-Zeitung. Für Universität und Hochschulen in Freiburg, Sommersemester 2013, 16. Ausgabe / 9. Jahrgang

Internetquellen

Albert-Ludwigs-Universität Freiburg: Sonderforschungsbereich „Helden-Heroisierungen-Heroismen. Transformationen und Konjunkturen von der Antike bis zur Moderne" (SFB 948); unter: sfb948.uni-freiburg.de

Leser, Anja: Philosophisches Themendossier. „Ein Recht auf Einwanderung". Unter: philosophie.ch/assets/files/TD/TD6_opt.pdf

archive.org/details/KulturwissenschaftundNaturwissenschaft, 1926

bartleby.com/130/1.html

Biskup, Till (Hg.): Was ist Wissenschaft? Versuch einer Definition. Unter: evolutionskritik.de/essays/was_ist_wissenschaft#ref__Chalmers1999:WITCS vom 25.06.2014

Bundestag.de

deutschlandfunk.de/pegida-in-dresden-auf-keinen-fall-verteufeln.694.de.html?dram:article_id=307919

Führding, Steffen: Funktionale Ansätze. Beitrag vom 07.04.10. Gottfried Wilhelm Leibniz Universität Hannover, unter: rw-studieren.uni-hannover.de/funktionaleansaetze (ges. 07.2014)

Genfer_Flüchtlingskonvention_und_New_Yorker_Protokoll.pdf

Gesetze.berlin.de

Harleian MS 5280, British Library, London; unter: ucc.ie/celt/online/G300011/

juiced.de/21615/ueber-helden-hausfrauen-und-die-rolle-der-medien

Lange, Kai: „Wir brauchen heroische Gelassenheit". Unter: manager-magazin.de/unternehmen/artikel/a-435859.html

Mader, Elke: Mythen in Lateinamerika. Ethnologische Mythenforschung. PDF unter: lateinamerika-studien.at/content/kultur/mythen/mythen-titel.html.

Mill, John Stuart: On Liberty. Unter: bartleby.com/130/1.html

Müller, Hans-Peter: Pluralisierung sozialer Milieus und Lebensstile. Beitrag vom 31.5.2012; Quelle: bpb.de

Münkler, Herfried: Der asymmetrische Krieg. Das Dilemma der postheroischen Gesellschaft. Quelle: spiegel.de/spiegel/print/d-61629800.html

Nobelprize.org

Noé, Isabell: Privatwohnungen für Flüchtlinge. Droht Vermietern die Enteignung? Beitrag vom 10. Juni 2016 in: n-tv.de

Ritsert, Jürgen: Gerechtigkeit. Unter: ritsert-online.de/download/gerecht.pdf

ruhr-uni-bochum.de/rsozinfo/pdf/Roehl-RS-Kap12.pdf

mdr.de/nachrichten/pegida-interview-extremismusforscher100.html

Pegida.de

Scholl, Daniel (2008): Evolution und Theorieentwicklung. Probleme von Theorien, die einen sich verändernden Gegenstand haben. In: Fitzner; S. / Goldbecker, S. / Maupeu, S. u. a. (Hg.): Evolutionistische Strukturen in den Geisteswissenschaften (fastforeword. magazin. exkurs 1), 57–65, (ges. 30.06.2015) unter: Ffw.denkraeume-ev.de/exkurse/evolutionismus/ffw_e1_scholl.pdf

Schmitz, Andrea: Helden des Sports: Analysemodell und praktische Anwendung. Quelle: mythos-magazin.de

Schneider, Norbert F.: Pluralisierung der Lebensformen: Mehr Vielfalt und kleinere Haushalte. Beitrag vom 31.5.2012; Quelle: bpb.de

Schultka, Holger: Wissenschaft. Unter: www.uni-erfurt.de/seminarfach/kurs/1 am 25.06.2014

Siebrecht, Else: Aspekte philosophischer Mythentheorien im 20. Jahrhundert. Abschlussarbeit an der Goethe-Universität. Quelle: uni-frankfurt.de/43516993/Mythentheorien.pdf

spiegel.de/politik/deutschland/jakob-augstein-ueber-pegida-eine-folge-von-angst-und-armut-a-1009297-druck.html

United Nations High Commissioner for Refugees (UNHCR): Global Trends, Forced Displacement in 2015; unter: unhcr.org/statistics

unhcr.de/mandat/genfer-fluechtlingskonvention.html

United nations International migration wallchart 2015; unter: un.org/en/development/desa/population/migration/publications/wallchart/

Von Brück, Michael: Mythos und Rationalität – zur Revision einer postmodernen Gleich-Gültigkeit. LMU Hauptseminar SS 2009, unter: mythos-magazin.de

Von den Hoff, Ralf / Asch, R.G. / Aurnhammer, A. / Bahr, C. / Bröckling, U. / Butter, M. / Friedrich, A. / Gelz, A. / Korte, B. / Leonhard, J. / Lethbridge, S. / Mommertz, M. / Neutatz, D. / Schlechtriemen, T. / Schreier, G. / Seedorf, T.: Das Heroische in der neueren kulturhistorischen Forschung: Ein kritischer Bericht. Unter: hsozkult.geschichte.hu-berlin.de/forum/2015-07-001

Weitere Quellenangaben

Götschl, Johann: Erkenntnis und Verantwortung in der wissenschaftlich-technischen Kultur. SE für Masterarbeit und Dissertation an der Karl-Franzens-Universität Graz SS 2015

Götschl, Johann: „Einführung in die Philosophie der Gegenwart: Erkenntnis und Humanität in der wissenschaftlich-technischen Welt. Vorlesung an der Karl-Franzens-Universität Graz SS 2011

Götschl, Johann: „Zur Komplexität und Dynamik von Bildung – Wissenschaft – Wirtschaft; Interdisziplinäre und transdisziplinäre Perspektiven" beim 2. Redtenbacher Symposium am 20. Oktober 2011 in Steyr

Götschl, Johann: Philosophie im Zeitalter der Globalisierung. Vorlesung an der Karl-Franzens-Universität Graz SS 2009

Ammianus Marcellinus (* um 330; † um 395 – spätestens 400): Res gestae

Berner Lukan-Scholien bzw. Commenta Bernensia ad Lucan (4. Jh.; Verfasser unbekannt)

Diódōros (1. Jh. v.u.Z.): Bibliothéke historiké

Gaius Julius Cäsar (* 100 v.u.Z.; † 44 v.u.Z.): Commentarii de bello Gallico

Geoffrey of Monmouth (* um 1100; † um 1154): Historia Regum Britanniae (1136)

Hippólytos von Rom (um 170 bis um 235): vermuteter Autor der Philosophumena

Lucius Mestrius Plutarchos (* um 45; † um 125): Moralia (Sammlung von 78 Schriften, einige davon fälschlich zugeschrieben)

Lucius Cassius Dio (* um 162; † nach 229): Römische Geschichte in 80 Büchern

Marcus Annaeus Lucanus (* 39; † 65): De bello civili

Marcus Tullius Cicero (* 106v.u.Z.; † 43 v.u.Z.): De divinatione

Pomponius Mela († um 45): De chorographia libri tres (43 - 44)

Strabon (* um 63 v.u.Z.; † 23): Geôgraphiká

Titus Livius (* vmtl. 59 v.u.Z.; † 17): Ab urbe condita libri CXLII

Titus Lucretius Carus (* zwischen 99 und 94 v.u.Z.; † um 55 oder 53 v.u.Z.): De rerum naturae

Valerius Maximus: Factorum ac dictorum memorabilium libri IX (27 –31)